U0368689

北京建筑大学

2021年教育教学改革与研究论文集

北京建筑大学 编

清华大学出版社
北 京

内 容 简 介

本书汇集北京建筑大学教师在教育教学理论思考和实践探索方面取得的成果,旨在集中总结和展示近年来北京建筑大学教育教学改革举措实施的累累硕果,体现学校"提档、加速、冲A、晋级"的基本发展策略。全书共收录相关论文57篇,涉及人才培养模式改革与研究、学科专业建设与规划、课程建设与教学改革、实践教学与创新创业教育、思想政治教育与研究、现代教育技术与应用、教育教学管理与服务七个方面的内容。

本书可供高等院校相关专业的教师、管理人员及有关的研究人员阅读、交流和参考。

图书在版编目(CIP)数据

北京建筑大学 2021 年教育教学改革与研究论文集 /
北京建筑大学编. -- 北京 : 清华大学出版社,2024.9.
ISBN 978-7-302-66601-1

Ⅰ. G649.21-53

中国国家版本馆 CIP 数据核字第 2024B2F510 号

责任编辑:袁　琦　王　华
封面设计:何凤霞
责任校对:欧　洋
责任印制:刘　菲

出版发行:清华大学出版社
　　　　网　　　址:https://www.tup.com.cn,https://www.wqxuetang.com
　　　　地　　　址:北京清华大学学研大厦 A 座　　　　　　　邮　　编:100084
　　　　社 总 机:010-83470000　　　　　　　　　　　　　　邮　　购:010-62786544
　　　　投稿与读者服务:010-62776969,c-service@tup.tsinghua.edu.cn
　　　　质量反馈:010-62772015,zhiliang@tup.tsinghua.edu.cn
印 装 者:三河市君旺印务有限公司
经　　销:全国新华书店
开　　本:185mm×260mm　　　　印　　张:20　　　　字　　数:482 千字
版　　次:2024 年 11 月第 1 版　　　　　　　　　　　　　　印　　次:2024 年 11 月第 1 次印刷
定　　价:80.00 元

产品编号:097388-01

本书编委会

主　　任：陈红兵

副主任：韩　淼　赵林琳

委　　员（按姓氏笔画排序）：

　　　　马晓轩　马鸿雁　王传涛　仇付国　白　羽　白会娟

　　　　刘　烨　许　鹰　李　煜　李春青　张　丽　张溢木

　　　　赵江洪　侯平英　施海波　黄　鹤　廖维张

本书编辑部

主　　编：韩　淼　赵林琳

副主编：孙慧超　刘　畅

编　　委：李天娇　刘　然

序　言

教育是国之大计、党之大计。党的十八大以来，习近平总书记把握世界发展大势，立足党和国家工作全局，就事关中国教育改革发展的方向性根本性战略性问题，作出了一系列重要讲话、指示批示，提出了一系列新理念新思想新观点，形成了习近平总书记教育重要论述，为新时代中国教育改革发展明确了战略目标和任务，指明了方向和道路。

北京建筑大学坚持以习近平新时代中国特色社会主义思想为指导，全面贯彻党的十九大和十九届二中、三中、四中、五中全会精神，深入学习贯彻习近平总书记关于教育的重要论述和对北京重要讲话精神，全面贯彻落实全国和北京教育大会精神，牢牢把准服务首都北京城市战略定位、服务国家城乡科学发展"两大服务"，坚持"北京味十足""建筑味十足"办学特色，围绕立德树人根本任务，聚焦核心竞争力提升，坚持改革创新驱动，全面推进"提档、加速、冲A、晋级"。

学校为推动本科教育内涵式发展，提升本科教学水平和人才培养质量，深入实施人才培养"质量立校"战略，遵从"一化三型"，即：卓越化、创新型、实践型、复合型的育人理念，创新"通识教育＋专业教育＋创新创业教育"三位一体人才培养模式。通过"优化人才培养方案和学科专业结构、加强招生-培养-就业联动机制建设、创新人才培养模式、积极推进素质教育、培育学生创新创业意识"五大专项任务实施，积极探索教育教学和学生成长成才规律，着力培养具有社会责任感、创新精神和国际视野的城乡建设领域高级专业骨干和领军人才。

2021年是"十四五"规划开局之年，我校把握机遇，迎接挑战，全面开启建设北京市属高校高水平特色型大学的新征程。我校树牢人才培养的中心地位，按照《北京市"十四五"时期教育改革和发展规划（2021—2025年）》《北京高等教育本科人才培养质量提升行动计划（2022-2024年）》确定的目标和任务，探索实践德智体美劳"五育并举"的育人机制与发展路径，深化"通识教育＋专业教育＋综合素质教育"人才培养模式改革，以服务"三规"落地实施为载体，构建"三师"人才培养体系，为首都规划建设输送更多优秀规划设计建筑人才。以服务首都"四个中心"功能定位和重大战略需求为目标，以大类培养与特色培养动态整合、招生-培养-就业全流程贯通结合、传统专业与"新工科"专业交叉融合为思路进行专业结构和布局优化。以工程教育认证为抓手，推动工科主干专业内涵建设理念的转变。以一流专业申报为契机，推进全校专业内涵建设水平的持续提升。

　　绘就新蓝图,奋进新征程。为展示我校广大教师和教育管理工作者在教育教学研究工作中取得的研究成果,特出版《北京建筑大学 2021 年教育教学改革与研究论文集》。借此论文集,在总结既往研究成果的基础上,进一步思考、规划和推进新一轮教育教学改革工作,为全面实现我校"十四五"规划和二〇三五年远景目标作出更大贡献。

陈红兵

2021 年 12 月

目　录

人才培养模式改革与研究

建筑特色高校中的信息与计算科学专业发展探索
·················· 王恒友　张长伦　高雁飞　靳旭玲　张　健　毕　靖　成晓静（ 3 ）

国际工程承包人才培养模式创新探索
·· 邓世专（ 7 ）

建筑遗产法律保护人才创新培养模式初探
··· 石　磊（12）

国内外高校设计学类相关专业教学模式的探讨
··· 阚玉德（17）

高校劳动教育影响积极学业情绪的具身效应：来自 Stroop 范式实验证据
··· 那　威（22）

浅析大数据时代人工智能的发展
························· 王文宇　李润嘉　刘程辉（32）

学科专业建设与规划

"新工科"背景下大学生跨文化交际能力培养路径研究
··· 窦文娜（39）

"新工科"背景下"案例引领、融合联动"教学模式对学生程序设计能力的培养
·················· 李敏杰　吕　橙　万珊珊　师洪洪　刘亚姝　郭茂祖（44）

关于建筑环境与能源应用工程专业特色建设的思考
·············· 李　锐　郝学军　王立鑫　那　威　孙金栋　段之殷（52）

工商管理专业学位硕士教育发展措施
··· 刘建利（57）

基于城市测绘特色的测绘工程专业应用型人才培养课程体系研究
·············· 周命端　姬　旭　徐　翔　周乐皆　靖常峰　王　坚（63）

课程建设与教学改革

地方建筑类高校大学英语拓展课程体系的构建与实践（以北京建筑大学为例）
································· 侯平英　沈冰洁　袁　艺（75）

基于课程思政的工程力学协同育人教学体系的构建和实施
.... 白会娟 李大伟 张媛媛 石 萍（79）

大学英语拓展系列课程"课程导入"设计探讨
.... 陈素红（83）

基于 OBE 理念的仿古建筑工程估价课程改革研究
.... 陈 震（88）

以赛促教，从全国大学生房地产策划大赛看房屋建筑学课程教学
.... 冯 萍 常宏达（94）

新时期数学类基础课程的改革与实践
.... 何 强 王利萍 卢崇煜 王晓静（98）

"O-AMAS"教学法在国际工程合同管理中的应用
.... 康 飞（105）

"国际工程英语口语"课程教材建设
——《国际工程管理实用英语口语——承包工程在国外》的修订
.... 李宜兰（109）

建筑美术教学中的工艺美术实践
.... 李振宁（113）

基于 FD-QM 标准的计算思维导论课程建设实施方案
.... 吕 橙 万珊珊（117）

趣味性教学方法在理论力学教学中的应用
.... 任艳荣 石 萍 白会娟（126）

中国传统建筑文化融入大学英语教学研究
.... 宋会存（130）

基于城市更新与本土特色的中国城市设计课程改革
.... 王 佐（135）

基于结构三要素的结构学课群教学改革
.... 赵东拂 刘涵婧（140）

"中国英语"在教学中的引入及其使用限度
.... 朱 姝 王天禾（145）

大学英语深度学习：概念界定与实践经验
.... 邹 艳（149）

实践教学与创新创业教育

基于新时期房地产行业人才需求的实践教学改革研究
——以房地产开发经营沙盘为例
.... 张 丽（157）

硕士研究生"传-帮-带"本科生毕业设计/论文实践教学机制研究
.... 白小娟 宋 薇 贾天奇 王旭煜（161）

基于 PBL 教学模式的无机化学过程考核体系构建
.... 付会芬 赵 晨 王 鹏 王崇臣（166）

测绘地理信息类专业大学与中学衔接和实践教学
　　　　………………… 郭　明　任　鲜　李登科　程　鹏　赵江洪　尹　川(170)
中国传统建筑装饰设计实践教学研究
　　　　……………………………………………………… 韩　风　李　沙(178)
以学生发展为目标的大学物理实验课程改革探讨
　　　　……… 贺柳良　马黎君　黄尚永　杨　宏　陶　丽　窦轶洋　施玉显　王秀敏(182)
课题拉动、本硕联动,提升学生论文写作水平
　　　　………………………………… 金占勇　曹焕焕　耿小涵　程子萌(187)
锅炉烟气分析虚拟仿真实验设计与实践
　　　　…………………………………………………… 史永征　王文海(191)
文化自信下传统文化融入大学英语教学研究
　　　　………………………………………………………………… 孙　华(195)

思想政治教育与研究

新时代下高校思政课教学改革中的守正与创新
　　　　………………………………………………………………… 冯　蕾(203)
高校铸牢中华民族共同体意识的实践研究
　　　　………………………………………………………………… 李　怡(209)
新冠疫情下线上思政课教学实践的思考
　　　　………………………………………………………………… 裴　晨(212)
基于层次渐进法的计算思维导论课程思政教学设计探索
　　　　………………………………… 万珊珊　吕　橙　邱冬炜(216)
线上参与式培训在“课程思政示范课建设和实操工作坊”中的设计和应用
　　　　………………………………………………………………… 王雅杰(222)
新时代“马克思主义基本原理概论”课堂教学研究
　　　　………………………………………………………………… 张　国(227)
基于课程思政理念的大学英语教学探索
　　　　………………………………………………………………… 张红冰(231)
专业教学融入美育的研究与实践
　　　　………………………………………………………………… 朱　军(235)
“国际法”课程思政目标达成的探索研究
　　　　………………………………………………………………… 左金风(238)

现代教育技术与应用

“智慧城市技术讲座”云课程教学研究与实践
　　　　………………………… 张长伦　王恒友　何　强　高雁飞(245)
建筑设计实践课程的线上教学互动方法
　　　　………………………………………………… 晁　军　许　政(250)

国内大学英语研究的回顾与评析
　　——基于中国知网 2020 年期刊数据的文献计量分析
　　…………………………………………………………………………… 刘　宏（256）
基于眼动追踪探索 AR 技术在视觉学习过程中的应用
　　……………………………………………………………… 刘　梅　周　霞（264）
信息化技术支持下的差异化教学模式探究
　　…………………………………………………………………………… 吴逾倩（270）
新时代视域下线上线下混合式教学研究与探索
　　…………………………………………………………………………… 邢美波（274）

教育教学管理与服务

北京市属高校"双培计划"实施过程管理措施强化研究
　　…………………………………………………………………………… 那　威（281）
学生评教制度的综述研究
　　…………………………………………………………………………… 常　瑾（287）
新时代背景下高校教务员教学管理工作效率提升的创新探索
　　…………………………………………………………………………… 袁　艺（291）
北京建筑大学高水平师资队伍构建路径研究
　　………………………………………………………… 马　琳　刘文硕　李学芳（295）
地方高校"新工科"实验室建设研究
　　…………………………………………………………………………… 王　梦（299）
高校新任青年教师教学能力培养实践探索
　　——以北京建筑大学为例
　　………………………………………………………… 李学芳　马　琳　侯嘉毅（305）

人才培养模式改革与研究

建筑特色高校中的信息与计算科学专业发展探索

王恒友　张长伦　高雁飞　靳旭玲　张　健　毕　靖　成晓静

（北京建筑大学　理学院）

摘　要：信息与计算科学专业是随着信息时代的发展而产生的专业。当前，为满足信息技术的快速发展和社会对相应人才的需求，该专业的发展方向值得我们深入探索。特别是在一些特色专业高校中，如何发展该专业更值得我们积极思考。我校是一所建筑类特色高校，如何结合学校优势学科，发挥优势学科专业所长，是信息与计算科学专业发展的关键。经过多年的探索发现，信息与计算科学专业唯有充分与学校优势学科进行交叉，在作为理学门类专业互补的同时，也为自己的发展增添新动力，才能更好地满足社会对该专业应用人才需求的目标。

关键词：建筑类；信息与计算科学；学科交叉；人才培养

当前社会发展迅速，大数据、云计算、人工智能等信息技术更是得到了快速发展，这给信息与计算科学专业提供了前所未有的机遇与挑战。信息与计算科学专业是以信息处理和科学计算为背景，由数学、计算机科学、信息科学等交叉渗透而形成的一个数学类专业。该专业培养学生不仅具有坚实的数学基础知识和数学思维能力，而且具备良好的计算机技能，如编程语言、数据库技术等各类工具与数学软件的使用，从而能够运用数学和计算机科学知识解决信息技术、工程应用等领域的实际问题。随着社会、经济快速发展以及抢占科技制高点的需要，我国高校信息与计算科学专业人才培养也面临着前所未有的机遇和挑战：一方面，社会需求的增加给信息与计算科学专业提供了发展空间；另一方面，当前信息与计算科学专业人才培养方案、课程设置、教学大纲等方面难以满足社会对该专业的人才需求，使得部分信息与计算科学专业毕业生无法与社会应用需求接轨。因此，为了与当前社会发展相适应，一部分高校将信息与计算科学专业直接调整为大数据或数据科学之类的专业，甚至部分高校直接停办该专业，这给其他继续开办该专业的高校带来了不小的压力。

一、专业发展现状

北京建筑大学信息与计算科学专业创办于 2004 年，经历了近二十年的发展，培养方案也先后调整了多次。本专业自创办以来，一直探索在建筑类特色高校中瞄准什么样的专业

基金项目：北京建筑大学教育科学研究项目（项目编号：Y2042，Y19-18，Y19-19），北京高等教育"本科教学改革创新项目"（新工科背景下，数学类基础课程教学改革研究，项目编号：201910016004），北京建筑大学课程建设重点培育项目"高等数学 ZDXX202008"。

方向,既能与学校的学科专业优势相结合,又能办出自己的专业特色。经过十多年的探索,先后将信息安全、软件工程、数据建模确立为专业方向,但效果都不特别理想。直到2019年,随着国家大力发展大数据技术,我校信息与计算科学专业顺应社会需求,将信息与计算科学专业的培养方向聚焦在大数据应用方向。

经过近三年的实践,培养方面明确了结合学校优势学科,依托首都城乡信息化建设,培养具有良好的数学基础和数学思维能力,掌握信息科学或计算科学的基本理论、方法与技能,受到科学研究的初步训练,能解决信息技术或科学与工程计算中的实际问题的专门人才,胜任信息化建设中大数据分析、算法设计与研发工作。

二、专业方向凝练

随着国家制造产业的发展与升级,新工科的概念应运而生。新工科不仅对应新兴产业,如互联网、大数据分析、人工智能等近些年形成的信息技术相关专业或方向,而且也包含对传统工科专业的升级改造。我校以建筑类和土木类专业为特色,包含建筑规划、风景园林、土木工程、交通工程等传统建筑领域相关专业或方向。在新工科背景下,急需与现代信息技术相结合,走出专业发展的新亮点。新工科强调实用性、交叉性和综合性,尤其注重信息技术与传统专业的紧密结合。因此,新工科对理科和信息技术的要求较高,特别是对数学理论基础与计算机应用技术要求更高,这正是传统建筑规划、土木工程等建筑类专业或方向所不足的。信息与计算科学专业恰是数学、计算机科学以及信息技术的融合产物,与我校特色专业的交叉具有良好的发展前景。因此,我校信息与计算科学专业将发挥专业所长,充分与学校优势学科进行交叉,在作为理学门类专业互补的同时,也为自己的发展增添新动力,走出一条具有建筑特色的大数据应用之路。

三、课程体系建设

课程体系建设,是实现培养方案的关键,信息与计算科学专业结合多年的办学经验与积累,逐步形成了重基础、强实践的人才培养之路。下面分别从课程体系建设、理论与实践并重两个方面进行阐述。

1. 课程体系建设

课程体系的建设不仅与专业本身有关,而且与专业发展、办学定位以及师资力量有关。2004年北京建筑大学信息与计算科学专业创办时设立在电气与信息工程学院,之后根据学校发展需要于2008年调整到理学院,这样的发展历程也逐渐形成其理工交融的属性。因此,其课程体系不仅涉及数学类课程,而且还有大量的计算机类和信息类课程。如图1所示,逐渐形成了面向智慧城市建设领域,以数学为基础,以计算机和信息技术为两翼,以算法为主线的培养课程体系。其课程体系涉及数学、计算机和信息技术三方面。其中,数学

图1　课程体系结构

类课程主要包括：数学分析、高等代数与解析几何、离散数学、概率论与数理统计、数值分析、数学建模与实验等;计算机类课程主要包括：C程序设计、数据结构与算法、操作系统、数据库原理及应用、面向对象程序设计、计算机网络与安全等;信息技术类课程主要包括：信息与编码、模式识别基础、多元统计与数据分析、数据挖掘与机器学习、计算机图形学与可视化、数字图像处理等。

2. 理论与实践并重

北京建筑大学人才培养特别重视理论与实践结合的能力,要求所有专业的培养方案中实践环节不少于35学分。信息与计算科学专业积极响应学校的要求,结合专业自身对实践的要求,将总学分设置为170学分,其中实践环节42.5学分(独立实践环节34学分、课内实验8.5学分)。信息与计算科学专业从大一开始便设置相应课程的独立实践环节,从而达到夯实学生实践基础的目的。这些措施保障了所培育的学生不仅具备扎实的理论基础,而且拥有良好的实践动手能力。

此外,在实践环节的设计方面,其选题与我校特色专业相结合,通过数据建模、大数据分析、软件研发与算法设计,解决建筑规划、土木与交通工程等相关领域的实际问题,从而逐渐形成建筑类和土木类高校中信息与计算科学(大数据应用)的专业特色。

四、培养过程优化

良好的培养目标与课程体系是人才培养的关键,然而如何保质保量地实现培养目标,还需要有切实可行的举措。北京建筑大学信息与计算科学专业经过多年的努力与探索,基本确定了人才培养的精细管理、竞赛激励、创新实践的培养方针,走出了一条特色之路。

1. 精细管理

虽然说大学的学习主要是靠学生的自主学习,但专业教师团队的引领对学生的成长具有举足轻重的作用。北京建筑大学信息与计算科学专业为每位学生分配学业导师,确保学生对专业知识的学习与领悟。此外,近些年,由于本专业每年的招生规模仅有1～2个班,所以主要专业课程的教学均采用小班教学,从而保证了学生的学习效果。

2. 竞赛激励

信息与计算科学专业根据自身的学习方向和培养目标,构建重点突出、层次分明的学科竞赛体系。首先,组织学生参加多种科技竞赛,为学生提供良好的参赛条件。例如,每年组织学生参加"高教杯"全国大学生数学建模竞赛、"蓝桥杯"全国软件专业人才设计大赛、美国大学生数学建模竞赛,以及大学生创新创业大赛等多项赛事。其次,每项竞赛均配备专门教师负责,设有完善的与竞赛相关的课程教学、校赛选拔、赛前集训、参赛指导等环节,有效地提升参赛质量,激发学生的学习兴趣。最后,还将竞赛环节纳入第二课堂考查,占2个学分,确保每位学生都能认真参与其中。经过多年的实施,竞赛效果显著,近几年,累计获国家级奖项二等奖近10项,北京市级奖项一等奖10余项,北京市级奖项二等奖若干项。

3. 创新实践

本科阶段主要是基础知识及一定专业技能的学习,大量的基础课及专业课占据学生课余时间,若想在创新和实践方面有所突破,必须以问题为导向,激发学生的学习兴趣。因此,为了强化学生的专业技能,提升学生创新与实践能力,我校信息与计算科学专业主要从科研训练、实培项目、校企联合等几个方面开展探索。首先,为了培育学生的科研创新能力,根据学生的兴趣及教师科研方向,遴选学业导师并让学生从大二或大三开始进入导师的科研团队,跟随项目组一起进行科研论文研读、项目实践探索等活动。其次,充分利用北京市实培项目政策,与中国科学院等科研院所开展人才联合培养,提升学生的项目实践能力。最后,在大四的专业实习与毕业设计环节中,面向智慧城市建设中面临的问题,与学校特色专业教师团队及相关企业合作开展人才的联合培养,促进学生实践能力的提升,使其能够胜任信息化建设中大数据分析、算法设计与研发工作。经过几年的探索与实践,学生的创新能力与实践能力得到了显著提升。

五、结语

在新工科背景下,信息与计算科学专业与我校特色优势学科专业具有良好的交叉前景,针对当前特色学科专业在新工科背景下的发展需求,我们将进一步完善信息与计算科学(大数据应用)专业的培养方案,以交叉学科中的建筑规划、风景园林、土木工程、交通工程等传统建筑领域学科为研究对象,运用大数据分析技术,解决其中的关键问题,为其提供理学支撑。针对信息与计算科学目前的短板进行改革和完善。把我校信息与计算科学(大数据应用)专业建设成为具有鲜明建筑特色的和理工科交融的本科专业。让学生能够胜任智慧城市建设中的大数据分析、算法设计与研发工作。

参考文献

[1] 朱颖芳,孙玉荣,叶萍. 基于应用型人才培养的信息与计算科学专业教学模式研究[J]. 大学,2021(19):105-108.

[2] 胡小丽,王琳,何家莉. 新工科背景下信息与计算科学专业创新创业能力培养研究[J]. 科技与创新,2021(8):112-113.

[3] 刘晖,孙玉荣. 大数据时代信息与计算科学专业校企合作人才培养方案研究[J]. 科教导刊,2018(20):8-9.

[4] 钱研,杨晓翠. 基于大数据的地方本科高校应用型人才培养体系改革研究[J].高教学刊,2020(30):83-85.

[5] 邓小鸿,刘惠文.新工科背景下信息类大学生创新创业能力提升策略研究:以江西理工大学应用科学学院为例[J].创新创业教育,2020(4):34-35.

国际工程承包人才培养模式创新探索

邓世专

（北京建筑大学　城市经济与管理学院）

摘　要：在全球范围内运营的国际工程项目中已面临越来越多的竞争和合作，直觉和经验已不足以解决遇到的复杂问题，急需一种创新模式培养国际工程人才来应对这些挑战。因此，本文对国际工程承包人才培养模式进行创新研究，确立了国际工程承包建设和管理高素质应用型人才的培养目标，提出了形成实践教学体系创新、教学团队创新、实践基地创新、硬件建设创新等四方面的国际工程承包人才培养模式。实践表明，通过建立创新人才培养模式，学生的综合素质和工程能力得到明显提高，在项目实践中效果显著。

关键词：国际工程承包；人才培养；模式创新

一、引言

工程学起源于行业应用，首先应用于军事，后来应用于民用。工程教育通过向年轻一代传授解决复杂问题和实现卓越所需的知识、技能和态度，使他们走上成为成功工程师的道路。工程专业的毕业生通常被期望能表现出与人文或社会科学等其他领域不同的特殊能力，这些能力通常包括但不限于应用数学、工程、设计等专业知识，分析和解释相关数据，以及展示设计系统、组件或流程以识别、制定和解决工程问题的能力。因此，提高工程专业教育质量是全球高等教育界永恒的主题。

全球本科工程教育的质量保证，是以与培养工程人才有关的重要国际协议为指导，例如美国工程与技术认证委员会（ABET）、欧洲工程教育认证网络（ENAEE）、悉尼协议（SA）和都柏林协议（SDA）、华盛顿协议（WA）等。其中华盛顿协议是国际工程联盟的重要组成部分，提供国际工程教育与能力认证，自1989年以来，华盛顿协议对改善全球工程教育产生了重大影响。我国也不例外，在上述各种认证和质量保证机制中，华盛顿协议与我国的关系最为密切。我国意识到国际认证的重要性，从2006年前后开始积极准备加入华盛顿协议，并于2016年成为正式成员。加入华盛顿协议，标志着我国工程教育质量标准在国际上已与其他成熟标准相当，中国高等工程教育质量保障体系得到国际社会认可。

从长远来看，一个国家能否在激烈的国际竞争中生存，主要取决于我们是否拥有在未来应对全球挑战的能力。同时，鉴于当代全球性挑战的复杂性（如资源的可持续和气候变化），支持国际工程教育创新人才培养对于提高社会高质量发展至关重要。因此，国际工程承包人才的教育和培训对于应对这些挑战的创新解决方案有重要作用，需要国际工程承包人才培养模式创新，来满足华盛顿协议制定的标准需求，进一步培养更多合格工程人才，迎接新时代挑战。

二、国际工程承包人才培养模式分析

国际工程承包人才培养模式是在全球"工业 4.0"技术革命和中国加入华盛顿协议的背景下,旨在提升中国大学工程教育水平,满足最新的经济和工业需求而建立的一系列新计划。近年来,国际工程教育学者一直在努力研究相关理论,通过采用全面、系统的方法,积极探索教学模式,来研究工程产品从概念到操作的整个生命周期,而不仅仅是理论教学和实践教学两方面。要建立新的跨学科组织,为学生提供跨学科课程,探索以解决复杂工程问题为导向的课程模式,建立跨学科教学团队、跨学科项目平台,促进跨学科合作学习;探索满足个性化需求的教育模式,鼓励学生在导师的指导下,根据自己的学术兴趣和职业规划自由选择课程;促进信息技术与工程教育的进一步融合,创新"互联网+"背景下的教学方式,以提高教育和学习的整体效率。

同时,开设适应新行业需求的新课程,中国许多大学在过去一年中都开设了许多新课程,新课程设置采用"并行工程"的思路,通过要求学生学习不同课程模块的知识,尝试调整课程群,以发展跨学科课程,增加现有课程的跨学科特色。跨学科连通性大多通过两种方式进行。一是加强工程课程与相关学科的衔接;二是加强工程学科和人文学科的联系。许多课程都反映了这种尝试,其名称包括"设计思维""创新和创业精神""可持续发展",为确保跨学科课程设置的有效实施,多所大学重新修订了相关规定,调整了核心课程、辅修课程和选修课程之间的关系。

在国际工程承包人才培养方面,需要培养具有全球视野、能跨文化环境进行有效沟通的人才,这进一步体现了我国国际工程人才培养全面融入国际社会、推进国际化的决心。大多数大学都在着力加强国际工程全英文授课,培养更多国际工程领域高水平教师,加强与企业合作,开展国际化、定制化的国际工程领域人才培养。

我国服务贸易产业处于刚起步阶段,存在结构不合理、区域发展不平衡、相关人才严重缺乏等制约因素。服务贸易产业作为知识密集型产业,人才是关键,如何培养出一批能适应产业发展的复合型科技服务人才是支持产业发展的关键。为了贯彻落实《国务院关于加快发展现代职业教育的决定》(国发〔2014〕19 号)文件精神,实现教育部倡导的高校"应用型人才教育"目标的转型,探讨服务贸易国际化、创新型、高素质、高技能、专业化、复合型应用人才培养,共同探索面向服务贸易应用型人才培养等相关问题。

问题一:本科部分课程与工程实践不太吻合,很多课程过于理论化,不切实际。专业课程设置广泛,部分教材与实践相分离;学生虽然掌握了大量的理论知识,但无法处理实际的工程问题。学生的知识学习与工程脱节,专业课程远远落后于实践前沿。

问题二:在很长一段时间,很多人误以为"技术"只是"科学"的简单应用,或者"工程"只是"科学"的简单应用。对"工程"的误解导致"工程技术人才"和"科学人才"培养模式容易出现错位现象。"科学人才"培养模式过分强调知识和能力的培养。"工程技术人才"的培养模式普遍侧重于技术应用能力,而忽视了实践创新能力。

问题三:由于工程师拥有他人无法掌握的深厚专业知识和技能,因此工程师与社会之间形成了契约。一方面,工程师将高度自律视为一种职业道德;另一方面,社会对工程师的要求也更高。

随着工程人才角色和责任的不断演变,工程伦理日益突出并逐渐成为一门新学科。美国、法国、德国、英国、加拿大、澳大利亚等工业发达国家的所有专业组织也都形成了职业道德体系。工程伦理的发展对工程教育提出了新的挑战。工程教育不能仅仅依靠知识传授和技能训练,还应培养具有良好职业精神和职业责任感的工程人才。与国际工程伦理教育相比,我国工程伦理教育起步较晚。学科建设、专业研究机构分配、专业研究队伍建设、课程与教学体系建设等方面有待进一步完善。工程伦理教育水平与工业发达国家相比仍有较大差距,工程伦理教育在一定程度上产生了空缺现象,导致我国工程人才缺乏工程伦理意识,因此,有必要在我国迅速开展相关工程伦理教育实践。

为提出有效的国际工程教育人才培养模式,需要对我国国际工程承包人才培养模式进行创新,以北京建筑大学城市经济与管理学院工程管理专业为例,它在国际建筑工程承包人才培养方面拥有较强的科研条件、师资力量、办学条件,与中国服务贸易协会共同推动国际工程承包应用人才培养。中国服务贸易协会是在 2010 年 7 月为贯彻落实国务院和商务部关于大力发展服务业和服务贸易相关政策成立的专门机构,自成立以来,除负责行业发展研究任务外,长期致力于推动服务贸易人才标准研究、人才培养与教育改革。

三、国际工程承包人才培养模式创新

随着对国际工程承包人才的需求更加多元化,许多国家的国际工程对其形成性教育提出了建设性的批评:侧重于以学科为基础的工程科学,如何实现以学生为本的基于项目和团队的工程实践。全球大多数学者将研究重点放在工程科学上,缺乏理论研究之外的工程实践经验,从而加剧了这种"实践差距"。一些研究主张扩大和延长学位课程时间以解决泛化和专业化之间的紧张关系,并以此作为创新课程。

今天的国际工程教育方式强调全球化,以及经济、环境和社会更广泛的工程背景。与传统的基于特定学科模型不同,国际工程承包人才培养模式创新旨在加强工程师的认知能力,引导他们与自然合作,和谐相处,造福社会。模式创新主要包括理论框架、教育环境、学术课程和基于证据的成果,其核心是国际服务学习体验,其主要内容详见表1。

表 1　国际工程承包人才培养模式创新的主要内容

序号	主　要　内　容
1	由产业需求建专业,构建国际工程承包专业新结构
2	由技术发展改内容,更新国际工程承包人才知识体系
3	由学生志趣变方法,创新国际工程教育方式与手段
4	由学校主体推进改革,探索新国际工程自主发展、自主培训机制
5	由外界资源创造条件,建设国际工程教育,引入融合新生态
6	由国际前沿标准,提高国际工程教育国际水平

1. 实践教学体系创新

培养国际工程承包专业学生的实践能力是一项重要任务,因此,应建立实践教学体系以实现这一目标。创新实践教学体系要适应培养学生实践能力,服务企业、行业、国家的要求。实践教学体系要优化课程结构,规范实践教学内容和方法,完善国际工程承包专业"精品班"实践教学方案。实践教学体系包括通识教育模式、专业选修模式和实践模式三部分。通识教育模式要求学生具有开放的心态,专业选修模式满足学生个性化学习需求,实践模式可为学生提供与过程设备和控制工程相关的选修课程及实践。此外,专业选修模式应充分考虑卓越工程师项目合作企业的技术需求,重点加强基础知识的教学和创新实践能力的培养。

2. 打造高素质创新教学团队

教师队伍是提高实践教学水平的关键,优化师资队伍,既提高了实践教学的学科覆盖率,又保证了拟建实践教学体系的顺利运行。将具有丰富实践经验的教师加入"优班"教学团队,可承担"精品班"课程建设,指导毕业设计;聘请行业内具有丰富现代企业实践经验的领军专家指导教学实践,定期指导专业课和实验课。

许多高等院校制定了相关政策,要求教师晋升的前提是必须在企业或相关行业组织工作半年以上;要求学生毕业前在校外相应基地实习 3 个月,目的是让教师和学生可以更多地接触实际工作程序。建立"三进三出"机制,"三进"是指将行业专业知识带进课堂,发展校企共建实验室,引进相关行业企业开发的课程;"三出"是指派导师到企业提升行业经验,派学生到企业实习,并在学生毕业前将学生派往企业进行定点项目实践。

3. 建设培养实践基地创新

卓越工程师教育培养计划应采用订单式人才培养模式,要与企业密切合作,建设国际工程承包人才培养实践基地。一方面,卓越工程师项目应以专业岗位要求为导向;另一方面,国际工程承包的学生可以参与企业实践,注重人才培养的实用性和针对性,满足国际工程管理急需的人才需求。有效利用校外实习基地,将其纳入教学计划,进而培养学生创新实践能力,拓展优秀班级学生的专业知识结构。

长期以来,由于产、学、研合作不足,我国国际工程承包教育一直落后于国际同行。大学与行业之间更深入、更广泛的合作再次受到业内的高度重视。响应校企合作作为工程教育核心组成部分的国际标准,我国大学更加意识到其重要性,并更加致力于建立更紧密的校企合作关系,以提高工程教育的质量。过去几年,中国的产、学、研合作以及支持这种合作的环境与以往相比有所增长,大量高等教育机构与企业和其他从业者合作建立了校外实习基地。高校技术转移中心、高校科技园、产学研合作实验室、高校附属国家重点实验室、实习基地等在全国范围内如雨后春笋般涌现,形成高校与产业合作的新模式。

4. 硬件建设创新

实验室建设以专业课程实验教学为主,结合专业方向,加强综合实验设计,为国际工程承包提供实验教学、科技创新和人才培养的基础。在实验室建设过程中,高校要坚持教学改革思路,深化实验教学改革,努力提高实验和实践教学质量,加强实验室科学管理,充分调动实验室人员的积极性,提高管理水平和综合效果。

四、结论与启示

在全球范围内运营的国际工程项目中越来越多地面临不同类型的竞争和合作,直觉和经验已不足以解决复杂的问题。业主、承包商和供应商之间的关系是通过合同来定义的,通过合同明确各方的义务和责任以及风险的分配。因此,国际工程承包创新人才对于海外行业项目的成功至关重要,需要一种创新模式培养国际工程人才来应对这些竞争和合作。

本文提出了国际工程承包人才培养模式创新的主要内容,包括由产业需求建专业,构建国际工程专业新结构;由技术发展改内容,更新国际工程承包人才知识体系;由学生志趣变方法,创新国际工程教育方式与手段;由学校主体推进改革,探索新国际工程自主发展、自主培训机制;由外界资源创造条件,建设国际工程教育,引入融合新生态;由国际前沿标准要求自身,提高国际工程教育国际水平。最终形成实践教学体系创新、教学团队创新、实践基地创新、硬件建设创新等四方面的国际工程承包人才培养模式。

最后,通过一个具体案例诠释国际工程承包人才培养模式创新,即北京建筑大学城市经济与管理学院和中国服务贸易协会合作共同创新推进的国际工程承包人才培养,主要包括每年发布建筑服务业(国际工程承包)人才需求调查报告;研究和制定全国建筑服务业(国际工程承包)人才知识体系、人才培养方案、教学实施细则等;开发全国建筑服务业(国际工程承包)慕课(MOOC)教学资源公共服务平台;共建全国示范性建筑服务业(国际工程承包)实习、实训基地;共建全国建筑服务业(国际工程承包)优质双师培训基地,为全国建筑服务业(国际工程承包)专业师资提供培训工作;共同制定《中国服务贸易应用人才培养行动计划》(2020—2025年)。同时,中国服务贸易协会授予北京建筑大学城市经济与管理学院"全国服务贸易应用人才培养基地"称号;双方共享协会编制的全国服务贸易应用人才培养相关知识体系;共享全国服务贸易应用人才 MOOC 教学资源库;共建全国建筑服务业(国际工程承包)应用人才教学师资培训中心;探讨和参与筹建建筑服务业(国际工程承包)职教集团。

参考文献

[1] 沈珠江.工程哲学就是发展哲学:一个工程师眼中的工程哲学[J].清华大学学报(哲学社会科学版),2006(2):115-119.

[2] 林健.第四次工业革命浪潮下的传统工科专业转型升级[J].高等工程教育研究,2018(4):1-10.

[3] RIMAN,CHADI FOUAD,PASCA,et al.Thinking ethics differently(challenges and opportunities for engineers education)[J].Independent Journal of Management and Production,2021,12(1):165-184.

[4] 何菁,董群.工程伦理规范的传统理论框架及其脆弱性[J].自然辩证法研究,2012,28(6):56-60.

[5] 林健.新工科人才培养质量通用标准研制[J].高等工程教育研究,2020(3):5-16.

[6] 李伯聪.微观、中观和宏观工程伦理问题:五谈工程伦理学[J].伦理学研究,2010(4):25-30,141.

[7] 林健.面向未来的新工科建设:新理念 新模式 新突破[M].北京:高等教育出版社,2021:126-127.

[8] WILLEY K,GARDNER A P.Investigating the capacity of self and peer assessment activities to engage students and promote learning[J].European Journal of Engineering Education,2019,35(4):429-443.

[9] WANG C H.Research on the construction of humanistic literacy education system under the "Dual-position" talents training model[J].The Theory And Practice Of Innovation And Entrepren.2018,14:76-77.

[10] BAETHGE M,WOLTER A.The German skill formation model in transition:from dual system of VET to higher education[J].Journal for Labour Market Research.2015(2):97-112.

建筑遗产法律保护人才创新培养模式初探

石　磊

（北京建筑大学　城市经济与管理学院）

摘　要：高等教育要实现学科交叉融合，不断提高创新能力，加快培养紧缺型人才，是新时代高等教育人才全面发展的新要求。实践中建筑遗产保护不仅需要技术人才，更需要法学专业方向的人才，建筑遗产保护领域亟缺建筑遗产法律保护人才。以法治理念主导建筑遗产保护工作必然要求培养专业的建筑遗产法律保护人才。本文通过对建筑类高校建筑遗产法律保护人才现有创新培养模式进行分析与展示，探索建筑遗产法律保护交叉学科人才培养的有效教育路径。

关键词：建筑遗产；法律保护；创新培养

一、建筑遗产法律保护专业人才培养的时代意义

依法治国是我国的主要治国方略，在建筑遗产保护领域同样需要以"依法保护"理念为主导。当下建筑遗产保护人才的培养主要以建筑学专业为主，以培养建筑遗产保护的专业技术人员为主要任务。但是在实践中建筑遗产保护不仅需要技术人才，更需要城乡规划方面以及建筑遗产法律保护方面的人才。建筑遗产法律保护人才的培养已成为建筑类大学以及设有建筑学专业的院校的未来教育目标及任务。在英国、美国、德国等发达国家均有较为专业的建筑遗产保护方面的法律人才培养模式及机制，这些国家在建筑遗产保护过程中非常重视法律的作用，对我国未来建筑遗产保护人才的培养而言，这方面的法律人才的培养是必然趋势。

我校是建筑类专业院校，建筑遗产保护一直是建筑与城市规划学院历史悠久且成果辈出的专业，为北京乃至全国培养了众多的建筑遗产保护人才。但是在建筑遗产法律保护人才的培养上显然还较为薄弱，而法学专业的参与必然会补齐这个短板，也符合我校鼓励创办交叉学科、培养复合型人才的基本办学理念。通过整合建筑遗产保护实践领域以及法学专业、城乡规划专业的学术资源，成立交叉学科教学及科研团队，通过遗产法律保护的科研工作调动学生参与其中的积极性，从而使得学生在参与教师科研项目的过程中不断学习成长，完成复合型人才的培养工作。在此过程中，通过通识课、校级选修课的方式将科学研究的成果进一步推而广之，让更多的学生从科研-教学联动的实践活动中受益，培养更多建筑遗产法律保护的复合型人才。

基金项目：北京建筑大学校级教育科学研究项目"建筑遗产法律保护人才创新培养模式初探"（项目编号：Y1814）阶段性成果。

二、建筑遗产法律保护人才现有培养模式评析

1. 科研先行为主导

以法律系和建筑城市与规划学院专业教师为主成立"历史文化名城保护与发展法治研究中心",以该中心为依托,初步形成培养复合型建筑遗产法律保护人才的良好模式,通过教科融合的模式实现交叉学科的复合,科研与教学相融合的人才培养模式初具雏形,推动了科研资源转化为课程教学内容的研究与实践。研究中心的十位教师均为我校专职教师,在各自领域有很深造诣,建立研究中心后形成交叉学科互为探索的良好学术氛围,对当下较为热点的北京历史文化名城保护及城市更新问题,从建筑遗产保护和法学专业方向给出各自的研究观点,寻找学术交叉点,如老城腾退过程中涉及的物权法、行政法等相关领域的专业问题,乡村振兴中涉及的农村土地流转及闲置民宅活化利用等法律问题,以及北京城市更新过程中旧城改造、小区加装电梯涉及的物权问题等,均具有交叉学科属性。通过这类项目的研究,带动更多有资质、有潜质的优秀专业人才学会如何找到研究问题、如何解决问题、如何形成独特的个人学术观点。项目组的成员本身的构成就是交叉型的,因此在项目研究过程中所产生的科研结果也具有充分的交叉学科特色,这是本项目的基本优势。

2. 教学工作主搭台

以研究中心的专业教师为授课主体,开设了校级通识核心课程"历史文化名城法律保护"和法律系专业任选课"历史文化名城保护与发展法治专题",通过课程教学将科研资源转换为教学内容,从而进一步论证该教育模式的可行性与科学性。将传统授课方式与教师自己做科研的方式有机融合在一起,在科研活动中培养复合型建筑遗产法律保护人才,同时将科研活动中产生的科研结果作为教学资源通过特色课程回馈到课堂教学中,实现教科融合、交叉学科培养的新型教育理念。

1) 交叉学科课程内容的丰富搭建

"历史文化名城法律保护"是校级通识核心课程之一,于2018年秋季开设,面向全校各专业学生,旨在实现文理交叉学科融合,提升学生综合科学素养。这一课程至今已开设3学年,在开设过程中,秉承"交叉学科"的学科优势,吸引了众多的工科学生,为"建筑类"专业的视野开辟了新的参照视角,获得了学生非常高的评价;在教学过程中,授课教师也不断积累相应的知识与学术观点,不断形成新的学术成果;与此同时,大大提高了工科学生参与科研的积极性和主动性,形成了较为鲜明的"教学推动科研-科研反哺教学"的立体交叉式创新教学模式。

"历史文化名城法律保护"的课程内容主要为建筑遗产保护与法学专业的交叉部分,这门课程的设置是我校法律系教师探索交叉学科的一次重要尝试;在师资团队建设上,形成以法学专业和建筑学相关专业教师为主的授课团队。在课程内容设置上,将建筑学中"历史遗产保护工程"中的内容与法学专业中"建筑法""行政法"等内容充分融合,教学目的是提高大学生对我国历史文化名城保护现状及未来更新发展的基本认知,同时从法学的角度给出较为科学完善的法律制度建议。现有教学内容主要包括"历史文化名城保护法律制度""传统村落保护法律制度""域外历史文化遗产保护法律制度借鉴""历史文化名城保护实务问题"

等版块,每一版块均有专业教师予以讲授,也形成了一个较为科学、综合的多角度、相融合的教学团队。

2) 传统教育与现代教育方式的有效融合

课堂教学是"历史文化名城法律保护"通识课程的主阵地,也是课程思政的主要实现场所。传统的讲授具有不可替代的"师承"作用,通过教师系统讲授法学专业知识,既可以实现专业基础知识的学习,又可以将社会科学特有的价值观孕育其中,深入浅出地完成教化功能。教师严谨认真的治学精神也给学生树立了扎实的法律人的榜样。授课教师通过丰富的实务经验,在讲授专业课程的过程中更能够将该领域中的实务问题展示给学生,并形成鲜明的讨论观点,实现"师者,传道授业解惑"的主要示范功效。

随着现代化的教学平台及手段的引入,诸如"超星学习通""雨课堂""慕课"等高效的现代教学手段,为课堂教学提供了现代化的教学辅助,利用这些辅助手段可以大大提高通识课程的教学效果。由于"历史文化名城法律保护"为校级通识核心课程,选课的学生来自全校的二级院系,授课教师与学生之间的联系和专业教师相比,有很大差别,"超星学习通"可以有效地解决师生关系不密切带来的生疏感,利用"签到""摇一摇""课堂讨论""分组活动"等形式可以在较短的时间内增加师生之间的感情联络和熟识度,为更好地开展课堂教学工作提供了沟通交流途径。"超星学习通"中的"PBL^① 小组活动"是一个非常新颖的能最大限度地提高学生创新能力的平台,通过分组布置任务,可以有效增加不同专业学生之间的沟通和学习,大家围绕一个共同的学习任务交流讨论,通过完成任务实现通识课程的学业提升。

3) 课外学生创新实践的积极探索

"历史文化名城法律保护"作为通识课程给学生提供了充分的专业知识,同时也给学生展现了更为宽阔的观察问题的视野,在课程进行过程中,教师会根据相关内容给学生布置课下实践任务,增强对已学专业知识的认知度。虽然选课学生自己的专业课程学习较为繁多,但并没有影响学生们积极参与课外实践活动的热情。例如,讲授"历史文化名城保护概述及相关法律制度建构"后,要求学生根据自己所在城市是否历史文化名城来评估一下自己的家乡适用相关法律法规的情况,请学生思考现有的历史文化名城保护现状及存在的问题,通过学生课余的考查和思考以及作业情况可以看到,学生在学习这部分内容之后,结合自己专业课程知识给出的回答会有更新颖的视角,并且在思考该问题的时候会考虑到老旧城市都会面临城市更新的问题,这样就会不自觉地将自己专业中如土木、建筑、环境等知识运用到有关问题的思考过程中。还有很多学生提到"这门课程的内容让我第一次从真正意义上认真审视了自己所在城市的发展,并且对相关建筑遗产的保护问题进行了认真的思考,以及对法治问题进行了系统的考量"。这样的实践过程充分地实现了文科与理工科之间的相互融合,也非常有效地实现了学科之间的融合与交叉,达到了"博通"的教学目标。

3. 公众普及助参与

基于上述的科研-教学互动反哺模式,历史文化名城保护与发展法治研究中心成立历史文化名城法律保护学术小组,小组成员均为法律系本科生,小组采用线上-线下相结合的科普方式,定期向大众传播建筑遗产法律保护的法律资讯,提高公众参与意识,传播中华优秀文化。通过小组的自主活动与学术活动,有效提高法学专业本科生的建筑遗产保护基础知

---

① PBL:问题式学习。

识,通过公众号"历史文化名城法律保护"的持续运营,学生实现了专业知识学习和自我成长。

三、建筑遗产法律保护人才创新培养模式展望

1. 克服传统"专业本位",强化通识教育理念

高等教育着重于人精神成长层面的教育层次,除专业教育、职业教育之外,高等教育承担着更重要的"育人"使命。在高等教育中应将通识教育理念置于专业教育、职业教育理念之上,才能真正实现"博""通"人才的培养。单一的专业教育往往带有很多弊端,其中较为明显的就是中等教育资源差异导致的学生知识背景参差不齐。交叉学科的通识教育课程可以有效地弥补这个缺陷,从文史哲角度对理工科建筑类专业知识具有很好的互补作用。通过"历史文化名城法律保护"课程的教学实践可以充分看到交叉学科在育人方面的独特优势。有很多工科专业的学生,入校成绩非常优秀,通过选修该门课程后向授课教师表达了"视野开阔""能够从更专业的角度看待建筑领域的问题""收获非常多"等心得;更表示能够从人文的视角去观察城市、为城市建设作出自己的贡献。

2. 构建优良育人环境,营造教学相长氛围

"历史文化名城法律保护"课程的选修学生大多来自土木工程专业、建筑环境与能源应用工程专业,还有不乏一些学科前沿的专业,如轨道交通信号与控制、人工智能等。这些专业的学生在看待历史文化名城保护问题时,会跳出该问题固有的遗产保护的视角,以一种可持续发展的角度看待问题,并给出有效的对策。这样的学习、研讨模式非常有利于形成"教学相长""科研教研相互哺育"的良性教学氛围,而且给予学生成长的精神动力和知识源泉。科学被分科是近代以来的事情,而世界原本应该是一个认知整体,交叉学科通识课程恰好可以弥补这样的科学分科不足,为师生均提供了良好的互通有无的交流学习平台。

3. 科研教学互动反哺,助力遗产保护参与

现有的科研-教学反哺互动的培养模式充分展示了交叉学科的动态发展潜质,通过科研团队对科研问题的凝练,更加凸显遗产保护公众参与、知识普及的必要性,通过专业课程教学活动将科研成果巩固,提高大学生遗产保护法治水平,为即将进入未来遗产保护一线的专业人士提供有效的法治训练过程。

四、结语

新文科建设是顺应新时代发展趋势需要、推动我国高等教育内涵式发展的重要举措。交叉学科人才培养不仅仅提供新颖的专业知识,同时能从科学的视角引导学生提升自我成长能力、激发创新能力,成为善于发现问题、解决问题的新时代综合性多面人才。新文科大背景下法学专业单一发展路径逐渐被法律与其他学科交叉融合、开辟新领域所替代,法律与建筑遗产保护的良好结合不仅可以实现法学专业"新法科"路径的开辟,同时符合社会新领域对于专业交叉型人才的培养需求。

参考文献

［1］ 王淑华,王倩."建设法学"专业人才社会需求和培养质量调查与分析［J］.中国电力教育,2009(145)：28-31.

［2］ 周树敏,王刚,张卫,等.高校生命科学类通识课程教学改革与学生成绩评价方法的探索［J］.教育教学论坛,2012,46(11)：103-104.

［3］ 王晰巍.迎合新文科建设要求 培养复合型学科人才［J］.图书与情报,2020(6)：14-16.

国内外高校设计学类相关专业教学模式的探讨

阚玉德

（北京建筑大学　建筑与城市规划学院）

摘　要：通过对国内外设计学类专业典型教学模式进行分析得出，国内外设计学类专业教学模式的共性都是注重"艺术"与工艺、技术、科技等的结合，注重理论知识与社会实践的结合，注重培养的人才与社会需求之间的对接。教学模式之间主要因其文化、办学历史、人才培养目标、国情之间的不同，从而在教学展开过程中各具特色。

关键词：教学模式；人才培养；社会需求

设计学类高等教育的核心是为社会需求而服务，其人才培养目标就是培养解决社会问题的未来设计师。设计师对社会的责任与担当，就是用设计与创新来解决社会领域中急需解决的或未来可能出现的问题。探讨国内外高校设计学类专业课程的教学模式，目的是在了解与借鉴国内外优秀经验的同时，深入思考新时代下人才培养所需的专业课程结构体系、教学方法等问题。

一、国内相关高校典型性教学模式的分析

国内高校设计类相关专业无论开设时间早晚，人才培养的目标都围绕应用型人才展开。在相关专业课程教学上都离不开"艺"与"工"的结合。不同的高校因其办学历史、办学定位等差异，所以在"艺工结合"的教学模式中又添加了各自的特色。以下选取具有代表性的国内高校教学模式进行探讨。

（1）清华大学美术学院的"艺工结合"教学模式，突出"跨地域、跨学院"的合作。

清华大学美术学院现设有 10 个系和 1 个基础教研室，涵盖 20 个本科专业方向。学科结构完整，教学、科研和工艺实验条件完备。学院相关专业教学在"艺工结合"模式中更加注重学生创新性、文化性以及国际视野的培养。注重国内外"跨学院、跨地域"之间的交流与合作，先后与美国、英国、法国、澳大利亚、日本等国家和地区的 62 所知名院校建立了合作关系。每年引进国际和国内专家、著名学者参与课程授课。这种沟通交流，在借鉴国内外优秀办学经验的同时，提高了学生的国际视野，培养了学生在全球视角下系统地考虑设计相关问题的能力。

（2）江南大学设计学院立足国情需要，注重课程研究和相关实践并重的教学模式。

基金项目：2019 年度中国建设教育协会教育教学科研项目"基于建筑文化遗产项目的设计学类专业教学模式的研究"（项目编号：2019051）。

江南大学设计学院目前拥有 5 个国家一流专业,包括工业设计、产品设计、视觉传达设计、环境设计、服装与服饰设计,3 个国家特色专业,包括公共艺术、数字媒体艺术、服装设计与工程。

各个专业的人才培养目标都是立足转型时期的国情需要,满足随着时代发展和社会进步产生的新需求。教学采用课程研究和相关实践并重的教学模式。如工业设计、产品设计专业发扬轻工特色,紧跟智能技术发展,围绕智能体验、虚拟交互、智慧生活、数字化文创、服务与社会创新等主题开展教学,同时与美的、海尔、上汽等行业标杆企业建立了示范性产教融合基地;视觉传达设计专业在互联网、新信息媒体与体验经济的全球背景下,注重技术与艺术、传统与现代、信息与交互的多维联结与融合,强调面向多专业领域跨界融合的特色;环境设计专业从"环境设计学途径协同解决城乡人居环境问题"出发,立足国情和地域传统,面对人居环境品质提升的时代需求,围绕"持续的景观"和"系统的空间"两大方向展开教学与实践;服装与服饰设计专业培养符合国家服装行业与产业发展需求的人才,以"111"计划引智基地为依托,每年邀请多名国际学术大师来做报告,注重实践的同时又拓宽了学生的国际视野。

(3) 广州美术学院采用以工作室制为载体的"产学结合"的教学模式,建立跨文化、跨学科融合创新的国际化设计教育新体系。

广州美术学院依托国家级广告产业园、省级重点实验室、研发中心、研究基地、广东省集美设计工程公司等产学研结合的社会服务平台,在广州区域文化建设和产业发展中发挥重要作用。学院成立了多个工作室,同时配备了各种实习车间、模型工坊、实验室等,教学过程中实现"产"和"学"的密切结合。

学校通过与国外多所大学进行合作与办学,与 30 多个国家和地区的 60 多所艺术院校建立交流与合作关系,选派教师进行访学进修,互派学生进行交换学习,定期举办国际工作坊和讲学活动、美术设计展览以及国际学术研讨会等。在国际舞台上展示师生的学术研究成果和优秀创作成果,扩大了中国文化在国际社会的影响。

(4) 汕头大学长江艺术与设计学院以企业实际项目为核心,建立"项目驱动式"的教学模式。

学院围绕企业实际项目展开专业教学,在很大程度上保持了与社会的紧密联系,实现了学生毕业后与社会需求的精准对接。学院建成与专业相关的各类实践基地 18 个,企业资源超过 50 家,涵盖汕头所有产业,覆盖珠三角、长三角地区。如产品设计专业依托汕头大学长江工业设计中心、产学研合作基地、实习基地、教学实践基地、联合实验室等人才培养平台,建立以企业实际项目为核心的"项目驱动式"教学模式。大学期间,学习本专业的每名学生至少有 5 个设计作品落地。

(5) 大连民族大学设计学院围绕参与竞赛、申请专利等展开的"本科生导师制工作室"教学模式。

目前大连民族大学设计学院的 4 个本科专业中,工业设计、产品设计为国家级首批一流本科示范专业,视觉传达设计为国家级第二批特色专业建设点。相关专业教学采用以"本科生导师制工作室"为核心的教学模式。学生在一年级阶段统一进行公共平台教育,即设计基础知识和技能训练。从二年级开始,各专业根据学生的特点、工作室设置的情况,通过双向选择的方式,学生分别进入不同专业导师工作室进行后续的学习。

学院 18 个导师工作室以课题和实际项目为载体,专业知识围绕学生特点展开,从培养学生解决问题的能力出发,因材施教,快速形成学生所需的基本知识结构和技能体系,激发学生自主学习热情。这种教学模式在教学过程中成果显著,相关成果获 400 多项国际顶级设计大奖,其中红点奖 83 项,IF 奖 100 项,Finalists 奖 203 项,IDEA 奖 17 项。3000 多项国内知名设计竞赛获金、银、铜奖。完成 300 多项具有自主知识产权的产品原型设计,200 多套儿童创新玩具设计,600 多本儿童原创绘本,多种新农村系统性集成住宅原型设计。累计获批发明专利 40 余项,实用新型专利 510 余项。

二、国外相关高校典型性教学模式的分析

欧洲和北美大多数设计院校基本的教学模式是在"艺术与技术统一"的教育理念下,构建"工作室"为载体的"双师型"教学模式。同时因其发展历史、地理位置、人才培养定位等不同,其在具体的教学模式、方法和内容上又有差异。以下选取具有典型性的国外高校教学模式进行探讨。

(1) 英国皇家艺术学院基于平台的跨学科、跨院校的联合培养模式。

英国皇家艺术学院定位为培养艺术家和设计师的教育。办学上特别重视与学术机构、不同国家院校间的合作。如与维多利亚和阿尔伯特博物馆、大英博物馆、英国皇家学会、英国皇家音乐学院、帝国理工学院等学术机构合作,达成资源共享。同时与中国、日本、加拿大等国际院校合作,建立学生的全球视角。

英国皇家艺术学院的教学模式是基于"平台"(platform)的跨学科、跨院校的联合培养教学模式。基于平台的教学,邀请来自不同领域的专家学者,包括博物馆馆长、艺术家、理论家、设计师、建筑师、商业策略师等具有科学界、艺术界背景的专家来讲学。

英国皇家艺术学院有 20 个系,这些系包括技术类、工学类等,这些系可以提供多学科的课程,培养具有一定技能的学生。学院在各个系之间创造跨学科的交流机会,通过项目进行充分的互相渗透。同时相关研究方向的课程,综合了多学科的知识,围绕跨学科、跨文化、跨地域不同合作机构及社区共同参与的项目展开教学实践。把相关专业知识如美术、工艺设计、传媒等各学科结合起来,强调课程实践的社会性、参与性、协同性等特点,引导学生以广阔的、整体的理念去开展设计。

(2) 伦敦艺术大学基于社会资源的工作室制教学模式,注重打造学生与市场之间联系的各种途径。

伦敦艺术大学由 6 所学院组成,这些学院包括艺术、设计、服装、影视表演、大众传媒和新闻出版等方面的相关专业。其中切尔西艺术与设计学院的艺术教育在英国乃至欧洲都是非常有特色的。把促进学生实践学习与理论学习相结合作为教学的重点。理论课教学由兼职教师担任,教学内容由艺术家、评论家、策划人及各种专家学者以讲座和研讨会的形式进行,社会资源的不同决定每一个学期同一课程的授课内容也会不尽相同。教学方式上注重学生之间、小组之间的研讨式教学方式,找到作品创作和完成的构思方法、思考方法。每个工作室都有专职的导师引导学生进行创作,学生在工作室完成课程的学习与创作实践。创作作品的技术和制作问题由各工作室中的技术教师来解决,技术教师不作方案的评价,只负责帮助学生完成作品制作或寻找特殊材料等工作。

伦敦艺术大学尽一切能力搭建学生和市场之间的途径。如中央圣马丁学院特别成立了"创新与商务部"专门负责将文化创意人才资源与社会经济需求无缝对接。学院成立了国际设计咨询公司,提供文化创意产业的国际专业培训等。同时指导和帮助毕业生进行创业,指导和帮助学生打造自己的公司与品牌,把文化创意思想转化成产业价值。

(3)罗德岛设计学院与芝加哥艺术学院采用"双向互动、多元互动"的教学模式。

罗德岛设计学院相关专业课程,采用理论教学与工作室教学相结合的形式。教师通过提出学习过程中的问题引导学生,这种师生间的"双向互动、表达多元化互动"的教学模式,更好地调动了学生的表达与创新能力,培养了学生的专业技能、学习方法和社会实践能力。

芝加哥艺术学院主要是培养学生具有艺术家的视野,各个专业方向根据社会的需求,培养学生的设计观念。学院提供学生在视觉、艺术方面的完整教学,教师注重培养学生的独立思考、创造性能力,同时在概念及技术方面给出专业性的建议。教学采用"双向互动、表达多元化互动"的模式,"行为引导型"的教学方法,教学过程中注重基础理论素质、应用基础和动手能力的培养,以渐进的方式展开教学。如室内设计专业课程结构就是基础知识—基本能力—应用能力—高级课程的思路。

(4)柏林艺术大学采用以专业工作室、理论课教学组、工作车间等为主导的"双师型"教学模式。

柏林艺术大学的每个"专业工作室"都由教授、讲师、高年级学生组成。同时根据设计理论设有不同的"理论课教学组"。由世界知名设计师担任教授和学术带头人,辅以一批中青年设计教师组成教学团队。学校强调以"教学的创新带动设计的创新"。设计课题是以工作室的教学模式进行,有完备的工作车间,注重学生创意思维能力和模型制作能力的培养,尤其重视模型的制作能力。教学以学生为中心,强调与先进的工业技术相结合,注重培养学生对社会的理解能力,强调发现问题、分析问题和解决问题的能力。学校严格考核毕业生的水平,不允许不合格学生进入社会,目前毕业率只有七分之一,文凭是欧洲含金量最高的。

三、国内外相关高校典型性教学模式的比较

随着国际交流的增加,国内外地位相当的设计学类学校之间在办学水平上的差异不断缩小。国内外设计学类高校教学模式的共性都是注重"艺术"与工艺、技术、科技等的结合,理论知识与社会实践的结合,毕业人才与社会需求之间的对接。

国内外设计学类高校教学模式的差别主要是文化、办学历史、具体人才培养目标、国情之间存在的差异导致的。国外的设计院校在设计教育中注重培养学生"艺工结合"的设计能力,注重引导和培养学生建立全球视野下的独特艺术创作语言,即成为未来的艺术家和设计师的综合素质培养。各个学校课程设置多基于其丰富的"平台资源",采用"跨学科、跨学院"的模式,注重理论与实践的结合,注重"师生互动、多元互动"。目的是进行学生艺术观念和创造力的培养,独立思考能力、创造创新能力的培养。

中国的设计教育起步比较晚,随着 30 多年的高速发展,在借鉴外来经验的同时,也形成了不少自己的教学模式。国内相关设计专业教学中注重基本知识体系的建立,基本技能的训练,在教学中由浅入深,讲究程序和设计方法的运用,但在办学理念、教学活动设计、课程设计、教学效果评价等方面,仍有很大的提升空间。

无论哪种教学模式,最终关注的都是学生思维与创新能力的培养。设计学类的人才不仅仅局限于单件或者独立空间的相关设计方案,而是围绕需解决的社会问题组织整个设计活动,如公众参与模式、社群合作、活动策略、设计开发的依据以及方法。依托实际项目,面对社会需求,引导学生组织项目设计的全过程,培养学生建立系统、协同的思维以及解决问题的具体设计方法是设计学类相关专业教学的关键。

参考文献

[1] ALAN CUMMING.对艺术家和设计师的教育:英国皇家艺术学院研究生培养模式[J].设计,2011(2):80-85.

[2] 张宪.RCA的秘密:英国皇家艺术学院学习笔记[J].美术向导,2008(1):21-22.

[3] 王小峰.从伦敦艺术大学切尔西艺术与设计学院看英国当代艺术教育[J].美与时代(上),2013(6):21-23.

[4] 江滨.美国室内设计教育现状及评析:以美国罗德岛设计学院和芝加哥艺术学院为例[J].南京艺术学院学报(美术与设计版),2011(4):117-121.

[5] 张羽洁.英国皇家艺术学院社会设计教学模式:巴巴克·哈希米-内扎德访谈[J].公共艺术,2021(3):68-75.

[6] 刘斐.柏林艺术大学工业设计教育模式介绍及浅析[J].企业家天地(理论版),2011(2):136-137.

高校劳动教育影响积极学业情绪的具身效应：来自 Stroop 范式实验证据

那　威

（北京建筑大学　环境与能源工程学院）

摘　要：高校劳动教育发挥内在认知育人作用的机制尚未明确。本文研究了劳动教育后大学生注意偏向与积极学术情绪之间的关系。利用情绪 Stroop 范式，选取 2 组共 66 名大学生，采用不同劳动教育教学方法后，测量被试学生在对积极、消极学业情绪和中性情绪词语的注意偏向差异。结果表明，劳动教育对大学生学业情绪有显著影响和具身效应，引导大学生亲自参与劳动的教学方法效果更好。这些发现支持了大学生劳动教育的适应性价值，劳动教育增强了大学生自我控制等正向认知和意愿，具有发展为品格改善、学业有成就、能适应社会等正向行为的功能，这种改变是通过劳动教育显著激发积极情绪并抑制消极情绪实现的。

关键词：劳动教育；情绪 Stroop 范式；具身效应；高校；教学方式

一、引言

　　"德、智、体、美、劳"五育并举成为新时代高校内涵发展和构建全面教育体系的新任务、新课题。中共中央、国务院《关于全面加强新时代大中小学劳动教育的意见》明确劳动教育是德智体美劳全面培养的教育体系组成部分。中国已建成了世界上规模最大的高等教育体系，全国高等教育毛入学率达到 48.1%，按照美国马丁·特罗（Martin Trow）关于高等教育阶段划分理论，我国高等教育已处于大众化向普及化发展阶段，北京等发达地区已进入普及化阶段。从发达国家高等教育大众化、普及化阶段的经验看，强化劳动教育是一个普遍特征动向，具体在德育、实践教育中采取政府主导、学校实施、社会熏陶、传媒传播等方式，提倡思想、技术教育与劳动实践生活相结合。国内外关于劳动教育，包括美国、法国、俄罗斯、新加坡等，即有研究，它们多数将劳动教育归为社会服务、公民道德教育、课外活动等内容，主要集中于"劳动教育"的理念教育和课程设置等应用场景；2009 年以前国内关于劳动教育的研究较少报道（张冈，1992；安洪溪，1995；李珂，曲霞，2018），报道的内容主要为探讨教育服务生产劳动等问题；2009 年以后的研究成果（柳火平，2015；洪霞，2016；袁华高，2017；孟维莹，2017；才忠喜，2017）主要集中于劳动或劳动教育内涵、劳动或劳动教育在所在地区或学校的现状，以及社会、家庭、学生和学校等主体加强劳动意识、品质和技能等教育措施与管理措施上。部分研究者（谭忠艳，2020；孙伟 等，2020；周婕，周扬帆，2019；曲霞，刘向兵，2019；刘向兵 等，2018；刘丽红，2018；曹院平，宋颖，2018；郭莹，2018；胡佳佳 等，2018；李珂，曲霞，2018）针对大学生、高校提出了结合新时期高教发展的劳动教育内涵、问题、历史演进等方面研究。中国劳动关系学院、中国人民大学等部分高校开展了劳动教育与教学体系相结合的实践（刘璐，冯建民，2021；曲霞，刘向兵，2019）。综合既有研究和实践，既有研究主要集中于学前教育至高中阶段的基础教育和职业教育阶段，研究教育对象多为儿童、少年和职业工作者，研究内容已涵盖了劳动教育的内涵、教育现状、教育强化措施等，但欠缺针对新时代大学生群体特征的、与高校现有教学体系相适应的、可实施验证的实证研究。

已有研究普遍认同劳动教育对大学生的美德强化、知识巩固、身心管理和综合素质提升具有促进作用，但是上述论断主要通过思辨推理、观察部分学生外显行为获得。劳动教育前后和劳动教育的方式是否得当，如何作用于大学生内在情绪、心智、认知以产生变化，如何进一步作用于大学生意志和行为，还明显缺乏量化分析方法支持和数据证据。认知科学和教育心理学的大量研究已证实人的认知、情绪和意志紧密联系、相互作用。部分研究（Duckworth，Seligman，2005a；Baumeister，Vohs，2007；Moffitt，et al.，2011）表明自我控制是人的功能性行为的基础，表示其克服直接冲动在不同价值行为中进行长期利益目标选择的能力。吴思思（2010）、Myers 等（2018）、Smith 和 Waterman（2003）、柏阳等（2010）、贾丽萍等（2013）、成洁和黄思杨（2020）研究表明情绪刺激及模式产生注意偏向并对自我控制和认知能力具有不同影响，Wills 和 Dishion 等（2004）研究证实个体性格和社会环境影响自我控制能力；Ayduk 等（2002）研究表明自我控制行为取决于自我控制动机和能力，动机的高低直接影响个体自我控制的主动性。同时，自我控制能力对学习和生活质量具有重要影响。Kelly 和 Conley（1987）、Moffitt（2011）、Duckworth 和 Seligman（2005b）、陈乐（2016）、张华玲和陈惠惠（2014）、韦舒雯等（2020）研究发现具有较好自我控制的人通常呈现更好的人际关系和更高水平的学业成就。Pratt 和 Cullen（2000）、Baumeister（2002）、Quinn 和 Fromme（2010）、Walter 等（2010）、张霞（2018）、金伟（2019）研究进一步证明具有较低水平自我控制表现的人倾向于攻击行为、人际冲突、低成就，甚至冒险、成瘾、心理状况症状或犯罪行为的增加。因此，基于已有研究我们提出假设：劳动教育激发大学生积极情绪和认知，同时抑制消极情感、认知和行为，进而提高其自我控制动机和能力，具身和离身的不同劳动教育教学方式对大学生自我控制的促进作用存在差异。

鉴于此，本文关注对象为大学生，研究开展劳动教育及其不同教学方式对大学生情绪和认知的影响，设计典型劳动教育情境，采用情绪 Stroop 范式量化分析在不同劳动教育情境下大学生自我控制的效能差异，以期为高校劳动教育改善大学生认知和心智的效果、内在机制考查和适用教学方式选择提供新数据证据和方法支持。

二、方法

1. 被试

以大学生为研究对象。采用某大学二年级在校本科生 66 人作为研究对象，所有实验结果中，剔除 12 个无效数据（错误率大于 20% 的数据 4 个、标准化残差大于 3 的离群数据 8 个），实际有效数据共 54 个（有效数据占全部数据的 81.8%），其中，男生 29 人，女生 25 人，采用随机方式分为 2 个被试组。所有被试第一语言均为汉语，视力或矫正视力正常，蓝绿颜色分辨正常。同时，被试均通过了情绪和唤醒状态检查，2 个组间被试组的愉悦程度和唤醒程度的显著性值 Sig 均大于 0.05，其中情绪和唤醒检查采用愉悦/悲伤、平静/兴奋的词语进行主观情绪体验评价。通过上述分离愉悦度和唤醒度维度信息，证明愉悦度和唤醒度效应独立且未对情绪 Stroop 效应结果产生影响。

2. 研究方法

本文采用情绪 Stroop 范式，测量 2 个随机被试组的 Stroop 反应时间。对不同随机被试组采用不同处理后（如：本文对大学生采用劳动教育的不同教育方式），将积极情绪用词、中性情绪用词、攻击情绪用词一一分成蓝、绿颜色词，将颜色词作为视觉刺激进行逐一呈现，要求被试忽略各用词本身的词性，只对所呈现词的显示颜色进行报告命名，并记录命名时间的不同。该范式说明被试受到劳动教育后造成情绪变化，情绪对注意选择性产生影响，不同词汇刺激的 Stroop 反应时间的选择性不同表明被试产生了注意偏向。贾丽萍等（2016）、Ayduk（2002）、白学军等（2013）研究已证明，积极情绪状态或情绪状态向积极情绪改善，促使被试呈现出对该积极情绪相关用词的注意偏向；反之，消极情绪状态导致消极情绪相关用词的注意偏向。因此，本文通过观察大学生在采用劳动教育的不同教学方式后，对自我控制等积极情绪用词、攻击消极情绪用词的情绪 Stroop 范式下的注意偏向与中性情绪用词的差异，求证劳动教育是否促进大学生自我控制。采用 2×3 的两因素混合设计，组间自变量为不同劳动教育方式（具身方式：大学生亲身动手进行劳动活动的方式；离身方式：观看劳模纪录片等劳动教育视频材料的方式）和情绪用词的性质（与自我控制相关的积极情绪用词、中性情绪用词、攻击情绪用词）；因变量为完成情绪 Stroop 任务的反应时间。

3. 施测实验材料

本文情绪 Stroop 范式采用 E-prime 软件编制任务，程序逐一安装于各实验仪器中，各情绪用词分别用蓝（RGB：0,0,255）、绿（RGB：0,255,0）呈现在屏幕中央，字体为 Simhei（黑体）72Pt，被试进行判断按键之前，用词会始终呈现。被试利用手的食指、中指，按动 B 键和 N 键对蓝色、绿色用词进行判断，判断后呈现下一个用词。积极情绪用词、中性情绪用词、攻击情绪用词采用随机、平衡方式呈现，即相同用词均采用蓝、绿用词各呈现一次，全部用词共呈现 54 次。

积极情绪用词、中性情绪用词、攻击情绪用词参考 Mussweiler 和 Förster（2000）、Schubert（2004）、Schubert 和 Koole（2009）等研究中所推荐的用词各 9 个，共 27 个动词或形容词。与自我控制相关的积极情绪用词为：统治、胜利、获取、影响、万能、授权、强大、强壮、实力；中性情绪用词为：阅读、计算机、烤箱、红绿灯、桌子、房子、杯子、风扇、鼠标；攻击情绪用词为攻击、憎恨、暴力、谋杀、残忍、击打、侵略、争吵、战斗；用于被试在正式实验之前熟悉任务操作方式的练习词汇，选用了无意义生僻词语：敋敊、敆敇、敪敉、敨敍、敀敂、敜敂、敇敊、敊敆、敤敳。

4. 仪器

实验仪器为 DELL 台式计算机（采用 Intel Core I7 处理器主频 3.2G，内存 8G，GeForce GTX 1650 SUPER 显卡），22 英寸（0.5588m）32 位真彩色显示器，屏幕分辨率为 1920×1080，刷新率为 60Hz。每位被试一台，共 54 台。

5. 施测程序

采用随机方式将被试分为 A 组和 B 组。所有被试按顺序完成施测程序的 5 个阶段。

（1）进入施测场地：被试按要求同时进入相关专业机房，A 组进入 A 机房，B 组进入 B 机房，A、B 机房环境相同。

（2）情绪平复：被试进入机房后，安静休息 3min，平复情绪，并按照指导语进行情绪状态自我评分（持续时间约 25s）。

（3）不同劳动教育方式阶段：A 组按照指导语，被要求在自己所在机位进行劳动，用清洁剂清洁所用计算机的键盘、计算机屏幕和桌面，并分类整理计算机中指定文件夹中的扩展名文件，亲身动手共进行劳动活动 25min（下文简称亲身劳动）。B 组按照指导语，被要求在自己所在机位观看中央电视台《大国工匠》纪录片片段 25min（下文简称观看视频）。

（4）练习阶段：被试在自己机位熟悉和练习，采用情绪 Stroop 任务程序测试无意义生僻词语，共 9 个试次。熟悉练习后休息 1min 准备进行正式测试。

（5）正式测试阶段：要求被试又快又好地进行情绪 Stroop 任务，屏幕每次随机呈现 1 个情绪用词，每个被试采用按键方式完成 54 个情绪用词的颜色判断，程序自动记录判断反应时间和正确率，持续时间 15min 左右。具体施测流程见图 1。

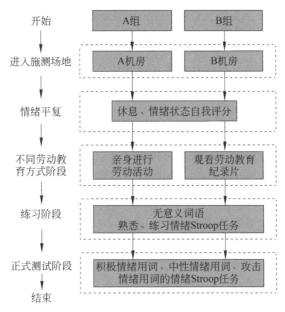

图 1　施测流程示意

三、结果

在情绪 Stroop 范式中，被试在不同刺激后（不同劳动教育方式），分别采用积极情绪用词、中性情绪用词、攻击情绪用词正确完成 Stroop 范式颜色判断的反应时间的差异表示注意偏向的程度，反应时间值越高表明被试对该情绪的反应更慢，注意偏向的程度更高。

以对大学生采用的不同劳动教育方式的组别为被试间因素（分为 A、B 组，A 组亲身劳动，B 组观看视频），情绪 Stroop 实验中采用的 2 种情绪用词（积极情绪用词、攻击情绪用词)为被试内因素,被试完成 Stroop 实验相应反应时间为因变量,进行 2×2 的多因素方差分析;为了排除不同被试组可能的客观特质差异影响被试情绪用词的 Stroop 反应时间,将不同被试组完成对中性情绪用词的 Stroop 实验反应时间作为协变量。

首先,本文开展了协方差分析回归斜率相等条件检验,中性情绪用词的反应效应的回归斜率检验结果如表 1 所示。

表 1　中性情绪用词的反应效应的回归斜率检验结果

变　　量		自由度（df）	均方（MS）	F	显著性（p）	效应量（η^2）
劳动教育方式	积极情绪用词	1	567.4	0.615	0.437	0.012
	攻击情绪用词	1	874.6	1.192	0.280	0.023
中性情绪用词	积极情绪用词	1	138818.1	150.343	0.000	0.750
	攻击情绪用词	1	80202.9	109.296	0.000	0.686
劳动教育方式× 中性情绪用词	积极情绪用词	1	1186.6	1.285	0.262	0.025
	攻击情绪用词	1	1048.2	1.428	0.238	0.028

中性情绪用词反应时间与不同劳动教育方式的交互作用未达到显著水平,相对于积极情绪用词反应时间 $F(1,50)=1.285$,$p=0.262>0.05$,效应量 $\eta^2=0.025$;相对于攻击情绪用词反应时间 $F(1,50)=1.428$,$p=0.238>0.05$,效应量 $\eta^2=0.028$,说明数据符合协方差分析回归斜率相等条件。

1. 不同劳动教育方式 Stroop 反应时间对比

进一步采用积极情绪用词、攻击情绪用词反应时间为重复测量因素,以中性情绪用词反应时间为协变量,进行劳动教育方式与情绪用词反应时间的 2×2 重复测量协方差分析。

分析结果见表 2,劳动教育方式的主效应显著,$F(1,51)=6.049$,$p<0.05^*$,效应量 $\eta^2=0.106$。中性情绪用词的主效应显著,$F(1,51)=255.195$,$p<0.001^{***}$,效应量 $\eta^2=0.833$。说明采用不同劳动教育方式对被试情绪 Stroop 实验的反应时间具有显著性差异。同时,被试对中性情绪用词的反应时间具有显著性差异,应在协方差分析中去掉其影响并估计各变量主效应的边界均值。在控制中性情绪用词的反应时间为 470.7ms 时,无论采用积极情绪用词还是攻击情绪用词作为刺激,采用亲身劳动的劳动教育方式的反应时间均比采用观看视频的劳动教育方式的反应时间明显延长(采用亲身参加劳动的教育方式的反应时间估算边际平均值(501.6±5.6)ms 和(477.3±5.4)ms,慢于采用观看视频的教育方式(476.8±6.1)ms 和(471.3±5.4)ms),如图 2 所示。

表 2　劳动教育方式、中性情绪用词反应时间的组间效应协方差分析

组间变量	自由度(df)	均方(MS)	F	显著性(p)	效应量(η^2)
劳动教育方式	1	6577.449	6.049	0.017*	0.106
中性情绪用词	1	277468.419	255.195	0.000***	0.833

注: * 表示 $p<0.05$,***表示 $p<0.001$。

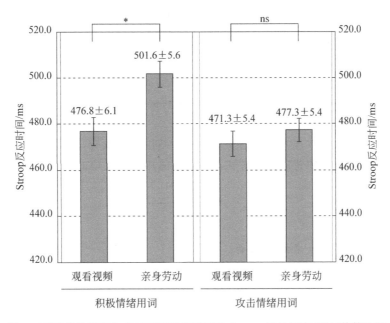

图 2　不同劳动教育方式对不同情绪用词的 Stroop 任务反应时间（估算边际
平均值±标准误，协变量中性情绪用词反应时间＝470.4ms）

2. 劳动教育对积极情绪用词和攻击情绪用词的 Stroop 反应时间对比

采用积极情绪用词、攻击情绪用词反应时间为重复测量因素，以中性情绪用词反应时间为协变量，进行劳动教育方式与情绪用词反应时间的 2×2 重复测量协方差分析。

分析结果见表 3，控制中性情绪用词效应（协变量中性情绪用词反应时间＝470.4ms）后，积极情绪用词、攻击情绪用词采用劳动教育后的主效应差异均显著，$F(1,51)=6.094$，$p<0.05^{*}$，效应量 $\eta^2=0.107$。同时，积极情绪用词、攻击情绪用词与不同劳动教育方式、协变量中性情绪用词的交互效应均具有显著差异（劳动教育方式交互效应 $F(1,51)=4.086$，$p<0.05$；中性情绪用词交互效应 $F(1,51)=8.339$，$p<0.01$）。

表 3　劳动教育方式与积极、攻击情绪用词反应时间的组内效应协方差分析

组　间　变　量	自由度(df)	均方(MS)	F	显著性(p)	效应量(η^2)
积极和攻击情绪用词	1	3541.869	6.094	0.017*	0.107
积极和攻击情绪用词×劳动教育方式	1	2374.566	4.086	0.049*	0.074
积极和攻击情绪用词×中性情绪用词	1	4846.885	8.339	0.006**	0.141

注：* 表示 $p<0.05$，** 表示 $p<0.01$。

具体分析采用劳动教育后对积极情绪用词的反应时间协方差，见表 4，可见不同劳动教育方式对积极情绪用词的反应时间的效应具有显著性差异，$F(1,50)=8.919$，$p<0.01^{**}$，效应量 $\eta^2=0.151$，采用亲身参加劳动的教育方式的反应时间估算边际平均值（501.6±5.6）ms，明显长（变慢）于采用观看视频的教育方式（477.3±5.4）ms。与之相对，不同劳动教育方式对攻击情绪用词的反应时间差异不显著，$F(1,50)=0.655$，$p>0.05$。

表 4 劳动教育后积极情绪用词、攻击情绪用词效应的协方差分析

因变量	自由度(df)	均方(MS)	F	显著性(p)	效应量(η^2)
积极情绪用词	1	8235.401	8.919	0.004**	0.151
攻击情绪用词	1	480.756	0.655	0.422	0.013

注：**表示 $p < 0.01$。

上述结果，说明劳动教育方式激活了对积极情绪用词的效应，同时抑制了对攻击情绪用词的效应；采用亲身劳动的劳动教育方式对积极情绪用词的反应时间明显延长（变慢）。

四、讨论

1. 劳动教育对大学生情绪的影响

本研究结果表明，采用不同劳动教育方式后对情绪用词 Stroop 实验反应时间主效应均具有统计学意义，表明大学生对各劳动教育方式均出现注意偏向。前人研究成果（Ayduk，2002；Baumeister and Vohs，2007；Baumeister and Vohs，2016；Myers，2018；Wills and Dishion，2004；郝爽 等，2018；李忠臣 等，2018；武舒楠，白新文，2019）对注意的抑制和激活成分等注意偏向机制的研究说明：注意是心理活动或意识对一定对象的指向与集中，与意识和认知紧密相连，具有自动加工的特点，对特定刺激敏感性高，即相对于中性刺激，对情绪刺激的注意分配表现出不同的特点。采用劳动教育后大学生的注意偏向符合情绪启动及注意增强特征，验证了大学生劳动教育引起情绪变化，情绪对注意选择性产生影响，从而可对大学生意识和认知产生影响。

大学生采用亲身参加劳动教育和采用观看视频的不同劳动教育方式对比，前者注意增强明显强于后者的结果说明，大学生劳动教育具有明显的具身性，这一结果与前人研究结果认为对身体相关感觉运动系统和神经系统的操作会影响个体对情绪信息的反应。情绪的具身性不仅体现在情绪外周理论、面部反馈假说和躯体标记假说所强调的情绪体验的具身性上，而且也体现在情绪知觉、情绪理解、情绪对认知和躯体动作影响的具身性上。

本文研究结果实证了劳动教育对大学生的情绪有显著影响，所产生的注意增强呈现具身性特征，提示采用亲身参加劳动的劳动教育方式是更有效。

2. 劳动教育对大学生认知的影响

本研究结果表明，大学生劳动教育后对自我控制的积极情绪用词的 Stroop 实验反应时间的主效应具有统计学意义，同时对攻击消极情绪用词相关注意偏向差异无统计学意义，劳动教育引起的注意偏向表明劳动教育对大学生的积极情绪具有注意增强作用，同时对大学生消极情绪具有注意回避作用。这不仅排除了劳动教育对大学生积极情绪的注意增强特征是激活攻击等威胁刺激所引致的可能，同时说明劳动教育对大学生的情绪具有激活积极和抑制消极的协同作用。

此结果验证了前人研究成果（Myers，2018；郝爽，2018；李忠臣，2018；武舒楠，白新文，2019）中提出注意偏向是被试对自身高相关性信息的选择性激活和对无关刺激的主动抑制功能的体现。有研究者（Duckworth and Seligman，2005b；Kelly and Conley，1987；Moffitt，

2011；陈乐，2016；郝爽，2018；武舒楠，白新文，2019；张华玲，陈惠惠，2014)采用特质一致理论和图式理论解释注意偏向，个体产生注意偏向所选择性处理的信息与自身的特质具有一致性，个体情绪向积极情绪改善，则出现倾向于选择积极情绪的信息进行优先加工，并维持积极情绪注意的特征。同时认知层面的加工机制与注意偏向机制相关联，对积极情绪的正向注意偏向说明认知层面动机性的同时转变，采用更积极的策略应对刺激或对消极刺激影响起缓冲作用，进而形成自我控制等正向认知，并能积极控制消极情绪，更好地调整情绪、协调健康人际关系等。正向注意偏向引发的正向认知和行动触发奖励机制，将进一步持久维持和扩大其优势作用。自我控制作为明显的积极情感特征，劳动教育后大学生对自我控制相关积极情绪用词产生注意偏向，劳动教育强化了大学生自我控制的情绪和意志，进一步提高大学生自我控制能力，有助于激发大学生倾向于追求更好的人际关系和学业成就的行动，而且该正向注意偏向生成的同时也抑制了负向、消极信息的注意偏向，作为自我控制能力组成部分的消极情绪控制能力也同样提升，有助于大学生自我积极抑制攻击、人际冲突、成瘾、心理状况症状等负向认知和行动的增加。

本文研究结果实证了劳动教育增强了大学生自我控制等认知和意愿，具有发展为良好品格改善、学业有成就、能适应社会等正向行为的功能，机制为通过劳动教育激发积极情绪并抑制消极情绪。

五、结语

（1）本文提出基于情绪 Stroop 范式的高校劳动教育效果的量化实证和评价方法范式，对具身/离身不同劳动教育方式后大学生对积极/消极情绪相关注意偏向特征进行探索，作为分析劳动教育对大学生正向认知和心智促进作用的依据。

（2）劳动教育对大学生的情绪有显著影响，所产生的注意增强呈现具身性特征，提示采用亲身参加劳动的劳动教育方式是更有效的劳动教育方式。

（3）劳动教育增强了大学生自我控制等认知和意愿，具有发展为良好品格、学业成就、社会适应等正向行为的功能，这种改变是通过劳动教育显著激发积极情绪并抑制消极情绪实现的。

参考文献

[1] AYDUK O，MISCHEL W，DOWNEY G. Attentional mechanisms linking rejection to hostile reactivity：The role of "hot" versus "cool" focus[J]. Psychological Science，2002，13(5)：443-448.

[2] BAUMEISTER R F. Ego depletion and self-control failure：An energy model of the self's executive function[J]. Self and identity，2002，1(2)：129-136.

[3] BAUMEISTER R F，VOHS K D. Self-regulation，ego Depletion，and motivation[J]. Social and personality psychology compass，2007，1(1)：115-128.

[4] BAUMEISTER R F，VOHS K D. Misguided effort with elusive implications[J]. Perspectives on psychological science，2016，11(4)：574-575.

[5] DUCKWORTH A L，SELIGMAN M E P. Self-discipline outdoes IQ in predicting academic performance of adolescents[J]. Psychological science，2005a，16(12)：939-944.

[6] DUCKWORTH A L，SELIGMAN M E P. Self-discipline outdoes IQ in predicting academic performance of adolescents[J]. Psychological science，2005b，16(12)：939-944.

[7] KELLY E L，CONLEY J J. Personality and compatibility：A prospective analysis of marital stability and marital satisfaction[J]. Journal of personality and social psychology，1987，52(1)：27-40.

[8] MOFFITT T E，ARSENEAULT L，BELSKY D，et al. A gradient of childhood self-control predicts health，wealth，and public safety[J]. Proceedings of the National Academy of Sciences-PNAS，2011，108(7)：2693-2698.

[9] MUSSWEILER T，FÖRSTER J. The sex→aggression link：A perception-behavior dissociation[J]. Journal of personality and social psychology，2000，79(4)：507-520.

[10] MYERS L，DOWNIE S，TAYLOR G，et al. Understanding performance decrements in a letter-canceling task：Overcoming habits or inhibition of reading[J]. Frontiers in Psychology，2018(9)：711.

[11] PRATT T C，CULLEN F T. The empirical status of gottfredson and hirschi's general theory of crime：A meta-analysis[J]. Criminology (Beverly Hills)，2000，38(3)：931-964.

[12] QUINN P D，FROMME K. Self-regulation as a protective factor against risky drinking and sexual behavior[J]. Psychology of addictive behaviors，2010，24(3)：376-385.

[13] SCHUBERT T W. The power in your hand：Gender differences in bodily feedback from making a fist[J]. Personality & social psychology bulletin，2004，30(6)：757-769.

[14] SCHUBERT T W，KOOLE S L. The embodied self：Making a fist enhances men's power-related self-conceptions[J]. Journal of experimental social psychology，2009，45(4)：828-834.

[15] SMITH P，WATERMAN M. Processing bias for aggression words in forensic and nonforensic samples[J]. Cognition & Emotion，2003，17(5)：681-701.

[16] WALTER K H，GUNSTAD J，HOBFOLL S E. Self-control predicts later symptoms of posttraumatic stress disorder[J]. Psychological trauma，2010，2(2)：97-101.

[17] WILLS T A，DISHION T J. Temperament and adolescent substance use：A transactional analysis of emerging self-control[J]. Journal of clinical child and adolescent psychology，2004，33(1)：69-81.

[18] 成洁，黄思杨. 大学生正性词汇和图片的情绪 Stroop 效应研究[J]. 心理学进展，2020，10(2)：205-211.

[19] 郭莹. 高校劳动教育与管理研究[D]. 南宁：广西大学，2018.

[20] 胡佳佳，罗静，戴婧婧. 高校构建劳动课与思政教育结合育人的实践探索[J]. 教育教学论坛，2018(7)：53-54.

[21] 贾丽萍，白学军，王敬欣. 不同类型情绪对认知抑制的影响：心理学与创新能力提升[C]//第十六届全国心理学学术会议. 南京，2013。

[22] 金伟. 大学生自我控制对攻击行为的影响[D]. 贵阳：贵州师范大学，2019.

[23] 刘丽红. 行业特色院校创新创业教育的实践路径：以中国劳动关系学院为例[J]. 中国高校科技，2018(7)：72-73.

[24] 刘璐，冯建民. 五所地方高校劳动教育之实施现状、症结分析与优化策略[J]. 贵州师范大学学报，2021，37(5)：47-54.

[25] 刘向兵，李珂，彭维锋. 深刻理解新时代加强劳动教育的重大意义与现实针对性[J]. 中国高等教育，2018(21)：4-6.

[26] 曲霞，刘向兵. 新时代高校劳动教育的内涵辨析与体系建构[J]. 中国高教研究，2019(2)：73-77.

[27] 孙伟，冯晓东，罗迪. 劳动教育融入新工科人才培养的难点、路径与意义[J]. 创新与创业教育，2020，11(6)：77-81.

［28］ 谭忠艳. 新时代高校劳动教育优化路径研究［J］. 高校共青团研究，2020(Z2)：204-207.

［29］ 韦舒雯，连榕，李思晓，等. 成绩趋近目标定向对大学生学业拖延的影响：自我控制的中介作用［J］.
锦州医科大学学报(社会科学版)，2020，18(2)：64-67，71.

［30］ 吴思思. 形容词对中性名词情绪启动的影响：来自认知和神经的证据［D］. 南京：东南大学，2010.

［31］ 张霞. 大学生学业自我效能感、自我控制与学业倦怠的关系研究［D］. 郑州：河南大学，2018.

［32］ 周婕，周扬帆. 劳动教育的文献研究综述与未来展望［J］. 经济师，2019(8)：267-268.

［33］ 才忠喜. 高校学生劳动教育的探索与实践［J］. 黑龙江教育(理论与实践)，2017(5)：37-38.

［34］ 白学军，贾丽萍，王敬欣. 抑制范式下的情绪注意偏向［J］. 心理科学进展，2013，21(5)：785-791.

［35］ 柏阳，陈泉静，青紫馨，等. 学习前后情绪唤醒对内隐和外显记忆的影响［J］. 中国特殊教育，2010
(7)：71-76.

［36］ 曹院平，宋颖. 面向工业 4.0 背景下的高等教育人才培养模式变革［J］. 教育观察，2018，7(15)：
53-56.

［37］ 陈乐. 大学生自我管理对学业成就影响的调查研究：基于四所"985 工程"大学的数据［J］. 山东高等
教育，2016，4(2)：59-74.

［38］ 郝爽，李萍，王晓龙，等. 注意偏向训练对广泛性焦虑障碍负性情绪注意偏向的影响［J］. 心理科学，
2018，41(4)：1003-1009.

［39］ 贾丽萍，张芹，藤晓云，等. 状态焦虑大学生对负性情绪词的注意偏向［J］. 中国健康心理学杂志，
2016，24(12)：1893-1897.

［40］ 李珂，曲霞. 1949 年以来劳动教育在党的教育方针中的历史演变与省思［J］. 教育学报，2018，14(5)：
63-72.

［41］ 李忠臣，王康，刘晓敏，等. 青少年人际宽恕与心理健康：愤怒和主观幸福感的多重中介作用［J］. 中
国临床心理学杂志，2018，26(5)：987-991.

［42］ 武舒楠，白新文. 高宽恕特质个体的正性面孔注意偏向［J］. 中国心理卫生杂志，2019，33(7)：
535-539.

［43］ 张华玲，陈惠惠. 大学生自我控制与学业成就相关性研究［J］. 合肥师范学院学报，2014，32(2)：
111-114.

浅析大数据时代人工智能的发展

王文宇　李润嘉　刘程辉

（北京建筑大学　测绘与城市空间信息学院）

摘　要：近年来，随着互联网科学迅猛发展，产生大量信息数据，如何从海量的信息中快速地提取并利用有用的信息是当前面临的一个问题。目前，大部分地理信息系统在处理复杂地学问题时仍然存在局限，为解决这类问题，加入了人工智能技术，它可以帮助地理信息系统更加高效地完成智能数据采集、数据融合等工作，大大提升地理信息系统对信息和数据的采集与分析效率，也提高了数据使用的灵活性。因此，无论是为了顺应时代发展、推动技术进步，还是为了解决现有问题，地理信息系统与人工智能之间的关系都日益紧密，这也是地理信息系统发展及其专业人才培养的要求和必然趋势。

关键词：大数据；人工智能；地理信息系统

一、引言

人工智能一词诞生于 20 世纪 50 年代，经历了漫长的发展过程。大数据与云计算、复杂系统与网络思维、知识图谱与深度学习已成为人工智能的主要研究领域。近年来，随着互联网技术的迅猛发展，伴随而来的是信息量爆炸等问题，如何从海量的信息中快速地提取并利用有用的信息是当前面临的一个问题。这驱使人工智能逐渐从一个单纯的数据处理系统转换到了一个新的范式下，可以从分类和关联大量"大数据"中学习和作出预测，人工智能的基本计算逻辑已经从可编程专家系统转向大数据分析、深度学习等。此外，复杂网络是人工智能的基础，网络关系又是网络的核心，因此在人工智能的研究中对网络关系的学习和分析也是必不可少的一部分。

二、大数据与云计算

大数据是人工智能技术中非常重要的一部分。它是复杂数据的集合，大数据技术可以优化海量信息、解决数据匮乏引起的各种问题、提高信息获取效率。此外，大数据技术还可以用于发现和解释规律，甚至可以对一些现象的未来发展趋势作出预测。大数据除了要求数据量巨大，还要求数据的种类多源，相互关联并有整体性，对大数据来说，数据的价值尤为重要。大数据应用十分广泛，相比传统数据具有极大的优势。就地理信息数据而言，地理信息大数据的几何准确度远高于普通地理信息数据，还具有丰富灵活的数据收集处理方法，且内容涵盖范围更加广泛，相当于所有具备共同性质的数据信息的集合，这在很大程度上解决了地理信息处理上数据不足导致的困难。大数据技术还可以为人工智能的实现提供丰富的数据源,深度学习的实现需要海量训练数据的支持,使用大数据相关技术可以快速从互联网中获取大量深度学习所需数据,节省时间成本,提高工作效率(如使用网络爬虫技术,高效获取深度学习所需的海量图片训练集等)。

随着云计算时代的到来,涌现出了大批的优质数据资源,为当下社会的很多科学分析提供了更坚实的基础,具有低成本、精确以及数据量大等优势。同时,结合当下科技发展的产物"互联网",采用云平台处理和计算,融合时空大数据集,可以快速、批量处理时空大数据,无疑会提高科学研究的效率。例如,一个地球观测数据云端运算平台,能够存取卫星图像和其他地球观测数据,并提供在线可视化计算分析功能。相比传统的技术处理,云服务整合各种信息技术,将已有的数据及产品、算法等作为一个公共服务的设施,通过网络服务提供给用户使用,不仅可以解决用户获取数据困难、建设本地处理系统成本过高、技术难度太大等问题,同时也可以帮助用户实现在线实时预览、快速动态更新等需求。

三、复杂系统与网络思维

我们生活的世界实际上是由一个个复杂系统组成的,复杂系统在生活中随处可见:蚂蚁筑巢、候鸟群体迁徙、人类大脑的神经系统、互联网等。复杂系统是由大量简单的组分构成的系统,组分不受中央控制,但它们之间的相互作用构成了复杂系统。复杂系统具有以下几种特性:①难预测性:复杂系统的"复杂"之处在于它不受中央控制,每个个体只与少数个体交互,这便导致了复杂系统的难预测性;②适应性:表现为智能体具有随环境而改变系统结构的能力(非智能体不具备这种能力);③涌现性:因内部个体有适应、交互和自组织能力,复杂系统的个体间交互过程中会以自组织方式产生出一种整体性质。复杂科学研究的核心问题是涌现和自组织行为是如何产生的,而复杂系统常被描述为网络,因此想要了解复杂系统,人们需要对网络进行研究。复杂系统是人工智能的基础,复杂系统为人工智能的发展提供依据,人工智能也是解决复杂问题的重要手段。

网络是复杂系统的本质,也是人工智能的思维模式,可分为以下三类:第一类用于实现大数据的网络——互联网。人类社会生产出的各类系统,体现出了复杂网络的整体关联性,也蕴含着大量的信息供人们获取。第二类用于实现深度学习的网络——人工神经网络。神经网络可分为自然神经网络和人工神经网络,其中自然神经网络指人脑的神经系统,而人工神经网络是指使用计算机模拟生物神经系统而产生的神经网络,可以用于提取信息的特征从而达到"学习"的目的,人工智能中的深度学习就是基于人工神经网络完成的。无论是人类使用大脑神经网络进行"学习",还是机器使用人工神经网络进行"学习",其核心都是不断的分类。第三类用来描述网络关系的网络——关系网络。网络中最为关键的内容就是"关系",世界上的万事万物正是通过它们之间的网络关系才会互相影响,不断演化。影响程度的深浅、网络中节点的距离远近都可以通过关系网络分析来描述。大数据、深度学习、网络思维,分析或处理方法各异,但殊途同归,其核心其实都是基于大量数据,研究系统内部要素之间的关系。当所有计算机都通过网络连接后,网络化的作用不可低估,它是"关系"的强化,是点与链的连接革命。网络思维使得不同领域得到的知识能相互启发,为许多困难问题的解决提供了新的思路,因而成为人工智能的思维模式。

四、知识图谱与深度学习

为了快速提取海量信息,谷歌公司在 2012 年首次提出"知识图谱"的概念。知识图谱是一个结构化的语义网络库,用符号的形式来描述真实世界中实体间的相互关系,并将其可视化为一个网状的知识结构。信息抽取、知识融合和知识加工是知识图谱的核心技术,它是指从半结构化或者自由文本中自动抽取结构化文本,并进行整理和加工的技术。面对海量的数据,人工构建的方法受到很大的局限性,人工智能为构建知识图谱提供了一个好的方案。知识图谱与人工智能是一个相辅相成的关系,知识图谱能为人工智能提供源源不断的知识,这是实现人工智能的基础,知识能使人工智能变得更加强大,而强大的人工智能能够从海量的数据中更加准确快速地挖掘出有用的信息,不断地充实知识图谱的内容。

深度学习是人工智能的一种智能工具,不仅可以使机器具有自学习能力、捕捉人类经验的能力,还具有发现和创新的能力。深度学习需要基于人工神经网络(ANN)中的深度神经网络(DNN)实现。人工神经网络是使用计算机模拟人脑神经系统而产生的神经网络,可以使机器获得能够对图片、文字等数据进行特征提取的学习能力。无论是人类使用大脑神经网络进行"学习",还是机器使用人工神经网络进行的"学习",其核心特征都是不断地分类来模拟人脑思维分层。深度学习可以理解为是实现人工智能的一种机器学习方法,它的目的是让机器像人一样具有分析学习的能力,深度学习的本质是通过构建多隐层的模型和海量训练数据(可谓无标签的数据),来学习更有用的特征,从而最终提升分类或预测的准确性。简单来说,深度学习中,"深度模型"是手段,"特征学习"是目的,可以用于提取信息的特征从而达到"学习"的目的。

除深度神经网络之外,深度学习的进行还需要海量的数据集,大数据的实现为深度学习提供了很大支撑。深度学习应用广泛,我们使用这一技术实现了图片的分类以及文字信息的提取,可以用于进一步的信息识别或信息网络构建。作为一个复杂的机器学习算法,深度学习在图像识别方面取得的效果,远远超过先前相关技术。地理信息行业有海量的空间数据,在摄影测量、遥感和测绘等方面对图像处理有大量的需求。传统的图像处理方法,是通过直方图变换、伸缩拉伸等方法进行图像处理,来改善图像质量,方便判读和决策。然而,这种方法会损失一定信息并且效率不高,已被深度学习技术所替代。深度学习是一个复杂的机器学习算法,尤其适用于图像理解和语音识别等,它通过学习样本数据的内在规律和表达层次,从而具有一定的学习能力。

五、结语

大数据与云计算、复杂系统与网络思维、知识图谱与深度学习已成为人工智能的主要研究领域,它们之间也可以相辅相成、互为支持,其中复杂系统和网络思维是基础,大数据是途径,深度学习和知识图谱是结果,网络思维贯穿始终,此外还可以通过网络分析对深度学习的结果进行可视化表达,从而共同实现人工智能对人类的服务。许多专业也面临向与人工智能结合的方向做出改良。就地理信息系统专业而言,目前的大部分地理信息系统仍然在处理复杂地学问题时存在局限,因此,无论是为了顺应时代发展、推动技术进步,还是为了解决现有问题，地理信息系统与人工智能之间的关系都日益紧密，这也是地理信息系统发展及其专业人才培养的要求和必然趋势。

参考文献

［1］ 梁迎丽. 人工智能的理论演进、范式转换及其教育意涵［J］. 高教探索，2020(9)：44-49.

［2］ BEN W，EYNON R. Historical threads missing links and future directions in AI in education［J］. Learning，Media and Technology，2020，45(3)：223-235.

［3］ 胡晓峰. 战争科学论-认识和理解战争的科学基础与思维方法［M］. 北京：科学出版社，2018：436.

［4］ 杨保群. 地理信息系统的现状和发展趋势［J］. 城市建筑，2013(16)：271.

［5］ 曾细尧. 大数据在信息管理系统中的应用［J］. 电脑编程技巧与维护，2020(11)：78-79.

［6］ MELANIE M. Complexity：A guided tour［M］. 长沙：湖南科学技术出版社，2011：409.

［7］ 刘峤，李杨，段宏，等. 知识图谱构建技术综述［J］. 计算机研究与发展，2016，53(3)：582-600.

［8］ 曹林林，李海涛，韩颜顺，等. 卷积神经网络在高分遥感影像分类中的应用［J］. 测绘科学，2016，41(9)：170-175.

［9］ 马磊，闫浩文，王中辉，等. 机器自监督学习的建筑物面要素几何形状度量［J］. 测绘科学，2017，42(12)：171-176.

学科专业建设与规划

"新工科"背景下大学生跨文化交际
能力培养路径研究

窦文娜

（北京建筑大学　文化发展研究院/人文学院）

摘　要：培养国际化工程人才是新工科背景下建筑类高校建设有特色、高水平、国际化发展的首要目标，同时也是高等教育教学改革的新方向。跨文化交际能力作为衡量国际化工程人才培养的主要指标，是公共外语教学的主要教学目的。因此，本文聚焦建筑类高校公共外语课程教学实践，构建以"核心认知模块＋外围技能模块"为核心的跨文化交际能力培养框架。基于此，从人才培养目标、教学理念与教学模式、评价方式和评价手段三方面提出了在公共外语教学实践中培养学生跨文化交际能力的有效路径。

关键词：跨文化交际能力；公共外语教学；国际化工程人才；培养路径

一、跨文化交际与外语教学

2010 年 7 月《国家中长期教育改革和发展规划纲要（2010—2020 年）》中对高等教育在人才培养方面提出更高的要求，"加强国际理解教育，推动跨文化交流，增进学生对不同国家、不同文化的认识和理解；培养大批具有国际视野、通晓国际规则、能够参与国际事务和国际竞争的国际化人才"。由此可见，培养学生的跨文化交际能力是高等教育对人才培养的更高要求，也是在习近平总书记于 2013 年提出"一带一路"倡议构想下，高等教育实现国际化进程的有效路径之一（窦文娜，2019）。

我国有关跨文化外语教学研究已经硕果累累，纵观近 20 年研究历程，其呈现出三段式的发展特征；就研究内容而言，逐渐从单纯的语言人才的培养向国际化复合型人才培养转变；随着教学技术水平的不断提升，基于多媒体辅助教学以及线上线下混合式教学等模式进行的外语教学改革，为提升学生跨文化交际能力提供了重要的保障。但是，目前的研究以基础研究居多，应用研究有待加强，尤其是很多成果有待应用于教学实践中进行检验和推广（王晓宇，潘亚玲，2019）。

二、跨文化交际能力培养框架

1. 跨文化交际能力

在外语教学领域，由于研究的侧重点不同，国内外学者对跨文化交际能力的概念给予了

基金项目：本研究由北京建筑大学教育科学研究项目资助（项目编号：Y2303）。

不同的理解：在国外相关研究中，这一概念被广泛采纳和引用的是国外学者 Samovar 和 Porter（2004），他们提出将跨文化交际能力归纳为动机（motivation）、知识（knowledge）和技能（skill）3 个方面；而国内学者胡文仲教授在整理分析 1998 年到 2012 年间公开发表的"跨文化交际能力"相关文献的基础上，总结出跨文化交际能力包含认知、态度和行为 3 个层面。其中，在认知能力层面，交际者需要具备通识性文化知识和特定文化知识，包括本土和目的语国家的政治、历史、习俗和经济等方面；态度能力层面包括交际者对文化差异的敏感度和包容度；行为能力指的是交际者可以熟练运用语言和非语言抑或是心理调适能力等在不同文化的语境中做事的能力（2013）。

结合国内外研究的共性，可以看出，以"知识"输入作为重要支撑的"跨文化认知能力"和以"技能"作为主要导向的"跨文化行为能力"是跨文化交际能力的核心要素。

2."核心认知模块＋外围技能模块"跨文化交际能力建构模型

在以往研究外语教学与提升学生跨文化交际能力的文献中，研究者郭继荣和王非以西安交通大学非英语专业学生的公共外语课程作为个案研究，探讨了将贯彻跨文化交际的理念融入实践教学的有效途径，并提出了"核心认知模块＋外围技能模块"跨文化交际能力建构模型。在该模型中，"核心认知模块"指的是以目的语的语言与文化层面上的认知，即：跨文化认知能力，作为跨文化交际能力的核心；与此同时，"外围技能模块"的培养则需遵循学生的个体需求和兴趣，由此呈现出多元化特点。在原模型中涉及四个子模块：听说能力模块、阅读翻译能力模块、国际学术交流能力模块和商务英语沟通能力模块（2009）。

3.建筑类院校大学生跨文化交际能力培养框架

本研究以郭继荣和王非提出的"核心认知模块＋外围技能模块"跨文化交际能力建构模型作为在建筑类院校外语教学中培养大学生跨文化交际能力的主要理论依据，聚焦建筑类院校，根据自身的教学实践，提出大学生跨文化交际能力培养框架。

1）建筑类院校大学生外语教学的特点

本研究基于学校为大学本科生一年级第二学期开设的基础英语必修课程，主要教学对象是以建筑、土木、交通、环境等工程类专业为主的非英语专业学生。同时结合建筑类院校建设教学研究型大学，努力实现国内一流、国际知名、具有鲜明建筑特色的高水平、开放式、创新型大学的办学定位，以及培养具有社会责任感、实践能力、创新精神和国际视野的建设领域高级专业骨干和领军人才的培养目标，旨在通过一系列的教学实践活动，夯实学生语言运用能力，将跨文化知识融入专业学科领域中，从而有效提升学生在对外交流中所必需的跨文化交际能力。

2）建筑类院校大学生对以往外语教学反馈

笔者以教授的班级为试点，在为时一学期的"英语（2）"课程结束时，借助学习通移动教学软件进行了问卷调查，以收集建筑类院校大学生以往外语教学反馈。调查问卷采用匿名的形式，内容包括 3 个开放性问题，即：①通过本课程的学习，你最大的收获是什么？②通过本课程的学习，你最大的遗憾是什么？③为了更好地服务大家，你对本课程教学有哪些改进建议？（表 1）

表 1　建筑类院校大学生对以往外语教学反馈统计表

班　　级	二级学科	人　　数	回收份数/份	回收率/%
2017 级	环境工程	31	31	100
2018 级	环境工程	28	28	100
2019 级	环境工程	10	8	80
2019 级	土木工程	3	0	0
合计		72	67	95.7

调查问卷结果显示：第一，针对学习收获而言，学生对于英文科技论文写作的基本结构和写作规范有了很好的掌握；针对每一个结构学习了比较实用的语言表达句式和语法点。第二，针对学习遗憾而言，学生表示没能跟着课堂同步撰写可以发表的国际期刊论文，教师在课堂上没能以自己研究领域的经典论文作为讲解实例进行分析。第三，针对课程建议而言，增加与学生自身相关研究领域论文的课堂实例剖析；增加课堂互动，以学生为主讲解自己研究领域的论文实例。从第二和第三结论来看，在一定程度上反映了学生对外语学习的真实需求。

3）跨文化交际能力培养框架的建构

根据建筑类院校大学生学科特点以及学生对以往外语教学实践的反馈分析，本研究提出了跨文化交际能力培养框架的构建是"核心认知模块＋外围技能模块"。其中，围绕"核心认知模块"展开的教学内容，主要集中以"阅读"为主的英文科技论文写作基础知识、跨文化交际理论知识以及中英文献互译中体现的中西文化差异3个维度。服务"外围技能模块"的4个子模块细分为：通识性听说能力、学术性阅读与翻译能力、国际学术会议口头汇报能力以及用英文撰写学术论文的能力（图1）。

图 1　建筑类院校大学生跨文化交际能力培养框架

三、跨文化交际能力培养路径

依托建筑类院校大学生跨文化交际能力培养框架，聚焦开设的跨文化英语阅读线上线下混合课程,本研究进一步从人才培养目标、教学理念与教学模式、评价方式和评价手段三方面提出了在外语教学实践中培养学生跨文化交际能力培养的有效路径。

1. 人才培养目标精准定位

第一,聚焦学校特色,服务建筑、土木等一流学科,充分发挥英语学科在培养杰出国际化工程高端人才的重要作用。第二,以 SCI 英文论文为西方文化的输入平台,拓展学生国际视野;通过对比中西方学者在学术论文语言运用层面的差别,增强学生获取跨文化相关知识的同时,提升学生的文化认同感和民族自豪感,让学生在世界的舞台上更加有自信心,从而达到中国文化输出的目的。第三,从学术层面,提升学生跨文化沟通能力,在夯实英语技能的前提下,助力学生参与国际会议汇报,凸显跨文化交际能力,培养"有知识,有文化"的新时代国际化工程高端人才,让学生在后续进行对外交流和活动中更加有竞争力的同时,增强中国学者在国际学术舞台上的话语权(图 2)。

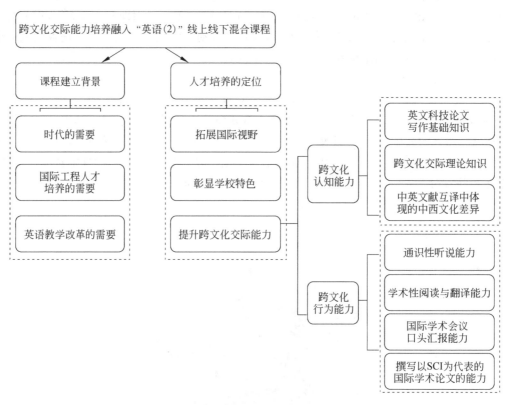

图 2 跨文化交际能力培养融入"英语(2)"线上线下混合课程

2. "产出导向驱动学习"教学理念与"跨文化翻转课堂"教学模式

在外语课程中采用以学生为中心的"产出导向驱动学习"教学理念,充分发挥学生的主观能动性和自主学习的能力,改变传统以英语为主的课堂讲授,融入中英文论文探讨式主题讲座、往期优秀作品赏析、英语学术语篇案例分析、语言学对比视角下结合专业特色的小组展示、实践研究项目驱动式小组活动——"英文语篇中西方作者文化身份认同研究"等教学内容,最大限度地调动学生的课程参与性。同时采用本团队研发的"跨文化翻转课堂"教学模式,让学生可以在学习实践中进行知识的学习与能力的提升。

3.依托在线教学软件科学评价

从教师层面,改变传统教师"一锤定音"的终极评价方式,本课程采用注重学生学习过程的形成性评价方式。依托在线教学软件,详细记录学生参与课程活动的各个环节,教师可以实时通过在线教学软件的后台数据对学生的表现进行科学的评估,并根据学生的成绩反馈,及时调整教学进度,提升了教师教学的有效性。

从学生层面,增加"同伴互评",通过合理的运用在线教学软件,让学生积极参与学习效果阶段性评价的过程,在进行同伴互评的同时,促进学生反思自己的学习效果,间接地激发朋辈互促的学习机制,提升了学生学习的有效性。

四、结语

在外语教学中注重跨文化交际能力的培养是当代课程改革的方向,尤其在"新工科"背景下,聚焦贯彻建筑类院校建设有特色、高水平、国际化的发展目标,旨在培养具有国际化视野的人才,以响应"一带一路"对培养高端国际化工程人才的更高要求。因此,外语教学更加应该依托先进的教育信息技术手段将语言技能训练和跨文化认知能力进行有机的结合,在提升教与学有效性的同时,达到提升建筑类院校大学生跨文化交际能力的目的。

参考文献

[1] 窦文娜.跨文化能力培养理念下高校通识核心课程教学改革[J].教育教学论坛,2019(13):77-79.
[2] 王晓宇,潘亚玲.我国跨文化外语教学研究发展现状及启示:基于文献计量学分析(2000—2018)[J].外语界,2019(4):76-84.
[3] SAMOVAR L A,PORTER R E. Communication between cultures[M]. Beijing:Peking University Press,2004,302-303.
[4] 胡文仲.跨文化交际能力在外语教学中如何定位[J].外语界,2013(6):2-8.
[5] 郭继荣,王非.跨文化交际能力培养和大学生英语课程体系的构建[J].学位与大学生教育,2009(4):47-49.

"新工科"背景下"案例引领、融合联动"教学模式对学生程序设计能力的培养

李敏杰　吕　橙　万珊珊　师洪洪　刘亚姝　郭茂祖

（北京建筑大学　电气与信息工程学院）

摘　要：本文聚焦"新工科"背景下我国的人才需求，依托我校计算机基础教学，采用"案例引领、融合联动"教学模式，通过课程融合、学科融合、产学融合等多方面的教学改革，对接国家新工科人才需求，实现以程序设计能力为核心的信息素养对各专业的技术支撑。

关键词：新工科；案例引领；课程融合；学科融合；产学融合

一、引言

当前，以人工智能为代表的新技术、新业态、新模式、新产业对工程科技人才的培养提出了更高要求。C语言是工业控制领域使用最广泛的语言之一，也是我校机电、土木、环能、电信等学院的程序设计入门课程，具有覆盖专业多，学生受众面广的特点。传统的C程序设计教学存在着课程设置单一、教学内容与专业需求脱节、学生兴趣不足等问题，无法有效满足对接"新工科"人才的需求，亟待改革。

二、"案例引领、融合联动"教学模式对学生程序设计能力的培养

"案例引领、融合联动"教学模式通过重构教学内容、创新教学方法、强化综合实训、凸显行业特色案例、坚持立德树人等，实现对非计算机专业学生程序设计能力的培养。

1. 以精品课程建设为基础，构建多级多层次课程群

2012年，C语言程序设计基础课程被评为北京建筑大学校级精品课程。在此基础上，课程组改变单一课程模式，按照"先导课程、核心课程、进阶课程"的层次，构建了计算思维导论→C语言程序设计基础→C程序算法设计与分析→机器人C程序设计的多梯度课程群（图1，表1）。

这种多层次递进式的课程群建设，强化了课程之间的亲和性和协同性。通过课程融合，学生的综合能力得到持续提高。

基金项目：北京建筑大学校级教育科学研究项目（项目编号：Y1844）。

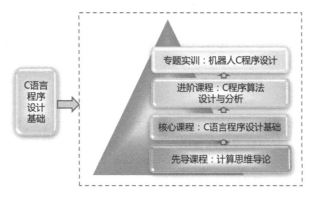

图 1　从单一课程模式到多层次课程群

表 1　课程群建设

课程定位	课程名称	课程性质	课 程 任 务
先导课程	计算思维导论	必修	引入算法的概念。针对问题的求解,通过 Raptor 软件实现简单程序,使学生初步了解程序设计的基本过程
核心课程	C 语言程序设计基础	必修	使学生掌握程序设计的基本方法,为学生后续专业课程、毕业设计及将来实际工作的相关应用打下基础
进阶课程	C 程序算法设计与分析	全校公共选修课	通过对穷举、递归、贪心、分治、回溯、动态规划等经典算法的学习,提高学生的计算思维能力和实践创新能力
专题实训	机器人 C 程序设计	全校公共选修课	通过机器人 C 程序设计专题实训,把机器人 C 程序设计引入教学中,助力国家传统产业的智能升级

2. 以小班研讨课程为平台,构建以学生为中心的学习模式

课程基于泛雅超星学习通教学平台,首次在我校 C 语言程序设计基础公共基础课程中实现了小班研讨教学。课程通过课前导学、课中研学、课后练学、拓展促学等环节,实现了朋辈学习、启发式、案例式、探究式、反思式教学(图 2)。丰富的教学资源和良好的互动性,增强了学生学习的主动性和学习兴趣,目前课程网站点击量超 29 万次。

图 2　基于混合教学模式的在线开放课程

1）课前导学

课前导学依托我校超星学习通课程网站＋国家精品 MOOC 课程,实现个性化、多元化学习指导。文字、图片、动画、视频等丰富的教学资源和良好的交互性,为学生构建多样化的知识传播模式,增强了学习者参与的主动性(图 3)。

2）课中研学

课中研学以小班研讨课程为平台,通过小组讨论、角色扮演、成果展示等环节实现合作探究学习,为学生提供了充分的表现空间和参与机会,实现了良好的师生互动、生生互动(图 4)。

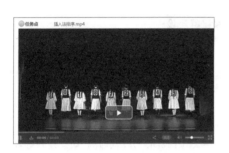

图 3　课前导学：舞动的插入法排序视频　　图 4　课中研学：学习排序算法
过程中学生的角色扮演

3）课后练学

课后练学按照循序渐进、因材施教的原则,按照基础编程、编程进阶、专业拓展 3 个层次,共设计教学案例 150 余个。多级多层次的综合训练,使学生的程序设计能力得到进一步提升(图 5)。

4）拓展促学

拓展促学通过机器人 C 程序设计专题实训,组织学生参加学科、行业竞赛等方式,面向社会需求,实现学以致用(图 6)。

图 5　课后练学：学生分享调试程序的心得　　图 6　拓展促学：学生制作的搬运机器人

3. 以特色案例为引领,实现从知识到能力的提升

程序设计是高难度的脑力劳动,学习者很容易产生畏难心理。为了培养学生的学习兴趣,课程组按照综合性、趣味性、面向实际需求的特点设计了3类案例:基础案例、建筑行业特色案例、课程思政案例。通过案例引导+任务驱动,实现了基于情境的探究式教学。

1) 兴趣引导,学以致用,构建基础案例

部分案例详见表2。

表 2　部分案例列表

知识点	案　　例
顺序结构	(1) 电话号码升位程序 (2) 计算绿化带的宽度程序
选择结构	(1) 出租车计价器程序 (2) 空气质量播报程序 (3) 阶梯水价程序
循环结构	(1) 矿井脱险程序 (2) 猜商品价格程序 (3) 猜密码程序
数组	(1) 大奖赛评分程序 (2) 歌曲排行榜程序 (3) 结账单程序 (4) 猜密码程序
函数指针	(1) 信用卡号合法性验证程序 (2) 关联账户分析程序 (3) 网络连通性测试程序
结构体文件	(1) 候选人得票统计程序 (2) 手机通信录程序

2) 面向建筑业,构建特色案例

近年来,以机器人为代表的新技术成为新一轮科技革命的重要驱动力。成果将管廊巡检机器人、智能爬行探测机器人、变电站智能巡检机器人、智能跟随机器人、物流机器人、燃气系统突发事件应急管理系统、建筑电梯监控系统、城市管网设备监测与应急管理系统、基于全视角的交通仿真模拟系统等教学案例引入计算机基础教学的程序设计类课程,通过构建建筑特色案例库强化学科融合、产学融合(图7)。部分案例详见表3。

图 7　行业特色案例:地下管廊巡检机器人、智能爬行探测机器人

表 3　建筑行业特色案例

相 关 专 业	案　　　例
建筑环境与能源、给排水、环境工程、能源与动力工程	(1) 管廊巡检机器人 (2) 智能爬行探测机器人 (3) 燃气系统突发事件应急管理系统 (4) 城市管网设备监测与应急管理系统
自动化、电气工程及自动化	(1) 变电站智能巡检机器人 (2) 建筑电梯监控系统 (3) 城市管网设备监测与应急管理系统
交通	(1) 交通信号灯控制程序 (2) 基于全视角的交通仿真模拟系统
机电、测绘	(1) 智能跟随机器人 (2) 物流机器人 (3) 智能搬运机器人

4. 以国家级虚拟仿真实验教学中心为依托，培养学生的创新创业能力

课程依托我校智慧城市国家级虚拟仿真实验教学中心，通过城市智能化虚拟仿真实验平台、城市精细化管理实验平台、城市安全实验平台、城市绿色能源实验平台、城市建筑 3D 打印仿真实验平台，构建了"基础训练＋综合训练＋开发训练"多层次的工程实训项目。通过多层次项目引导，实现学生程序开发能力的进一步提升。

课程组依托我校智能控制创新实践项目和机器人仿生与功能研究北京市重点实验室，构建"基础训练＋综合训练＋开发训练"3 个层次的工程实训平台，实现项目引导、协同创新，促进学生开发能力的培养(表 4)。

表 4　多层次的工程实训平台

序号	名　称	描　　　述
1	基础训练	以课程群为主线，通过 20 次实验，300 个程序，20000 多行代码，使学生掌握结构化程序设计的基本方法，掌握 C 语言程序代码编写规范，熟练使用《C 函数速查手册》、了解 C 程序常见编译错误信息，充分发挥课程融合的优势
2	综合训练	通过面向各个专业的综合性课程设计题目，实现信息技术与各学科的融合，使学生程序设计能力得到综合提升
3	开发训练	通过开发训练，实现产学融合 (1) 以中国软件与技术服务股份有限公司、中关村软件园软件实训基地等企业为依托，采用企业真实案例，通过软件企业专家和成果组教师联合指导，对学生进行程序设计综合实训 (2) 通过工程实训，完成智能车、机器人的 C 程序设计与开发

5. 以产学融合为抓手，对接社会需求

课程组与中国软件与技术服务股份有限公司、中关村软件园软件实训基地、中国太极公司等企业合作，通过参观、走访、联合实训等方式，加强对学生的程序设计实训，做到产学融合、学以致用(图 8，图 9)。

图 8　师生在太极信息产业园参观交流

图 9　融合联动的教学模式

三、成果应用情况

教学成果侧重于对我校非计算机类专业学生程序设计能力和计算思维能力的培养,在我校已连续使用 4 年,人数达 6500 余人,取得了良好的教学效果,并得到学生的广泛认可。学生的自我效能感、主观幸福感、学业成就感都得到显著提升(图 10)。

图 10　动力 181 班学生总结的小班研讨课教学优势

1. 学生在各类学科竞赛中连创佳绩

学科竞赛、行业竞赛的题目多来源于企业实际的开发项目,充分体现了行业需求和社会需求。2015—2020 年,课程组教师指导的学生在各类学科竞赛中获奖 109 项,其中国家级奖项 21 项,省市部级奖项 88 项(表 5,图 11)。

表 5　2015—2018 年学生获奖成果

序号	竞 赛 名 称	国家级奖项	省市部级奖项
1	"蓝桥杯"全国软件和信息技术专业人才大赛	14	48
2	全国大学生计算机应用能力与信息素养大赛	7	—
3	华北五省暨港澳台大学生计算机应用大赛	—	2
4	北京市大学生机器人大赛	—	38
	合计	21	88

图 11　"蓝桥杯"全国软件和信息技术专业人才大赛获奖证书

2. 教学成果使我校毕业生综合素质显著提升

对学生学业的跟踪分析显示:学科竞赛中的优胜者在创业、就业、求学深造等各方面都表现出良好的职业素养。机电学院 2017 级毕业生廖星创、测绘学院 2018 级毕业生杨璐等同学成功入职 IT 企业从事软件开发工作,另有多名学生考取研究生或到国外求学,体现了良好的综合素质。

调查结果显示:课程教学成果实现了对学生知识、能力、素养的提升,学生对课程组总体满意度达到 95% 以上(图 12,图 13)。课程使学生的自我效能感、主观幸福感、学业成就感都得到显著提升。

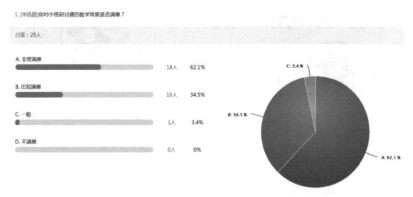

图 12　交通 181 班"C 语言程序设计基础"课程教学效果满意度调查

➢车辆 162 付子琛：老师讲得很好，从我一开始对 C 语言这门课程一点兴趣没有，到现在已经可以自己完成一些简单的程序设计，都归功于老师的讲课模式，在知识点讲解的同时带着同学思考和探讨，可以很容易就吸引住同学们的注意力和活跃同学们的思维，我感觉这也正是大学课程所缺少的。希望老师可以坚持自己的这种教学方法，让更多同学喜欢上 C 语言。

➢交通 181 胡世龙：老师讲课特别好，开发出来的小班教学环节也很好，更有助于同学之间的交流和学习。

➢动力 181 郭雨轩：老师讲解得很认真细致，而且我觉得在排序程序的 PPT 展示活动上，同学的展示部分给人印象深刻，希望增加这种生动的展示活动。

➢智造 191 谷玥瑜：非常好，老师讲得很细致。希望我们专业能继续开程序设计的课，第一次觉得程序设计还挺有意思的。

图 13　学生对课程教学反馈

四、结语

本文聚焦"新工科"背景下的我国建筑行业的人才需求，依托我校计算机基础教学，采用"案例引领、融合联动"教学模式，通过课程融合、学科融合、产学融合等多方面的教学改革，对接国家"新工科"人才需求，实现以程序设计能力为核心的信息素养对各专业的技术支撑，取得了显著的教学效果。

关于建筑环境与能源应用工程
专业特色建设的思考

李 锐 郝学军 王立鑫 那 威 孙金栋 段之殷

（北京建筑大学 环境与能源工程学院）

摘 要：本文阐述了我校建筑环境与能源应用工程专业的优势和特色，分析了专业特色建设途径。根据国家能源战略对人才的要求，结合专业特色建设，对人才培养系统设计、专业特色课程建设和实践环节设计三方面进行了探讨。通过专业特色建设，持续改进和提高专业办学水平，落实专业特色人才培养目标，培养有远大理想和高素质的能源应用技术领域科技人才。

关键词：专业特色；专业建设；建筑环境与能源应用工程专业；人才培养

一、引言

高等教育肩负人才培养的职能，教育部发布了高水平本科教育建设意见，对高等教育提出了具体要求。本科毕业生是一个高质量复合型人才群体，而大学阶段是对学生形成人生观和价值观有重要影响的时期。国家对于高等教育发展和一流优秀人才的需求比以往更加迫切。许多教育学者对高等教育和人才培养进行了相关研究，阎卫东等（2019）论述了"产教融合"和建筑类高校人才培养的内涵建设，顾吉浩等（2021）研究了新形势下高校实验教学创新方法，对本科实验教学进行了改革探索，王卫东等（2015）对土木工程专业的社会人才需求情况进行了调研，研究了特色人才培养模式并开展实践。蒋复量等（2010）根据所在高校的实际情况和行业特点，实施了分方向设置课程及教学。

建筑环境与能源应用工程专业（简称"建环专业"）的任务是采用专业技术理论和方法，创造健康的生活工作环境、适宜的公共活动空间环境、生产需要的工艺环境，以及交通、航天航空、制药、洁净生产等内部空间环境，提高各类环境能源应用系统的能源利用效率，合理利用自然资源，降低碳排放。该专业突出建筑设计和使用过程中能源利用的高效化、智能化和集成化。专业特色建设对于我校建环专业发展和培养高质量人才具有重要意义。经过长期专业建设与实践，我校建环专业已成为国家一流专业建设点。面对国家"碳达峰"和"碳中和"能源战略，深化专业特色建设对于我校建环专业发展和提高人才培养质量具有重要意义。

专业特色建设应面向国家能源战略、行业对建环专业的人才培养要求。本文从建环专

基金项目：北京高等教育本科教学改革创新项目"特色鲜明的建筑环境与能源应用工程专业一流人才培养研究与实践"（京教函〔2019〕552号），北京建筑大学教育科学研究重点项目"特色鲜明的高水平建筑环境与能源应用工程人才培养模式改革与实践"（项目编号：Y19-07）。

业人才培养体系设计、特色课程体系构建、实践环节设计三方面思考和探讨专业特色建设的途径。

二、建环专业特色的确立

专业特色的确定形成应根据学校办学定位、行业发展对建环专业的人才需求,以及长期以来建环专业毕业生的从业特点,组织专业教师进行研讨,与行业专家进行交流讨论,并广泛开展针对国内其他高校建环专业情况的调研分析、毕业生质量调查反馈等工作。基于这些工作,分析并制定我校建环专业人才培养定位和特色发展方向。

我校建环专业从专业成立到不断发展的历程如下。1977年,国家恢复高考,我校招收供热通风与空调工程专业本科生和城市燃气工程专业本科生。1999年,根据教育部发布的"关于调整本科专业设置工作通知",将供热通风与空调工程专业和城市燃气工程专业进行了调整,合并成为建筑环境与设备工程专业。2010年,该专业被评为国家级特色专业建设点。2012年,根据普通高等学校本科专业目录,专业名称调整为建筑环境与能源应用工程专业。2019年,该专业被评为国家级一流专业建设点。根据我校建环专业长期发展的办学积淀、学校的地缘情况和生源结构以及用人单位对毕业生就业情况的反馈,确定我校建环专业的特色是:培养具有扎实基础、宽广知识面的创新复合型人才;强化培养学生思维能力、再学习能力、探求知识的热情、社会人文素养和专业文化精神;根据首都发展需求、对能源应用技术的要求,以及建筑节能技术发展特点,强化培养学生学习专业新技术理论能力及技术应用实践能力;坚持并重发展暖通空调和燃气工程两个专业方向。

国家能源发展战略和"双碳"目标,对建环专业特色建设提出了新的要求,专业特色建设不能原地停留,应结合教育发展和行业技术发展水平,持续深化建设,进行专业特色建设创新,形成符合国家和行业对人才要求的鲜明特色。深入开展建环专业特色建设,需要结合学校办学定位和学科特点,围绕满足能源应用技术和人居环境控制技术人才的能力要求,开展专业特色建设。我校建环专业特色建设重点是以建筑领域需要的能源应用工程技术知识和专业能力培养为载体,使学生在学习专业技术的过程中,获得学习专业知识、分析问题、提出方案、进行项目管理以及终身学习等能力;使学生具备良好的综合素质,高度的社会责任感,掌握扎实的基础理论,具有宽广的专业知识结构和国际视野,有实际应用能力和创新能力。

三、专业特色人才培养体系和特色课程建设

1. 专业特色人才培养体系

专业特色需要通过制定明确的培养体系,落实到对学生的培养过程中。定期调研行业、开展用人单位对毕业生的质量评价,使专业特色建设持续改进并得到社会认可。因此,在明确专业特色建设目标的基础上,进行合理可实施的专业特色培养体系设计是非常重要的。

随着现代城市建设发展和国家提出"双碳"目标,建筑能源应用领域需要大量高级专业技术人才,专业人才必须满足行业发展的需求。通过分析执行中的本科人才培养专业知识体系和教学体系,以及对社会、行业和用人单位的调研,构建专业特色人才培养体系。根据学校的总体要求,建环专业人才培养体系按照通识教育、大类基础教育、专业教育(专业方向

教育、实践环节）三大模块 5 个部分进行设计。

通识教育由公共必修课、公共核心课和选修课构成，通识教育目标是培养人格健全和素质全面的复合型人才，加强人才的道德品质以及身心素质的培养。培养建环专业学生的工程素养和人文素质，掌握自然科学知识。

大类基础教育由数学、物理、化学等基础课程，以及流体力学、工程力学、制图、专业概论等学科大类基础课构成。根据多层次人才培养需要开设名师讲堂和学术讲堂。大类基础教育的目标是针对专业的知识体系要求，强化学生获取自然科学和工程技术科学等知识的能力。

专业教育由专业核心课（必修课）和专业选修课构成。专业教育的目标是培养专业人才获取、应用及创新知识的能力和良好的专业素质。重点掌握供热、通风、空调、制冷、燃气工程的设计方法、工程建设、工程管理的知识与技能；培养学生具有获取和应用知识的能力、科技创新精神、管理能力以及合作交流能力；具有在城镇建设领域可以从事与"建环专业"相关的规划与设计、施工与管理、能源审计与评价、设备研发等工作的能力。

2. 特色课程建设

根据研究建环专业学生应具有的专业知识、专业能力和能力素质，优化知识结构，打造专业课程特色，更新教学内容。在大学生培养教育过程中，不同的教学内容承担着不同的专业能力培养任务，教学内容之间应能够相互支撑，避免出现教学内容重复；需注意专业的基础教学内容、核心课程和专业特色课程的衔接性；教学内容、课堂教学模式和教学方式相互之间的关联性；对每门课程制定教学大纲和具体的教学内容，设计科学的考核方法。形成合理和能够有效实施的特色专业人才培养课程体系。

根据我校建环专业的专业特色建设和人才培养目标，设计体现专业特色的课程群，包括暖通空调类、燃气工程类和工程技术与管理类课程群。专业特色建设中，强化培养学生工程技术能力。在实际工作中，除了需要有系统的专业技术技能，还需要掌握一定的相关管理知识和技术经济知识，才能胜任能源应用工程技术岗位工作，因此工程技术与管理类课程群包括了相关的技术课程、工程管理课程、能源管理课程和技术经济课程。我校地处首都，根据城市能源应用技术发展和行业对人才的需要，专业建设坚持发展"燃气方向"是专业特色建设的重要组成部分。在燃气方向课程群中设置的课程包括燃气供应、燃气燃烧与应用、燃气安全、燃气工程新技术、清洁能源利用新技术以及能源与污染控制课程，使学生能够系统地学习燃气方向的工程技术。

建环专业培养能源应用工程领域的技术人才，因此应根据国家能源发展战略和"双碳"目标，需要持续开展专业特色课程建设，增加节能减碳技术的课程，在课程内容中包括国家相关的能源政策和国家的标准规范。使学生通过学习专业知识，掌握能源工程和节能减碳的技术知识，了解本专业在实现国家"双碳"目标中发挥的重要作用，培养学生的社会责任感。

四、实践环节设计

在建环专业人才培养过程中，设计了较为详细的实践教学环节，包括课程实验、课程设计、专业实习和毕业设计等。这些实践教学环节具有一定关联性，并不是完全独立的。有的环节在校内完成,有的在校外完成,有的在课内学时完成,还有的在课外学时完成。在教学实践中,需要持续改革和探索,通过实践环节对学生的培养,使学生分析与解决问题的能力不断得到提升。

1. 课程实验

针对培养学生能力的具体要求,开设基础型、设计型、验证型及综合型等各类实验,采用多类型实验教学,达到对学生进行综合能力培养的目标。根据每门专业基础课程和技术课程的特点,将多门课程的实验分为必修实验和可选实验。引导学生积极开展研究性和综合性实验,在教师指导下进行实验设计,自主开展实验,并对实验结果进行分析。锻炼学生的动手能力和分析解决问题能力,培养学生克服困难的勇气和创新精神。

2. 课程设计

课程设计是建环专业的重要实践教学环节,培养学生应用所学专业知识分析、解决问题,掌握工程设计方法,培养专业设计能力。对每一门设计课,都相应地规定了设计任务书,包括课程设计内容、要求和评价指标体系;课程设计选题尽可能与工程实际接近,充分调动学生的主动性,培养学生独立完成课程设计的能力,同时做好课程设计的评改和成绩评定工作,进行持续改进。

3. 专业实习

建环专业要求必须培养学生具有一定的工程设计和管理方面的能力,而专业实习是培养这些方面能力的重要一环。为了使专业实习对学生工程设计和工程管理能力培养达到预期效果,应该从两个方面抓好专业实习:一是加强师资队伍的建设,选择有实际工程经验的教师作为指导教师,请企业工程师现场讲解,使学生真正接触实际工程;二是针对具体实习单位,指导教师要事先安排实习内容和问题,引导学生去观察、认识或了解各类设备的构造及各种工艺流程等,以取得有效的实习效果。

4. 毕业设计

通过毕业设计培养学生综合运用专业理论解决专业实际问题的能力,毕业设计是学生大学期间学习的最后阶段。为了保证毕业设计质量,应从毕业设计选题、开题、中期检查和毕业答辩各个阶段进行系统规范的教学管理,制订毕业设计计划进度安排,有效进行毕业设计指导与答疑。在毕业设计过程中,通过教师指导来加强学生对于专业领域中问题的认识和理解,将教师科研与毕业设计相结合,促进科研与教学的融合,形成学生毕业设计与科技活动的有机联系,提升毕业设计的教学质量。通过毕业设计环节,进一步提高学生对专业技术的理解,并能够将理论知识与实际应用相结合。

5. 科技创新活动

科技创新活动是对学生进行创新能力培养的重要途径,应进行有效的组织,建立相应的培养机制。设立科技创新学分,引导、鼓励和激励学生积极进行科技创新。通过学生自由申请、指导教师辅导、专业组织、公开答辩等方式引导学生积极参加国家级、市级、校级、企业组织的大学生科技创新项目,鼓励学生参与教师主持的实际科研项目,注重培养学生的科学研究能力、实际动手能力和社会实践能力。在不同的年级,根据学生所学知识,组织学生参加各类科技竞赛,通过科技创新活动开阔了学生专业视野,激发学生的专业兴趣,锻炼创新思维,培养科技创新能力,形成具有专业特色的科技创新活动。

五、结语

我校建环专业经过长期建设,得到了持续发展,被批准为国家级一流专业建设点。面对"双碳"目标及高等教育发展的机遇和挑战,开展专业特色建设具有重要意义。根据国家能源战略发展和行业对建环专业人才的要求,凝练专业特色,发挥专业优势。通过建环专业人才培养体系设计和特色课程、实践教学建设,落实专业特色人才培养目标,培养具有远大理想和高素质的能源应用技术领域科技人才。

参考文献

[1] 教育部.教育部关于加快建设高水平本科教育全面提高人才培养能力的意见[J].中华人民共和国教育部公报,2018(9):18 24.

[2] 陈宝生.在新时代全国高等学校本科教育工作会议上的讲话[J].中国高等教育,2018(Z3):4-10.

[3] 阎卫东,张珂,袁勇.以"产教融合"为抓手 推动建筑类高校人才培养内涵建设[J].中国建设教育,2019(5):16-19.

[4] 顾吉浩,闫运忠,朱恒宣,等.建筑环境与能源应用工程专业的实验教学改革探索[J].创新创业理论研究与实践,2021,4(1):40-41,47.

[5] 王卫东,彭立敏,余志武,等.土木工程专业特色人才多元化培养模式研究与实践[J].高等工程教育研究,2015(1):144-148,160.

[6] 蒋复量,李向阳,谭凯旋,等.专业认证背景下的安全工程专业特色教育研究与实践[J].中国安全科学学报,2010,20(1):12-18.

[7] 张东海,高蓬辉,黄建恩,等.新工科背景下多学科交叉融合的建环专业人才培养模式探索与实践[J].高等建筑教育,2021,30(1):1-9.

工商管理专业学位硕士教育发展措施

刘建利

（北京建筑大学　城市经济与管理学院）

摘　要：我校工商管理专业硕士招生 10 年来，规模不断扩大，形成了"四环节、三答辩、双导师"的培养模式，取得了一些成绩，但在论文开题与外审、案例开发、校外导师作用发挥等环节仍未做到与专业硕士"职业性"培养要求的高度适配，在教学硬件上仍有一定欠缺。为了促进我校工商管理专业硕士的发展，需要完善适合工商管理专业学位硕士特殊性的培养方式，突出案例教学，充分发挥校外导师和校友作用，加强实践环节，并改善硬件设施。

关键词：专业硕士；职业性；案例教学；实践环节

我国的专业学位研究生教育起源于 1991 年的工商管理专业硕士（MBA），此后，专业学位授权点不断增加，招生规模逐年扩大。2017 年，我国专业硕士招生人数首次超过学术硕士招生人数，标志着专业学位教育已成为我国培养高层次应用型人才的主渠道。MBA 教育蓬勃发展至今 30 多年，从最初的 9 所培养院校发展到 2021 年的 278 个培养单位，为社会输送了大量高层次应用型管理人才。专业学位不同于学术学位，它具有相对独立的教育模式，以产教融合培养为鲜明特征，是职业性与学术性的高度统一。MBA 不断探索"职业型"高层次人才培养体系，为其他专业学位人才培养提供了启示。我校 MBA 招生 10 年来，培养规模逐步增大，培养体系不断完善，培养质量逐步提高，但在凸显专业硕士的"职业性"方面仍处于探索和完善的进程中。

一、我校工商管理专业硕士教育发展历史与现状

我校工商管理专业硕士项目 2010 年获得教育部授权，2011 年开始招生，迄今为止经历了 10 余年的曲折发展历程，第一年招生 2 人，翌年增长到 20 人，但在 2014 年骤降到 10 人，其后稳步提升，2021 年招生数增长到 55 人，实现了长足发展。在 2011—2017 年我校 MBA 项目仅招收全日制学生，从 2018 年起增加了非全日制招生，同时国际化程度也不断提升，已接受来自 9 个国家的留学生，其中 1 名已顺利获得学位（表 1，图 1）。

表 1　北京建筑大学工商管理专业硕士招生人数统计表

年份	2011	2012	2013	2014	2015	2016	2017	2018	2019	2020	2021
人数	2	20	20	10	15	17	27	37	38	42	55

我校在工商管理专业硕士的培养过程中，针对"职业型"应用人才的要求，形成了"四环

图 1　北京建筑大学工商管理专业硕士招生人数折线图

节、三答辩、双导师"的培养体系,并探索出了一些有效做法。

"四环节"是指我校工商管理专业硕士的培养包括"课程、实践、实习、论文"4 个环节。"课程"环节需修满 42 学分,课程中包括公共必修、选修和专业必修、选修,公共必修课按研究生院的要求开设,专业必修课按 MBA 教指委规定的核心课程开设;选修课体现了两个导向:一是职业导向,二是行业导向。体现职业导向的课程主要有:压力应对与健康心理、生涯规划与职业能力提升、心理健康与情绪调节、信用管理、创新与创业、管理沟通与领导力等。体现行业导向的课程主要有:工程伦理、中国建筑史、房地产开发与策划、房地产投融资实务、国际工程合同管理、不动产管理等。必修课程实行内容的动态调整,选修课程则实行课程和内容双调整。多年来,紧扣行业发展和企业管理需求不断微调培养方案,对选修的课程、学分、内容进行调整。课程成绩评定涵盖考试、作业、课堂讨论、案例分析、文献阅读报告和课程论文等多方面内容,实现多角度综合评定。"实践"环节主要通过第二课堂进行,突出产学研联合培养,通过企业家论坛、专题报告和学术讲座等形式,邀请有丰富管理实践经验的企业界人士、经济管理领域的知名专家和教授到校演讲或开设讲座,介绍和评述管理理论与实践中的前沿问题。此外,还有案例竞赛、创新创业竞赛、学科竞赛等实践形式。"实习"环节包括两种:一种是学校组织的参访研讨,实地参观校外实习基地企业,了解管理实际状况,并和企业管理者座谈研讨,答疑解惑;另一种是学生在实际工作岗位上的工作实习,MBA 学生都有 3 年以上的工作经验,非全日制学生在求学期间一边工作一边学习,全日制学生也要求有 6 个月的岗位实习。实习要求学生将所学理论运用到实际工作中,同时将工作中的问题带到课堂上,和教师、同学一起探讨解决方案。"论文"环节针对专业硕士特性,突出了实践性和应用性要求,学生可以采取论文、可行性报告、企业诊断报告、研究型案例、创业策划书等形式完成。

"三答辩"是指在毕业论文环节要经过开题、中期检查和学位/毕业论文三次答辩。论文是培养高层次人才的重要环节,是研究生提升理论水平的重要手段,也是学校培养成果的重要体现。因此,在加强导师指导的同时,三次答辩是重要的审查环节,在这三道门槛处严把质量关,确保专业硕士的培养质量,目前我校工商管理专业硕士开题和中期检查环节的一次未通过率大约是 30%。

"双导师"是指为每一位 MBA 学生配备校内校外两个导师,形成导师组,校内导师以具有硕士研究生导师资格的正、副教授为主,校外导师吸收各产业部门和企业中具有高级专业技术职称的管理人员。到 2021 年年底工商管理专业学位点有校内导师 44 位,校外导师 75 位。在工商管理专业硕士的培养中,鼓励学生参与校外导师的企业课题与咨询项目,解决企业或部门面临的实际管理问题。

在教学上，工商管理专业硕士与学术硕士有较大区别，教学内容与企业管理实际密切联系，采用启发式与研讨式教学方法，注重案例教学，必修课教学中至少有四分之一的时间用于案例教学，选修课至少有五分之一的时间用于案例教学。案例教学突出反转和互动，大部分教学内容通过学生与教师、学生与学生之间的讨论完成，作业则主要以小组形式完成。MBA 的课程论文也突出职业性，要求以学生的实际工作或实习的真实情景为研究主题。

二、我校工商管理专业硕士教育存在的问题

我校工商管理专业硕士教学水平虽然在快速发展和不断提升，但是仍然存在不少问题，其中有些是当前我国专业学位教育中普遍存在的共性问题，有些则是我校资源约束下存在的特性问题。

从大量专业学位研究生教育主题的文献中，可以发现当前我国专业学位教育中一个普遍存在的问题是，专业学位教育的职业性、应用性特征没有充分体现。2020 年《专业学位研究生教育发展方案（2020—2025）》（下文简称《发展方案》）中指出了一些专业学位研究生教育现存的问题，其中的第一个问题是"对专业学位研究生教育的认识需要进一步深化，重学术学位、轻专业学位的观念仍需扭转，简单套用学术学位发展理念、思路、措施的现象仍不同程度存在"。这一问题在我校 MBA 培养中也存在，主要表现在以下几个方面。

（1）论文开题和外审环节尚未适配专业学位特性要求。在开题环节，虽然我校工商管理专业硕士学位论文可以采取多种形式，对选题也要求必须体现企业管理实践，但是部分教师没有认识到专业学位论文研究的重要价值在于理论应用，习惯性沿用学术研究生开题的评判思维，以理论创新程度和是否有定量模型应用作为评价标准。在外审环节，我校没有将专业硕士和学术硕士进行区分，二者在同一平台上提交，使用内容完全相同的评审表格，评审标准上没有体现专业硕士论文和学术硕士论文的区别。

（2）案例开发不足。案例开发不足是当前大部分专业学位办学单位面临的另一个共性问题。案例教学是专业硕士教育的主要教学手段，而案例开发是工商管理重要的研究手段，也是案例教学的基础。从办学伊始，我校工商管理课程教学全部采用了案例教学，但是所使用的案例均为二手案例，缺乏自主开发原创案例。目前，我校教师自主开发案例进入工商管理三大案例库的仅有一篇，教师案例开发的动力严重不足，主要原因在于案例开发费时费力，而且开发成果既不归入教研成果，也不归入科研成果，既不计算工作量，也没有激励政策，案例开发工作成果得不到任何形式的认可。

（3）校外导师的作用尚未充分发挥。校外导师是专业硕士培养中重要的教学力量，校外导师通过讲座、提供参观交流机会、参与讨论、提供实习实践、为学生提供职业生涯发展咨询、论文选题建议、创业建议等方式，提高对学生管理技能的培养和职业发展的帮助。但是，当前校外导师发挥的作用在个体间差异很大，发挥程度取决于校外导师的主观认识、客观条件以及学生求教的主动性。由于在制度上无法对校外导师实施有效的评价和约束，只能通过加强联系来发挥校外导师的作用。

除此之外，我校工商管理专业硕士发展中还存在特殊的问题。比如硬件亟待优化，由于我校西城校区交通便捷，有利于不住校的工商管理专业硕士往返学校，所以一直在西城校区

办学,但是西城校区教室资源有限,近年又一直处于部分改造的过程中,难以提供适当的教学空间。前些年学生人数较少,采用了小班讨论型教室,将教学和讨论空间合二为一,尚可满足教学需要,但是随着招生规模的扩大,小班教室已经无法容纳全部学生,急需空间充足、设备完善的马蹄形多媒体教室。

三、我校工商管理专业学位硕士教育的发展措施

1. 完善适合工商管理专业学位硕士特殊性的培养方式

首先,工商管理教育格外强调学习和应用、理论和实践的统一,边干边学是理想的培养模式,因此需要调整招生结构,削减全日制招生名额,增加非全日制的招生名额。

其次,在论文环节进一步强调应用性。《发展方案》中对于专业学位论文做了专门阐述,提出"硕士专业学位论文可以调研报告、规划设计、产品开发、案例分析、项目管理、艺术作品等为主要内容,以论文形式呈现",这为完善工商管理专业硕士论文管理,突出论文应用性和形式灵活性提供了政策依据。我校的论文管理应进一步突出应用导向,完善各种形式的体例模板以及评价标准,让教师和学生无论在写作、指导,还是评判环节都更有据可依。《发展方案》中还提出"完善专业学位论文评审和抽检办法,推动专业学位论文与学术学位论文分类评价",我校也应尽快出台针对专业学位论文的评审和抽检办法,设计适合专业学位的以理论应用、解决问题为研究目的兼具职业性和学术性的论文评审标准。

2. 重视案例开发,突出案例教学

工商管理专业硕士的培养目标是将学生培养成掌握宽广基础理论和坚实专业知识,具有较强解决实际问题能力,能够承担管理工作,具有良好职业素养的高层次管理人才。要实现这一培养目标需要达到三个方面的要求:一是具备企业管理所需的系统理论知识;二是具备运用所学知识解决组织实际问题的能力;三是具有以职业理想、职业道德和职业态度等为核心的职业素养。这些能力的培养单靠理论讲授无法实现,因此,案例教学成为专业硕士培养的重要方法。《教育部关于加强专业学位研究生案例教学和联合培养基地建设的意见》指出,案例教学是以学生为中心,以案例为基础,通过呈现案例情境,将理论与实践紧密结合,引导学生发现问题、分析问题、解决问题,从而掌握理论、形成观点、提高能力的一种教学方式。案例教学是国际通用的工商管理教学方式,中国工商代表团 1979 年访问美国后将现代案例教学引入中国,1999 年全国 MBA 教育指导委员会正式将案例教学确定为中国工商管理专业学位研究生教学的重要方法,并专门编写了"案例教学"教学大纲。越来越多的高校和教育主管部门意识到案例教学对于实现 MBA 培养目标的重要意义,在教育教学改革中,均将其作为重点项目进行推进。在中国企业已经崛起,在国际上形成了中国特色管理模式的时代背景下,案例开发还成为总结中国企业管理经验,讲好中国故事的重要手段。一些学校为了推进案例教学,专门改建了案例讨论室和适合案例教学的教室。在教育部组织的学位授权点合格评估和水平评估中,专家亦把案例开发和案例教学情况作为重要的评价指标。《发展方案》中要求培养单位"破除仅以论文发表评价教师的简单做法,将教学案例编写、行业产业服务等教学、实践、服务成果纳入教师考核、评聘体系"。我校也应按照政策要

求,学习其他先进案例开发单位的经验,在工作绩效考核、职称评聘中体现教学案例编写的工作量和成果,以此促进教师进行案例开发,并在教学中有效采用。

3. 充分发挥校外导师和校友作用

校外导师在企业中担任中高层管理职位,拥有丰富的社会资源,除了其作为导师发挥个人作用,还应该通过让校外导师深入参与培养过程,发挥其社会资源的作用。例如,校内外导师联合案例开发,将导师所在公司遇到的问题作为咨询案例等,通过这样的方式加深加宽校内校外、实践和教学的融合,提升培养质量。

此外,校友资源也是工商管理专业硕士培养应该深度挖掘的宝藏。首先,我校其他专业的校友可以作为工商管理专业硕士的潜在生源,他们本身是专业人才,工作几年后开始产生学习管理技能的需求,又大多在建筑行业,与我校工商管理专业硕士的培养目标高度契合,是潜在的优质生源。其次,校友还是我校工商管理专业硕士品牌建设的重要力量,校友的口碑传播、参与学校的各种活动、阶段性回校“充电”、回馈母校等一系列活动,都不断强化学校和校友之间的联系。我校应从学校、学院、MBA 教育中心三种渠道增加和校友的联系,每年定期组织 MBA 校友回校,建立校友社团,筑牢学校和校友之间的多条联系渠道,发挥校友的品牌建设效应。

4. 加强实践环节

大部分工商管理专业硕士生是边工作边求学的,因此,很多人会忽视学校组织的参与竞赛、案例咨询、实战论文等实践环节。然而,工作实践和这些经规划组织后的实践活动并不能相互取代。学员在实际岗位上的工作是具体的、局部的,而学校的实践任务更有抽象性和全局性,可以让学生从更高的层面、有逻辑性地、在理论指导下进行思考和模拟练习,因而学生即便在从事管理实践,仍需要参与学习型的实践环节。以前,我校学生参与实践环节的主要形式是讲座,其他形式的实践由学生自主选择参与,今后,在实践学分中应有一定比例分配给参与各类竞赛以及案例编写活动,要求学生在规定期限内至少参加一次大赛,以提升团队合作、系统思考、分析决策以及表达陈述等能力。

5. 建设符合需求的教学和讨论空间

由于社会上对工商管理专业硕士人才的需求量比较大,未来我校 MBA 的招生规模仍将继续扩大,同时,高水平的教学需要高质量的设施保障,走在专业硕士教育前沿的工商管理教育更需要用先进的教学设施不断创新教学手段,因此,我校应尽快进行教室改造,提供设施先进、教学效果更好的马蹄形教室,或者提供组团式教学研讨综合教室,以满足教学需要。

参考文献

[1] 国务院学位委员会,教育部.专业学位研究生教育发展方案(2020—2025)[EB/OL].(2020-09-30) [2021-02-01]. http://www.moe.gov.cn/srcsite/A22/moe_826/202009/t20200930_492590.html.

[2] 徐东波.我国专业学位研究生教育的本质属性、发展误区与变革路径[J].现代教育管理,2020(10): 100-105.

[3] 尹世平,刘双,王菲,等.对我国专业学位硕士研究生教育发展的思考[J].高等建筑教育,2020(3):

108-116.

［4］ 周剑清,刘雪清.专业硕士专业培养的路径探索[J].教育观察,2019(12)：126-128.

［5］ 教育部关于加强专业学位研究生案例教学和联合培养基地建设的意见[EB/OL].（2015-05-07）
［2018-08-04］.http：//old.moe.gov.cn/publicfiles/business/htmlfiles/moe/ moe_824/ 201505/187792.html.

［6］ 郑晓齐,马小燕.专业学位研究生案例教学的相关问题辨析[J].北京航空航天大学学报（社会科学版）,2021(3)：147-153.

［7］ 陈立群,常颖.对 MBA 案例教学"困境"的断想[J].学位与研究生教育,2003(8)：24-26.

基于城市测绘特色的测绘工程专业应用型人才培养课程体系研究

周命端　姬　旭　徐　翔　周乐皆　靖常峰　王　坚

（北京建筑大学　测绘与城市空间信息学院）

摘　要：对照《工程教育认证标准解读及使用指南（2020 版，试行）》要求，在学校总体办学思想指导下，制定基于城市测绘特色的人才培养目标，确定测绘工程专业应用型人才培养定位，分别从理论教学和实践教学两个角度探讨测绘工程专业人才培养课程体系设计思路，建立城市测绘专业特色课程知识模块，给出课程体系构成及学分分配比例，提出一种核心课程支撑毕业要求达成的拓扑结构表达方法，构建我校测绘工程专业应用型人才培养课程体系，为凸显城市测绘专业特色人才培养奠定良好基础。

关键词：测绘工程专业；课程体系；应用型人才培养；城市测绘特色；工程认证；拓扑结构表达方法

一、引言

教育部自 2006 年 5 月启动工程教育专业认证试点工作以来，工科专业的工程认证工作在全国高等院校如火如荼铺开，专业认证认知度不断提高。中国工程教育专业认证协会发文针对《工程教育认证通用标准解读及使用指南（2020 版，试行）》做了修订，突出立德树人根本任务，并对《工程教育认证专业类补充标准》做了修订。目前，全国开设测绘工程专业的高校有 160 所，已通过专业认证的高校有 42 所。我校测绘工程专业 2016 年顺利通过专业认证，2018 年高质量通过专业认证复评。工程认证自评报告包括七大部分，课程体系是其中之一。针对测绘工程专业课程体系的研究，全国测绘类高校诸多专家学者开展了不少有关体系的优化改革与探讨工作，取得了一系列教学成果。郭辉等（2021）通过分析测绘工程专业实践教学存在的不足，提出测绘工程实践教学优化举措，并探讨了以"数据流"为中心的实践教学体系；徐建辉等（2019）探讨了信息化体系下测绘工程专业应用型人才培养模式改革，为地方性应用型高校信息化测绘行业人才培养提供思路；孙姝娟等（2020）以"测绘程序设计"课程为例，深入剖析了课程教学存在的问题，并结合应用创新型人才培养目标，从课程设置、教学内容设计、教学手段等方面提出改革措施；陈爱梅等（2020）通过分析测绘工程专

基金项目：北京市教育科学"十四五"规划 2021 年度一般课题（项目编号：ACDB21190）；北京市教育科学"十三五"规划 2020 年度一般课题（项目编号：CDDB2020151）；中国建设教育协会教育教学科研立项重点课题（项目编号：2019009）；北京市高等教育学会 2021 年立项课题（项目编号：YB202134）；北京建筑大学教育科学研究重点项目（项目编号：Y2011）。

业人才培养模式现状,构建了符合国家注册测绘师制度的人才培养模式;袁伟等(2020)通过分析测绘专业学生实践能力不足的原因,从培养计划、学生参与科研项目、生产实习、教师专业技术水平、实验室软硬件配置等方面提出有益的改进建议;张淼(2019)立足于当前应用型人才的实际培养需求,针对测绘专业实践教学模式及方法的优化路径提出了建设性建议。

本文在学校总体办学思想指导下对照《工程教育认证标准解读及使用指南(2020 版,试行)》的具体要求,制定基于城市测绘特色的人才培养目标,确立测绘工程专业应用型人才培养定位,分别从理论教学和实践教学两个角度探讨测绘工程专业人才培养课程体系设计思路,建立城市测绘专业特色课程知识模块,探讨一种基于拓扑结构图的核心课程支撑"毕业要求"标准达成的关系矩阵表达方法,并构建我校测绘工程专业应用型人才培养课程体系,为凸显城市测绘专业特色人才培养奠定良好基础。

二、人才培养定位

1. 培养目标制定

根据我校 2021 级测绘工程专业本科培养方案制定的总体培养目标,学生毕业后经过 5 年左右的工作和学习,能够达到 5 个方面的应用型人才培养目标(表 1)。

表 1   应用型人才培养目标

序号	目 标 内 容
目标 1	能在国家基础测绘、城乡建设、地理信息服务及应急管理等领域胜任工程勘测、设计、施工及管理等方面的测绘技术工作
目标 2	具有良好专业素养、丰富的工程管理经验和极强工作责任心,成为测绘地理信息企事业单位中的技术负责人或技术骨干
目标 3	具有继续学习、适应发展的能力,能够独立或协同承担测绘地理信息科研工作
目标 4	具有良好的团队意识、国际化视野和沟通能力,能在设计、生产、研发和多学科团队中担任组织管理骨干或技术负责人角色,具备团队协作精神及领导力
目标 5	具有良好的思想道德修养和科学文化素养,具有社会责任感、事业心及良好的职业道德,能够承担和履行社会责任,服务于国家与社会

2. 城市测绘专业特色

依托首都建设和学校土木类、建筑类学科优势,培养服务首都、面向全国、依托建筑行业、服务城乡建设的专业测绘人才。人才培养适应测绘高新科技发展,融教学、科研和生产为一体,强调理论与实践密切结合,培养测绘新技术、新方法、新工艺的应用能力,突出城市测绘特色,满足城乡建设、古建筑保护、复杂结构精密测量等测绘人才需求。

三、课程体系设计

1. 设计要求

课程体系设计的基本思路是以教育部高等学校测绘类专业教学指导委员会确定的专业

核心课程为体系基础,以测绘行业的应用能力需求为产出导向,结合注册测绘师统考大纲要求,构建基于城市测绘特色的测绘工程专业应用型人才培养课程体系。课程体系设计充分考虑的标准要求指标点见表2。值得说明的是,课间实验应属于实践教学课程体系,为方便描述,本文将课程的课堂教学实验学时/学分纳入理论教学课程体系中进行探讨。

表 2　标准要求指标点

序号	指标点内容	占总学分的比例
1	与测绘工程专业学生毕业要求相适应的数学与自然科学类课程	≥15%
2	符合测绘工程专业学生毕业要求的工程基础类课程与专业基础类课程	≥30%
3	工程实践与毕业设计(论文)	≥20%
4	人文社会科学类通识教育课程	≥15%

2. 理论教学课程体系设计

在学校总体指导性意见框架下,我校制定的2021级测绘工程专业本科培养方案中理论教学课程体系由通识教育课程、智慧城市类大类基础课程、专业核心课程和专业方向课程四大模块组成。

1) 通识教育课程模块

该类课程模块是面向全校所有专业学生开设的通识教育课,包括必修课程、核心课程和选修课程,课程归类于标准要求中的人文社会科学类通识教育课程。通识教育课程模块见表3。

表 3　通识教育课程模块

课程类别	通识教育课		
课程属性	必　　修	核　心	选　　修
课程名称	思想道德与法治[1(3)-48]、中国近代史纲要[2(3)-48]、习近平新时代中国特色社会主义思想概论[2(2)-32]、马克思主义基本原理★[3(3)-48]、毛泽东思想和中国特色社会主义理论体系★[4(5)-80]、形势与政策(1-4)[1-4(2)-32]、大学生职业生涯与发展规划[1/2(1)-16]、大学生心理健康[1/2(1)-16]、大学英语(1-2)★[1-2(6)-128]、大学英语拓展系列课程(1-4)[4(2)-32]、大学英语拓展系列课程(1-4)[3(2)-32]、大学英语拓展系列课程(5-8)[4(2)-32]、体育(1-4)[1-4(4)-120]、计算思维导论[1/2(1.5)-56]、"四史"(党史、新中国史、改革开放史、社会主义发展史)[1-7(0.5)-8]	建筑艺术与城市设计[1-8(2)-32]、哲学视野与人文素养[1-8(2)-32]、创新创业与社会发展[1-8(2)-32]、生态文明与智慧科技[1-8(2)-32]	工程实践类[1-8(2)-32]、复合培养类[1-8(2)-32]
课程归类	人文社会科学类通识教育课程		

注:表中数字模式[$a(b)$-c,$d(e)$]代表开课学期 a,学分 b,总学时 c,实验/上机学时 d,开课学期所在周 e;★表示集中考试课程;下同。

从表3可以看出,通识教育课程模块包括:①必修课15门共计36学分(含"四史"(党史、新中国史、改革开放史、社会主义发展史)),四选一,1-7学期内任意学期完成,0.5学分);②核心课设置4类共计8学分,每类修读2学分;③选修课程设置2个跨类,跨类任选

2 学分。因此,本专业学生毕业要求:通识教育课程模块修读 46 学分(通识教育必修 36 学分,通识教育核心 8 学分,通识教育任选 2 学分)。

2) 智慧城市类大类基础课程模块

该类课程模块是为我校智慧城市类大类招生而设置的主干基础课,包括必修课程和选修课程。该类课程包括数学与自然科学类课程、工程基础类课程、专业基础类课程以及专业类选修课程。智慧城市类大类基础课程模块如表 4 所示。

表 4　智慧城市类大类基础课程模块

课程类别	大类基础课			
课程属性	必　修			选修
课程名称	高等数学 A(1)★[1(5)-92]、高等数学(2)★[2(5)-84]、线性代数[2(2)-40]、概率与数理统计 B[3(3)-48]、普通物理 A(1)★[2(3)-52]、普通物理 A(2)★[3(3)-52]、物理实验(1-2)[3-4(2)-60]	C 语言程序设计[1(2)-32,8]、CAD 基础与应用[1(2)-32,16]	地球科学概论[1(2)-32]、测绘地理信息概论[1(1)-16]、数字地形测量学★[2(4)-64,12]、地图学[3(3)-48,8]、地理信息系统原理(双语)★[3(3)-48,8]、遥感原理与应用★[3(3)-48]	现代测绘技术应用[2(1)-16]、GIS 基础应用技能[2(1)-16]、遥感应用前景[3(1)-16]
课程归类	数学与自然科学类课程	工程基础类课程	专业基础类课程	专业类选修课程

从表 4 可以看出,在智慧城市类大类基础课程模块中,数学与自然科学类课程设置 7 门共计 23 学分,工程基础类课程设置 2 门共计 4 分,专业类课程设置 6 门共计 16 学分,专业类基础课任选 1 学分。因此,本专业学生毕业要求:大类基础课程模块必修 43 学分,任选 1 学分,合计 44 学分。

3) 专业核心课程模块

该类课程模块是我校智慧城市类大类招生学生在第 3 学期末实施专业分流到测绘工程专业,从第 4 学期开始学生必修的专业核心课程,属于必修课程,课程归类由专业基础类课程和专业类课程构成。专业核心课程模块如表 5 所示。

表 5　专业核心课程模块

课程类别	专业核心课	
课程属性	必修	
课程名称	误差理论与测量平差基础★[4(3)-48]、大地测量学基础★[4(3)-48,8]、摄影测量学★[5(3)-48,8]、工程测量学★[6(3)-64,12]	GNSS 原理及其应用★[5(3)-48,4]
课程归类	专业基础类课程	专业类课程

从表 5 可以看出,在专业核心课程模块中,专业基础类课程设置 4 门共 12 学分,专业类课程设置 1 门计 4 学分。因此,本专业学生毕业要求:专业核心课程模块必修 16 学分(专业基础类课程 12 学分,专业类课程 4 学分)。

4) 专业方向课程模块

该类课程模块是为测绘工程专业高年级学生根据培养兴趣以及重点突出城市测绘专业

特色而设置的专业方向课,包括必修课程和选修课程。课程归类由专业类课程和工程基础类课程组成。专业方向课程模块如表 6 所示。

表 6 专业方向课程模块

课程类别	专业方向课		
课程属性	必修	选 修	选修
课程名称	变形监测与灾害预报[5(2)-32,8]、测绘管理与法律法规[6(1)-16]、不动产测量与管理[7(2)-32,4]、激光雷达测量技术与应用[7(2)-32,8]	地图设计与编绘[4(2)-32,16]、数据结构(限选)[4(2)-32]、遥感数字图像处理[5(2)-32,16]、高精度导航地图与位置服务(限选)[5(2)-32]、测量程序设计与数据处理(限选)[5(2)-32]、测绘管理与法律法规(限选)[6(1)-16]、计算机图形学(限选)[6(2)-32,8]、近景摄影测量[6(2)-32,6]、科技论文写作(双语)[6(1)-16]、工业测量与数据处理[6(1.5)-24]、城市遥感(双语)[6(1.5)-24,8]、近景摄影测量[6(2)-32,6]、大数据与地理信息系统[6(1.5)-24,8]、智慧城市导论(限选)[6(1)-16]、科技论文写作(双语)[6(1)-16]、自然资源调查监测(限选)[7(1.5)-24]、新型航空遥感数据处理技术[7(2)-32]、遥感影像深度学习与智能解释[7(2)-32]、测绘地理信息技术前沿[7(1)-16]	C语言程序设计[4(2)-32,16]、土木工程概论(限选)[5(3)-48]、科技文献检索[5(1)-16]、工程制图与识图(限选)[6(2)-32]、计算机图形学(限选)[6(2)-32]、市场营销[7(1.5)-24]、城市规划概论[7(1.5)-24]
课程归类	专业类课程		工程基础类课程

从表 6 可以看出,在专业方向课程模块中,本专业学生毕业要求:专业方向课程模块27.5学分(专业方向课程模块必修 7 学分,选修课至少须修读 20.5 学分)。

3. 实践教学课程体系设计

在学校总体指导性意见框架下,我校制定的 2021 级测绘工程专业本科培养方案中实践教学课程体系由课内实验环节和课外实践环节两大模块组成。课内实践环节主要由课程集中实习、毕业设计与毕业答辩两部分构成;课外实践环节主要由创新实践及科研训练构成,课程归类属于工程实践与毕业设计(论文)。实践教学课程体系如表 7 所示。

表 7 实践教学课程体系

课程性质	课内实习	课外实践
课程属性	必修	选修
课程名称	军事理论[1(2)-36]、军训[1(2)-112]、形势与政策(5-8)[5-8(1)-32]、数字地形测量实习[2(3)-60]、地图学实习[3(2)-40]、地理信息系统原理实习[3(2)-40]、控制测量实习[4(2)-40]、遥感原理与应用实习[4(1)-20]、摄影测量实习[5(1)-20]、卫星导航定位实习[5(1)-20]、自然地理地貌及遥感图像解译实习[6(1)-20]、工程测量综合实习[6(4)-80]、空间信息综合实习[7(5)-100]、不动产测量与管理实习[7(1)-20]、激光雷达测量技术实习[7(2)-40]、毕业设计与毕业答辩[8(8)-160]	学院技能大赛实训[4(1)-20]、测绘科技论文写作大赛[5(1)-20]、北斗创新创业大赛[5(1)-20]、全国论文大赛[(1)-20]、GIS软件开发大赛实训[(1)-20]、科研训练[(1)-20]
课程归类	工程实践与毕业设计(论文)	

从表 7 可以看出,本专业学生毕业要求:独立实践环节修读 39 学分,其中课内必修 37 学分,课外(创新实践及科研训练)必修 2 学分。

4. 城市测绘特色课程知识模块

以"解决城市测绘复杂工程问题"为目标导向,设置具有鲜明城市测绘专业特色的 1 门专业核心课和 4 门专业方向课,将多门课程的知识单元与能力培养相互交叉融合,形成一系列城市测绘特色课程知识模块。从理论教学(知识单元)内容、课间实验内容和集中实习内容三个层次设置城市测绘专业特色课程教学内容,如表 8 所示。

表 8 城市测绘特色课程教学内容

序号	课程名称	理论教学(知识单元)内容	课间实验内容	集中实习内容
1	工程测量学	1. 绪论;2. 工程建设各阶段的测量及信息管理;3. 工程测量学的理论技术和方法;4. 工程测量控制网;5. 地形图测绘及应用;6. 工程建(构)筑物的施工放样;7. 工业与民用建筑测量;8. 高速铁路工程测量;9. 桥梁工程测量;10. 水利和港口工程测量;11. 隧道和地下工程测量;12. 城市地下管线探测	1. 点位测设的常规方法实验;2. 全站仪点位测设实验;3. 高程测设及高程传递实验;4. 圆曲线测设实验	1. 施工控制测量;2. 土方测量;3. 民用建筑施工测量;4. 线路工程测量;5. 地下工程测量
2	不动产测量与管理	1. 不动产测量与管理的概念、组成、内容,功能、特点及其发展;2. 不动产权属;3. 土地权属调查;4. 定着物权属调查;5. 海域权属调查;6. 控制测量与界址测量;7. 房屋测量;8. 地籍图绘制;9. 不动产单元图绘制;10. 地籍总调查;11. 日常地籍调查;12. 土地利用现状调查;13. 地籍数据库;14. 不动产登记	1. 点位测设的常规方法实验;2. 房屋及附属设施的数据采集	1. 土地与房产调查;2. 界址测量;3. 房屋与附属设施数据采集;4. 不动产单元图绘制;5. 土地利用图绘制
3	激光雷达测量技术与应用	1. 绪论;2. 激光雷达点云;3. 摄影测量点云;4. 点云配准与融合;5. 几何重建;6. 纹理重建;7. 工程应用	1. 相关仪器的认识与数据采集的实验;2. 点云模型建立的实验;3. 三维模型重构实验;4. 三维模型加载纹理	1. 激光雷达和影像数据的外业采集;2. 点云模型的建立;3. 三维实体几何模型重构
4	城市遥感(双语)	1. 城市遥感基础;2. 城市遥感概述;3. 城市遥感系统;4. 高分辨率遥感数据处理;5. 城市遥感应用	1. 高分影像融合;2. 图像分割;3. 影像分类	—
5	智慧城市导论	1. 智慧城市概述;2. 智慧城市支撑技术;3. 智慧城市典型应用;4. 智慧城市自主学习展示与讨论	—	—

5.课程体系构成及学分分配比例

依据我校 2020 版人才培养方案制定的指导性意见,在教育部工程教育专业认证标准以及测绘类专业补充标准要求下,考虑到课程体系设计应能支持"毕业要求"标准要求的达成,同时听取测绘工程专业相关企业或行业专家意见,我校 2021 级测绘工程专业本科培养方案中的课程体系构成及学分分配比例如表 9 所示。

表 9　课程体系构成及学分分配比例

课程结构	理论教学							实践教学		
课程模块	通识教育课程		大类基础课程		专业核心课程	专业方向课程		独立实践环节		总计
课程属性	必修	选修	必修	选修	必修	必修	选修	必修	选修	
学分	44	2	43	1	16	7	20.5	37	2	172.5
学时	728	32	756	16	256	112	328	840	40	3108
学分比例	25.51%	1.16%	24.93%	0.58%	9.28%	4.06%	11.88%	21.45%	1.15%	100%

从表 9 可以看出,参照我校的本科学生学业修读管理规定及学士学位授予细则,修读本专业最低计划学分应达到 172.5 学分。其中,理论课程 133.5 学分,学分比例(占比)77.39%,实践教学环节 39 学分(含创新实践及科研训练必修 2 学分),学分比例(占比)22.61%。

四、核心课程与毕业要求的拓扑结构

在学校总体办学思想指导下,对照《工程教育认证标准解读及使用指南(2020 版,试行)》要求,测绘工程专业学生毕业要求的基本含义是对学生毕业时应该掌握的知识能力的具体描述,通过核心课程支撑毕业要求指标点达成的定量评价手段实现。因此,本文提出一种基于拓扑结构图的核心课程支撑"毕业要求"标准达成的关系矩阵表达方法,并详细给出核心课程支撑"毕业要求"标准达成的拓扑结构图,如图 1 所示。其中,图 1(a)为核心课程支撑毕业要求(1~6)项指标点的拓扑结构图,图 1(b)为核心课程支撑毕业要求(7~12)项指标点的拓扑结构图。

从图 1 可以看出,针对 12 项毕业要求(分别是毕业要求 1~6、毕业要求 7~12),分解并设计 2~4 个毕业要求指标点支撑每项毕业要求,抽样 2~5 门核心课程支撑每个毕业要求指标点,构建并形成核心课程与毕业要求的拓扑结构图。

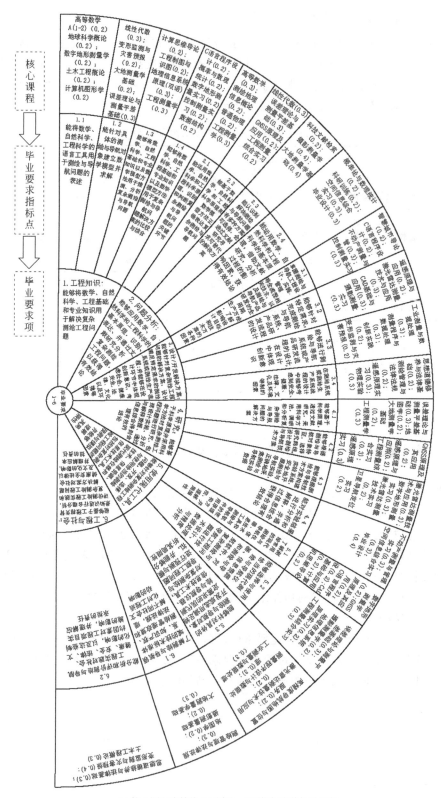

(a) 核心课程支撑毕业要求(1~6)项指标点的拓扑结构

图 1　核心课程与毕业要求的拓扑结构

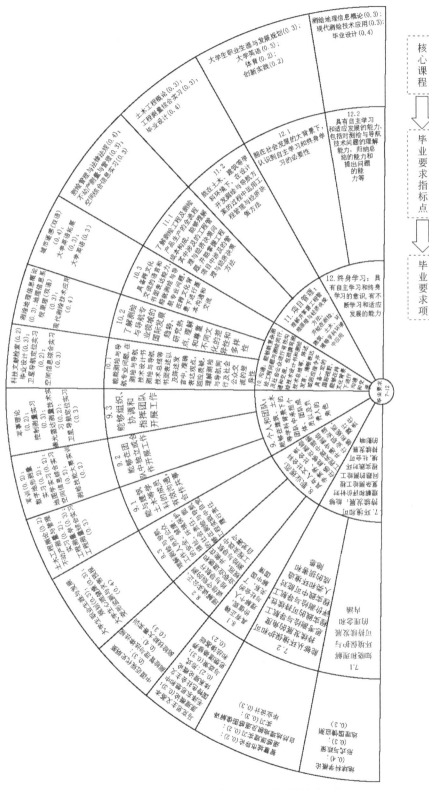

(b) 核心课程支撑毕业要求(7~12)项指标点的拓扑结构

图 1 （续）

五、结语

为使我校 2021 级测绘工程专业人才培养方案的课程体系能够满足工程教育专业认证标准要求和教学质量国家标准,本文对照《工程教育认证通用标准解读及使用指南(2020版,试行)》要求,分别从理论教学和实践教学两个角度对测绘工程专业人才培养课程体系设计思路作了深入探讨。在学校总体办学思想指导下,制定了基于城市测绘专业特色的人才培养目标,确定了测绘工程专业应用型人才培养定位,详细给出了测绘工程专业学生毕业后经过 5 年左右的工作和学习,能够达到 5 个方面的应用型人才培养目标。从理论教学(知识单元内容)、课间实验内容和集中实习内容等三个层次打造一系列城市测绘专业特色课程,建立城市测绘专业特色课程知识模块,并提出一种核心课程支撑毕业要求达成的拓扑结构表达方法,构建了我校测绘工程专业应用型人才培养课程体系,凸显出城市测绘专业特色,具有重要的指导意义和推广价值。

参考文献

[1] 郭辉,张国卿.面向应用创新型人才培养的测绘工程实践教学体系优化[J].北京测绘,2021,35(5):703-705.

[2] 徐建辉,肖辉军,李鹏,等.信息化测绘体系下滁州学院测绘工程专业人才培养模式改革与实践[J].湖南科技学院学报,2019,40(10):109-112.

[3] 孙姝娟,徐万福,王锡琴.基于应用创新型人才培养的测绘程序设计教学改革研究[J].电脑与信息技术,2020,28(5):72-74.

[4] 陈爱梅,韩丽,韩毓.测绘工程专业应用型人才培养模式探索与研究[J].中国教育技术装备,2020(12):79-81.

[5] 袁伟,陈吉.提高测绘工程应用型人才实践能力的探索[J].北京测绘,2020,34(1):140-142.

[6] 张淼.测绘工程专业实践教学模式与教学方法改革研究:基于应用型人才培养目标[J].课程教育研究,2019(41):231-233.

[7] 周命端,丁克良,周乐皆,等.专业认证标准下"测绘工程"专业课程体系研究与实践[J].中国建设教育,2016(6):76-80.

课程建设与教学改革

地方建筑类高校大学英语拓展课程体系的构建与实践(以北京建筑大学为例)

侯平英　　沈冰洁　袁　艺

(北京建筑大学　文化发展研究院/人文学院)

摘　要:"新工科"国家战略背景下,社会对工程技术人才外语能力的需求越来越高。基于学生实际需求,我校对原有大学英语课程群进行改革,构建了工科院校大学英语拓展课程体系,设置了语言技能类、文学文化类、专门用途英语类、研究生英语考试类四大拓展课程模块,取得了良好的教学效果。

关键词:课程体系;大学英语拓展课程体系;英语应用能力;跨文化研究

一、引言

自改革开放以来,我国经济不断繁荣发展,特别是在加入 WTO 之后,国际交流和合作日益频繁,涉及的各种竞争也增多起来,这种发展趋势使得我国各个行业和领域都急需大量既精通本专业知识又能熟练掌握并应用英语工具的国际化专业人才。而如何培养出具有英语实际应用能力且与专业素质相融合的优秀人才,满足各专业领域对国际化人才的需求,已经成为高校人才培养目标中的重要组成部分。特别是在国家推进的"一带一路"倡议以及经济全球化趋势的背景下,加上信息技术、互联网、数字化等新技术的迅猛发展,外语教学和人才培养有了新要求和新机遇。

根据教育部《国家中长期教育改革和发展规划纲要(2010—2020 年)》对国际化人才培养提出的要求"提高我国教育国际化水平,适应国家经济社会对外开放的要求,培养大批具有国际视野、通晓国际规则、能够参与国际事务和国际竞争的国际化人才"和国家《普通高等学校本科专业类教学质量国家标准》对新时代外语教育提出的要求及改革需求,北京建筑大学外语部紧密围绕我校办学要求,以培养具有工程实践能力、创新创业意识、北京精神和国际视野的高素质复合型建筑行业骨干人才为目标,积极进行大学英语课程体系、教学内容和教学模式的改革,提升教学质量,不断提高人才培养的达成度,探索我校高校外语教育改革与发展新路径。

二、我校大学英语拓展课程构建的背景

长期以来,大学英语一直是面向我校大一和大二的非英语专业本科学生开设的通识基础必修课。2016 年,学校对本科人才培养方案进行深化修订,大学英语教学学时大幅缩减,由原来两学年 256 学时的必修课改革为 160 学时,其中第一学年 96 学时(必修课),第二学

年 64 学时(选修课)。在此背景下,改革大学英语教学体系和教学内容,优化课程设置,夯实学生语言基础,强化学生英语综合应用能力,拓展学生人文素养和跨文化交际能力,提升学生国际化发展能力,满足学校在新形势下对于具有国际视野的"新工科"人才培养的需要已迫在眉睫。

三、我校"四维一体"的大学英语拓展课课程体系

大学英语教学的对象和主体是学生,他们的专业(职业取向)和兴趣要求我们更多地重视大学英语教学目标定位中的"个性化"和"多元化"。归根结底,自下而上的学习机制要比自上而下更加有效。外语系从需求分析出发尝试性地提出了"专业+兴趣主导"的教学目标定位。

2017 年初,外语部研制了北京建筑大学大二非英语专业本科生英语学习需求的问卷,以线上问卷的方式,发放给 1600 余名学生填写,希望能从学生的角度看待"在学习英语时到底想学习什么?"这个问题,了解学生的真实需求,推动课程设置的供给侧结构性改革,进一步优化课程设置。

调查问卷结果显示,学生对语言技能提高类、专门用途类、跨文化交际类、文学素养类、研究生英语考试、托福考试和雅思考试等英语考试类课程需求强烈,外语部决定在第二学年为学生开设"四维一体"大学英语拓展系列课程群,在提高学生的语言应用能力和交际能力的同时,满足学生进行国际交流、专业学习和升学的多元化需要。

四、我校"四维一体"的大学英语拓展课模块化设置分析

"四维一体"的大学英语拓展课课程设置是我校大学英语拓展系列教学体系的特色,注重提高学生英语应用能力,围绕"语言技能""跨文化交际和文学素养""专门用途英语"和"研究生英语考试"四个维度,创造性建立了"四维一体"课程体系,建设了 8 个模块 12 门拓展课程(图 1,图 2)。其中,"语言技能"提升类课程在一年级基础英语教学之上进一步提升学生英语语言技能,助力学生顺利通过四、六级考试;"文学素养"类课程旨在培养学生的文化素养和跨文化交际能力;"专门用途英语"类课程针对工科学生未来就业需求,培养既懂工程又懂英语且具有国际视野、专业素质的国际化人才,同时培养学生用英语撰写论文、开展国际学术交流活动的能力;"考研和出国留学"英语考试类课程以学生考研和出国深造的需求为导向,帮助学生提升考试技能,提高我校升学率。我校大学英语拓展课实施校选课模式,突出了校本特色与能力培养,满足了学生多样化的学习需求,极大提高了大学英语教学对学生成长的贡献度。

"四维一体"课程设置充分考虑了学生英语学习能力和需求的多样性,为其提供多层次语言输入来源,帮助学生自主选择学习内容,循序渐进、稳步提高英语综合应用能力,充分体现"个性化教学",彰显了"以学生为中心"的教学理念,实现了我校学生在大学阶段英语学习的连续性。同时,为进一步培养学生的跨文化交际能力和国际化发展能力,拓展课程更加强调教学目标、教学内容、教学方法和教学过程中的人文性渗透,因此教学模式侧重启发式教学,教师组织学生进行讨论式、合作式、交互式学习,教学活动强调多角度、全方位开放式研

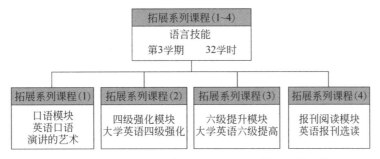

图 1　大二第 3 学期大学英语拓展系列课程体系及课程设置

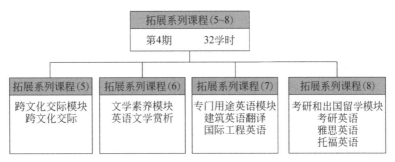

图 2　大二第 4 学期大学英语拓展系列课程体系及课程设置

讨问题,通过学生主体参与的探究式学习,提高了学生独立思考和判断能力,发展了沟通合作能力,体现了英语作为素质教育重要组成部分的思想。

五、我校大学英语拓展课改革成效

拓展课课程体系模块化试行的 4 年里,在多次与学生的座谈中,我们收到了大量积极的反馈,认为现有的课程体系更加灵活、多样化,可以根据自己对未来发展的需求选择自己大学英语学习的内容,更加实用、有趣,并对未来发展的帮助更加直接,对英语学习热情也有了很大的提高。学生语言能力大幅提升,15 级、16 级、17 级本科生累计四级通过率已站稳80%,并呈逐年逐步增长趋势。2020 年硕士研究生招生数据显示,我校学生报考我校要比外校学生报考我校的英语单科过线率高 12 个百分点。

大学英语拓展课课程体系的改革为教师的教学模式改革带来了机遇,互联网技术的不断发展和大数据时代的到来为大学英语教学带来了新的发展契机。结合教育现代化建设、双万计划、金课建设、课程思政建设等要求,外语部教师积极参与金课、MOOC、微课等优质线上教学资源建设,加强在线课程资源的使用及线上线下混合式课程的建设。外语部 60%以上的教师利用移动云、超星学习通完成了 24 门校级线上线下混合式课程建设。混合式课程打通了课上教学和课下学生自主学习的壁垒,充分调动"教师-学生"双主体作用,不断激发学生学习的主动性、创造性和内在潜力。进行数字化的革新尝试可以将课时所限无法讲到的内容,通过超星学习通发布到学生的班级群中,让学生自主学习,弥补了课上教学时间不足的缺陷,学生在教学中的主体地位也得以体现。对学生线上学习中存在的问题,教师也能及时掌握,从而在课堂教学中制定更具有针对性的教学内容,极大节省了课堂时间,提升了英语教学的效率。

最重要的是,大学英语拓展课体系的建立不仅满足了学生的学习要求,同时,多样化又"术业有专攻"的教学内容也促进了教师自己凝练教研、科研的研究方向。多年来,外语系组成了三个教学团队:跨文化研究教学团队、课程思政研究团队、学术英语写作研究中心,通过每月进行的团队交流,集体研读论文,促进了教科研能力的提高,进而促进了教师自身的成长和师资队伍的培养。而教学内容的挑战也在推动着老师进修学习,掌握更好的教学本领和更为丰富的知识进而反哺教学。

六、结语

大学英语拓展课课程体系和教学内容的改革是我校对大学英语课程改革的初步探索和尝试。虽取得初步成效,但任重而道远。随着时代的进步,新的教学需求和挑战不断产生,我校大学英语教学团队仍需要根据我校的办学定位,紧贴专业设置和人才培养目标,依托学校优势学科,交叉融合,从基础向应用转型,兼顾语言的工具性和人文性,满足高等教育国际化对多元化专门人才的需求。只有这样,才能跟上学校发展的步伐,为学校培养具有国际视野的新工科人才贡献一份力量。

参考文献

[1] 国家中长期教育改革和发展规划纲要工作小组办公室. 国家中长期教育改革和发展规划纲要(2010—2020 年)[M].北京:人民教育出版社,2010.

基于课程思政的工程力学协同育人
教学体系的构建和实施

白会娟　李大伟　张媛媛　石　萍

（北京建筑大学 理学院）

摘　要：遵循学校"立德树人、开放创新"的办学理念，结合我校工科专业特色和课程群建设思路，对工程力学开展课程思政建设，遵循"一依据二结合"原则，充分挖掘德育元素，明确育人目标，设计并构建"三位一体"的课程思政协同育人教学体系，教学实施过程中建立持续改进机制，增强课程的育人功能。

关键词：课程思政；工程力学；教学体系；教学模式

全面推进课程思政建设是落实立德树人根本任务的战略举措，课程思政建设是全面提高人才培养质量的根本任务。课程思政是实现协同育人的教育教学理念，实现知识传授、价值塑造和能力培养多元统一的教学改革，是新时代背景下铸造教育灵魂的一种观念创新和实践探索。

为了贯彻党的教育方针，将课程思政建设落到实处，结合我校的工科专业特色和课程群建设思路，以工程力学课程为载体，以"立德树人"为核心进行一体化教学设计和实施，遵循"一依据二结合"原则挖掘德育元素，明确教学目标，优化教学内容，融合多种教学方法和手段，重构评教体系，积极探索基于工科专业特色的基础课程的思政教学模式，形成全方位育人的课程思政教学体系。

一、时代需求和工程力学课程特点

课程思政实施的核心在于明确坚持"育人为本"的导向。中国特色社会主义进入了新时代，当代青年承载着实现中华民族伟大复兴的重任，在学生成长发展过程中，每门课程都承担着引导学生铸就坚定的理想信念、锤炼高尚品德的责任。因此教师要用好课堂教学主渠道，深刻把握课程的价值意蕴，系统规划课程思政的生成路径，将精神文化和思想动能注入课程的各个教学环节，充分发挥课程的价值引领作用。

工程力学是各工科专业的核心专业基础课，承担着将基础科学理论知识向工程应用转变的任务，内容经典、理论性强，内容来源于自然现象，又应用于工程实践，面向多学科具有普适性，为土木、环能、经管、电信等各学院专业课的顺利开展奠定了基础。通过力学知识的学习，可以引导学生深刻理解所学专业对于土木、交通、环境、工程管理等工程的重要意义；

基金项目：北京建筑大学课程思政重点项目：工程力学 B（项目编号：ZDSZ202110）；北京建筑大学教育科学研究项目：新时代全面推进课程思政建设的机制研究——以理学院开展情况为例（项目编号：Y2005）。

在建立力学专业知识和实际工程联系时,可培养学生认真严谨的学习态度,对未来从事的专业和工作更加有使命感和责任感,从而为其打下正确的思想政治基础。

二、开展党建学习,深挖德育元素,明确课程目标

1. 依托党建活动,强化育人意识,明确教师层面的课程目标

针对"如何做好课程思政",围绕全方位育人的教学改革,力学教学团队依托党建活动,开展了教师意识形态的主题研讨,做到传道者自己首先要明道、信道,坚持教育者先受教育,努力成为先进思想文化的传播者、党执政的坚定支持者,更好担起学生健康成长指导者和引路人的责任,不断反思是否达到了"四有好老师""四个引路人"和"四个相统一",从而明确了教师层面上的课程目标,激发教师的积极性、主动性和创造性。

2. 遵循"一依据二结合"原则充分挖掘德育元素,明确课程的素质目标

德育元素的挖掘和素质目标的确定要在引导学生坚定理想信念、厚植爱国主义情怀、加强品德修养、增长知识见识、培养奋斗精神和增强综合素质等方面下功夫。因此,充分利用工程力学课程的特色和优势,通过学情分析,考虑学生不同的专业方向和专业需求,深挖基础课与专业课程之间的内在联系,加强院际间合作交流,与相关专业进行交流研讨,探索相似课程之间课程思政资源共享共用,注重与专业课程间德育元素的关联、延伸,有针对性地挖掘工程力学课程的德育元素。

德育元素的挖掘依据课程所属的力学学科:中国近代力学。近代力学发展史中蕴含着丰富的人文素质教育素材和政治教育色彩,力学课程内容具有丰富的哲学文化内涵和工程素养,可挖掘其中蕴含的使命感、责任感、爱国精神、奋斗精神和创新精神等。

德育元素的挖掘结合专业方向和中国特色社会主义伟大实践。工程力学的知识在现代高科技产业中具有广泛的应用背景,具备一批典型的、警醒性的工程案例,在建立与专业知识内在联系时,挖掘所蕴含的职业素养等育人元素,增强课程育人的针对性和实效性,提升学生职业发展能力;力学知识的应用在我国各行业取得的伟大成就中表现突出,结合案例教学阐述蕴含的理论、历史和实践逻辑,激发爱国情怀和文化、能力自信。

依据课程的力学学科性质,结合我校工科专业特色和课程内容的应用前景,确定了五方面的德育元素:人文素养、爱国情怀、科学思维、创新精神、工程素养;明确了课程的素质目标:深刻理解并挖掘现象的本质,培养学生的方法观和认识观,提升学生的工程伦理意识、工程素养,激发爱国主义情怀、文化能力自信、创新意识、科学探索精神和踏实严谨的工匠精神。

三、优化整体教学设计,构建"三位一体"的课程思政协同育人教学体系

把思政教育有效融入教学全过程,教学组织设计尤为重要。重新认识和梳理课程结构后,对教学内容、教学方法和教学评价进行系统的、整体的设计和实践,构建"三位一体"的课程思政协同育人教学体系。

1. 重构教学内容体系,完善教学大纲,创建教学模式,融入教学方案

围绕课程的素质目标,重新梳理课程结构,丰富、优化教学内容,修订、完善教学大纲。

在将德育元素融入课程教学方案过程中,对融入的内容、时点、方式、方法等根据知识特点、育人规律等进行科学合理的设计,创建立体化的协同育人教学模式。

隐含德育元素的教学内容来源于平时持续开展的教学素材积累:学科发展史,知识的来源和发展,理论知识体系中的自然规律、哲学道理和辩证关系,知识点反映的大师成长道路,知识相关的中国元素、中国文化、价值观的追求,知识的科研方向和科研内容,解决工程问题的科学方法、科学手段,与力学知识相关的失败、警示性工程问题等。

首先,课程绪论部分增加了"中国力学近代发展史",介绍各行业的蓬勃飞速发展与力学基本理论知识的相关性,力学学科发展的规律,力学卓越科学家的事迹,成功地掀开了课程思政建设和实施的篇章。

其次,结合各章节内容,设计并创建了"工程导向＋课程思政"的立体化的协同育人教学模式,通过讲故事、讲知识、讲思维的讲课层次开展教学,按"工程问题导入-问题本质探讨-基础知识讲授-分析、揭示工程问题-学习总结、反思"的环节构建闭环的教学流程。教学过程中,将隐含在工程案例中的大国工程、科学思想、创新意识和工程师素养有意识地在讲授和反思过程中烘托出来,显隐结合,学生通过自我体验和感悟,发现知识内涵的价值观、哲学、思想、思维方式,培养工程素质和科学精神,引领价值导向和能力自信。"学习反思和总结"是课程思政建设的重要环节,是课程内容的进一步拓展,通过对工程问题的反思和课程内容的总结、升华,提升学生的认识层次、思想境界,提高学生的责任意识,培养学生职业精神和职业素养。

最后,工程案例的选择注重与专业课程的关联和延伸,优选行业典型案例,注重知识的传承,提升德育针对性,与学校课程群建设目标同向同行。授课过程中适时地穿插知识的应用前景、卓越工程案例和时事热点问题,引起学生的情感共鸣,有效激励学生产生学习内动力,促进学生对知识的理解、掌握、拓展与深化。

2. 完善课程思政建设方法体系:探索智慧教育,扩展教学平台,创新教学方法,深化理念共融

规划了"第一课堂、第二课堂、学生自我成长"的育人模式(图1)。

在线下"第一课堂"教学育人的主渠道中,打破了传统的以教师为主体的"注入式"授课方式,加强启发式和讨论式教学,采用问题导向、案例导学、启发探究、分组研讨、教具辅助教学等多种教学方法,强化以学生为中心,变单一的课堂讲授为多形式的互动交流,在轻松融洽的易于学生接受的方式中,引导学生自主发现、认识问题和知识背后蕴含的理论思维、方法论和价值观,激发学生的思想碰撞和情感体验,实现思想认识的自我提升。

图1 "工程导向＋课程思政"教学模式流程图

运用"雨课堂"等智慧教学工具,深化混合式教学改革,线上开辟了"第二课堂"作为课堂教学的巩固、内化、延伸和补充,拓展教学时间和空间:以工程实时事件、科技新闻、科学人物事迹和工程问题开展主题研讨,增加与学生的

学习交流、问题探讨、情感传递,促进理念共融、资源共享、价值引领。

3．建立多元化教学评价体系,注重过程考核

在实施评价的过程中,注重学生在学科学习中所表现出来的情感、态度、价值观的变化,增加考核中过程性评价的占比。制定评价量化表,通过教学活动参与度、团队的分工协作、知识的归纳总结、调查分析总结、主题研讨等环节的考查实现过程性的定性评价,并注重考核评价标准化与非标准化的结合,实现多维度、多元素的综合评价。

四、建立持续改进机制

针对课程思政的建设和实施达到了怎样的教学效果,开展相应的课程评价与反馈工作。通过平时教学过程中学生的参与度、敏锐度和及时性等学生平时的反馈信息,对课程进行了评价和实时整改。此外,科学设计了课程思政教学效果的调查问卷,了解学生对教学模式的认同度,学生对知识内涵的体会、收获,对下一步课程思政建设的建议等。

秉承"学生中心、产出导向、持续改进"的教育理念,在学生需求、学习效果初步展现的基础上,对课程思政建设持续推进和改进:结合时政案例、热点问题,挖掘鲜活的思政元素,与课程内容深度融合;分专业、分主题建设课程思政案例集和资源库,全面推行项目导向、工程案例导向的教学模式;结合信息化手段,不断更新完善课程资源,创新课程教学方法,推动课程思政建设走向规范化和常态化,提升课程思政育人实效。

五、结语

随着工程力学课程思政协同育人教学体系的建设和教学实施,课程思政取得了阶段性的效果:团队教师在"教育者先受教育"的教学实践中不断提升职业道德水平,发挥课堂育人实效,促进优良学风教风形成;学生对教学内容具有较高的认同感,学习积极性显著提高,创造性思维能力和情感态度等综合素质得到提升。教学团队成员深刻体会到:做好课程思政建设,要坚持学习、拓展视野,教师的思想政治修养要提高,专业知识要紧跟前沿,有深度;要坚持知识传授与价值引领同向同行;要坚持贯穿教学全过程;要坚持长期不懈的建设,把课程思政作为教师自身执教能力、课程自身教学内容的重要方面,持之以恒,久久为功。

参考文献

[1] 习近平.把思想政治工作贯穿教育教学全过程,开创我国高等教育事业发展新局面[N].人民日报,2016-12-09(001).

[2] 陈宝生.用习近平新时代中国特色社会主义思想铸魂育人[N].人民日报,2019-04-23.

[3] 教育部课题组.深入学习习近平关于教育的重要论述[M].北京:人民出版社,2019.

[4] 陈华栋,等.课程思政:从理念到实践[M].上海:上海交通大学出版社,2020:136-143.

[5] 单洁,卢光跃,田巧娣.基于课程思政的教学设计研究与探索[J].高教学刊,2021(5):189-192.

大学英语拓展系列课程"课程导入"设计探讨

陈素红

（北京建筑大学　文化发展研究院/人文学院）

摘　要：大学英语拓展系列课程是完成大学英语基础阶段教学后的英语必修课程，课程门类涉及跨文化交流、文学赏析和英语报刊阅读等，其目的是通过教学在知识广度和深度方面下功夫，培养学生的综合思辨能力，服务于具有国际视野和竞争力的人才培养目标。鉴于基础英语与拓展系列课程间学习内容和难度的差异，为助力学生顺利开启拓展课程学习，"课程导入"的设计极为必要，在认识其必要性的同时，把握其设计的逻辑性和专业性，才能有效地导入课程，引导学生积极进入拓展课程的学习。

关键词：拓展；大学英语；课程导入；设计

一、引言

20 世纪 90 年代以来，全国范围的大学英语教学探索与改革从未停止过，特别是随着信息技术的发展，从教学理念到手段都发生了方方面面的变化。这些变化产生的根本原因有：在实现强国梦和推进国际化进程中，我国社会经济和文化发展对人才培养提出了新的要求，而对人才外语能力的培养首当其冲；作为国际通用语，英语语言能力培养更是如此。习近平总书记强调"要大力培养掌握党和国家方针政策、具有全球视野、通晓国际规则、熟练运用外语、精通中外谈判和沟通的国际化人才"教育部于 2019 年 10 月印发了《教育部关于深化本科教育教学改革全面提高人才培养质量的意见》。此外，关于人才培养，《国家中长期教育改革和发展规划纲要(2010—2020 年)》提出："适应国家经济社会对外开放的要求，培养大批具有国际视野、通晓国际规则、能够参与国际事务和国际竞争的国际化人才。"不难理解，对大学英语教学而言，人才培养质量的高要求、高标准既是新挑战，也是改革新机遇；之前更多以语言知识和技能的学习与训练为目标的教学实践，已无法满足"具有国际视野、通晓国际规则"的人才培养需求，于是大学英语教学"一体两翼"的教学改革思路应运而生，即构建以语言能力培养为主体，跨文化能力和思辨能力培养为两翼的教学模式。为实现跨文化能力和思辨能力的培养，需调整原有大学英语课程设置，改革后的做法是把四个学期的大学英语教学划分为：前两个学期完成基础英语教学任务，保证学生掌握语言知识和语言运用能力，做好"一体两翼"中"一体"的建构；后两个学期开设大学英语拓展系列课程，完成跨文化能力和思辨能力"两翼"的初步构成，系列课程涉及英美文化、英语语言文学、英语报刊选读等，在传授扩充相应知识的同时，加强思辨能力的磨炼，助力学生开阔国际视野，了解外部世界，服务于未来参与国际事务及人才竞争。然而，从前两个学期单纯英语语言知识的学习和训练，直接进入有一定专业知识的拓展系列课程学习，对非文学或社会学等专业领域的高校低年级学生群体而言,二者之间需要一定的过渡或衔接,即"课程导入"。有效的"课程导入"能降低非专业学生的学习难度,有利于保证拓展课程的教学效果。

下文将以我校拓展系列课程中的英美文学赏析和报刊英语选读为例,探讨"课程导入"的必要性、逻辑性和专业性,目的是以恰到好处的"课程导入"设计,带领学生积极进入拓展系列课程的学习。

二、认识必要性

拓展系列课程是继大一基础英语教学后的大二学年课程,度过了一年大学学习生活适应期或调整期的大一新生,按教学安排进入二年级部分专业基础课的学习。对非英语专业的理工科生而言,专业课的学习显然比作为公共课的英语学习更为重要,这意味着在既要迎接专业课学习的挑战,又要应对学分减少的英语拓展课学习的情况下,他们花费在英语学习上的时间或许不得不相应减少,而减少的自主学习时间,需要在课上时间来高效补充,才能保证英语学习效果。为高效利用课上时间,教师面对的问题:首先是如何让之前对文化、文学的阅读和了解较少的部分理工科生,快速认知这些领域的基本概念和规律;其次是如何唤起他们的学习兴趣,激发相应思考。针对这两个"如何"的答案是顺利开启拓展系列课程的钥匙,能适时化解学生对拓展系列课程学习的疑问,进而引领他们尽快进入教学内容的学习。以"课程导入"形式来解答两个"如何",如同拓展系列课程的前奏,必不可少。

"课程导入"设计目的是清晰讲授与文化、文学等专业知识相关的基本概念和思路,以便学生把握学习轮廓并了解相关学习路径,同时了解学生对相关领域的熟悉程度及学习难点,最终唤起学生对有关知识的好奇和学习兴趣。好奇心在所有学习活动中的作用都不可低估,因为"人类的独特之处在于我们被赋予了理解自身以及世界的能力和渴望"。可以说,正是这种"能力和渴望"使人类有别于其他生物,或者说人类的高贵莫过于我们的求知欲;所以,一旦学生的求知欲被唤醒,自主学习会更有保障。"课程导入"的必要性在于为学生做好进入课程学习的相关专业知识准备,进而激发其学习兴趣,主动配合有关教学活动的开展,降低拓展课程的学习难度。

"课程导入"的具体设计要以不同课程知识为依据,各有特点,从而实现各具特色的"导入"设计。以英美文学赏析为例,首先梳理具象化的"文学"(literature)是什么? 如何定义"文学"? 其次是与"文学"相关的诸因素分析;最后是阅读、赏析"文学"的基本方法。这些内容可以具体到把"课程导入"分为两部分:①课堂教学的开展;②文学基本知识介绍。在第一部分要讲明学习目标、学习内容、学习方法、评价方式以及师生沟通的途径。学习内容详细到要讲教材的哪几个单元;学习方法包括课堂传授方法和课下自主学习指导,可在首次课发放一学期的每周课程作业安排,便于学生系统安排课下学习时间;评价方式要强调学生容易出现问题的环节,如出勤或课堂表现等。在第二部分里,首先从"literature"这个词的释义入手,让学生从 5 个视角认识具象的文学:即作为词语的文学、作品中的文学(列举多部不同类型作品选段)、修辞中的文学、文学类型、文学活动;特别是文学类型和文学活动这两方面知识内容要详细讲解,这两方面的学习是进入文学理解的基础和起点。讲清了对文学的理解,再讲解如何学习文学,如文学的字面之意与言外之意等。最后强调文学与我们日常生活的关系,让学生看到学习文学的理由并激起深入学习的兴趣。在导入的最后,用一个句子翻译或一个问答题,了解学生已有的文学理解能力和学习期待。报刊英语选读课程导入的设计思路大致相同,不同的是在第二部分课程知识介绍时,需灵活安排教材内容的先后顺序,把对报刊语篇类型的讲解提前,以便在紧随其后的报刊阅读实践环节,打消学生的阅读陌生感。

当学生通过第一节课的"课程导入",对首次接触或接触不多的文学作品或报刊阅读等不再有学习的突兀感、远离感,进而建构起深入学习的渴望,"课程导入"的必要性则不证自明。

三、遵守逻辑性

我国高校学生入学前,大都经历过中考和高考的"千军万马过独木桥",为备考不得不把几乎所有课余时间花费在备考上,众多同学无暇顾及业余爱好培养或多种阅读体验,因此很多学生对大学英语拓展系列课程所授内容非常生疏。"课程导入"能有效缩短学生与学习内容间的距离,但"课程导入"设计和打开方式的关键是易懂易记,如此才能助力学生尽快接纳新知。其中最为重要的是要遵循两种逻辑:①学生接纳新知的逻辑——以旧带新,温故知新;②知识间前后关联的逻辑——由易到难,环环紧扣。只有保持一定的逻辑性,才能由简入繁、由近及远、浅入深出、点面结合地带领学生按知识脉络开展相应学习;也只有循着恰当的逻辑,老师才能有序呈现知识细节及其关联。可以说,遵守"课程导入"设计和展开的逻辑性是实现"课程导入"目标的前提。

本章节所说的"逻辑性"是指一种思维的规律,也可简单理解为各种思路彼此关联的规律。在汉语中,"逻辑"是多义词,其主要含义有:①客观事物的规律,如"历史的逻辑决定了人类社会将一直向前发展";②某种理论、观点,如"只许你做,不许我为,这是哪一家的逻辑!";③思维的规律、规则,如"某篇文章逻辑性强""某个说法不合逻辑";④逻辑学或逻辑知识,如"在一般人的印象中,逻辑很难学"。"课程导入"设计的逻辑性指的就是上述③所述的思维的规律、规则,如知识的学习掌握是循序渐进的,俗话说"一口吃不成胖子";再如按时间线索描述事件发生过程更易理解;还有空间位置表述,遵循远近高低的思路会更明确等。以报刊英语选读为例,因其内容涉及大量多样新颖词汇,多种不同语篇类型及陌生文化语境等因素,阅读难度明显高于一年级大学英语教材中根据教学需要有所删改的文章。旨在化难为易的"课程导入"就要从学生熟知的阅读说起,即"导入"的第一部分如何开展教学,从熟悉问题逐一推进:①我们为什么学习阅读?(Why do we learn reading?)虽说学生并未专门学过报刊英语阅读,但他们熟悉阅读活动;②我们为什么学习英语阅读?(Why do we learn English reading?)从阅读进入英语阅读是为之后引入英语报刊选读做铺垫,同时增加对阅读的多视角分析;③我们为什么学英语报刊阅读?(Why do we learn reading of English newspaper & magazine articles?)以此问题进入对英语报刊阅读学习意义的探讨;④我们要讲的内容是什么?(What do we learn?)由此问题告知学生报刊英语的学习内容;⑤我们怎样学,怎样考核及交流?(How do we learn, evaluate & communicate?)最后用该问题详细说明报刊英语选读的课内外学习方法、考核方式及师生沟通方式。上述 5 个问题以递进方式导出,目的是便于学生在新旧知识间,以旧带新快速建立联系,且易于巩固记忆。"导入"的第二部分是对报刊语篇书写结构的介绍,同样要遵循知识内容的内在关联,做到抽丝剥茧,好懂易记。"导入"设计从"英语语篇"的概念理解开始,随后给出若干报刊语篇的实例,再根据实例,引出报刊语篇的 3 种类型;随后按每种类型的特点,逐一解读。解读过程中，教师可采用关联和对比的方法，从对前一语篇类型的分析推及对后一语篇类型的介绍，借助知识点的彼此联系，加深理解和记忆，为后续学习奠定基础。

英美文学赏析导入的设计也同样如此，以符合课程认知逻辑的方式分两部分展开，即如何开展教学和如何导入文学基础知识；在第二部分文学基础知识的导入中，同样遵循由熟悉到陌生，知识点层层推进的方式。

总之，遵循思维和学习逻辑的设计，能极大减轻对新知的认知负担，易于开展教学。

四、保证专业性

"课程导入"是从以语言知识掌握和运用为重点的基础英语教学，到侧重文学、文化等知识学习的拓展系列课程教学的过渡，其设计目的是减轻理工科学生的学习负担，以快速学习、理解和掌握新知，进而更靠近"具有国际化视野和竞争力"的人才培养目标。能否实现"导入"设计的意图，除设计要遵循的逻辑性外，同样重要的还有"导入"所含新知的专业性，也同时与新知的科学性、正确性紧密相关；只有客观理性、内容正确的专业知识传授，才能确保对相关专业知识的理解和掌握。

"具有专业水平和知识"是专业性的保证，无论英美文学赏析还是报刊英语选读，在"导入"第二部分专业基础知识的介绍中，都要力求达到所讲授内容的专业水平，或以专业概念或视角解读新知。在英美文学赏析的"课程导入"中，对"文学"（literature）一词 5 个视角的释义都要有相应依据，即①作为词语的文学（"literature" as one word），根据词典释义，解释该词的多种含义，并给出相应解析；②作品中的文学（"literature" as works），选取专业公认的文学经典作品，为学生提供多类型阅读体验，并指出作品相应的文学性；③修辞中的文学（"literature" as rhetoric），文学最为多变且最具魅力之处，体现在文学修辞之中，依据相关文学理论帮助学生感受、认知文学修辞；④文学类型（"literature" as genre），基于学生之前对所选文学作品的阅读体验，依据文学理论归纳出文学作品的主要分类：诗歌、小说、散文和戏剧；⑤文学活动（"literature" as one activity），前 4 个对文学理解的视角总体来说都源于文学活动，可首先给学生推出相关专业书籍，如《镜与灯》，特别强调本书提出了对文学理论产生极大影响的文学四要素理论：世界、作者、作品、读者（universe，artist，work，audience），对文学四要素的认识能大致清晰地帮助学生进入被称为"人学"的文学领域；需特别说明的是，所有知识引用都必须明确出处，保护知识产权同样是专业性的体现。

报刊英语选读导入的专业性主要体现在第二部分对报刊语篇的介绍环节。报刊语篇大致分为 3 种类型：新闻报道（news report）、新闻特写（news feature/profile）和新闻述评（news review/commentary），每种类型都有相应的语篇结构特点，新闻报道通常有"倒金字塔"和"金字塔"两种书写方式，前者在新闻导言中开篇明确新闻事件的 5W（what，who，when，where，why）和 1H（how），从新闻开头抓住读者阅读注意力，然后展开细节；后者则是从事件、人物、时间、地点、原因和方式逐项或某项写起，最后形成新闻全貌；新闻特写则是突出新闻中的某个侧面，是为读者挖掘新闻背后的新闻，目的是就某一侧面给读者留下深刻印象，书写方式多样；而新闻述评是对新闻事件所做的思考分析，有论点重论据，有结论或看法的一种论证文字，与前两者皆不相同。以上关于报刊知识的介绍要结合报刊理论和阅读，合理有序展开，才能比较专业地帮助学生尽快进入报刊英语的学习。

很大程度上,"课程导入"专业性的把握会对授课教师的个人专业知识学习和积累有所要求,特别是在互联网交互时代,学习资源极为丰富的今天,持有终身学习理念,与时俱进地提高知识储备,或许是教师的职业常态,也是保持授课专业性的前提。可以说,现代信息技术的进步和变化对教学提出了新的挑战,既要求学生的学习模式发生改变,如学生需具备自我调控能力、自主学习能力等更为积极主动的学习模式,也要求教师与之相应成为自觉的学习者,并且转变教与学的观念。在教学中,更多时候教师首先应该是学习者,以更多的学习感受,引导和培养符合时代发展要求的学生。

只有持续不断地学习和思考,才能最大限度地紧跟相应知识领域发展,并保证授课的专业性,而专业性无疑是授课品质的一种体现。

五、结语

为上好一门课,教师需付出多种努力,如认真分析教材、了解学生,并以恰当的教学理论和教学方法开展课堂教学等。在信息化发达的今天,需深入考虑的因素更是有增无减。在学生课下获取学习资源快捷,自主学习开展也更为便利的情况下,课堂教学面临的挑战也更多,如果课堂教学没有吸引力,学生很可能置之不理。拓展系列课程教学面临同样的问题,甚至情况更不乐观,因为学时和学分两项都比基础英语阶段的少,无形中对课堂教学质量以及对学生吸引力的要求就更高,以上情况在"课程导入"设计之初就必须考虑在内,或者说也是认真、谨慎做好导入设计的重要原因。

课程进度安排要有总体设计思路,要把整学期的课程看作一个系统,以系统全面的教学安排引导学生关注课堂、督促学生课下自主学习,同时增强学习策略运用和学习习惯的养成意识。为做到这些,教师须从"课程导入"设计开始,把需关注的要素先后纳入其中,要具备一定的设计型思维;有研究表明"设计型思维的发展要求教师自行设计目标和课程,这一过程能充分调动教师的知识,改变教师对知识的立场,激活教师的认知资源,使教师成为知识的创造者"。

英语拓展系列课程的"课程导入"的设计理念与此观点不谋而合,合理有效的设计能缩短学生与新知间的距离,同时教师在设计过程中能体会到多领域知识间的相互关联,能激发教师的新思路、新认知,更利于开展教学;而认清"课程导入"设计的必要性,并保证其逻辑性和专业性,能高效引导学生顺利开启拓展系列课程的学习。

参考文献

[1] 曹艳艳. 高等学校大学英语教育改革的现状与思考[J]. 教育现代化,2019(91):70.

[2] 姜锋. 培养具有全球视野和世界眼光的高层次国际化人才[J]. 中国高等教育,2020(21):26.

[3] 徐晓娟,张东力. 基于 POA 理论的"一体两翼"式大学英语教学模式研究[J]. 科教文汇,2021(22):183.

[4] 蒙洛迪诺. 思维简史[M]. 龚瑞,译. 北京:中信出版集团,2018(4):11.

[5] 陈波. 逻辑学是什么[M]. 北京:北京大学出版社,2015.

[6] 袁丽,周深几. 新时代背景下教师专业性研究综述[J]. 教师教育研究,2019(31):118.

[7] SHAW G,蔡敬新,冯晓英,等. 信息时代的教师专业发展[C]//第三届全球教师教育峰会,北京:2017.

基于 OBE 理念的仿古建筑工程估价课程改革研究

陈 震

（北京建筑大学　城市经济与管理学院）

摘　要：仿古建筑工程估价课程设置的目的是帮助学生理解并运用建筑工程造价的理论知识，培养学生完成仿古建筑工程类的工程造价实践、分析解决复杂造价问题的能力。本研究将教学目标分解，加强仿古建筑工程估价的过程管理，可以提高课程设计的教学质量。文章基于 OBE 理念，针对仿古建筑工程估价的 6 个阶段提出了构建过程控制体系的具体措施，为课程讲授过程监管与控制提供参考。

关键词：OBE 理论；教学目标；过程性考核

一、引言

中国自加入《华盛顿协议》后，教育部正式成立"中国工程教育专业认证协会"（CEEAA），参照国际工程教育认证标准，对我国高校的工程教育专业进行规范化的认证。由于工程教育讲求实效性，因此"产出导向教育"（outcome based education，OBE）成为高等工程教育专业认证的重要理念之一，OBE 理念强调"以学生为中心、成果为导向"的教育模式，要实现教学活动由"内容为本"向"学生为本"的根本转变、教育活动由"教师中心"向"学生中心"的转移，目标是学生最后所取得的学习成果，因此要求课程教学目标更明确，教学内容更现实，教学方法更系统，考核方式更灵活。

工程管理专业是以土木工程为基础的管理专业，以工科管理为主要特征，在英、美、德等国家均被看成是土木工程专业下的一个方向，因而其培养符合工程学培养的一般规律。仿古建筑工程估价是工程管理专业的一门专业选修课。课程主要内容包括两部分，一部分为仿古建筑构件介绍，主要介绍木作、石作、瓦作、油漆等分部分项工程的构件名称和构件特征；另一部分为仿古建筑工程造价介绍，主要介绍这些构件的计量方法、定额计价方法及工程量清单计价方法。

通过课程的学习让学生掌握仿古建筑工程估价的基本理论、计算方法与步骤，熟悉仿古建筑工程结构的基本构造和构件要求，初步具备仿古建筑工程造价计算的能力。课程综合性强、与实际工程结合紧密，对学生灵活应用专业知识解决实际工程问题的要求较高，课程学习与现行的国家、行业规范（规程）结合紧密。作为教学型向教研型转型的本科高校，结合本课程的特点与我校实际，依据工程管理行业需要，紧密结合工程管理行业职业岗位需求，基于 OBE 理念，对仿古建筑工程估价课程的教学目标、知识体系架构、教学方法和考核方法等方面进行全面改革，并在我校 2018 级学生中实践，取得了较好效果。

二、仿古建筑工程估价授课中遇到的问题

目前仿古建筑工程估价课程知识体系符合工程管理专业国家标准和工程管理专业认证

的基本要求,但在课程教学实践过程中仍存在以下一些问题。

(1) 学生不重视课程,主动学习性较低。一方面,由于培养方案减课时量的需要,本课程因专业性较强,普适性较弱,所以作为一门选修课而存在。由于课程地位较低,大部分学生对该课不重视,以混学分为主,不愿意花更多的时间在本课程上。另一方面,一些学生基于以往印象,虽然对古建筑有浓厚兴趣,但是授课过程中每节课都面临大量的构件概念和计算规则,感觉异常枯燥,而缩减课时又不能让其有足够时间提升兴趣,因此造成学生在学习过程中觉得古建筑结构异常困难而丧失兴趣。

(2) 课程理论性偏强,实践环节不足。仿古建筑工程的建筑构造跟现有建筑存在较大差异,需要学生在现场观摩的基础上进一步学习,让学生知道仿古建筑工程构件的空间结构是什么样,怎么搭接起来的,施工步骤和流程是什么,需要用到哪些工种,需要多少工日,需要哪些材料。这些都对理解仿古建筑工程的清单项和人材机费用构成有所帮助。但是现有课程安排既缺乏仿古房屋建筑学的讲授,又缺乏仿古建筑现场的实践。因此,造成教师在讲授过程中,尽量通过图片反映仿古建筑构件的特征,但囿于学生的空间想象能力差异,对于施工过程又仅靠文字描述,导致理解存在难度。

(3) 教学反馈不及时,考核手段单一。目前虽然考核方式是过程性考核,期末考试只占总分的 50%,平时成绩占 50%,但是为了保证给成绩有依据、有痕迹,平时成绩中作业仍然占绝大多数比重,因而仍然以应试教育为主。学生仍然能通过考前背书实现考高分的目标,不能体现素质教育、过程化考核、能力考核的特征。

(4) 课程教材混乱,缺乏可直接借鉴的完善的理论体系。目前的仿古建筑工程估价教材默认学生有古建筑学基础,因而编制过程中侧重对造价基础理论的介绍。但这些造价基础理论在工程管理/工程造价专业已经通过建筑工程估价和工程造价管理两门课有过详细的介绍。而古建筑学相关书籍中对造价内容的介绍又极少。因此,现有教材和课程之间就出现了脱节,即没有一本合适的教材能够满足工程管理/工程造价专业的学生学习仿古建筑工程估价的需求。

三、基于 OBE 理念的教学改革

1. 基于 OBE 理念的教学目标任务分解

Bloom 认为教学分为记忆、理解、应用、分析、综合和评价 6 个层次。传统的项目管理理论也认为对于工作任务应当进行任务分解以适应工作需要。因此,要想提高课程质量,必须在知识、应用、分析、综合等方面整体设计的基础上,进行教学目标的模块化分解,其知识、应用、分析、综合的对应分解关系具体如表 1 所示。

表 1　培养目标

培养方案毕业要求指标	课 程 目 标
掌握仿古建筑工程造价管理的基本知识,尤其是能熟练掌握仿古建筑工程建设各个阶段工程造价的确定和控制方法	1. 了解基本建设程序;熟悉仿古建筑工程计价的特征; 2. 熟悉仿古建筑基本类型;了解仿古建筑木构骨架、屋面屋脊以及仿古建筑围护与台基;了解仿古建筑工程施工要点; 3. 掌握建筑工程造价的概念及构成;熟悉设备及工器具购置费用的构成、建筑安装工程费用构成;了解预备费、建设期贷款利息的计算; 4. 掌握工程量清单的概念、组成;熟悉工程量清单的编制及工程量清单计价的编制; 5. 掌握仿古工程工程量计算规则

OBE 强调以学生为主体的知识学习、能力培养和综合素质的完善。因此,本文参考《高等学校工程管理本科指导性专业规范》《工程教育认证办法》等要求,制定了课程层面的目标和知识、能力、素质等方面的目标。基于目标,进一步拟定完成任务,具体如表 2 所示。学生学习不再囿于课本,能够与实践中的工程问题相结合,考虑如何使用书本的知识解决实践中存在的问题。基于 OBE 理念的教学模式,充分调动学生学习的兴趣,通过模块化工程量计算和计价不断提升学生的造价能力,综合提升学生的能力、素质,保证学生学习进程中书本和实践不脱节。

表 2　课程教学目标及模块化指标

教学单元	教学目标			教学项目
	知　识	能　力	素　质	
石作工程	石作构件识别; 石作工程量计算; 石作工程计价; 石作工程广联达算量计价操作	文献查阅能力; 良好的自学能力; 解决复杂工程问题的能力; 计算仿古工程工程量的能力; 使用仿古工程定额、清单的能力; 使用广联达算量计价的能力	价值判断 组织协调 沟通表达 团队合作 团队奉献	石作工程量计算及计价
木作工程	木作结构类型; 大木结构、斗拱、木装修的识别、工程量计算规则及计价; 木作工程广联达算量计价操作			木作工程量计算及计价
瓦作工程	屋面结构类型; 屋面构件的识别、工程量计算规则及计价; 瓦作工程广联达算量计价操作			瓦作工程量计算及计价
油漆彩画工程	地仗类型; 彩画类型; 地仗、彩画的工程量计算规则及计价; 油漆彩画工程广联达算量计价操作			油漆彩画工程计算及计价
砖作工程	砖墙类型; 琉璃砖墙类型; 砖装修类型; 砖作的工程量计算规则及计价; 砖作工程广联达算量计价操作			砖作工程计算及计价
钢筋混凝土工程	钢筋混凝土的工程量计算规则及计价; 钢筋混凝土的广联达算量计价操作			钢筋混凝土工程计算及计价

2. 线上线下混合式教学方法改革

本课程利用超星平台和腾讯会议为线上平台,线上授课采用腾讯会议为平台,同时将教学视频、教学课件、补充资料、学生作业要求等放置于超星平台上,并定期在超星平台上在线答疑。授课前教师通过课程中心发布本节课要讲的 PPT,要求学生预习,通过课前提问检查学生的预习情况。课堂上,教师及时根据学生的预习和掌握情况,做对应深度的讲解,并有针对性地对完成模块的知识点进行讲解、归纳;与学生讨论,纠正学生的错误或欠缺之处,加深学生的理解;课下每隔两周在线上进行答疑,帮助学生完成任务。

基于 OBE 理念的线上线下互动的教学模式,激发了学生学习的主动性,让学生时刻学习,而不是课上学完课下贪玩,学生的学习主动性大大提高,学习效果显著提升。

3. 理论知识的重组与完善

针对本课程现有教材的缺陷,重新打乱教材间的顺序,采用介绍一部分仿古建筑构件后立即介绍工程量计算规则、定额计价和清单计价规则,避免多构件在一起引起的混淆。每一部分计量和计价规则学习完成后配合课后习题和实践中的题目,巩固学生学习知识的成果,并进一步深化知识,让学生知道本章学的知识有什么用、怎么用、如何灵活地用。完成学生三级台阶的跃升。

以建筑构件从大到小,从下到上的逻辑,重新编排讲授顺序,确定由石作工程→木作工程→瓦作工程→油漆彩画工程→砖作工程→钢筋混凝土工程的讲授顺序,实现理论知识的串联,便于学生记忆和整理。

四、过程化考核及效果

1. 课程考核改革评价体系

针对课程考核只注重知识点考查且考查形式单一的传统考核方式特点,构建了全过程、多元化考核方案,具体如表 3 所示。考核从学生的学习主动性、知识体系构建与解决问题能力培养、综合素质拓展进行平时考核,同时与最终期末考试的综合考核相结合,全面评价学生的学习效果。加强教师和学生在学习每一个阶段的互动,以考核促学习,力求将考核贯穿于教学的全过程,做到多元化考核,减少对学生的"满堂灌",强化学生在学习过程中的主体地位,从而实现对学生课程学习进行客观评价的目的。

表 3　考核指标与考核方式

考核模块	考核内容	考核方式	考核权重
主动学习性	预习	课前小问题提问	5%
	课堂表现	课上回答问题	10%
	课后作业	作业等级评价	10%
知识体系构建与解决问题能力培养	知识框架思维导图	课下绘制	2%
	规则、图集学习	课下完成选择题	3%
	根据图纸算量计价	课上计算	10%
	广联达仿古模块训练	学生带计算机上课计算	5%
综合素质拓展	仿古建筑前沿	课下文献阅读与综述	5%
综合考核	期末考试		50%

2. 课程考核改革评价效果

在我校 2018 级工程管理/工程造价专业中推行全过程、多元化考核模式后取得了明显的效果,主要体现在以下方面。

1) 理论联系实际能力得到强化、学生学习主动性明显提升

课程教学以模块化展开,模块的设置与工程实践紧密联系,完成每个教学模块不仅需要学生掌握课程的专业知识,还要课下投入大量时间进行相关工程量计算规则、工程量计价规范、行业标准、行业图集等专业知识的学习,通过练习能够灵活应用专业知识解决一些工程问题,对学生的应用能力要求较高。实施模块化教学后,学生更全面地理解各教学环节的目的、知识的应用和能力要求,学生的主动性和积极性被明显调动,学生更明确努力方向在哪儿,能够更早规划自己的学习方向,自主巩固知识并应用知识完成一定的实践工作,学生完成多模块任务后,普遍感觉学习目的性更明确,动力更强。

2) 教学反馈及时

学生在教学活动的各个阶段,都要完成预定的模块任务,教师要对完成情况进行考核,因此,能及时、准确地掌握学生各阶段的学习状态,清楚学生学习中遇到的困难。教师能及时发现教学过程中的问题,不断调整教学方法,解决教学中遇到的问题,不断提升教学质量。

3) 学生对课程知识点的梳理、归纳能力明显提升

学生在课前预习相关课程,在学习完成后根据自己的理解制作知识体系的知识导图,课堂上根据教师授课内容,与教授的知识导图对照,再进一步归纳、总结,学生对知识点的理解和掌握更加深入、系统。课后作业中跨章考核作业完成质量明显提高,过往出错率很高的结合多章内容的综合题,2018 级学生有了更高的准确率。

4) 素质拓展能力明显提升

学生通过课前预习、课上知识吸收、课后知识总结、文献及规范图集查询、PPT 汇报等一系列系统锻炼,其 PPT 制作水平、语言表达能力都得到很好的锻炼,学生的综合学习能力和学习归纳方法均得到提升。

课程总体考核结果与 2017 级、2016 级相比均有了明显提升,如表 4 所示。

表 4　改革前后成绩对比分析

年　　级	90 分以上	80～89 分	70～79 分	60～69 分	60 分以下
2016 级	0	11	24	41	8
2017 级	0	17	44	53	7
2018 级	2	16	93	65	8

五、结语

仿古建筑工程估价是一门与工程实际结合非常紧密的课程,本课程组基于 OBE 理念对课程教学方法和考核方式进行了全面的改革,形成了以模块组驱动的教学体系,线上线下互动教学模式,学生通过各阶段的学习完成项目任务,课程参与度大大提升,逐步由被动学习转为主动学习,用所学知识解决实际工程问题,真正做到学以致用,学生解决复杂工程问

题的能力也得到加强。通过文献综述和基于 PPT 的主动性学习汇报,学生查阅文献的能力、加工文献的能力、沟通与表达的能力均得到很好的锻炼,学生的综合素质得到明显提升,教学效果显著。

参考文献

[1]　倪凯,金尚忠,孙彩霞,等. 发达国家高等工程教育认证体系及其启示[J]. 高等理科教育,2011(5): 55-59.

[2]　卓丽云. 基于 OBE 理念的机械专业应用型人才培养模式研究[J]. 南方农机,2021,52(14):189-191.

[3]　李敏,尉捷. 基于 OBE 理念的高校混合式课程师资培训体系构建与实践[J]. 北京城市学院学报, 2021(3):49-54.

[4]　宫培松,罗仁玉秋,熊峰,等. 基于 OBE-CDIO 理念的工程管理专业 BIM 实践教学改革[J]. 工程管理学报,2020,34(3):153-158.

[5]　邵丽丽. 古建筑修缮工程造价管理研究[J]. 城市建筑,2015(21):167.

以赛促教,从全国大学生房地产策划大赛看房屋建筑学课程教学

冯　萍　常宏达

(北京建筑大学　建筑与城市规划学院)

摘　要:北京建筑大学是全国大学生房地产策划大赛的发起者。房屋建筑学课程及其后续的房屋建筑学课程设计实训为学生参与此项大赛奠定了一定的专业基础。为更好地服务大赛,本课程通过培养学生的敏锐视角、全方位提升学生的综合素养及能力、引导学生建立终身学习习惯等几方面,摸索以赛促教的教学模式,希冀课程在为学生做好大赛知识储备的同时,更为学生构建长久专业发展之路夯实基础。

关键词:全国大学生房地产策划大赛;房屋建筑学;教学

一、前言

十二年是一个轮回。在经历了十二年的提升历练后,第十三届全国大学生房地产策划大赛于 2021 年 4 月如期举行,此次大赛重返赛事发起地北京建筑大学。作为全国大学生房地产策划大赛的最初筹划者、发起者,我校是否能够保持大赛创始者的优势? 学生的专业能力能否得到大赛企业评委的认可? 参赛学生能否在大赛中脱颖而出,以大赛成绩作为职场的敲门砖? 这一系列问题促使我们不断思考与摸索,怎样以赛促教,以使学生能够通过竞赛以及专业课教学获得成长。

二、全国大学生房地产策划大赛和我校房屋建筑学课程概况

1. 全国大学生房地产策划大赛概况

为更好地锻炼与培养学生专业能力,丰富大学专业学习生活,搭建校企合作平台,2008年北京建筑大学发起了全国大学生房地产策划大赛。这一赛事经过十几年的发展,已成长为辐射全国 300 余所房地产专业高校,每年吸引近万名全国房地产相关专业大学生参加的盛会。

目前,该项大赛由中国房地产产业协会、中国建设教育协会、全国大学生房地产策划大赛组委会组织,每年由一所高校轮值主办,竞赛基本流程为:大赛报名—赛前培训—初赛(各参赛校内竞赛)—复赛(校内推荐、区域挑战赛)—决赛及冠军赛(全国总决赛)。大赛通过理论联系实际的项目操作,不仅起到拓宽创新思维、增强学生实战技能的作用;更重要的是在全国范围搭建了广泛的校企双方交流合作的平台,为建立人才标准、助力行业发展贡献

了力量；各校教师也借此盛会分享育人经验，从而促进专业教育的健康发展。经过十几年的成长，大赛已成为深化产教融合、推动全国高校房地产专业实践实训的重要载体和平台。

2. 我校房屋建筑学课程概况

我校参与本项大赛的选手以城市经济与管理学院工程管理专业与工程造价专业的大二、大三学生为主力军。目前，这两个专业在大二上学期均开设有 32 学时的房屋建筑学课程以及后续为期一周的房屋建筑学课程设计。

最初由于担任经管学院房屋建筑学课程的教师来自土木或建筑学院，跨学院上课对学生参赛并不了解，所以在教学内容选择以及教学安排组织上与房地产大赛基本没有关联。但近些年，随着竞赛规模的不断扩大，师生之间的沟通日趋增多，有越来越多的学生邀请任课教师加入这一大赛的指导工作，这也促使我们开始思考怎样在课程中在讲好专业知识的同时更好为竞赛服务。2017 年笔者首次与经管学院专业课教师合作指导竞赛小组就取得了全国第九届全国大学生房地产策划大赛暨首届全国大学生房地产专业能力大赛全国总决赛策划类一等奖的佳绩，这也极大地鼓舞了我们进一步在教学实践中思考怎样以赛促教。随着参与竞赛的深入，我们的课程教学目标也逐渐确定为为学生的长期发展着想——以竞赛为抓手，进一步提升学生的综合素质与能力，为将来学生的职业发展保驾护航。

三、以赛促教，房屋建筑学课程教学思考

1. 培养学生的敏锐视角

诺贝尔经济学奖获得者、世界银行前副行长、美国经济学家斯蒂格利茨曾预言"中国的城市化和以美国为首的新技术革命将成为影响人类 21 世纪的两件大事"。根据国家统计局 2021 年 5 月发布的第七次全国人口普查数据显示，截至 2020 年 11 月 1 日零时，全国人口中，居住在城镇的人口为 901 991 162 人，占 63.89%。与 2010 年第六次全国人口普查相比，城镇人口比重上升了 14.21%。

迅猛发展的城镇化在带动我国经济腾飞的同时为我国房地产相关行业带来了无限生机，大幅攀升的城镇化人口为房地产行业发展注入了强心剂。在改革开放的短短几十年间，我国房地产市场从无到有，经历了巨大的变革。从最初的住房分配制的取消到房地产市场初步形成再到房地产的蓬勃发展及多次调控，毫不夸张地说，房地产行业的一举一动牵动着市场神经。房地产行业的跌宕起伏不仅关系到人民群众的住房问题，也关乎众多产业链的健康发展，还关乎我们毕业生的择业动向与薪酬水平，与我们建筑类高校的命运发展息息相关。学生作为未来的建筑工程技术人员，要在学习过程中充分认识到房地产是我国经济重要产业的同时，牢固树立将自身发展与社会发展、时代经济命脉紧密相连的观念。

参与房地产策划大赛，必须要关注房地产行业所具备的政策性、专业性、公共性强等特点。我们的教学绝不能是"两耳不闻窗外事，一心只读圣贤书"的模式，而是要有把学生自身发展与社会发展相结合的培养理念，在教学中要注重培养学生敏锐的视角。近些年国家一再出台对于住房、土地和金融信贷等的协调政策，这些政策看似离学生的专业学习远，但却是抓住市场命脉的基础，是做房地产策划的基础。与此同时，伴随着城镇化的发展，城市群、经济区、都市圈等新兴城市空间结构不断涌现，为城市多元发展和城市转型、区域协调发展

以及产业结构升级优化创造了更多机遇与挑战。因此,培养与引导学生对政策的解读,引导学生关注行业发展,对社会背景信息进行了解,可以使学生能够具有一个系统发展的观念看待房地产的发展,为应对未来做好政策等相关知识的储备,从而逐步培养拨开迷雾看本质的能力。

2. 全方位提升学生的综合素养及能力

市场经济对人才的要求已从过去的专业对口向更深层次的注重人的能力和素质方面转变,因此以往仅注重专业基础夯实的教学模式已逐渐被以培养知识、能力、素质并重的复合型人才为目标的教学模式所替代。房屋建筑学的课程教学既要加强学生的理论基础,同时也要注重综合能力、素质并重的培养,将 21 世纪工程人员应当具备的理论、实践与能力训练这三方面的知识结构组成作为我们的教学目标。

教学中,通过超星云学习平台的作业使学生及时巩固学过的理论知识点。在实践方面,由于课时有限、学生人数多、北京地域大等现实问题,教师不可能在课内或者课外组织学生参观实习,于是我们通过在课内或者课间播放优秀建筑作品赏析、建筑工地施工视频等方式,使学生对建筑美学、建筑施工实践有更多的感性认知,并不断向学生强调建筑审美以及对于掌握现场施工流程及工艺、管理等的重要性,从而引导学生在日常的学习生活中养成观察思考总结的好习惯。在能力训练方面加强对学生实践动手能力的指导工作,课内教学通过绘制总平面图、平面图、剖面图、立面图训练学生的实操能力;实习周教学则通过计算机绘图进一步训练机绘能力。这些均为学生进一步参赛储备了基础能力。

另外,房屋建筑学课程设计这一教学环节是对学生参与后期房地产策划大赛的一次良好前期实践。近些年,我们结合设计竞赛将课程设计题目定位为住宅小区设计。出于对住宅设计中日照间距、消防通道、停车绿化等要求的考虑,要求学生在场地上进行多栋楼的总平面设计;考虑到户型组合,要求学生重点设计的一栋楼必须至少两个单元三种户型。全过程的控制课程设计,从内向的教学环境到开放交往的教学环境使学生能够有充裕的时间进行住宅方案的构思,可以和任课教师进行一对一的互动。最后,为期一周的课设绘图使学生能够较为熟练地使用 BIM、CAD 等绘图软件,这些无论是为后期参加大赛还是为将来参加工作都奠定了坚实的基础。虽然增加到讲授环节的设计方案修改以及针对每个学生多达 5～6 张的建筑施工图批阅极大增加了教师的教学负担,但这可以培养学生参加大赛和应对未来工作的基本能力,是值得的。

3. 引导学生养成终身学习的习惯

"终身学习"是指社会每个成员为适应社会发展和实现个体发展的需要,贯穿于人的一生的、持续的学习过程,这一概念对于我们已不陌生。的确,在知识更新技术日新月异的今天,养成终身学习的习惯才是我们每一个人应对成长的正确模式。时代发展需要我们教师不断更新教学理念,专业教学也需要我们不断补充新鲜内容。课堂的教学是有限的,但通过教学引导学生树立终身学习的信念,使学生学会学习,培养学生养成主动不断探索的、自我更新的、学以致用的和优化知识的良好习惯。

全国大学生房地产策划大赛的赛题是一个典型的不断自我更新的范例。每年的赛题紧扣时代发展的脉搏,2021 年的题目关注城中村改造、强调大数据分析与应用,这些赛题的设置反映了竞赛组委会的与时俱进。那么我们师生要想不被时代抛弃,长期立足职场,就需要时刻保持开放的状态，及时升级自己的知识体系。

具体在教学过程中，教师通过建筑行业的变迁、房地产市场的实例、往届学长学姐的实例以及身边正在发生的热点事件激发学生的学习主体地位认知，引导学生对终身学习的思索及认同；引导学生认识到专业学习无处不在，关注专业发展的动态。任何学科的发展都是在不断变化的，作为我们所讲授的建筑类课程，规范会不断调整，新的建筑材料、结构体系等也会给建筑形态带来变化。从创新人才的培养角度来看，我们未来面对的是不确定的世界，我们今天所讲授的知识可能对于学生走向社会时已经过时，但如果学生学会了自我学习和发展，牢固树立终身学习的习惯，就可以不断完成知识的更新和蜕变，从而用自己确定的能力来面对未来的不确定性。

四、结语

房地产大赛和课程设置的融合，是大学教育的一种新型育人方式，更好地满足了现代人才的培养需求。作为已连续举办 12 届的全国性专业赛事，全国大学生房地产策划大赛在推动高校专业教育的实训实练以及为校企人才培育、选拔等方面都发挥了巨大的促进作用。作为教师，要从更为全面的角度，以赛促教，为学生构建合理的课程内容和课程模式，从而为社会培养更多优秀的综合型人才。

参考文献

[1] 周胜，谭敏，高鹏.智慧城市可持续运营的知行探索[J].中国工程咨询，2020(9)：33-43.

[2] 国家统计局.第七次全国人口普查公报(第七号)[EB/OL].(2021-05-11).http://www.stats.gov.cn/tjsj/tjgb/rkpcgb/qgrkpcgb/202106/t20210628_1818826.html.

[3] 冯萍，常宏达.突出实践和创新能力培养的房屋建筑学课程教学改革[J].中国建设教育，2011(11)：54-56.

新时期数学类基础课程的改革与实践

何　强　王利萍　卢崇煜　王晓静

（北京建筑大学　理学院）

摘　要：数学类公共课是理工科专业重要的基础课程，既是学习后继课程的基础，又是对学生思维习惯和学习方法的训练。北京建筑大学作为一所具有鲜明建筑特色的高校，数学类基础课程的教学质量直接关系到本科教学质量的高低。近些年来，随着招生规模的扩大和生源结构的复杂化，学生基础素质参差不齐；加上教学内容与实际应用联系不紧密等原因，教学面临巨大挑战。在新时期，教学团队以"深化教学改革，提升教学质量"为目标，积极推进数学类基础课程教学改革，做出了一次又一次有益的探索与实践，取得了显著成效。

关键词：教学改革；数学类基础课；多媒体教学；现代教学方法

一、引言

2017年2月以来，教育部积极推进新工科建设，先后形成了"复旦共识""天大行动"和"北京指南"，并发布了《教育部高等教育司关于开展新工科研究与实践的通知》（教高司函〔2017〕6号）。根据《教育部办公厅关于推荐新工科研究与实践项目的通知》（教高厅函〔2017〕33号）精神，新工科基础课程体系要培养学生具备5种思维：批判性思维、设计思维、工程思维、数字化思维、工程管理思维。新工科是对高校传统工科专业的升级改造。随着社会的进步与高新技术的发展，数学与当代科学技术高度融合，其应用已经进入了人们生活的各个领域，数学能力也已成为衡量科技人员科学水平、科学素养的重要标志。这必然对数学类基础课程的教学提出更高要求，不但要传授数学知识和技能，还要将创新精神和动手能力的培养融入数学教育的全过程，以适应学校培养具有社会责任感、实践能力、创新精神和国际视野的建设领域高级专业骨干和领军人才的需要。

北京建筑大学是北京市和住房城乡建设部共建高校、教育部"卓越工程师教育培养计划"试点高校、北京市高水平特色型大学，是一所具有鲜明建筑特色、以工为主的多科性大学，是北京地区唯一一所建筑类高等学校。数学系列课程是各专业培养计划中重要的公共基础课，既是学习后继课程的基础，又是对学生思维习惯和学习方法的训练。因此数学系列课程建设的好坏是新时期人才培养，以及"卓越工程师教育培养计划"教育改革的关键。

然而近年来，随着招生人数的增加，学生规模迅速扩大，且生源结构也更加复杂，造成学

基金项目：北京建筑大学教育科学研究项目（项目编号：Y19-18，Y19-19）；北京高等教育"本科教学改革创新项目"：新工科背景下，数学类基础课程教学改革研究（项目编号：201910016004）；北京建筑大学课程建设重点培育项目（高等数学ZDXX202008）；北京建筑大学2020年研究生教育教学质量提升项目（项目编号：J2020015）。

生基础素质参差不齐。此外,由于教学内容与实际应用联系不紧密等,学生学习动力不足。在这种情形下,传统的教学模式已无法满足教学及高素质人才培养的需要。新时期如何有效组织教学,提高学生主动性,提升教学质量,是当前教学面临的巨大挑战。

2015年以来,随着"卓越工程师教育培养计划"的实施,在新工科建设的大背景下,为推动工程教育改革创新,教学团队实施了分类指导、因材施教、科学管理、注重过程、理实结合、专业渗透、强化师资、科教融合等多项数学基础课的改革举措,取得了一系列标志性成果,形成具有新工科特色的数学教学人才培养模式,实践效果显著。

二、具体教学举措

1. 理实结合,专业渗透,优化教学内容

坚持以新时期高素质人才培养为引领,优化拓宽数学基础课教学内容,在高等数学课程中引入康托集、科赫雪花等内容,启发学生探究性质疑,培养批判性思维。将数学实验、数学建模竞赛题目融入教学内容,理论与实际相结合,以设计思维的培养为目标,获得各类奖项的同时,发表高水平学术论文。坚持工程思维培养为引领,根据分类指导、突出特色的原则,引入具有专业背景的例题和习题,把工程实际问题模型化纳入数学教材,构建了工程思维培养的教材体系。开展"互联网+教育"研究,引入超星学习通和雨课堂等网络教学系统,弹幕互动答疑,将MOOC教学视频推送到学生手机,让课堂互动永不下线,培养学生数字化思维习惯。将相互矛盾的概念安排在同一章中(如概率论与数理统计教材中的零假设与备择假设是否处于对等地位),引导学生用对立统一的观点分析,更加深刻地揭示概念内涵。使学生不但具有理工科思维,同时还具备哲学性思考,培养学生的工程管理思维,经过5年的改革举措,各工科专业教师反馈,学生能够熟练地从实际工程中提炼出数学模型并进行简化分析,具备结合专业解释具体工程结构特征的基本数学素质和能力,体现了数学课程对新时期新工科建设的支撑。

2. 因材施教,科学管理,打造适应新时期要求的数学课程体系与教学管理体系

以学生为中心,强调考虑不同专业需求、每个学生未来发展方向,关注每个学生目标达成情况。高等数学实施分级教学,且与概率统计、线性代数一样针对不同专业开设系列课程,并开设多门数学类选修课以满足不同学生需求。开展知识讲座、专项训练和校内数学竞赛;针对学业困难学生与参加考研或竞赛学生开展专项答疑辅导工作,采取多种形式,如课堂集中式、一对一形式、线上辅导等;集体备课制度推动教学团队合作,月考制度强化学习过程的监督与控制,实现学生"要我学"变为"我要学"(图1)。

3. 强化师资,科教融合,组建符合新时期教育理念的教师队伍

提高人才培养质量和办学水平,离不开一支具有高水平、高素质的教学团队。第一,发挥老教师在学术和教学中的优势,同时大力加强青年教师的培养。第二,通过对在岗教师的定期培训、轮岗进修,加强教学团队的师资力量和教学水平。第三,积极引进优秀带头人与青年教师,优化团队整体结构,使其具有专业结构合理、学历层次高的梯队结构及有效的运行机制(图2)。

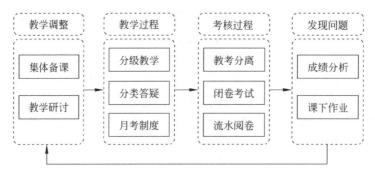

图 1 教学体系与过程

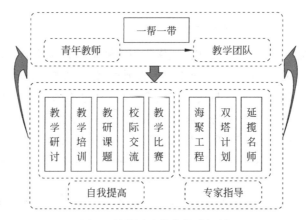

图 2 教学团队培养提升机制

三、创新特色

1. 构建全方位多层次教学体系

数学基础课程体系的设置完全能满足学校所有专业不同数学基础学生的学习需求,具有全方位、多层次的特点,真正做到了因材施教。严谨的教学管理过程不仅让学生能掌握扎实的数学知识,也让学生养成了严谨的学习、生活习惯,形成了科学思维,会用数学思维去发现问题和解决问题,会学习、会质疑、会设计、合合作,有利于学生成长为符合新时期培养要求的高素质人才。

2. 突破传统工科数学教学内容体系,强化能力培养

引入貌似悖论的经典数学问题和具有工科背景的例题与习题,将数学实验、数学建模竞赛题目纳入教学内容,相互矛盾的概念安排在同一章中,引导学生用对立统一的观点更加深刻地揭示概念内涵,开展互联网+教育,通过理实结合、专业渗透,构建推进适应新时期要求的教学内容体系。

3. 针对新时期对教师素质的高要求,教学团队实施"抓两头、提中间"

在持续引入青年教师充实教学团队的同时,积极聘请国内外优秀教学名师,直接对学生和教师进行授课和指导,推动教师量与质同步提升。通过组织教师集体备课,定期培训,参加教

学基本功、微课比赛和多媒体课件设计比赛等活动,以赛促教,锻炼教师队伍,提升教学水平。

四、取得成效

新时期,教学团队不断努力,打造了新的数学课程体系和教学管理过程,组建了符合新时期要求的教师队伍,提升了学生的数学能力,支撑了新工科建设,应用效果显著。

（1）以高等数学、概率论与数理统计和线性代数为基本课程,完成了数学类基础课丰富的课程体系建设。针对专业差异和学生个体差异,开设了覆盖各个年级总共 17 门数学基础课。数学课程实现了模块化、多样化和连贯化(图 3、图 4)。

图 3　高等数学分级教学体系

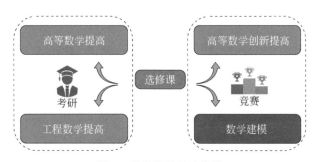

图 4　数学类校级选修课

（2）通过加强数学课程教学过程管理,学生的数学课程学习紧迫感和积极性显著增强,及格率和考研率不断攀升。以测绘学院为例,高等数学 A 平均分由 2016 年的 67 分,增加到 2020 年的 79 分,及格率也由 75% 增长到 97%,其他各学院及格率与平均分整体也都保持稳步提升(图 5、图 6)。考研学生数学成绩过线人数,也从 2015 年的 125 人增长到 2020 年超过 200 人。考研数学过线率也呈稳步增长趋势。

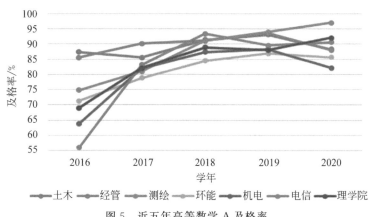

图 5　近五年高等数学 A 及格率

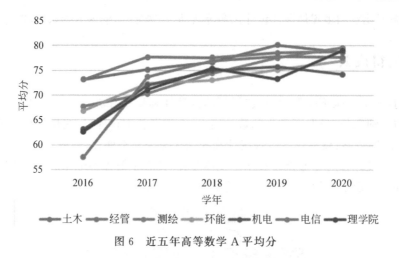

图 6　近五年高等数学 A 平均分

（3）通过构建推进新工科建设的教学内容体系，培养满足以互联网和智能制造等为特征的新专业要求的人才。近几年学生参加市级、全国和美国大学生数学建模竞赛，以及市级、全国大学生数学竞赛的参赛队伍数与成绩都得到快速提升（图 7～图 10）。

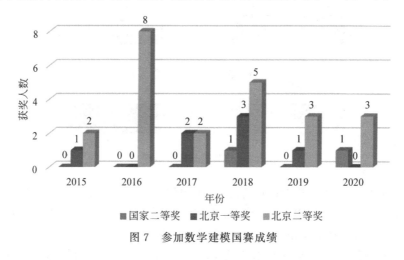

图 7　参加数学建模国赛成绩

图 8　参加数学建模美赛成绩

图 9　北京数学竞赛成绩

图 10　全国数学竞赛成绩

（4）推动现代信息技术与教学深度融合，引入网络教学系统，制作了高等数学 MOOC 教学视频并推送到学生手机，为学生提供实时和非实时的教学辅导服务。此外，通过引入网络试题库系统与网络阅卷系统，大大提高了命题效率。通过网络阅卷，可以在保证阅卷效率和质量的同时，保证阅卷客观公正，并且便于数据统计分析，并及时发现问题和调整教学方案。

（5）2015—2021 年，借助面向新时期、新工科的一系列改革举措，共出版教材 7 部，立项教研课题 10 项。数学系教师在教学比赛中也取得了突破性成绩。多年来一系列教学改革实施，在取得各项成果的同时，也接受到来自广大学生和专业课老师的积极反馈，兄弟院校积极评价（图 11）。

图 11 校新闻网多次对教学团队报道

五、结语

北京建筑大学作为具有鲜明建筑特色的理工科高校,数学类基础课程是我校涉及面最广的核心公共基础课。新工科背景下,社会对人才的数学素养要求不断提升,招生规模扩大也造成学生个体差异增大。针对新时期数学教学面临的巨大挑战,在新工科建设的大背景下,教学团队实施了分类指导、因材施教、科学管理、注重过程、理实结合、专业渗透、强化师资、科教融合等多项数学基础课的改革举措,取得了显著成效,为培养适应新时期要求的高素质人才打下了坚实的数学基础。

参考文献

[1] 李大潜.漫谈大学数学教学的目标与方法[J]. 中国大学教学,2009(1):7-10.

[2] 李大潜.关于高校数学教学改革的一些宏观思考[J].中国大学教学,2010(1):7-9.

[3] MOOC:推动课堂向"以学为主"转变.中国教育和科研计算机网[EB/OL]. (2015-03-26)[2021-08-20]. http://www.edu.cn/html/e/gxjg/tsinghua.shtml.

[4] 罗琼.试论高校数学公共课的教学改革[J]. 科技创新导报,2014,11(26):135.

[5] 杨雯靖.高等数学教学中数学思维与创新能力的培养[J].中国电力教育,2010(8):90-91.

[6] 张宇红. 微课教育背景下高校数学教学课程改革研究[J]. 科技经济导刊. 2021,29(19):156-158.

[7] 张宇红. 基于学生数学应用能力培养的高校数学教学改革探究[J]. 山西青年,2021(7):76-77.

[8] 简国明,李银,赵三银.地方高校公共数学分类分级教学的再思考[J].当代教育实践与教学研究,2018(12):39-40,56.

"O-AMAS"教学法在国际工程合同管理中的应用

康 飞

（北京建筑大学 城市经济与管理学院）

摘 要：为提高国际工程合同管理课程的教学效果，激发学生参与课堂讨论，培养学生的思辨能力和表达能力，本研究探讨"O-AMAS"教学法在国际工程合同管理课程中的应用尝试。"O-AMAS"教学法包括教学目标设计、迅速激活、多元学习、有效测评和简要总结5个部分。该教学方法可以激发学生的学习热情，取得比较好的教学效果。

关键词："O-AMAS"教学法；国际工程合同管理；课堂参与

随着"一带一路"倡议的不断展开和深化，我国需要大量熟悉国际工程规则、具备国际工程合同管理综合素质的高级人才，因此国际工程合同管理这门以国际工程为导向的复合型课程就越加重要。作为一名国际工程合同管理的教师，需要积极探索有效的教学方法以提升学生的国际工程合同管理综合素质，为国家培养优秀的国际工程管理人才，为支持国家的"一带一路"倡议作出贡献。

国际工程合同管理课程传统的教学方法一直是"PPT＋讲授"这种以教师为主导的教学模式，整个教学过程重在给学生提供连贯的国际工程合同管理知识。但是，由于课程内容具有很强的复合性、思辨性，学生在理解老师讲授的课程内容时容易出现一知半解的现象，对课程的理解不够深刻，不能有效提升学生的国际工程合同管理素质。传统的教学模式容易造成该门课程实际的教学效果与师生的期望、课程设置的目标存在很大的差距，不能有效地完成课程设置的目标，影响了对国际工程管理人才的培养成效。采用"O-AMAS"教学法可以提高国际工程合同管理课程的教学效果，实现对学生国际工程合同管理综合素质的培养。

一、"O-AMAS"教学法概述

1. "O-AMAS"教学法的含义

"O-AMAS"教学法是一种深度参与式的教学模式，其是南开大学有效教学团队（Nankai effective teaching，NKET）于2017年自主研发的以结果为导向的有效教学模型。"O-AMAS"采用OBE教学设计思路，以多元教学目标设计（objective，O）为导向，将教学活动分为迅速激活（activation，A）、多元学习（multi-learning，M）、有效测评（assessment，A）、简要总结（summary，S）四个环节。该方法以学生学习结果（outcome）为导向，以师生良性互动为驱动力，通过百余种自主研发的有效互动活动，引导学生主动学习、深度学习。

2. "O-AMAS"教学法的作用

第一，有利于调动学生学习的主动性和积极性。当前的大学教学中，以学生为中心的翻转课堂模式已经成为高等教育改革的重要趋势。然而对于如何实现翻转课堂,目前并不存在十分有效的措施。在教学中引入"O-AMAS"教学法,可以成功地将学生变成课堂学习活动的积极参与人,通过多种手段去激活学生兴趣、调动所有学生去参与课程的学习与讨论,这能够提高学生的学习主动性,变被动的接受式学习为主动的探究性学习。

第二,有利于促进学生对所学内容的理解。"O-AMAS"教学法是一种高度参与式的教学方法,它改变了传统课程中的教师单方面教授式的教学模式,使学生成为课堂学习中的主体。教师会采用多种活动来组织学生进行学习、讨论、思辨,可以对知识点进行深入的学习和讨论,有助于学生理解课程内容。

第三,有利于培养学生的辩证思维和表达能力。"O-AMAS"教学法为学生提供了一个锻炼辩证思维的舞台,通过鼓励师生之间的互动、同学与同学之间的讨论,并对讨论给出自己的意见和看法,有利于锻炼学生的辩证思维。同时,由于所有同学都有机会参与讨论,这也有利于锻炼学生的沟通和表达技能。

第四,提高学生学习效率。教育领域的大量研究表明,采用不同的学习方法会显著影响学生学习的效率。一般来讲,如果只是通过阅读、听讲这种传统的学习方式,学生通常只能学到 30% 左右的内容;而当学生将学习的内容与他人进行深入讨论时,学习效率可以提升至 70%;而当学生尝试将所学知识进行应用时,学习效率可以达到 90% 左右。因此,采用"O-AMAS"教学法可以让学生充分地讨论课堂上的内容,鼓励学生将知识与实践应用结合起来,有助于提升学习效率。

二、教学实施案例

国际工程合同管理是一门综合性和实践性都很强的课程,其结合了工程法律、项目管理、工程招投标等多方面的知识,课程内容体现了法学、经济学、管理学等多学科的理论。因此,学习这门课程不能一味强调合同条款的记忆和合同管理流程的掌握,而应重视合同思维的塑造和培养,重点使学生了解合同内容背后的法学、经济学、管理学的道理,让学生通过课程的学习了解合同的本质及背后的理论原理,尤其是要强化学生的辩证思维和沟通表达能力。为达到上述目的,就不能仅仅采用传统的教师讲授式教学法,而要倡导学生积极参与课堂中的讨论,以发展提升学生的合同管理综合能力。由于国际工程合同管理的教学具有上述特点,因此可以借助"O-AMAS"教学法更好地实现课程的教学目标,达到良好的教学效果。为了更加具体地阐述"O-AMAS"教学法,笔者结合课程具体内容进行阐释。

国际工程合同管理有很多复合型的主题可供讨论,如分包管理、支付管理、采购管理、索赔管理等。并且,国际工程合同管理课程中讨论的主题通常并不具备唯一的正确答案,而是需要学生理解背后的经济、管理、法律的逻辑和原理,因此可以使学生从不同的理论视角去看待同一个议题,从而可以给出不同的看法,有助于增加课堂讨论的丰富性。

以新冠疫情下承包商的索赔权利为例,讨论的议题可以是国际咨询工程师联合会(FIDIC)合同条件下,承包商可以依据哪些条款来提出索赔? 不同条款下承包商分别可以获得哪些救济? 使用不同条款的索赔成功概率是多少?

(1) 多元教学目标设计(objective,O)。教学活动一定是为了实现某些教学目标。本课程的教学目标是提高学生对知识的综合分析和应用能力。教师对本次课程的教学目标进行设计,要实现的目标从低到高包括:学生熟悉不可抗力、法律变更的概念;学生掌握 FIDIC 合同条件下对不可抗力、法律变更情形的具体规定;学生理解不同合同措辞下,承包商可以获得的索赔权利的差异;学生能够自主分析不同情形和不同合同约定下承包商可以获得的索赔权利。

(2)课堂的迅速激活(activation,A)。课堂的迅速激活可以及时地抓住学生的兴趣和注意力,是学生进行有效学习的前提。激活分为三个部分,包括身体的激活、情绪的激活和认知的激活。只有学生的身体、情绪和认知的全面激活才能让学生保持高度的注意力和学习热情,激发好奇心,从而投入学习中去。本次课程采取了现实情景带入的方式来激活课堂。新冠疫情是当下正在发生的全球大事件,由于疫情跟学生也有切身的关系,学生不能现场上课。教师在上课前通过播放新冠疫情的新闻,迅速带动学生的情绪,激发学生的注意力;然后,将话题引入国际工程领域,指出新冠疫情同样对工程行业有巨大的影响;最后让学生讨论新冠疫情对国际工程有哪些影响。通过上述一系列过程,激活学生认知,点燃学生的好奇心、求知欲,促进学生的参与感,让学生迅速进入学习状态。

(3)多元学习(multi-learning,M)。多元教学强调采取多种不同的教学手段来达成教学目标,包括教师讲授、学生讨论、角色扮演、在线视频学习等手段。在本次课程中,教师综合采用了上述多种手段。关于新冠疫情的影响,有很多网络讲座和文章进行过讨论,为课程的多元学习提供了很多素材。教师课前对这些素材进行整理、搭配,形成不同的知识点和讨论点,在课程授课环节分阶段地展示给学生。针对每一个知识点,首先让学生听讲座、读文章,然后让学生之间进行阶段性讨论,提出自己的见解和看法,教师也通过提问引导学生发现自己的思维盲点。例如,针对不可抗力的定义这个知识点,将杨良宜、崔军等专家对于不可抗力的讨论的部分讲座环节进行展示,然后将 FIDIC 合同条件、新工程合同(new engineering contract,NEC)条件、国内的合同法、住房城乡建设部的施工合同条件中的不可抗力的定义展示给学生,由学生分组讨论这些定义的不同与相同之处。随后教师提醒学生注意根据不同的不可抗力定义,承包商在新冠疫情下是否可以依据不可抗力进行索赔。通过这种方式可以激发学生的探索热情、培养辩证思维和表达能力,使学生的学习能力得到显著提升。

(4)有效测评(assessment,A)。没有有效的教学评价,就无从知道是否达到了课程预设的教学目标,项目管理中经典的 PDCA(plan do check action,也称戴明环)循环同样适用于教学管理。在课堂上,教师会通过要求学生回答问题、PPT 展示、书面测试、互动式评价等方式去测评学生的学习效果。本课程采用了口头测评和雨课堂随堂测验的方式,在每一个知识点完结后,通过即时出的判断题、选择题对学生的掌握度进行评价。会请做错的学生讲解自己的理由,从而分析出学生的思维盲点。例如,在讲解承包商可以引用法律变更条款来对新冠疫情进行索赔后,教师要求学生通过阅读 FIDIC13.7 款来回答该项索赔成立需要具备的前提条件,通过小组对抗的方式,看哪个小组回答得更完整。

(5)简要总结(summary,S)。每一个知识点完结后及时总结对于知识的巩固至关重要。总结的过程不仅包括总结学习的知识点,也会请学生总结自己的学习收获和反思。在此过程中也可以采取多种活动方式,包括分组知识对抗、抛球点人、雨课堂讨论区反思等。例如,在课程结束前,教师会通过抛球的方式点名学生来回顾自己的学习收获,讲一讲自己印象最为深刻的知识点,谈谈自己的疑问。这样既可以实现对课堂知识的总结,又可以让教师得到比较全面的教学反馈。

三、结语

有效教学的核心是保证学生的学习效果、使得学生获得更大的成长,只要能使学生获得大的进步或者发展,就是有效教学方法。"O-AMAS"是一种以锻炼学生批判性思维和综合素质为目的的教学模式,对于国际工程合同管理的教学是一种很好的方法和手段。本课程通过开展"O-AMAS"教学法的实践,极大地激发了学生们的学习兴趣和热情,显著地提升了教学效果,培养了学生自主学习能力、提升了学生的辩证思维和表达能力。

参考文献

[1] 张春玲,杜雨津,何玮,等.O-AMAS 有效教学模型及其在大学物理实验课程中的应用[J].物理实验,2020,40(1):24-29.

[2] 潘皎,李霞,李登文,等.O-AMAS 有效教学方法在"微生物生理学"教学中的应用[J].高校生物学教学研究(电子版),2019,9(5):17-20.

[3] 董晶.工程招投标与合同管理课程教学方法及教学手段创新研究[J].高等建筑教育,2010,19(1):82-84.

[4] 段伟,谢学俭.工程合同管理课程教学改革探索[J].中国教育技术装备,2011(15):49-51.

[5] 何鑫,苏有文.应用型工程合同管理人才培养体系建设[J].科技信息,2012(12):439-440.

[6] 佘立中.土建类学生工程合同管理能力的培养与探索[J].高等建筑教育,2004,13(2):59-62.

"国际工程英语口语"课程教材建设

——《国际工程管理实用英语口语——承包工程在国外》的修订

李宜兰

（北京建筑大学　文化发展研究院/人文学院）

摘　要：为更好地服务"国际工程英语口语"课程,有效培养并提高学生国际工程口语能力及水平,拟修订《国际工程管理实用英语口语——承包工程在国外》,力图打造适应新形势,具有新时代特点的多元交互型"国际工程英语口语"教材。

关键词：国际工程英语口语;教材建设;多元交互

引言

美国《工程新闻纪录》(ENR)发布的 2021 年度"全球最大 250 家国际承包商"榜单显示,中国共计有 78 家企业入围国际工程承包商 250 强,上榜企业数量继续蝉联各国榜首。这 78 家上榜企业实现国际营业额 1074.6 亿美元,占 250 家上榜企业国际营业总额的 25.6%,体现了中国企业在全球基建行业的领军地位。

尽管如此,我国的对外工程队伍中,能够把英语当作工作语言的人才,无论从数量上还是水平上都无法与企业体量及实力相匹配,尤其是本土培养的人才极其缺乏。高校是培养国际工程英语人才的主阵地,面临严峻挑战的同时也带来巨大的机遇。实际上,我国高校国际工程相关英语教材,尤其是口语教材乏善可陈,现状与需求存在巨大的矛盾,亟待解决。

一、为什么选择修订《国际工程管理实用英语口语——承包工程在国外》

1. 国际工程英语口语教材现状

目前市面上的国际工程英语口语教材,包括国际工程及英语口语关键词的,有且只有《国际工程管理实用英语口语——承包工程在国外》一本。其他教材或是面向理工科的通用口语教材,或是单一的工程英语会话,或是同时兼具工程英语听说的教程。这样的教材现状极大地影响并制约了国际工程英语口语教学。

2.《国际工程管理实用英语口语——承包工程在国外》自身特点

《国际工程管理实用英语口语——承包工程在国外》一书系"九五"国家重点图书——"国际工程管理教学丛书"之一,于 1997 年 8 月出版,天津大学张水波、刘英编著。张水波教授从自身国外实践经验出发,选材及内容具有普及性、实用性、专业性及知识性的特点,方便实践及应用。该书出版二十几年来一直重复印刷,可惜未再版。

该书共分 18 个单元,课文内容涉及我国公司从事国际工程施工中的各种场景,主要包括：国际旅行、施工准备、货物采购、人员培训、进度和质量管理、环境保护、政府官员参观现场、工程付款、组建联营体、工程索赔、竣工验收以及业主与承包商的相互宴请等。每课配有词汇、注释、练习以及前景与指南。有两个附录，一是课文的参考译文，二是为英语基础较差的读者编写的有关工程承包中的日常英语用语。

3. 修订者的教学体验

众所周知，教材是教学最基本的依据，是连接学生学习和教师教学的重要纽带，教师是使用者同时也是评估者。选择增补并修订《国际工程管理实用英语口语——承包工程在国外》是因为本人在教学中多次采用该教材，熟悉其内容及体例。在教学过程中，学生对该教材接受度高，反馈良好。

本人曾以该书为蓝本，编制了北京建筑大学 2020 版"国际工程英语口语"课程简介及教学大纲。在撰写教学大纲和实际教学过程中，发现并认识到该书的不足及时代局限性，为更好地服务国际工程口语教学，故决定增补并修订该教材。

二、修订总体原则

1. 科学布局，整合架构

对原有体例及目录进行取舍。部分保留原教材的基本体例及目录，依据新形势调整。该书历经 20 余年，内容及组织框架仍具有极强的专业性及实用性。但自 21 世纪以来，国际大环境及工程实践领域变化巨大，部分内容及形式亟须更新及调整。

2. 设计丰富多样的课上及课外活动

设计方便教师"两性一度"教学的学生活动，体现创新性、高阶性，提高挑战度。同时融入思政育人元素，注重设计并开展相关任务及活动，促进并推动学生形成正确的世界观、人生观、价值观，坚定信心，努力奋斗，树立有益于国家、社会的新一代工程人的理想和情怀。

3. 呈现新时期线上＋线下混合式教学的特点

以学生为中心，以口语训练带动并提高英语听、读、写能力，注重培养学生的英语综合实践应用能力。

4. 强调并实现交互性

不只体现在教师与学生之间，还有学生与软件、平台之间的交互性，更利于学生的习得、输出及实际应用。

5. 设计开发平台、软件及应用

与具有丰富国际工程经验的企业合作，深度交流，为企业的实际需要服务，着眼学生的毕业出口，通过软件与平台的开发与应用，实现对国际工程实践诸环节相关技能的训练与实践，培养学生实际应用英语妥善处理并解决国际工程建设中的相关情况和问题的能力。

三、修订细节及要点

1. 更新并替换部分章节内容

如第一章 International Travel 的部分内容陈旧过时,现在网络发达,国际旅行相关环节都可以网上进行,尤其在全球疫情期间,国际航空出台了一些新规定,这些都需要增补及修订。

2. 保留按语,添加理解题

每单元节开头的按语很好,交代对话背景,修订时增加理解题,引导学生发现人物关系及关键信息等。

3. 完善单词表

原书单词及短语交杂在一起,且只有汉语意思,修订时将两者分开,增加词性、音标及英文释义。

4. 充实附录

增加总词表,方便查询及复习。

5. 调整文本注释

放脚注,方便对照原文。语法讲解应单列。

6. 多元演练模式

多样化,如英汉、汉英翻译,小组活动等。练习答案直接显示在练习题里,修订后,答案集中在书后附录,或以扫二维码方式查询。

7. 背景与指南

原教材的背景与指南部分旨在方便学生了解背景、增进理解。只是以中文为主,部分词语或短句括号加英文译文的方式不妥,修订时替换为全英文,并增加参考资料,如书籍或(及)网址。

8. 配套录音

原教材没有示范录音是一大欠缺,修订时一并补充。

9. 软件及平台设想

设置跟读、复读、录音、角色转换、中英文互译等练习,实现机器自主评估、小组成员及教师评估等,确保学生自我纠正和同学互助,增强学生自主训练的强度和密度,全面提升学生的英语口语输出及表达能力。

四、修订实施与运用

1. 修订时间表

(1) 2021 年 9 月申请北京建筑大学教材立项。

(2) 2021 年 9—12 月主编组织编委完善体例,重组章节,编写新大纲。

（3）2022 年 1—5 月主编布置分工，各编委按照各自负责章节搜集素材，筛选素材，整合素材（周会及月会及时汇报各自工作完成情况）。

（4）2022 年 6—10 月素材总体整合及确定进度安排。

（5）2022 年 11—12 月编委分头完成初稿。

（6）2023 年 1—2 月主编统筹并整合书稿。

（7）2023 年 3—6 月专家审稿。

（8）2023 年 7—9 月依照审稿意见，修改完善书稿。

2. 修订推广及运用

2023 年 2 月初稿整合完成后，于 2023 春季学期在北京建筑大学大学英语拓展课及校内各专业限选课试用修订教材。修订者在教学中加强反思，积极接受学生反馈，及时评估、研讨。经过 2～3 轮教学，依据教师教学及学生学习体验，进一步地调整、扩充、完善及重修该教材，并择机扩大运用范围。

五、结语

修订《国际工程管理实用英语口语——承包工程在国外》是基于"国际工程英语口语"的教学实践，通过对现有教材的调整、更新及修订，内容更贴近时代，方式更多元、直观，同时兼具互动性，提高了教学效率和质量，更好地服务于教学，培养和提高了学生国际工程英语口语能力。

参考文献

[1] 2021 全球最大 250 家国际承包商榜单公布 2021 国际承包商排行榜完整名单[EB/OL]. [2021-08-21]. https://www.maigoo.com/news/603746.html,2021.

[2] 蔡基刚,唐敏. 新一代大学英语教材的编写原则[J].中国大学教学,2008(4)：85-90.

[3] 陈坚林.计算机网络与外语课程的整合,一项基于大学英语教学改革的研究[M].上海：上海外语教育出版社,2010.

[4] 王佑镁,王娟,杨晓兰.近二十年我国移动学习研究现状与未来趋势：基于中西方对比的研究综述[J].现代远程教育研究,2013(1)：49-55.

建筑美术教学中的工艺美术实践

李振宁

（北京建筑大学　建筑与城市规划学院）

摘　要： "美术基础课"作为建筑院校的一门基础课程，旨在培养学生的审美及造型能力。本文分析了作为建筑美术学习内容重要组成部分的工艺美术实践在美术基础课教学中的教学目的、教学方法和在整个设计基础课中的链接作用。并以此课程为例来说明基础课程如何配合专业设计课，以及如何提高学生的发散性思维和审美能力等，希望由点及面地为今后的建筑美术基础教学提供一种新的思路。

关键词： 美术基础课；创造性；学科交叉；实践；质感；工艺

艺术是相通的，美术与建筑设计也是如此。因为，无论是艺术家、建筑师、工艺师、设计师，他们最终的成果都是艺术品。而美术与建筑的关系紧密，相互联系且并不矛盾，两者都强调一个共同的特质：创造性，并以其为核心来开展学科的教学活动。

一、与美术基础课并行的工艺美术实践

在美术基础教学课程中，学习主要分成两个部分：一是呈现式绘画教学，二是表现式绘画教学。顾名思义，呈现式绘画是以写生形式为主要表现手法去对客观对象（如几何体、石膏像、静物等）进行客观的描绘，注重画面的构图、物体的比例、形体的塑造等，强调的是对对象的客观呈现，最终锻炼学生对画面的构成及概括能力。而表现式绘画则更多的是在写生式绘画基础之上来进行主观性画面元素的组合并进行画面表现的创作型绘画（如实物与空间的重组、物体分解重构、空间交叉重叠的画面表现等），强调的是画面的构成与设计，包括绘画的材料、形式、表现手法等，最终锻炼学生的发散思维与想象力，并进一步提高绘画及审美能力。

美术基础课在建筑设计教学活动中并不只是一个针对美术自身的课程，而是一个与各个专业方向的设计课程共同构成统一整体的设计基础体系。而作为低年级的必修基础课程，美术基础课更着重培养学生的创造性思维、设计构成的逻辑思路和初步的造型及审美能力。而作为美术的一个重要组成部分，工艺美术有着与纯美术不同的地方。在纯美术范畴之中，学生可以尽可能地发挥想象力和创造力使得画面更具表现力与形式感，是一种相对比较单纯的表现和制作手法。而在工艺美术领域，除要求具有丰富的表现力和扎实的造型基本功外，同时需要对方案设计与制作工序的理性思考、对材料的使用、相关人员的配合、实物的空间呈现及最初对作品的成本风险评估等，而这些因素与建筑设计过程有着很多的共性。所以，在探讨美术基础课程与建筑设计基础教学的关系时，可以以工艺美术实践这一相对小的一个课程点来以小及大地展开讨论。工艺美术，在我国有着悠久的历史和传统，无论是从

时间跨度还是地理广度,都有着诸多的体现。这是一门关于物质的艺术,几乎涵盖了大部分的材料。现今的工艺美术领域大致有以下分类:陶瓷、金属、玻璃、纤维、织绣、雕刻、漆艺及相关的新兴材料设计。由此可见,这几大分类其实也包含了中国传统思想中的物质构成的基本元素,即:金、木、水、火、土,这在中国古代的建筑中体现得更加明显。而材料与工艺则是共同构成工艺美术作品的最终效果:质感。

在工艺美术作品中,质感是一个极具审美和哲学意味的词语,能直观地传达出情感、时间和美学的精神。它是自然物质与人工制作的媒质综合体现,最终的作品会保留原材料本身的材料特性和人工制作过程中有意或无意留下的时间痕迹,充满着人文与哲学的内涵和韵味。在当代的建筑设计中,同样强调在空间中对材料的质地运用,无论是人工质地还是原生态的质地,或是加工过的工艺材料。而这几方面的共同前提,即要求设计师对不同材料的特性与加工呈现度都要有一定程度的了解。同时,也需根据建筑所处的地域环境选择最为适合当地条件的原材料运用到设计中,这是对当地文化、历史和生活方式的一种尊重,并最终构建一个具有专属感的作品。而这需要在建筑设计学习前期的美术基础课中就对学生进行必要的造型、明暗、线条、构成、色彩的训练,并结合艺术史、工艺美术史的专题理论课程来对学生进行美术方面深度与广度的通识学习。这样能使得学生对美术与设计的了解不仅限于绘画与雕塑,还能通过艺术史和工艺美术实践,使其能从历史的纵向方面以相对宏大的角度去了解历史发展过程中的艺术与文化的演变,而且能用当代的眼光去理解传统的文化元素并进行挖掘和利用;同时,也使得学生能从当下的生活中横向了解艺术与设计,由小及大地把自己的设计作品放到当代的语境中去比较和体验,在如今多元的文化背景之下来思考并寻找自己今后的专业方向和定位。而这是需要教师在学生大学初期的美术基础学习中对其进行培养和训练的,即便这种训练在学习初期是缓慢且无形的,但是我想这却是极其重要的潜移默化的影响。

二、工艺美术实践课程三大基本要素

工艺美术的一大特性就是其"工艺性",其涉及原材料、地点及工艺实践。

这首先是对原材料的认知。建筑美术基础教学课主要包括室内写生和户外写生实习。如果美术课程仅仅是写生这种相对单一的构成,那么美术的特色其实就没能充分地体现出来。美术应该是存在于生活的各个方面,需要用心实地地去发现和体验,这一点在户外风景写生的课程中能得到较好的补充,学生在具体的特色环境和文化氛围中亲身感受物件、空间、自然风貌及当地的生活方式等方面的"质感",这种质感带给人身心直观的感受是在教室课堂中的图片展示和静物写生所无法取代的,具体到细小的单个物体带给人的感受更是如此。而工艺美术实践课程在美术基础课教学中的一个重要目的就是让学生能在日常中去寻找一种真实的表现形式,去利用、展开并转变成自己的设计作品,这也是在做具体设计时强调的一种重要的能力和方法。材料的种类多种多样,如何去选择一种合适的材料,去进一步加工并最终能准确地表达设计想法则是工艺美术实践课程的难点所在。不同的材料有着不同的特性体现(如:地域、人文、美学表现、历史元素甚至加工的制作难度),因此,在课程的实践过程中,如何使学生接触和了解并最终找到一种能实际掌握的材料和工艺去进行进一步的研究则是关键。

　　而在制作方面,则是场地和技术的问题,这或许会在某个方面影响学生今后设计专业方向的选择。场地方面大致分成三类:①历史上的传统制作产地,如陶瓷制作中的景德镇;②大学与研究机构中的实验室;③个人的工作室作坊。而我则将思考的重点放在大学与研究机构中的实验室及相关的实践。

　　在艺术史课程和外出实习中,课程内容会涉及一些传统的工艺美术制作地点,在结束学校的课程学习后,如果有机会前往传统制作地进行考察实践,全方位地了解这个产业的整个生产架构、工艺流程以及众多的历史遗迹,这种经历会为学生以后从事古建筑保护、非遗保护或是建筑设计提供很好的文化及美学元素。工艺美术实践课程中,在传统制作产地的实践能让学生在成熟的制作环境去实现设计想法,但前提是学生在前期的学习中对此种工艺有较好的理解才能设计出合理的样品交付制作。而个人工作室和作坊,更适合于具有较好艺术基础的学生去更多地接触。个人工作室在大多数情况下是一种具有强烈个体特性的工作场地,无论是其艺术设计风格还是制作模式。所以它更倾向于用独特的工艺去完成个人品牌或是项目,更具创造性。在个人工作室中,会对某一工艺有较深入的接触,在一定条件下学生如果有明确的设计思路和较好的美术基础,可以选择此类场地来进行实践拓展并与其设计基础课相互补充。

　　在高校的基础美术教学中,对于工艺美术实践课程而言,最理想也是最重要的环境是在学校或是科研机构中的工艺实验室。其具备较完整的学术支撑、实践经验和社会资源。在美术基础教学中,工艺美术实践是其重要的组成部分,是学生专业设计能力的一个重要的基础前提。在这里,所指的"工艺美术"并非传统美术定义中的实用美术(如陶瓷、玻璃、漆艺、金属首饰或纤维装饰品等),而是以材料和工艺作为实践方式去体验空间中的材料质感、构成、工艺流程及审美过程。在此种理念下的工艺美术实践,将提供给学生更多的锻炼创造性思维的可能性。在传统美术基础课程中,素描、色彩写生方面的训练提升了学生在平面条件下的设计构成能力,如画面构图,色彩分配及点、线、面的基本构成。同时,艺术史专题和工艺美术史则能让学生对人类从古至今的文化艺术演变有个基本了解和理论基础。而最后,需要学生进入具体的个人设计与工艺实践中去,将平面和理论的美术知识转换成一种立体空间的真实体验,身在其中去体验美学的元素和具体的工艺制作,运用不同的材料去实现一个真实的设计。而建筑美术基础课中的工艺美术实践的初衷即在于此,去初步训练学生在不同设计门类及空间观念之间转换来形成创造性思维和实现设计的能力。

三、工艺美术实践课程

　　在建筑设计教学中发现,在不同专业同学的设计中,经常会出现前期的想法和设计与后期的实际模型样品有着较大偏差的情况,而出现这种现象的主要原因是学生不能有效地解决对设计进行实际空间具体转换的合理性问题,即如何把设计通过准确的形式与尺度和合适的材料来实现。

　　在每年的建筑构造空间的实体搭建展示中,基本是同样的几种材料,其作为一种空间概念的要求也许是可以满足的,可却缺少一种符合不同设计特性的质感表现,或是缺少将材料与设计结合的想法。因此,在工艺美术实践课程中,教师会尝试让学生尽可能地去接触并了解不同门类的材料和相关工艺,并使他们能利用这些条件进行再造以达到最初的设计效果。

学生们也许并不会从事工艺美术专业,但在实践课上最重要的是让他们能在这种工艺体验过程中找到一种将材料合理运用的方法,从而实现自己的设计。而对于其中一部分学生而言,他们对于工艺美术有着自己独特的兴趣和想法,甚至在实践中已经有将工艺美术中的某个门类作为他们专业设计中一个重要组成部分的构想,也许当下他们的工艺作品并不成熟,但他们的想法和尝试都是极其宝贵的,应当更加珍惜和鼓励,并在具体的制作中针对其感兴趣的某个门类来进行更深入的指导,如较完整的工艺基础训练、美学理论及设计思潮研究、创新设计方法训练等;待学生有了一定的基础后便可参与具体的设计项目并负责真正的工艺环节,最终掌握整套工艺流程。鼓励学生利用学校提供的创业空间平台将自己感兴趣的方向进一步深化并实现成果转化,这对学生而言也许是一种新的职业方向。

而我想这正是在大学背景下建筑美术基础课中的工艺美术实践教学的特性所在,它给予学生更多的机会去接触和了解能实现自己设计想法的各种条件与前提,并使学生的想法在其中发展并完善,进而最终转化为一个可持续研究的专业方向,这也符合如今国家倡导的创新创业的理念,值得我们在日常美术教学中去尝试。

四、结语

在设计基础课教学中,不同门类的学科交叉是很有必要的。在不同的设计实践中综合运用美术知识和工艺来共同构成一个具体的设计作品,这是一个系统的过程,中间会包括:具体设计方法、作品分析、工艺流程、选材加工、样品成型及展示保护等,而这些在实践中会涉及之前的美术基础课中多门类的课程知识。在工艺美术实践课程中,所涉及的美术造型原则及其空间质感的内容,能很好地使学生在专业学习中有更深的探索和思考。在建筑美术基础课中,通过工艺美术实践课程环节使学生有机会学习并熟悉工艺与材料,结合艺术造型和审美趣味体验设计作品的成型过程,并以此为原点拓展其之后的专业领域,能更有目的地探求知识,最终明确专业方向并主动地进行创新与设计。

参考文献

[1] 彭吉象.艺术学概论[M]. 3 版.北京:北京大学出版社,2006:70-88.

[2] 邬烈炎.设计教育研究[M].南京:江苏美术出版社,2005.

基于 FD-QM 标准的计算思维导论
课程建设实施方案

吕　橙　万珊珊

（北京建筑大学　电气与信息工程学院）

摘　要：本文针对我校计算机公共课计算思维导论课程教学中存在的不足，聚焦混合式教学现有问题，提出以 OBE 理论为导向，以能力训练为目标，从 FD-QM 标准出发，构建了计算思维导论课程的逻辑框架体系，并在实际教学过程中应用，使课程的教学效果得到很大的提升。

关键词：FD-QM 标准；混合式教学；课程建设；计算思维

一、FD-QM 标准

FD-QM 高等教育在线/混合课程质量标准（FD-QM 标准），该标准由复旦大学教师教学发展中心于 2015 年开始与美国在线教育质量保障机构（QM，Quality Matters）建立合作，在其高等教育在线/混合课程质量标准（第 5 版）基础上，共同研发中国版 FD-QM 高等教育在线/混合课程质量标准。2019 年 1 月，召开了 FD-QM 联盟理事会会议。FD-QM 标准是一个与国际流通的优质课程标准相接轨，致力于解决国内高校混合在线课程设计质量的标准。

FD-QM 标准共有八大类内容：课程概况、学习目标、学业评测、教学材料、课程活动、课程技术、学习支持、课程制作。每一大类又包括若干指标，共计 33 项指标。按照指标的重要程度，分为"必需指标""非常重要指标"以及"重要指标"，分别赋值 3 分、2 分和 1 分，总分为 80 分。

二、目前混合式教学存在的不足

当前各高校都在推广混合式教学，把推动线上线下相结合的混合式教学当作重要的改革方向。这表明，混合式教学能更有效地定义"以学生为中心"的教学，它将有潜力成为高等教育的"新常态"。

然而，在具体实践过程中，很多教师对混合式教学依旧存在课程建设目标不明确、概念模糊、认知不清的问题。特别是对于何谓混合式教学，如何设计与实施这种教学，以及怎样评价其有效性等问题一知半解。因此大多数情况下，混合式教学的混合策略都停留在形式层面，存在形式混合、低效混合、局部混合、为混而混等乱象。

基金项目：北京市教育科学"十四五"规划课题（CDDB23218，CDDB24252）；北京市数字教育研究课题（BDEC2023619041）；中国建设教育协会教育教学科研课题（2023087，2023007）；北京市高等教育学会面上项目（MS2023253）；北京建筑大学研究生教育教学质量提升项目资助（项目编号：J2023002）。

为此,我们利用 FD-QM 标准,对我校计算思维导论课程进行重新梳理,构建该门课程的逻辑架构,并据此实施混合式教学。

三、基于 FD-QM 标准的计算思维导论课程设计与实施

本文针对我校"计算思维导论"课程以 FD-QM 标准为指导,提出了"1234"建设目标和"84 举措"实施方案,课程的逻辑架构如图 1 所示。

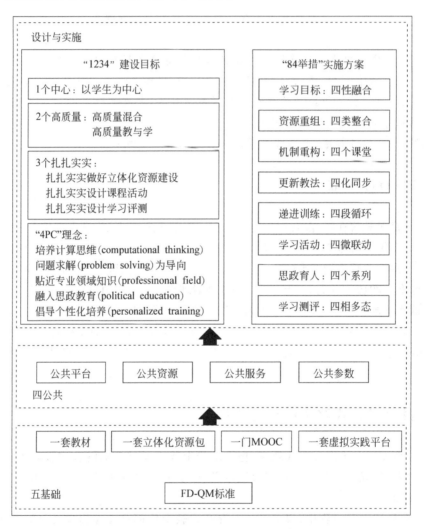

图 1 计算思维导论课程的逻辑框架

逻辑架构包括三部分,第一部分是底层,由"五基础"构成;第二部分是中间层,保障部分,由"四公共"构成;第三部分是顶层,设计与实施部分,由"1234"建设目标和"84 举措"实施方案构成。

其中,底层"五基础"是基础部分,是实现上一层的地基,是做好线上线下混合式教学的根本保障;中间层"四公共"是顶层的力量支撑,是做好线上线下混合式教学的安全保障,顶

层"1234"建设目标是"84 举措"实施方案的方向引领,"84 举措"实施方案是推动落实"1234"建设目标的方法路径,也是做好线上线下混合式教学的具体体现。

1. 打根基之"五基础"

1) FD-QM 标准

FD-QM 标准共 8 个大类 33 个小项。其中,"学习目标""学习评测"和"课程活动"是FD-QM 标准的三大核心标准。

2)"四个一"立体化课程资源包

FD-QM 标准要求教师必须为学习者提供必要而充足的原材料以帮助学习者构建知识体系。"教学材料"是学习者可见的,有助于达成学习目标的各种形式的材料。

为此,我们对课程资源进行立体化配置,形成"四个一"立体化资源包。即编著一套主教材和实验教材,编著一套完整的立体化教学资源包,制作一门 MOOC,搭建一套虚拟实践平台(包括硬件 DIY 平台、Cisco 组网平台、ACCESS 与 Visio 数据库设计平台、逻辑推理训练App、Raptor 算法实践平台、Weka 数据挖掘平台、超星学习平台和全国大学生计算机应用能力与信息素养大赛官网平台)(图 2)。

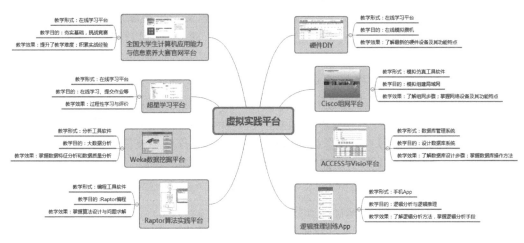

图 2　虚拟实践平台示意图

2. 建保障之"四公共"安全体系

1) 公共平台

一个好的 MOOC 平台是运行和实施混合式教学强有力的保障,计算思维导论 MOOC在学堂在线、超星 MOOC 和智慧树三家 MOOC 平台上线,基于 SPOC 的混合式教学在超星 MOOC 平台上线。

2) 公共资源

计算思维导论课程是面向全校非计算机专业的公共基础课程,课程组教师合理配置该门课程的立体化教学资源包,包括 PPT 课件、视频/音频资源库、图文资源库、作业库、试题库、试卷库、活动库、案例库、PBL 项目库等。

3) 公共服务

由专职管理人员负责统一修改题库、统一管理课程网站、统一备课、统一评测标准等,同时持续更新各种资源，为全校师生服务。

4）公共参数

为便于使用，我们将各类资源进行模块化处理，在使用的过程中可以任意模块进行组合、任意知识点进行组合、任意难易程度进行组合、任意评测点进行组合、任意思政元素进行组合。

3. 树目标之"1234"建设目标

"1"是一个中心，即以学生为中心。

"2"是两个高质量，即高质量混合和高质量教与学。

"3"是三个扎扎实实，即①扎扎实实做好立体化资源建设，包括教材建设、资源库建设、题库建设、作业库建设、试卷库建设、主题讨论库、活动库建设、案例库建设、PBL 项目库以及网站建设等；②扎扎实实设计好课程活动，FD-QM 指出课程活动包括学习者与学习内容的互动（包括学习者浏览课程视频，阅读各种文本材料或网络资源，完成布置的纸上或线上练习等）、师生互动（学习者提交作业或项目，获得教师口头或书面反馈意见；学习者与教师进行同步在线讨论或异步交流等）和学习者与同伴的互动（包括学习者共同参与教师布置的合作活动，如小组讨论、小组调研、同伴作业互评等）；③扎扎实实设计学习评测，FD-QM 指出学习测评是课程目标是否达成的重要检测手段，它可以丈量出实际成果与预期目标的距离。因此扎扎实实做好一套具有良好反馈的测评体系，建立"学习目标-学习活动-学习测评"的一致性是高质量课程的重要保障。

"4PC"理念是指本课程培养的目标是"4PC"模式的人才，即以培养计算思维（computational thinking）能力为目标；以问题求解（problem solving）为导向，贴近专业领域知识（professional field）；融入思政教育（political education）；倡导个性化培养（personalized training）。通过学习，学习者可以像拥有阅读、写作和算术等基本技能一样，拥有基本的计算思维技能，并能自觉地应用于日常的学习、研究和工作中。

4. 可持续发展之"84 举措"（"8 个 4"实施方案）

1）学习目标：四性融合（明确性、可测性、一致性和递进性）

学习目标对教师和学习者来说都非常重要，它影响着课程的整体设计与学习效果。明确的学习目标为课程教学奠定基础，为学习者的成功学习指明方向。

计算思维导论课程在制定课程目标和单元学习目标的时候，着重考虑"明确性""可测性""一致性"和"递进性"，并且保持四性融合。①在课程首页中给出了"教学大纲"和"课程介绍"，明确给出了课程的总体目标；②在每个章节的第一个栏目下都明确给出了"本单元学习目标"和"课程导图与设计"，清晰地向学习者展示了本单元的学习内容和学习目标，以及学习本单元后的收获是什么；③这些收获是具体的、可测的、与对应的学习材料和学习活动都是一致的，并且随着知识的慢慢增加，收获也是递进式增加的，如图 3 所示。

2）资源重组：四类整合（视频/音频、文字、交互式 Flash 动画和学习评测）

FD-QM 指出教学材料是教师和学生进行教与学的所有材料，是教与学的主要媒体，教学材料以一种清楚而直接的方法与学习目标对应一致，为学习者提供实现既定学习目标所需的信息和资源。

计算思维导论课程在课程网站上针对每个知识点都内嵌了标配的学习内容，主要有：教学目标、视频教学、电子课件、课程思政、图文教学、交互式的巩固练习和主题讨论 7 个部分 4 类形式(视频/音频、文字、交互式 Flash 动画和学习评测),如图 4 所示。

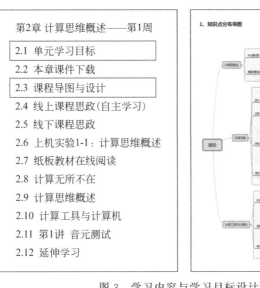

图 3　学习内容与学习目标设计

图 4　每个知识点标配内嵌的学习内容

教师团队在教学材料的选择中着重考虑了以下因素:教学材料对支持学习成果达成的有效性、教学材料的功能性、教学材料的知识产权保护和可及性、教学材料的时效性、教学材料的多样性、教学材料使用的优先顺序等。同时,考虑到由于学习风格的差异,不同学生对于学习材料的偏好不同。所以在课程开篇对学生进行了学习风格调查,并在教学材料上提供了视频、电子课件、图文等多种选择,使学习者的学习有效性和积极性有较大的提高。

3) 机制重构:联动四个课堂(课堂教学、实验课堂、项目实践和科技活动)

计算思维导论课程努力打造"四个课堂"。即课堂教学为第一课堂、实验课堂为第二课堂、项目实践为第三课堂、科技活动为第四课堂。联动四个课堂是落实"4PC"人才培养模式的具体举措。

(1) 第一课堂具有基础性和系统性的特点,强调思悟结合,因而成为高校学生最主要的学习方式,高校育人的主渠道,计算思维导论课程在教学过程中,分为大班课堂和翻转课堂两种,比例是 3∶1。

(2) 第二课堂是实验课堂,强调的是理论和实操相结合,强调"做中学"和"学中做"的体验。计算思维导论课程在实验方面设计了演示实验、动手实操实验、工程设计实验、分析推理实验和上机编程实验 5 种类型。

(3) 第三课堂是项目实践课堂,强调的是团结性和协作性相结合,有 PBL 个人项目和PBL 小组项目,计算思维导论课堂在实践课堂方面设计了微项目和大项目两种类型。

（4）第四课堂是科研活动,强调积极性和创新性相结合,让学有余力的学生根据不同的兴趣爱好加入教师的教研项目和科研项目中,由虚拟实践转型实体实践,计算思维导论课程中在科研方面有算法分析和数据挖掘2种类型的科研项目,在教研方面有视频编辑项目、2D动画制作和3D动画制作项目。

总之,"四个课堂"将总体上的"漫灌"和因人而异的"滴灌"结合起来,量体裁衣,提高教学质量。

4）更新教法:四化同步(学习情境化、背景专业化、编程游戏化和效果可视化)

计算思维导论课程既有计算机算法原理知识枯燥、晦涩难懂的一面,又有计算机实操的所见即所得的一面,所以在教学的过程中,要把握知识点的特点。

（1）创设生活情境,使学生产生兴趣,发现计算思维之美。

（2）尽早接触简单的专业问题,增加学生对所学专业的认知,掌握求解专业问题的基本方法。

（3）数学思维、工程思维和逻辑思维的培养是本门课程的重点和难点,编程能力是上述三种思维的综合体现。爱玩是青少年人的天性,游戏化编程教育不仅能很好贴合青少年人的天性,同时也通过寓教于乐的方式,既可以学到东西,又可以提升学生的思维能力,让他们在"玩中学""做中学"。

（4）无论是计算机实操,还是游戏化编程,都可以实时看到可视化效果,这不仅使实操或编程变得直观可视,又可以大大加快目标的达成。

四化同步教学法,如图5所示。

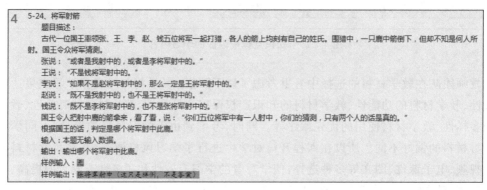

将军射箭(学习情境化、故事化、生活化)

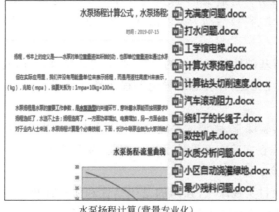

水泵扬程计算(背景专业化)

图5 "四化同步"教学法

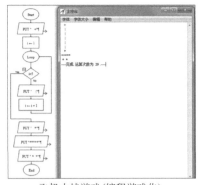 

飞机大战游戏(编程游戏化)　　　　　　　无限弹窗病毒原理(效果可视化)

图 5　(续)

5) 递进训练：四段循环

计算思维导论课程分为 3 个模块，即基础知识模块、信息获取模块和思维训练模块，思维训练包括 4 种类型，即基础训练(上机实验)、提高训练(PBL 个人项目)、挑战训练(PBL 小组项目)和研究训练(科研项目)，如图 6 所示。这 4 种类型的思维训练每个模块都至少有一次，按章、按模块循环往复，难度递进式增加。

基础训练 (上机实验)	提高训练 (PBL 个人项目)	挑战训练 (PBL 小组项目)	研究训练 (科研项目)

按章、按模块循环往复

图 6　"四段循环"训练法

6) 思政育人：四个系列

思想政治教育一直是我国高等教育的重要内容，对大学生树立世界观、人生观和价值观起着非常重要的作用。计算思维导论课程中思政元素分为线上思政和线下思政，其中，线上思政为自主学习。

思政课包含以下四个系列：

(1) 院士的家国情怀和大国工匠精神系列。

以计算机领域的院士、科学家为例，讲解他们的生平故事，体会他们的家国情怀、钻研精神、大国工匠精神。让楷模成为学生的榜样，伴随着他们成长。

(2) 大学生思想道德修养系列。

以生活中的法律案件、行为道德标准为例，讲解计算机领域中的约定俗成、道德规范，引导学生尊重他人、善待他人、文明上网、尊重知识产权等，例如代码规范(无规矩不成方圆)。

(3) 我和我的祖国系列。

以中国古代先贤为例讲解知识点，体会中国古代先贤的聪明才智，例如韩信点兵、鸡兔同笼、墨子的博爱和兼爱的大讨论。

(4) "四个自信"系列。

以热点时事为例讲解知识点，发出中国声音，树立中国的大国形象，讲好中国故事，坚定

"四个自信"。

第1章思政分布如图7所示。

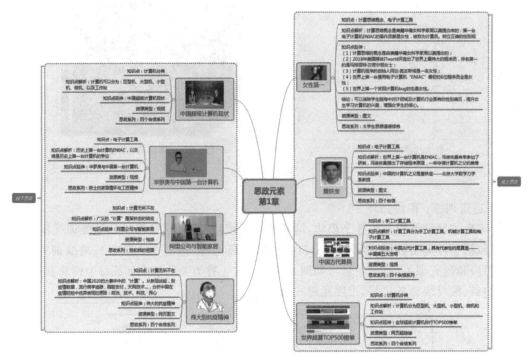

图7 第1章思政分布图

7）学习活动：四微联动（微信、微课、微书和微坛）

如前所述，学习活动不单单是教师和学习者之间的互动，还包括学习者和学习材料之间的互动以及学习者之间的同伴互动。同时，FD-QM标准强调学习活动与学习测评保持一致，强调学习活动激发学生在线学习主动性，强调了教师的反馈在促进学生参与学习活动中所起的重要作用，要求教师在在线课程中承担引导学生进行互动的责任。

计算思维导论课程的主要学习活动有：观看视频和图文教程、知识点内嵌的巩固练习、章节自测、讨论区讨论、课堂互动（签到、选人、抢答、投票、随堂练习等）、作业（含生生互评）、考试、PBL个人项目、PBL小组项目（含组间互评、组内互评）等。此外，课程中的任务点根据需要设置了定时发布和闯关通行的两种不同模式，各类学习活动都有明确、具体的要求和反馈计划。

教师通过四微联动（即微课、微书、微信和微论坛），增强互动的及时性和便捷性。

（1）开通"微课"形成问题链，系统衔接理论认知。

（2）开发"微书"拓展知识域，广泛普及理论经典。

（3）开启"微信"联结共鸣点，有效强化理论学习。

（4）开办"微论坛"营造交流场，促进理论互动交流。

各项多样性的活动一方面满足了学习互动与学习测评的一致性，另一方面还保证了教师的引导性与学生的主动性。

8）学习测评：四相多态（公开、一致、渐进、反馈）

俗话说，绳墨可正曲直，寻引可量短长。FD-QM标准指出：在一致性建构原则下，课程目标是否达成需要有效的学习测评进行衡量,好的测评犹如一把精准的标尺,可以让教师和学生"丈量"出实际成果与预期目标的距离。因此建立"学习目标-学习活动-学习测评"的一致性是高质量课程的重要保障。

计算思维导论课程在教学中,学习测评始终贯穿整门课程,分散到各种学习活动中,主要包括:

(1) 课程开篇就介绍了课程考评标准和学习活动的行为准则。

(2) 内嵌知识点的视频中设置了弹题,图文教学中设置了交互式 Flash 动画,巩固练习中设置了客观题,主题讨论中设置了知识点相关的讨论、系统自动评阅反馈。

(3) 章节结束后设置了章节自测,学生可以重复提交 3 次,系统评阅反馈。

(4) 课堂互动(签到、选人、抢答、投票、讨论、问卷等)都设置了课程积分,重在参与,参与就有积分,答对者会有额外积分。

(5) 上机实验作业、PBL 个人项目、PBL 小组项目,三次系统自动评阅,两次学生互评,其余教师全批全改,难度循环往复,逐级递增。

(6) 单元测试 2 次,期中考试 1 次,期末模拟 2 次,期末考试 1 次。每次单元测试都会通过"学习通"进行 2 次平时成绩公示,考前 1 次,考后 1 次。

总之,学习评测呈现公开、一致、渐进和反馈四项,并以各种状态分布在学习过程中。

四、结语

计算思维导论课程以 OBE 理论为导向,以能力训练为目标,从 FD-QM 标准出发,聚焦混合式教学现有问题,构建了计算思维导论课程的逻辑框架体系,在实际教学中因材施教,寓教于乐,让学生变"被动"为"主动"、变"苦学"为"乐学"、变"厌学"为"好学",快乐学习、主动学习,提升学生的学习体验。实践表明,在计算思维导论课程中采用 FD-QM 标准建设课程、实施混合式教学,取得了良好效果。

参考文献

[1] 钱玲,赵燕燕. 以教师专业发展为核心的网络课程质量保证体系:美国 Quality Matters 核心竞争力及启示[J]. 开放教育研究, 2018,24(5):30-38,72.
[2] 范慧慧. 在线课程教学设计有效性探析:基于"Applying the Quality Matters Rubric"在线课程的学习启示[J]. 教学研究, 2017,40(5):50-53.
[3] 丁妍. 混合式课程教学设计质量与倾向的研究[J]. 电化教育研究, 2021,42(1):107-114.

趣味性教学方法在理论力学教学中的应用

任艳荣　石　萍　白会娟

（北京建筑大学　理学院）

摘　要："理论力学"是理工科专业一门重要的技术基础课程，其理论性强，学生理解困难。笔者通过近几年的教学总结经验，将课程与生活实例相结合，将口诀融于课堂教学中，将课堂教学与现代多种教学模式相结合，增加了学习趣味性，大大调动了同学们学习力学的兴趣，提高了教学质量。

关键词：理论力学；趣味性；口诀；教学模式

理论力学是土木、机电、环能专业都开设的一门理论性、逻辑性都很强的重要技术基础课程，因此在教学过程中提高学生的学习兴趣是十分重要的。笔者结合多年的教学经验，总结了以下几种提高学生学习兴趣的方法，大大提高了教学质量。

一、将绪论课与具体生活实例相结合

为增加大一同学对学习新课程的兴趣，上好第一堂课，尤其是第一堂绪论课，尤为重要。绪论课不但是知识和课程内容传授的需要，更应成为激发学生学习兴趣的一次艺术享受。在讲授理论力学绪论课时，如何提高学生的学习兴趣？笔者则会举几个日常生活中常见的实例，如沿直线轨道行驶的自行车车轮在运动过程中做什么运动？两个质量一样的人在绝对光滑的冰面上拔河，谁输谁赢？现代跳高为什么采用背越式？让学生根据已有的高中知识进行回答，从而让学生感觉到理论力学和生活密切相关，继而产生学习兴趣。

二、在教学过程中融入"口诀法"

熟练正确地画物体的受力图是学好静力学的关键所在，要想画好受力图，须对常见的约束类型及约束反力的确定做到信手拈来，如数家珍。因此，为帮助同学们更好地记忆常见的约束类型及约束反力，特归纳如下口诀：

柔索连杆　力沿中线

光滑接触　力沿法线

辊座反力　垂直支面

固定铰链　力分两边

固定约束　不移不转

基金项目：北京建筑大学课程建设重点培育项目，理论力学（B）（项目编号：ZDZX202002）。

点的合成运动是运动学的重点。在学习点的合成运动时,有"一点二系三运动"的提法,为帮助同学们更好地理解点的合成运动,正确熟练地选择动点和动系,总结口诀如下:

绝对相对和牵连　　三种运动皆关键

定义区分是重点　　动点动系须慎选

套筒、滑块、永久(接触)点　　相对轨迹直线圆

合成定理记心间　　联系实际要多练!

又如:学习刚体的平面运动时,由于其概念比较抽象,如何将刚体的平面运动抽丝剥茧出一条思路线呢? 总结口诀如下:

平面运动看似难　　三维二维一基点

速度求解三方法　　基点贯穿于其间

瞬心(法)求解最简单　　投影(法)角度两齐全

这样的口诀或者记忆方法给出了解题的思路,学生在经历一定量的习题训练后能够迅速进入学习状态,甚至在今后的学习中对所学内容逐步学会总结,从而大大提升了学习效果和效率,达到事半功倍的效果。

三、将思政元素融入课堂

思政教育不仅仅是思政课教师的工作,理工科类的课程一样也可以结合课程内容进行良好的思政教育。

如讲约束概念时,约束是限制物体做自由运动的周围物体,而课堂纪律则是一种无形的约束。在人生的道路上,亦是如此,得有约束、有限制、有自律,生活之路才会通畅。又如讲"约束"中的"活动铰支座"时,发现活动铰支座虽然可以沿着左右方向有微小的位移,但在很多情况下却比固定铰支座更好,如随处可见的铁路、公路高架桥,桥面与桥墩中间都设有活动铰支座。人与人的关系也是如此,给予他人一定的空间,人际关系才会更美好。

四、将课堂教学与现代教学模式相结合

理论力学教学的传统模式——教师讲,学生听。而在信息技术高速发展的今天,得改变传统的教育教学模式,注入新的活力。MOOC 则是基于"互联网＋"的一种新型教学模式。在学校的支持下,理论力学(B)MOOC 已于 2017 年 9 月建设完成,并且已经上线"学银在线"和"学堂在线"两个教学平台,供高校和其他社会学习者进行学习。学校购置了泛雅网络教学平台,同时还推出了相应的手机 App——超星学习通,学习通作为一款基于移动网络环境可以满足教师和学生课堂内外辅助教学互动的手机软件,可以实现师生之间的互动,方便学生利用碎片化时间随时随地学习,大大提高了学习效率,将手机变为学习的掌上神器。

笔者尝试在理论力学 MOOC 的基础上,基于泛雅网络教学平台,充分利用网络信息技术优势,探索线上线下相结合的混合教学模式,将这两种模式有机结合起来,取得了相得益彰的教学效果,在很大程度上提高了理论力学的教学质量,调动了同学们学习理论力学的积极性和主动性。

在泛雅网络教学平台内建设的理论力学课程包含课程简介、课程大纲、课程团队、教学

条件、教学方法和拓展资源等(图1)。

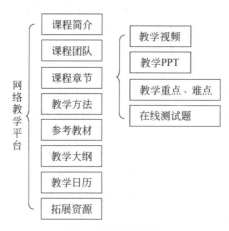

图 1 网络教学平台

基于泛雅网络教学平台,开展的教学活动有:

1. 线上及时预习

基于理论力学 MOOC,学生可以及时下载并观看上课视频。教师提前布置预习内容,下次上课之前会对预习内容进行提问和测验,以此来调动学生学习的积极性,并且点击视频还可以累计学习积分。对及时观看视频的学生提出表扬,对没有达到观看视频要求的学生进行督学。

2. 课堂随时测验

为鼓励学生参与课程教学,借助于学习通,每次上课前对学习过的内容进行测验,时间为 3~5min,重在基本概念。在课堂上随时发布测验内容,学生通过手机提交答案,答题情况可以实时显示在教师的手机上。教师可以通过学生答题时间的长短和正确率及时了解学生掌握知识的情况。

3. 布置线上作业

静力学是理论力学的基础,同时又是后续课程材料力学和结构力学的基础。因此除纸质作业外,利用学习通布置作业功能对该部分又进行了强化,作业形式多为计算题,希望利用线上和线下作业,齐头并进,帮助学生进一步巩固这一部分内容。绝大多数同学能够积极参与,取得了很好的效果。线上作业做得较好的学生,口头表扬,并且鼓励他们走上讲台与同学们进行分享。

4. 主题讨论

充分利用学习通-主题讨论这一功能,在讨论区发布讨论话题,多为发散和拓展思维的问题,引导学生积极进行讨论。通过主题讨论,开阔了学生们的视野并提高了他们的逻辑思维能力。

五、结语

理论力学教学通常沿用传统模式——教师讲,学生听。在信息技术飞速发展的今天,可以在传统课堂上适当引入多种多样的课程教学资源,为传统课堂增添新的活力,从而使得课堂内容丰富,形式多样,学生积极互动,在很大程度上激发学生的学习热情从而激发课堂活力。

参考文献

［1］ 葛立新,肖伟. 基于泛雅网络教学平台的工科大学物理混合式教学模式构建和实施［J］. 宁夏师范学院学报,2019,40(4),96-100.

［2］ 张娟,王艳,余龙. 理论力学"四堂融合"混合式教学和考核模式改革的实践［J］. 力学与实践,2019,41(2),210-215.

［3］ 张玉林,谢金利,刘立成,等. 基于云班课的"理论力学"课程研究与实践［J］. 科技创新,2019,84-85.

中国传统建筑文化融入大学英语教学研究

宋会存

（北京建筑大学　文化发展研究院/人文学院）

摘　要：中华优秀传统文化应融入大学英语教学。建筑类高校为了凸显校本特色，可在大学英语中融入一些中国传统建筑文化，如何将其融入大学英语教学成为待解决的问题。文章通过梳理当前已有的相关课程和文本，重点探讨了融入的思路以及如何选材。传统建筑文化只能以点缀的方式融入大学英语，区别于专业英语和专门用途英语。泛泛介绍的文本经过删改适合选入大学英语，给师生作为教学素材使用。

关键词：中国传统建筑文化；大学英语；文化自信；融入

一、引言

过去，大学英语教学只关注外语本身，忽略了英语国家文化。而语言与文化密不可分。教育工作者意识到这一问题后，又在大学英语中注入了英语国家文化，补齐了这块短板。同时，却忽略了中华优秀传统文化。如此一来，学生较难用英语向世界讲述中国故事、展现中国风貌、传播中国文化。

课程思政是一种新的教育理念，鼓励在课程中融入思政内容，旨在立德树人，帮助学生树立文化自信。优秀传统文化就是其内容之一。于是，大学英语教师们开始研究如何在大学英语中渗入传统文化。此类研究文献颇多，比如，思政或传统文化融入大学英语的必要性和策略（张雁 2017），中国古诗词融入大学英语（王彩丽，2020），三国文化融入大学英语课堂（王圣玲，2020），改写教学大纲、提高教师的中国文化素养（曹艳春，王国志，2020）等。

对于建筑类高校而言，首先考虑将中国传统建筑文化融入大学英语课堂。本文从微观角度探讨将中国传统建筑文化融入大学英语的实施路径，重点关注选材。

二、中国传统建筑文化融入大学英语的必要性

为何要在大学英语课堂中融入中国传统建筑文化？原因如下。

1. 凸显校本特色

建筑类高校学生应对中国传统建筑文化有所了解。大学英语中需要融入的是建筑文化，而非建筑专业知识。因为，建筑类高校不仅有建筑学院，还有土木、环能等学院，甚至还有文科学院。并非所有学院的学生都需要学习建筑知识。但他们有必要了解一些传统建筑

基金项目：北京建筑大学 2019/2020 学年第二学期建大云课程/小班研讨型课程（项目编号：X190209）。

文化的常识,感受中国建筑之美,树立文化自信。

2. 建筑文化自信

坚定文化信念,树立文化自信。中国古建是中华民族悠久文化历史的重要组成部分。18 世纪之前,欧洲刮起的中国建筑风遍布欧洲,"'中国风'在欧洲持续了约两个半世纪。上至帝王,下到普通平民,都竞相模仿建造中国式的园林和宫殿。"这充分说明了中国传统建筑文化的魅力。19 世纪之后,中国国力衰落,中式建筑也受到了西方一些建筑学者的轻视。这是偏见。大学英语课堂加入建筑文化,培养学生的建筑人文素养,使他们能够立足本土、客观看待中国建筑文化和对自身文化的认识。

3. 跨文化交流能力

用英语讲好中国故事,有助于中国传统文化的传承与传播,有助于中国建立新的国际话语体系。因此,应注重对学生相关表达能力的培养。在进行跨文化交流的时候,提到中国建筑文化,很多学生不知道要说什么、怎么说。比如,不了解特色词汇的英语表达,不清楚如何用英语表现中国建筑之美。因此,很有必要把中国传统建筑文化融入建筑类高校的大学英语课堂中去。

三、融入思路

大学英语课程中可以加入一些中国传统建筑文化,作为补充和点缀,但不能以建筑文化为主。

大学英语有特定的课程体系和培养目标。"所谓渗透,就是在大学英语教学中融入中国文化的内容,它不能取代专门的中国文化课程,也不能改变英语课程的性质,而是要服务于学生英语语言能力和跨文化交际能力的培养。"所以在融入思路与设计上一定要认清这一点。

1. 区别于专业英语

大学英语中融入中国传统文化,不管是融入哪类文化,要与专业英语有所区分。

专业英语的核心在专业本身,由专业教师承担课程,用英语讲授。特点是专业性强,教师有专业背景,否则无法讲授课程。而大学英语老师只有外语能力,没有专业背景,无法挑战专业英语。

2. 区别于专门用途英语(ESP)

专门用途英语是根据学生的专业需求而设立的课程体系,教学材料贴近学生的专业。教学从语言角度出发,学习与专业有关的文本,培养学生的英语能力,同时也能关注其专业兴趣和专业能力。ESP 有较为明确的专业导向,比如医学英语、建筑英语等。

当前很多学校的做法是将大学英语做成一个课程体系,容纳大一到大二的英语课程。一般来说,包括通用英语、拓展课、专门用途英语。使学生准备好过渡到专业课程体系之中的专业英语。

大学英语是公共必修课,注重培养学生的英语综合运用能力,包括听、说、读、写、译。即使在课程中加入建筑文化,大学英语教师也不专注于专业知识,而是从语言角度进行教学。如果加入太多建筑文化,那就成了专门用途英语,不能喧宾夺主。

也可以建设一门中国传统建筑文化英语的专门用途英语课程,不过难度较大。毕竟大学英语教师的优势在于英语,而非建筑专业知识。教学方法、中国建筑文化的体系以及教材的编写必须参考建筑专业人士的意见。

以上几点决定了只能在大学英语框架之下,通过字词句、段篇章等语言手段让学生了解中国传统建筑文化的魅力,能用英语口述文化常识即可。相关英语文本特点是泛泛而谈,不深入、不专业。

四、选材策略

本文从微观出发,探讨在大学英语中加入哪些中国传统建筑文化文本较为合适。选择、审校、删减素材,使之符合大学英语四六级的难度,作为学生的学习资料。文本的选择标准是能凸显中国建筑文化的最基本的特征。素材要泛,不深入。否则师生都无法驾驭太过专业的内容。学生也未必对此有强烈需求。

1. 介绍中国建筑文化的英文著作

有用英语介绍的中国传统建筑的科普性读物。但专业性略强,而且面面俱到,阅读难度较大。比如,建筑史学家梁思成所著 *Chinese Architecture*：*Art and Artifacts*(《为什么研究中国建筑》)。但是非专业人士读起来比较困难,可以作为材料来源,但不容易从中选到难度适中的材料文本。还有针对非建筑专业人士的 *Ancient Chinese Architecture*(《中国古建筑大系》)一书,视频资料丰富,也是较好的学习材料,但文字较少。

另外,还有科普读物,*Stories of Ancient Chinese Architecture*(《中国古建筑及其故事》),介绍了近 50 处中国历史建筑,比如"秦皇陵""岳阳楼""山西民居"等。不仅有特色词汇对应的英语表达,更结合了历史文化。*English for the Chinese Traditional Vernacular Architecture*)(《中国民居建筑英语》)是建筑专业大学英语教材。《大学英语文化翻译教程》也有专门章节讲述中国古代建筑,比如四合院和胡同、苏州古典园林、孔庙等。这几本书很适合选为教学材料。

2. 中国风建筑文献

中国风曾风靡欧洲,在建筑风格上亦有所体现。这体现了中式建筑在海外的魅力和影响力。相关文献很多,可以从中找到适合教学的素材。

出于传教或探险的目的,欧洲人来到中国。他们以游记的形式记录下对中国城市和建筑的印象,后出版于欧洲。这引起了欧洲人对中国的无限遐想和向往,一时间中国风建筑遍布欧洲。

中国风是一种受到中国风格影响的"由欧洲人创作的一种艺术风格",是欧洲人对中国风格的想象性创作。因此,当时的中国风建筑与原汁原味的中国建筑是有所区别的。但正是这种建筑艺术风格才更凸显了中国古代建筑文化对欧洲的重要影响,体现了中国建筑的魅力。

可以参考《中国风,遗失在西方 800 年的中国元素》英语原版。书中有专门的章节描述中式阁楼和中英式花园、凉亭等。中式阁楼一节提到了产自中国的中国风墙纸、漆具、家具等室内陈设和装饰。《马可·波罗游记》"是第一个由在中国长期生活的欧洲人写的游记,它的出版标志着欧洲对中国的知识开始了一个新纪元"。书中有对中国古代城市和建筑的描述和评论。

要注意素材的甄选与删减。由于中西视角的不同以及文化差异,有些文献在"欧洲中心主义"的影响下对中国建筑文化有不客观、负面、否定的评论。甚至有学者认为东方建筑在世界建筑体系中只占细枝末节的地位。"西方人应抛弃'欧洲中心主义'的立场,以一种平等的心态看待东方文化,看待中国文化。"因此,要避免选材上自我东方主义化。另外,此类文献纷繁芜杂且不易获得。

3. 中国文学作品中的建筑文化英译

首先,经典小说的建筑叙事,比如《红楼梦》《金瓶梅》等古典小说中的建筑书写英译。《红楼梦》中体现了中国传统文化,包括建筑。"中国传统建筑是中国所独有的一种建筑体系,但对于缺少中国文化背景的西方读者来说,实则是一项艰巨的挑战。"建筑名称翻译可以选作教学素材,并且可以比较不同译本对建筑文化的处理方式。比如,《红楼梦》中的"怡红院"的翻译:Happy Red Court(杨宪益、戴乃迭夫妇合译)与 House of Green Delights(David Hawkes 与 John Minford 合译)两种译法,各有千秋。

其次,还有描写中国古建的诗词歌赋等文学作品。比如《醉翁亭记》《岳阳楼记》《滕王阁序》《阿房宫赋》等。这些作品英译本颇多,而且既描写建筑,又结合历史文化,凸显了中式建筑的意境之美。

最后,唐诗宋词中经常出现中国古建筑形式,包括亭台楼阁等,展现了丰富多彩的中式建筑类型。但此类作品只是略提古建形式,作为背景元素,放在整首诗歌里,共同组成意境的一部分,抒发作者的情怀。"晏殊的《珠玉词》中园林词共有 55 首,涉及建筑形式楼阁、庭院、亭台、阶径、厅堂的有 23 首……"

翻译家许渊冲的英译系列作品。比如《许译中国古典诗词》和《楚辞》。"《楚辞》中的《招魂》《大招》《湘夫人》等章节描绘了大量的现实建筑,里面涉及的城市设计、室内设计以及园林设计,都浸润了楚国上下对建筑艺术之美的孜孜追求,反映了古人对建筑艺术之精美、富丽以及'天人合一'的审美理念。"可以用来让学生了解中国古建筑的意境之美。但此类作品繁多,还需要仔细甄别。

4. 网络查找

用英文关键词在国外搜索引擎上查找英语文本,可以找到一些说明中国建筑基本特征、较为凝练的介绍文字。这些基本特征包括结构、色彩、屋檐、院落、对称、中轴线、层级、风水以及各类建筑形式。此类介绍可以让读者迅速了解中式建筑的主要特征,但评论性文字较少。因此可以与以上提到的文本结合起来使用。

五、教学手段

如何把中国传统建筑文化融入大学英语?

可以作为一次专题任务。用翻转课堂的教学模式,学生自主学习-教师讲授-分组研讨;也可以打碎,分散放在几堂课里;课前给学生布置任务单,课中学生做展示结合教师点评。比如,学生可以自主选择传统建筑文化的某个点,实地考察建筑,对其进行全方位的展示说明。

六、结语

大学英语教学应融入一些中国传统建筑文化,使学生能够对其有所了解,培养他们的跨文化交流能力,传播中国建筑文化。这不仅有助于学生树立文化自信,也有助于中国建设新的国际话语权。但大学英语教改后课时缩减,再加入一些传统建筑文化,这对课程体系、教学目标、教学内容以及教师能力都提出了很大的挑战。

参考文献

[1] 张雁.文化自信视域下大学英语课程反思与实践[J].宁波工程学院学报,2017,29(2):46-51,58.

[2] 王彩丽.中国古诗词在大学英语教学中的渗透[J].现代交际,2020(1):183-184.

[3] 王圣玲.以三国文化带动中国传统文化在地方院校英语教学中的渗透:以湖北文理学院为例[J].海外英语,2020(7):106-107,113.

[4] 曹艳春,王国志.大学英语教学中有机融入中国传统文化可行性教学策略和方法的研究[J].沈阳工程学院学报(社会科学版),2020(2):79-83.

[5] 田芳.略述中国古代建筑对欧洲的影响[J].文物世界,2019,(2):3-7.

[6] 崔刚.大学英语教学中中国文化的渗透[J].中国大学教学,2009(3):86-89.

[7] 考古新视野丛书 十七至十八世纪欧洲的中国风设计[M].北京:文物出版社,2014:6.

[8] 考古新视野丛书 十七至十八世纪欧洲的中国风设计[M].北京:文物出版社,2014:26.

[9] 《文化杂志》.十六和十七世纪伊比利亚文学视野里的中国景观[M].郑州:大象出版社,2003.

[10] 章海淳,韩松.《红楼梦》英译本中勒菲弗尔改写理论的应用:以《红楼梦》中建筑文化翻译为例[J].辽东学院学报(社会科学版),2018,20(4):92-95.

[11] 周苗,滕玥.谈唐诗宋词中的中国古典园林[J].山西建筑,2017,43(29):187-188.

[12] 郑菁菁,陈文杰,孙金丹.浅谈建筑词汇英译鉴赏对艺术生人文素养之培养①:以《楚辞·大招》中的艺术词汇英译为例[J].现代职业教育,2019(20).

基于城市更新与本土特色的
中国城市设计课程改革

王 佐

（北京建筑大学 建筑与城市规划学院）

摘 要：本文结合建筑学院中国城市设计专业课程教学改革与实践，针对国家城市更新战略和新发展理念，探讨中国本土城市设计教学理念、教学内容和教学方法等优化。

关键词：城市设计教学革新；城市更新；中国本土城市设计；本土特色

一、教学改革目标革新

1. 密切结合国家"城市更新"战略——秉承"新发展理念"

党的十九届五中全会通过的《中共中央关于制定国民经济和社会发展第十四个五年规划和二〇三五年远景目标的建议》明确提出实施城市更新行动。这是以习近平同志为核心的党中央站在全面建设社会主义现代化国家、实现中华民族伟大复兴中国梦的战略高度，准确研判我国城市发展新形势，对进一步提升城市发展质量作出的重大决策部署，为"十四五"乃至今后一个时期做好城市工作指明了方向，明确了目标任务。新形势下，国家和政府在党的十四大所提出的"新发展理念"和"城市更新行动部署"等新政策，对我们的城市设计专业教育和人才培养提出重大挑战并创造了难得机遇。

2. 适应新时代中国本土城市发展新需求——坚持问题导向

随着我国社会、经济、城市建设的快速发展，为解决城市更新和社会发展等出现的许多城市问题，坚持问题导向成为实施城市更新战略的重要途径。政府提出"坚定不移实施城市更新行动，推动城市高质量发展，努力把城市建设成为人与人、人与自然和谐共处的美丽家园"，以及"塑造城市特色风貌，营造城市宜居环境，着力提升城市环境质量，着力创新城市管理服务，走出一条中国特色城市发展道路"（图1）。新时期城市发展的新阶段，当前城市发展重点转向城市街区、多功能混合型城市空间，建筑空间类型演变得更为丰富，所面临的产业定位、交通问题、历史文化和生态环境等问题也越来越趋于复杂和综合。因此，我们需要加大城市设计人才培养力度，适应中国本土城市发展的新要求。

3. 强化新形势下本土城市设计专业人才培养目标——注重中国特色教学理念

国家与政府在"双一流建设和复合型人才培养"战略中，提出全面推进"复合人才战略"

基金项目：本文由中国建设教育协会科研项目（项目编号：2019077）；北京建筑大学研究生教育教学质量提升项目（项目编号：J2021001）资助。

图 1　中国城市设计历史特色

和城市设计学科行动计划。中国城市设计领域迫切需要我国培养出具有创新能力的复合型卓越城市设计专业人才,成为设计大师和领军人才。我们需要建立完善的城市设计人才培养体系,更加全面提高学生的综合素质,更好地适应国家发展新形势和完成卓越工程师培养目标。

现有城市设计课程体系对于中国特色、历史文化等方面注重不足,缺乏系统的关于中国城市设计理论方法的教育体系,急需进行课程改革,调整专业课程体系。通过教学改革,培养创新型和具有中国特色的城市设计人才。

二、教学改革特色

课程改革已经逐步开展,通过教学内容更新、教学理念完善、教学方法创新等教学实践已经取得了显著效果。设计竞赛获奖证明课程改革获得了专业认可,显示了较强的实用性和特色。

(1)突出城市新发展理念的综合城市设计观,凝练城市经济、城市人文、城市生态的教学主线。研究生教育阶段,针对原来单一城市设计方法学习中缺乏明确设计理念的薄弱环节,通过强化以新发展理念为核心的城市发展内涵,更新教学理念。城市设计课程所包含的"新发展理念"在具体教学内容拓展中包括城市经济功能新发展、城市人文新发展的保护与更新、城市生态新发展的城市景观设计,对应创新、协调、绿色、开放和共享的新发展理念。使得教学主线更为清晰,既密切结合国家城市更新战略和城市发展新形势,同时又使教学更有针对性,达到全面综合地进行城市设计训练目的。

(2)突出"本土化"中国特色教学内涵,建立中国城市历史文化、本土设计理论与中国设计实践一体化的教学体系。在教学内容上,理论性与现实性并重,结合国内外城市发展历史与实践比较,突出中国城市发展特色,突出中国城市历史、设计理论与设计实践内容,形成中国城市设计理论与设计方法教学主题,深化本土城市设计理论。结合学校和城市设计高精尖中心实践项目,强化中国本土项目的城市设计训练与设计实践。题目设置密切结合本土项目与设计实践,既结合真实项目提高研究生的实践综合设计能力,又可以服务于社会和城市发展需求,具有很强的操作性和实用性。例如研究生参与的北京通州新城城市设计,北京西城区政府合作展览路街区改造城市设计,西城金融科技区空间提升规划,西城百万庄街区修复和整理工程,北京东城区胡同微改造,北京前门、什刹海地区胡同城市空间设计,大兴区亦庄街区、黄村观音寺街区环境提升规划设计项目等。

(3)教学内容创新——建立中国特色本土性城市设计案例与设计实践样本。教学内容紧扣国家新发展战略、中国城市特色、地域本土等城市设计理念,强调中国城市历史文化、本土城市空间、中国国情城市案例教学内容,结合中国本土城市设计实践题目,突出中国城市特色营造、中国国情城市问题研究、中国城市设计案例解读。不断增强学生针对中国问题、中国国情的城市设计实践能力,培养研究生的创新能力和综合能力。

针对中国城市更新战略需求和城市设计人才培养特点,建立从实践能力培养-逻辑思维训练-实践能力拓展的全过程训练教学体系。通过中国城市发展历史、城市空间和中国文化教学夯实基本知识与文化基础;通过中国城市设计理论和方法教学突出中国问题导向,形成中国式理论与方法,训练研究生逻辑思维和综合解析能力;通过中国本土设计实践教学强调中国实践案例下的专业综合能力和创新能力培养。在深刻剖析新发展城市设计理念基础上,建立"**形成新发展设计思维,拓展中国城市设计方法,探索中国城市设计实践**"三阶段逐步、递进式的中国本土城市设计人才培养教学体系。

(4)教学方法创新——注重研讨式教学和突出实践性应用倾向。注重研讨性教学方法应用,在课堂上加大研讨内容,采用课堂讨论辩论的形式,通过比较学习,理解东西方文化差异与中国城市新发展国情,突出中国特色的城市文化、城市理论和城市实践,激发学生本土创新意识,提高学生未来核心竞争力和创新能力。

注重理论联系实际、线下与线上教学相结合。增加中国案例分析比重,采用调研的方法,深入分析城市新发展变化内因,完成中国实例调研报告;结合中国设计实践,提出真实具体的城市设计优化策略。

采取多种渠道进行城市设计训练和教学活动,包括城市设计竞赛、城市设计工作营、城市设计实例实习、城市设计课程训练等。采用多种形式和多种渠道邀请校外专业城市设计专家进行授课讲座和评图,便于学生更好地理解和掌握实际工程条件下的城市设计要求。

三、城市设计教学改革与实践研究

下面给出一个教学改革课程示例:中国城市更新设计实践案例。

1. 探讨中国本土特色城市设计课程目标

(1)强调研讨式教学方法,训练研究生研究型和创新型思维。寻找现实国情下的中国案例,以问题为导向,发现中国国情下的城市公共空间问题。以研讨式教学为核心,进行中外设计案例对比,训练学生发现问题、分析问题和解决问题的综合科研能力与逻辑思维。

（2）研讨内容强调开放式和案例式教学方法，通过中国城市设计案例，学习本土城市设计理论与方法。融合双向教学方法：将城市设计理论应用到城市更新实践中。

2.教学模块设计

教学模块设计课程融合课前调研教学-课堂研讨教学-课后实践教学三个步骤，帮助学生更好地理解我国城市更新设计方法，应用到设计实践中（图2）。

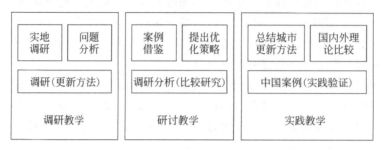

图 2　教学三个步骤

3.中国城市更新理论应用研讨课

1）课前调研环节

（1）将学生分组，每组 2～3 人，带领学生调研城市公共空间节点，发现城市公共空间问题，提出研究关键点；

（2）结合城市微空间更新设计理论，引导学生进行资料查找，寻找国内外关于城市更新策略；

（3）分析与问题对应的设计案例：对于口袋公园、城市客厅等案例，分析其历史演变、国外相关理论应用，总结设计策略与方法；

（4）提出针对问题导向的策略，融合新发展理念。

2）课程研讨环节（核心部分）

课程组织：教师负责主持，引导学生讨论；同学和教师全程参与讲评；学生分组汇报介绍城市空间城市设计案例，分成两组进行中外比较，研究讨论；总结设计经验与设计要点。

（1）城市问题分析。了解学生课前资料查找情况，学生分析城市空间问题，包括功能、空间、交通和绿化等分析。

（2）案例借鉴研讨。请学生采用多媒体方式汇报国内外相关设计案例，提出可借鉴的设计要点。

（3）案例比较分析。各组同学提供国内和国外案例，比较分析其优缺点，分析借鉴的可行性（图3）。

（4）国内外城市设计方法比较分析。

分组讨论国内外设计方法异同，包括经济、人文、生态，列出讨论提纲，采用辩论形式。

（5）设计策略研讨。

学生提出针对中国城市问题的城市更新设计策略与设计要点，进行讲评与讨论。

（6）中国实例应用总结。

教师解析中国城市更新案例；课堂总结，拓展关于中国特色城市更新实践与设计方法，重点学习将设计方法如何应用到未来的中国设计实践中。

图 3　中外城市设计特色对比

四、结语

综上所述,坚持城市设计专业教学特色,对课程体系、内容、方法等进行教学革新和完善,贯穿在研究生城市设计训练教学工作中。从任务书拟定、教学体系、训练目标、教学组织等各方面,强化城市设计课程的实践性、实用性、操作性,将城市设计理论知识应用于实际设计训练中,为培养未来合格的工程师打下坚实基础。

基于结构三要素的结构学课群教学改革

赵东拂　　刘涵婧

（北京建筑大学　土木与交通工程学院）

摘　要：本文主要通过结构学课群中的混凝土结构设计原理和钢结构设计原理介绍了结构学的基本规律，即结构学三要素：形态、平衡、协调，以及三要素之间彼此联系、三位一体、辩证统一的关系。在教学过程中，以结构学三要素及其辩证关系为主线进行教学，可以把结构学知识重点串起来，形成教、学体系，便于理解掌握，教学效果好。

关键词：结构学；形态；平衡；协调

"结构学"课程是土木工程专业本科生的核心专业课程，因其概念多、计算公式多、符号多、图示多、构造规定多的特点，许多学生在初学时感到困难重重，所以在实际教学中，应引导学生加强对结构学基本规律的认识和思考。结构学基本规律是结构学的主线，想要将结构学课程学通学精，充分理解结构学的基本规律是尤为重要的。在结构学课堂教学中，以结构三要素为主线进行课程教学，可以把结构学知识重点串起来，形成教、学体系，便于理解掌握，教学效果好。

一、结构学核心概念的界定

结构学课群，主要包括混凝土结构、钢结构、砌体结构、特种结构以及基础、抗震等，是土木工程专业本科生的核心专业课程，均涉及结构分析，统称为结构学。结构学课程概念多、公式多、力学原理复杂，对于普通院校本科生有相当的难度，多年来不及格率较高，很多学生反映课程枯燥难懂。主要原因是没有掌握科学、系统的学习方法，相当一部分学生在学习过程中忽略了对结构基本规律的理解和认识，都靠死记硬背公式和概念的方法来学习这些专业知识。

基于此，应充分利用结构学的基本规律，即结构学三要素：形态、平衡、协调三要素及其辩证关系来进行教学。

结构学的基本规律，形态、平衡、协调及其辩证关系，是结构学的主线。形态是指结构及构件、节点、截面等元素在某一工作阶段的形貌、状态、属性等；平衡是指结构及构件、节点、截面等元素的受力平衡；协调是指组成截面的材料之间、组成构件的截面之间、组成结构的构件及节点之间、整体结构的各个部分之间，在共同工作时匹配得当、彼此协调。三者之间的辩证关系为：形态是建立平衡关系和实现协调的基础；平衡是基于形态特征的力学规律，也是协调必须遵循的准则；协调是基于平衡准则对结构形态的优化。三者彼此联系、三位一体、辩证统一。

二、结构三要素

1. 形态

形态是指构件的截面、结构的构件及节点、整体结构在某一工作阶段的形貌、状态、属性等。形态具有具体、直观、形象的特点。一般可通过参观实际工程结构或观察科学试验现象来认识结构形态。从更广义的角度看，细微到砂石、水泥颗粒、水滴、添加剂及钢筋，宏大到整体高楼大厦的结构形式，都属于结构形态。

以混凝土结构设计原理课程为例。以受弯构件正截面承载力极限状态为例，其破坏形态包括适筋破坏、超筋破坏和少筋破坏。适筋破坏是指受拉钢筋配置适中的梁的破坏，当持续施加荷载使梁开始发生破坏时，首先当受拉钢筋应力达到屈服强度时，钢筋屈服；随着荷载的增大，混凝土的压应力和压应变迅速扩大，当受压区混凝土的压应变达到极限压应变时，受压混凝土被压碎。当完成了上述过程，可认定发生了适筋破坏。这一形态也可以用示意图描述，如图 1 所示。

结构在不同工作阶段的形态是不一样的，上面描述的是适筋梁受力过程的第三个阶段末（Ⅲa）的截面形态，用于承载力极限状态计算和设计。此前，还有两个阶段。第一阶段称为弹性工作阶段，阶段末（Ⅰa）截面形态：受拉区混凝土边缘纤维应变到达混凝土的极限拉应变，梁处于将裂未裂的极限状态，可用于开裂分析；第二阶段称为带裂缝工作阶段，阶段末（Ⅱa）截面形态：受拉钢筋应力达到屈服强度，这一阶段是裂缝宽度和挠度验算的依据。

又如钢结构设计原理课程，仅以钢结构轴压构件的弯曲失稳为例，失稳前轴压构件（简称压杆）形态是直的，如图 2 中虚线所示；而达到承载力极限状态后发生弯曲失稳，杆件表现为由直的位形转变为绕长细比较大的轴弯曲，如图 2 中实线所示。

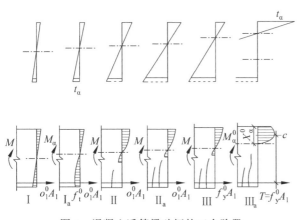

图 1　混凝土适筋梁破坏的三个阶段

图 2　轴心受压构件弯曲失稳

2. 平衡

平衡是指受力平衡，主要指构件的截面、结构的构件及节点、整体结构的受力平衡，包括力的平衡和力矩的平衡。

仍以钢筋混凝土适筋梁正截面受弯承载力问题为例：适筋梁正截面受弯破坏时，其计算简图如图 3 所示。用公式表示就是受力平衡方程和弯矩平衡方程,如式(1)所示。

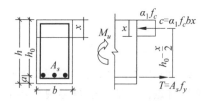

图 3　受弯构件正截面受力简图[3]

$$\sum N = 0 \quad \alpha_1 f_c bx = A_s f_y$$
$$\sum M = 0 \quad M_u = \alpha_1 f_c bx \left(h_0 - \frac{1}{2x}\right) = A_s f_y \left(h_0 - \frac{x}{2}\right) \tag{1}$$

又如钢结构轴心受压构件弯曲失稳。

轴心受压构件的整体稳定计算应符合式(2)要求:

$$N \leqslant \varphi f A \tag{2}$$

式中:N——所计算截面处的拉力设计值(N);

$\quad\quad f$——钢材的抗拉强度设计值(N/mm^2);

$\quad\quad A$——构件的毛截面面积(mm^2);

$\quad\quad \varphi$——轴心受压构件的稳定系数,主要受压杆的长细比控制,并与材料强度等级和截面类型有关。

3. 协调

协调是指组成截面的材料之间、组成构件的截面之间、组成结构的构件及节点之间、整体结构的各个部分之间,在共同工作时比例适当、配合得当、工作效果优化。因此,材料的配比、构件的截面、结构的构件和节点、整体结构都需要考虑协调的问题。

以适筋梁正截面受弯承载力问题为例。受弯构件正截面受弯承载力基本公式的适用条件为 $\rho \geqslant \rho_{min}$,$\xi \leqslant \xi_b$,其本质就是不少筋、不超筋,最终目的就是使组成正截面的钢筋和混凝土两种材料的数量比例是协调的,从而构成一个和谐、优化的适筋抗弯截面。这样,在受弯破坏时,钢筋和混凝土两种材料都能充分发挥各自的抗拉和抗压特性,两种材料的能量都能得到充分的利用。同时,适筋梁的设计也是为了保证构件具有一定的延性,防止其发生危险性很大的脆性破坏。

针对钢结构轴心受压构件弯曲稳定问题,需要根据受压构件所需承受的轴心压力以及构件的高度,协调好材料强度、截面类型、截面面积以及长细比的关系。其中,为控制好长细比这个重要参数,可以巧用侧向支撑而减小长细比,从而减小构件截面面积达到节省用钢量的目的。

在房屋结构中,对于结构协调的学习不仅仅限于钢筋混凝土和钢结构的构件、构件的截面和节点,也适用于整体结构。例如高层建筑中的框架-剪力墙结构和框架-支撑结构,主要由框架、剪力墙或支撑组成,并由楼、屋盖把它们连起来,形成整体结构,使框架和剪力墙或支撑协同工作,这就需要设计师协调好框架与剪力墙或支撑的工作。

三、结构三要素的关系

形态是建立平衡关系的基础,也是协调的前提。基于结构形态的不同,混凝土结构的受力平衡机理,包括构件的截面、结构的构件及节点、整体结构的受力简图和计算公式也会相应变化。同时,没有结构形态作为前提条件,结构是否协调也会失去判断依据。形态是基础,因而十分重要。扎实掌握结构形态特征,可以为我们今后的学习打下坚实的基础。

平衡是基于形态特征得到的力学规律,也是协调优化必须依照的准则。平衡是建筑结构学必须服从的内在力学规律。对于一个截面、一个构件、一个节点乃至一个结构,不同的工程师设计的成果各不相同,结构的形态可以千差万别,结构的协调关系能够不断被优化,但始终不变且必须遵循的,是结构内在的受力平衡规律。平衡是联系形态与协调的纽带。没有平衡,形态只能是工地上的散石碎砂、钢筋水泥笨拙的堆砌;没有平衡,协调也会变得空幻虚无,失去根本。

协调是建立在受力平衡规律基础上对结构形态的优化,是建筑结构设计的最高层次和最终目标。结构设计中需要协调之处比比皆是,强剪弱弯、强柱弱梁是协调,控制轴压比、剪重比、刚重比、刚度比、位移比等参数也是协调,子结构与主体结构之间需要协调,地上结构与基础和地基之间需要协调。总而言之,建筑是结构的形态,结构为建筑提供平衡,两者的匹配得当也是协调。进一步可以蔓延到结构与建筑的协调,建筑与周围景观的协调,建筑景观与地理环境及人文历史的协调。协调是建筑结构设计的最高层次。协调是千变万化、不断发展的,永远没有止境。在协调的过程中,赋予了建筑结构不断被优化的空间,也展现了工程师们无穷的创造力。协调是建筑结构设计的最终目的。

总之,混凝土结构三要素即形态、平衡、协调之间的关系可以概括为:形态是基础,平衡是准则,协调是目标。三者彼此联系、三位一体,遵循辩证统一的关系。

四、结语

在混凝土结构设计原理、钢结构设计原理等结构学课程中,结构学基本规律即结构学三要素及其辩证关系存在于课程内容的很多方面。在授课过程中,以结构学三要素及其辩证关系为主线进行教学,可以把结构学知识重点串起来,形成教、学体系,便于理解掌握,教学效果好,同时可以有效地加深学生们对专业知识的理解,既提高了学生的学习效率,也提高了学生的综合素质,让学生对结构学课程的理解不只是公式和概念的简单堆砌,更是对结构学内在的深刻理解。

参考文献

[1] 赵东拂,刘杨,刘栋栋. 钢筋混凝土构件承载力问题的三个要点[J]. 东南大学学报(增刊),2012 (11):163-165.

[2] 赵东拂. 混凝土结构形态浅析[J]. 昆明理工大学学报(增刊),2014,14(6),S1:58-61.

[3] 赵东拂,刘梅. 混凝土结构三要素[C]//第十四届全国混凝土结构教学研讨会,湖南长沙·2016,36(10),S2:173-177.

[4] 赵东拂,孟宪强. 混凝土结构设计原理[M]. 北京:机械工业出版社,2016.

[5] 刘立新,叶燕华. 混凝土结构原理[M]. 武汉:武汉理工大学出版社,2011.

[6] 赵根田,赵东拂. 钢结构设计原理[M]. 北京:机械工业出版社,2011.

[7] 陈绍蕃,顾强. 钢结构基础[M]. 北京:中国建筑工业出版社,2014.

"中国英语"在教学中的引入及其使用限度

朱　姝　王天禾

（北京建筑大学　文化发展研究院/人文学院）

摘　要：学习者往往因为达不到标准英语的要求而产生学习焦虑。如果在大学英语教学中适当引入"中国英语"概念，让学习者了解中国英语与中式英语的区别、中国英语在世界英语中的地位和作用，将有益于学习者对英语的理解和运用。学习者通过刻意练习习得标准英语，然后灵活产出既符合英语规范，又能准确表达中国文化的中国英语。

关键词：中国英语；英语教学；使用限度

一、引语

2021 年 9 月 8 日，笔者在 B 站直播间观看了"中美地震学家学术交流会"。会议缘起是 2021 年 7 月 29 日美国阿拉斯加发生 Mw8.2 地震后，美国地质勘探局（USGS）的 Walter D. Mooney 教授提出与中方专家进行学术交流的建议。中国地震台网中心对此积极回应，协同《地震研究进展》（*Earthquake Research Advances*）杂志社、国家地震科学数据中心，联合举办此次中美地震学家学术交流会。本次会议包括来自美国 USGS、美国佐治亚理工学院、香港中文大学、中国科学技术大学、中国地震局地质研究所和中国地震台网中心的 7 位学者带来的 6 场学术报告，报告采用全英文进行汇报。

在会议直播过程中，有弹幕弹出文字："主持人感觉已经累了""说英语太累了""这英语太离谱了""这英语听起来有点难受"。主持人的语音和用词的确存在问题，但考虑到他的年龄和专业，这个问题还是可以理解的。作报告的中国学者，在报告过程中，英语基本流畅，尤其是有美国和中国香港教育背景的学者，其语音和用词都达到了熟练使用英语做科研交流的水平。出于对国际学术交流学者的理解，我在弹幕中留言："只要能达到交流目的，这样的英语是不错的。"我想以此来鼓励学者们继续发言，不要被英语干扰。在我之后，又有人留言："说中文，对面就不会了""真的，别苛求英语""术业有专攻""英语没有问题啊，老师们讲得非常详细""说英语问题的，有没有在自身上找原因？"但是，在报告结束进行问答环节中，出现了一些问题，如："无法立即理解美国学者提出的问题""在即时回答中无法迅速组织语言""当直播不畅时，无法用英语立即准确描述问题""使用不符合礼貌原则的英语"。

因为有多次参加或者观看国际学术会议交流的经历，笔者认为或多或少都存在上述提到的问题，只是问题严重程度有所不同。那这些问题与什么有关？又该怎样解决呢？基于笔者的观察、资料查阅和审辨思考，认为上述问题有的属于英语能力问题，有的属于中国英

基金项目：北京建筑大学研究生教育教学质量提升项目（课程思政建设）（项目编号：31081022003）。

语和中式英语混淆。将中式英语和中国英语厘清后，可以部分解决以上问题，提高英语能力。这些问题不仅存在于国际学术交流中，也存在于大学英语教学中，因此有必要对中国英语进行讨论分析。

二、中式英语与中国英语

洪堡特的语言世界观假说认为，每一种语言都有其独特的世界观。每种语言都会在使用者周围画一个圈，即世界观的界限。对外语学习者而言，外语学习，就是从母语语言圈，进入外语语言圈，并且在外语语言圈中获得一个新的立足点（Humboldt，1999）。由此可见，外语学习的最大障碍在于如何跨越两个不同的语言圈，外语学习常见的错误是把母语中的世界观和语言观带入外语中的世界观和语言观。

英汉民族不同的精神文化导致了英汉语言的不同。英语是形合语言，汉语是意合语言，二者差异在句法层面尤其明显，英语是树式结构、汉语是竹式结构。李商隐《锦瑟》中的"沧海月明珠有泪，蓝田日暖玉生烟"，八个意象名词并列构成莫名寂寥、朦胧愉悦的画面，"有"和"生"是仅有的两个动词。这两句诗译成英文时，如果按照汉语的竹式结构，翻译成"The vast sea，the moon full：a pearl sheds tears！The Blue Field，the sun warm：jade gives off mist！"，英语读者应该读不懂原诗的内容，更不用说意境了。许渊冲把汉语的竹式结构译成了英语的树式结构，"In moonlight pearls see tears in mermaid's eyes；From sunburnt emerald let vapor rise！"（许渊冲，1992），这个译文营造了与原文近似的画面感。因此，如果把汉语思维负迁移到英语中，会产生读不懂的中式英语译文。

李文中先生对中式英语和中国英语的界定，已被大多数此类研究认同。中式英语（Chinglish）指的是，由于受母语干扰和影响，硬套汉语规则和习惯，在英语交际中出现的不合英语规范或不合英语文化习惯的畸形英语。这种英语往往对英语国家的人来说不可理解或不可接受。中国英语（China English）指的是，以规范英语为核心，表达中国社会诸领域特有事物，不受母语干扰和影响，通过音译、译借及语义再生等手段进入英语交际，具有中国特点的词汇、句式和语篇（李文中，1993）。

中式英语和中国英语具有本质上的区别。中国英语属于规范英语，其构成和使用范围远比中式英语丰富和广泛，其对英语的影响将随着我国对外宣传的进一步扩大而增强。中式英语是一种畸形语言，其构成和使用范围既不稳定也不广泛，在对外交际和文化交流中起阻碍作用，随着中西文化交流的深化，这种畸形语言会日趋减少直至消亡。尽管少数中式英语会被吸收到规范英语中，但属于个别现象。如 Long time no see（好久不见），这些本属于洋泾浜英语（Pidgin English），但被吸收到英语中，成为讲英语民族的口头语（李文中，1993）。

三、中国英语引入课堂的必要性

在大学英语教学中，会遇到像"道""中国梦""一带一路""人类命运共同体"这类中国特色词汇。在翻译这类词汇时，如果汉语思维模式能用已被英语使用者接受的英语来表达，不仅能传达中国特色，还能丰富世界英语，这样的英语表达就是中国英语，如：道的英文是

Dao 或者 Way-making,而不是 God、Creator 或 Words;在经过反复讨论后,中国梦的英文达成共识为(the) Chinese Dream;一带一路是 the Belt and Road Initiative;人类命运共同体是 a community of (with) a shared future for mankind。

《大学英语教学指南》(2020 版)强调,大学英语的教学目标包括增强跨文化交际意识和交际能力,具体到翻译能力上,其发展目标,包括能借助词典等工具翻译与所学专业或未来工作岗位相关的文献资料,对原文理解准确,译文语言通顺,结构清晰,基本满足专业研究和业务工作的需要。能借助词典等工具翻译具有一定深度、介绍中外国情或文化的文字资料,译文内容准确,基本无错译、漏译,文字通顺达意,语言表达错误较少。能恰当地运用翻译技巧。《大学英语四、六级考试大纲》(2016 年修订版)对六级翻译的考核要求是:要求考生能将题材熟悉、语言难度中等的汉语段落译成英语。段落的内容涉及中国的文化、历史和社会发展。译文基本准确地表达原文的意思,语言流畅,句式运用恰当,用词贴切,能较好地运用翻译策略。

以上两个大学英语教学的纲领性文件,都明确强调了要能翻译介绍中外国情或文化,能翻译涉及中国文化、历史和社会发展的内容,这些教学目标能否达成,将通过大学英语四、六级汉译英的段落翻译来体现。每次考试后,网络上都会有吐槽汉译英翻译的段子,如:荷花能绿化水面,学生错译成 Lotus flower can green the water surface(正确译文为:The lotus can purify water quality);出淤泥而不染,错译成 grow from mud but not become dirty (正确译文为:It takes root in mucky soil without contamination)。这些吐槽的背后原因是学生未能真正掌握中国特色文化的表达方法,或者说,不明白中国英语存在的必要性。为了解决用英文表述中国文化这个问题,有必要在课堂教学中引入"中国英语"。

中国英语是客观存在。印度裔美籍语言学家卡齐鲁提出复数世界英语(world Englishes)的概念,并将世界英语用三个同心圆来表示。同心圆的内圈(inner circle)是本族语变体,如英美英语;外圈(outer circle)是作为第二语言的非本族语变体,如:菲律宾英语、印度英语;扩展圈(expending circle)是作为外语的英语,如中国英语、日本英语。这些英语变体构成了复数世界英语,这是英语历史发展的必然趋势,也是人类现状的反映。例如:最近在国内外网站被热议的中国特色词汇,"红色教育"为 education on the history of revolution,"偶像养成节目"为 idol-making programs,"双减"(减轻义务教育阶段学生作业负担和校外培训负担)的英文是 ease the burden of excessive homework and off-campus tutoring for students undergoing compulsory education。这些中国英语的出现,也极大丰富了英语词汇。

四、中国英语使用的限度

尽管要积极促进中国学习者对中国英语变体的认识,但因为中国英语承载着文化认同,所以要"审慎地探讨中国英语在外语教学中的位置"(高一虹,许宏晨,2015),例如:"一带一路"的翻译由最初的 the Belt and Road Strategy,改为 the Belt and Road Initiative,因为"一带一路"不是某种"战略"(strategy),而是站在国际视角上,中国提出的一个"倡议"(initiative)。

不管是教学生用英语讲述中国故事,还是其他英语教学目标,其前提是对标准英语的掌握要达到一定水平。所谓的标准英语,根据理查兹等人的定义,指的是这样的英语,不仅在新闻媒体和文学作品中使用,在词典和语法著作中收录、在学校中教学,也考虑了在拼写、词汇、语法和发音方面的变化,即"各种国家级别的标准英语"(Richards,2000)。基于此,在听力和阅读教学中,因为语言始终都存在变化,教师应该让学习者接收各种有效的输入。在口语和写作教学中,学习者应该尽量使用被广泛认可、相对更为标准的英国英语或美国英语(赵海萍,2016)。

五、结语

大学英语教育目标,既要夯实标准英语的学习,又要灵活准确产出中国英语。因为英汉两种语言之间文化和思维方式存在差异,中国学生要达到本族语英语使用者水平是几乎不可能的,这种认识往往会增加英语学习的焦虑。但经过长期无意识训练和有意识训练,可以将英语的使用转化为无意识行为。中国英语作为世界英语变体是客观现实,认识到这一点,可以增强学生使用英语的身份认同感,能更自信地对外传播中国文化。

参考文献

[1] VON HUMBOLDT W. On the diversity of human language construction and its influence on the mental development of the human species[M]. London:Cambridge University Press,1999:60.

[2] KACHRU B B.World englishes:Approaches,issues and resources [J]. Language Teaching,1992 (25):1-14.

[3] RICHARDS J C,PLATT J,PLATT H. Longman dictionary of language teaching and applied linguistics[M]. Beijing:Foreign Language Teaching and Research Press,2000.

[4] MCARTHUR T. On the origin and nature of standard english[J]. World Englishes,1999(2):161-169.

[5] MCARTHUR T. World english and world englishes:Trends,tensions,varieties,and standards[J]. Language Teaching,2001(34):1-20.

[6] 高等学校大学外语教育指导委员会. 大学英语教学指南[M]. 北京:高等教育出版社,2020.

[7] 全国大学英语四六级考试委员会. 大学英语四、六级考试大纲[M]. 上海:上海交通大学出版社,2016.

[8] 高一虹,许宏晨. "世界英语"及"中国英语"研究:新世纪的挑战与展望[J]. 新疆师范大学学报,2015(5):122-129.

[9] 李文中. 中国英语与中国式英语[J]. 外语教学与研究,1993(4):18-24.

[10] 许渊冲. 中诗英韵探胜—从《诗经》到《西厢记》[M]. 北京:北京大学出版社,1992:309-311.

[11] 赵海萍. 世界英语发展对我国高效英语教学的启示[J]. 宁波大学学报,2016(38):128-132.

大学英语深度学习：概念界定与实践经验

邹　艳

（北京建筑大学　文化发展研究院/人文学院）

摘　要：深度学习是一种需要学习者主动投入并积极探索的学习过程，注重对认知能力的训练。重点是思考如何对现有知识的深度挖掘，通过大量的经验来整理归纳出各种知识之间的联系，从而进行跨学科的综合性迁移性学习。本文以当前我国大学英语课堂教学现状为例，分析了大学英语教学中出现的问题及原因，并对如何促进大学生英语深度学习提出建议。

关键词：大学英语；深度学习；教学实践

一、引言

在当前我国大学教育体系中，英语学科一直是以一种能够实现更深程度跨学科文献阅读为目的的工具而存在，但在实际教学中，却因大量的各类英语考试和英语等级证书要求，导致学生们对英语学习不得不朝着应试教育的方向发展。事实上，在如今教育改革核心素养的牵引下，英语这门语言的学习已经成为能够评判学生词汇组织能力、思想逻辑品质、文化内涵修养及综合学习能力的重要参考要素。因此，深度学习的理念对于提升大学生英语应用能力具有重要价值。

二、概念界定

1. 深度学习的内涵和特征

1）深度学习的内涵

深度学习是一种学习方式和学习理念，与传统的学习有所不同，深度学习更加注重学生主动学习和主体实践，这也使得学生为实现深度学习投入更多精力。在深度学习概念下，加入课堂考评环节是一项非常重要的教学要素。因此，首先弄清楚课堂评价与深度学习之间的内在联系至关重要。教师在发送教学信息的过程中，需要借助情境式的评价任务、活动以及同伴评价，促使学生最大限度地接受教学信息，加工成为临时性的学习信息。之后，教师通过设置具有检测功能的评价任务，如课后动笔练习、探究性项目等，引导学生在学习中开展自我评价，不断反思与应用接收的学习信息，进而内化为可以随时调用的知识，最终将其纳入已有的知识结构或建构新的知识图谱。当学生达不到深度学习要求时，就会反作用于

基金项目：中国建设教育协会教育教学科研课题(项目编号：2021072)；北京建筑大学教育科学研究项目(项目编号：Y2140)。

评价,迫使师生审思、修正、调节直至优化教与学行为。深度学习的过程可以让学生和教师双方共同表现出自己真实的学习状况和教学状况,两者相辅相成,共同服务于教师的教和学生的学,使教学变得理性。

2)深度学习的特征

深度学习的本质是学习者通过对新知识的批判性分析和与原有知识的整合,形成对学习内容的理解,以便应用所学知识解决问题,完成学习迁移,最终能以改变个人思想或行为的方式来内化知识。当深度学习发生时,大脑思维活跃,因此获得的相应知识和技能会被理解、保持、应用得更深入和持久。

2. 深度学习的影响因素

1)学习过程的主动性

知识传递通过学生在课外自主搜索相关知识来实现。但是,内化的过程中需要由教师和学生共同在互动环节中实现。具体来说,课前,教师为学生提供包括纸质学习材料和多媒体材料在内的教学资源,学生依靠网络信息平台自主学习,并根据学习内容和自身情况有效地调节学习节奏与知识呈现方式,让学习过程变得更加个性化,符合学生的自主学习诉求。在课堂中,教师和学生的交流围绕着学习任务开展,学生运用课前所学知识分析疑点、难点和重点并解决一些富有挑战性的问题。

2)师生角色的转化度

教师从知识的传授者变成帮助学生主动建构的指导者和促进者,学生从被动的学习者变成能与同伴协作、善于运用已有知识经验、充分运用多种学习方式的主动学习者,教师要指导学生如何运用知识,深层次地理解和应用知识,从而培养学生的高阶思维能力。学生要真正做到新旧知识的融会贯通,进行批判性思考,积极构建新知识。

3)学习环境的投入

深度学习模式中,学生学习的环境由传统的教室转变成了可以多元化开展的局面,学习内容也不再仅仅是纸质课本上的文字,这对核心能力的提高有直接的帮助,从而实现较高层次的分析和应用等学习目标。

三、基于深度学习的课堂教学现状

依据已有的教学实践调查结果,现实中教师的"教"和学生的"学"两方面均存在着一定的问题,要努力协调好两者的关系,使其互相促进,相得益彰,从根本上为教学改革创新奠定基础。

1. 教师"教"的现状

现代教育环境中,教师的地位发生了变化:教师不再是教学过程中的唯一主导者,而是变为组织者和管理者,引导启发学生进入自主学习,此过程不是照本宣科,而是开始侧重教学实践。以大学英语的教学现状调查为例,结果如下:其一,教学内容以教材为主。根据大学英语教学大纲的要求,大多数教师倾向选择按部就班,循序渐进,根据教学任务开展实践教学,围绕指定内容进行教学改革与优化。但从反馈的效果看,大多数教师对英语教材的理解缺乏深度,对英语文化的背景介绍也显得匮乏,使得英语教学中有关文化渗透的影响力降低,因而学生的英语学习体验得不到良好呈现,最终使得英语这种实用性强的语言工具变成了应试工具。其二,教学方法比较单一。大学英语教学内容丰富,涉及的教学要点较多,教学方法的灵活选择有其自身价值和作用。但纵观当前我国大学英语教学的状况而言,教学方法还是以枯燥的讲解为主,"灌输式"的课堂教学模式依旧占主流,在这种情况下迫切需要创新教学方法,避免教学深度不足造成课堂吸引力有限。其三,对课堂重视程度不足。表现在教学资源的广泛挖掘、教学内容的创新开发、教学方法的革新等多个方面,缺乏创新思维的引导,导致深度学习很难推广,学生的体验效果大打折扣。

2. 学生"学"的现状

现代教育环境中学生成为课堂的主体,高校英语的教学工作重心是如何让学生理解并吸收课文内容,强调学生的体验感和参与度,但当前围绕学生的深度课堂的开发情况不理想,导致学生在"学"的方面出现许多现实问题:首先,学生对课本中出现的文章即使完全理解,所能收获的也仅限于文章中出现的词汇使用规则和相关语法,对文本的价值构建作用小,并且这些语法内容也多是为应付考核需要,以"死记硬背"的方式完成对内容的记忆,但从反馈的效果看,学生的英语语用能力不足,无法理解字里行间更深层的含义;其次,枯燥的文章内容让学生无法对英语学习产生浓厚兴趣。教材的文章内容与大学生日常生活脱节,学生无法在文章中寻找到与自己生活经历相符合的场景,因此需要教师在教学过程中创设全新的课堂场景与空间,塑造深度学习的课堂,从而实现既定的学习目标。

四、基于深度学习的教学实践经验

1. 资源生成

学生是具有生命力的鲜活个体,教学活动是学生生命活动的场所,生命活动本身就具有复杂性和不可预测性,而学生的学习过程更是一种非常复杂的演绎活动,学生在学习中可能出现的想法非常丰富,这些想法不可在教学设计中全部预测,故教学也不可能全部按照预先设计进行。在这样的背景下,教师就需要对不同学生在不同学习阶段所暴露出来的思想波动进行及时纠正。因此,必要的师生间开放式互动就显得非常有必要,教师应当让教学的重心向学生身上转移,而不是自己一味地输出知识,应当让学生作为学习的主体,激发出他们对学习中产生的问题进行思考的意识。

1) 开放导入,激活学生思维

基于深度学习模式,以《新世纪大学英语综合教程 4》第 1 单元"Man and Nature"为教学案例,阐述具体的混合学习实践过程。针对所教学生的智能手机拥有率、下载英语学习App 及对大学英语混合学习的实施所持的态度等,教师对学生进行了问卷调查和深度访谈。经调查和访谈发现,学生智能手机的拥有率为 100％,经常使用手机下载英语学习App,大部分学生表示非常愿意接受这一学习模式,为大学英语混合学习的顺利开展提供了有利条件。在线学习环境是"大学英语课程"MOOC 学习平台和微信学习群。通过对学习者特征、学习环境和教学要求的分析,设置英语单元学习目标和学习任务。因此,在学生学习过程中,要注重学生思维激活,从而促进课堂中交互反馈。因为只有当课堂充分开放,充分接纳学生对事物、问题的不同理解,课堂教学才会具有巨大的生成空间。设置面向全体学生的具有真实性和挑战性的导入问题,有利于打开学生思维的广度和深度,唤醒已有的知识,使每个学生都能在已有的知识基础上形成解决问题的资源。这里所说的开放性导入是面向全体的导入,原因在于每个学生虽然已有的知识积累不同,但是他们每个人都能在思维激活的基础上,或多或少形成自己独特解决问题的方案。区别在于每个个体形成问题解决的方案程度不同,知识积累多,思维能力强的学生,其形成问题解决的资源丰富;而知识积累少,思维能力弱的学生形成的资源相对来说单薄一些。

2) 重心下移,生成教学资源

学生在明确学习目标和任务之后,制订学习计划,开展线上自主学习活动。以"Man and Nature"为例,单元的主题是探讨人与自然是否和谐存在,贴近学生的真实生活,因此设置的学习目标之一是在引导学生阅读和培养他们阅读技巧的同时,让学生切身感受到环境对人类的重要性,提高环保意识。根据学习目标,教师布置了线上学习任务,要求学生思考:人类生存离不开自然,对于我们赖以生存的环境,我们都做了什么,而环境又给了我们什么反馈呢?教师为学生建立了线上学习共同体,向学生推送相关的学习资源和自主阅读资料,鼓励学生在线搜索相关新闻报道,作为本课学习的背景知识补充,并进行对比分析和讨论。布置小组和个人学习任务,分享环境主题名人名言,大声诵读并进行交流。学生通过在线学习共同体商讨问题,进行深度思考、设计和发布课后作业以及拓展类的资料。本单元的课后作业是要求学生将学到的重要表达、写作特点和修辞手法应用于写作中,大家协作解决问题,实现深度学习。本单元学习结束后,教师把学习评价反馈给每一个学生,根据评价结果给予他们针对性的指导与帮助。评价的依据由学生在线学习任务的完成情况、小组活动中的问题讨论表现、小组学习成果展示情况等组成,促进深度学习的实现。思维是学生对客观事物的反应,使学生作为"人"而不是知识"接纳器"真正被关注到,最终提升学习能力与实践能力。

2. 过程生成

1) 提升学生思维有序性的过程生成

资源呈现时,学生由于经验或知识的缺乏,呈现的思维状态通常是凌乱无序的。因此,教师在收集、整合学生资源时,要对他们的思维能力进行重点培养。例如,首先,要求学生富有逻辑性、不重复或遗漏问题解决的步骤与内容。其次,学生在解决问题时,可能有多种解决的方法,但是这些方法可能处在同一思维水平,所呈现的状态是点状,不是整体的、结构化的。因而教师需要引导学生思考各种方法的异同,通过特性比较,学会从整体上、有序地思考问题。最后,当一些学生提出了与大多数学生意见不同的想法时,教师要耐心倾听其思考过程,并及时对不同的思考方式进行分类和梳理,开展整体的、简洁的整合评价,让学生透彻理解。以上的分析和整合,对教师的要求与考验很大,凸显出学生学习过程中普遍的问题,且需进行深度分析和讲解。

2) 提升学生思维严密性的过程生成

为提升学生思维的严密性,一方面,教师给学生提出的问题具有层次性、逻辑性,学生解决相关问题时需要把现有的知识储备组织得更具逻辑性并进行关联性思考,当下一次遇见同类型的问题时,他们会习惯于自觉形成的严密思维。另一方面,教师要从学科前沿和学生实际情况出发,围绕教学目标与学科理论体系,选择高水平的问题进行分析。例如,学科中尚有争议的问题。在教师的分析下,学生的逻辑思维能力得到很大锻炼,激发出创新的热情和活力。教师引导、启发学生从不同角度分析问题,基于自己已有的知识基础,有理有据地提出带有彰显自身认知水平的观点或主张，通过从分析问题到解决问题的整个流程以复述的方式呈现出来。当教师习惯于学生这种具有强大逻辑思维能力来处理问题的学习模式后，就可以总结性地、概括性地对学生的学习思考进行整体评价与指导，揭示出学生问题分析的特点、思路、方法、策略等，从而让学生对思维逻辑训练的效果拥有更直观的感受。

3）提升学生思维结构化的过程生成

学生的学习不仅仅是表征知识的学习，更是知识背后知识的学习，即结构化的核心知识的学习。学生只有掌握了知识的结构，在进入新情景时，学习过程中的信息加工才会更具有包容性，相应的知识应用能力更强。因为结构化的知识，是学科学习的核心知识，它可以在不同的情境中，随着情境的变化，赋予其不同的内容，并适用于不同的对象。而教师对学生资源的分析、整合等不仅可以帮助学生内化自己的结构，进行有效学习，而且可以养成学生从整体上把握事物和问题的良好思考习惯，从而在探究局部的问题中学会把握整体思路，有助于逻辑思维的系统化形成，使他们的思维方式变得更加立体多元。

3. 学生成长

交互式课堂使教师和学生、学生和学生之间多向交互共生，是一个具有生命活力，促进学生形成新知识、新能力、新结构、新水平，实现生命价值和人生意义的场所，为学生成长提供更多元化及更深度化的学习途径。

1）获取知识结构

在交互式课堂学习中，课堂教学帮助学生扫除学习过程中的困难与障碍，使学生所学得的知识不是零散的、机械记忆的碎片化识记点，而是具有生命力的，便于学生学习迁移的知识结构。需要注意的是，知识在学生与教师、学生与学生之间的交互作用下进入学生个体的心理结构中，促使个体的心理结构在交流互动中得到发展。各种知识的产生具有逻辑性，为了便于别人理解与传播，需要借助符号语言，故原本的结构便隐藏在符号背后，学习者需要主动发现符号背后的隐藏结构。我们也可以从这个层面来理解为什么要学习结构化的知识，因为碎片化知识只是将知识存留在脑海中，很容易被学习者遗忘，对学习者今后的运用和迁移没有实际意义。

2）提升学生思维水平

学习过程中，理解知识结构的同时伴随着学生个体思维技能的提升。学生掌握结构中的知识，实际上是学生运用高阶思维，即深度学习的结果。学生为了达到这样的结果，其思维会积极参与学习过程。当学生深度参与学习任务中时，会主动调用认知思维，运用系统的、完整的思维方式建构知识，让学生对学习任务中不断出现的各种新知识进行逻辑关联，通过自己知识储备的建构框架进行综合思索。当学生思维经历了从自发走向越来越自主的过程，他们的学习主观能动性会得到不断提升。

3）提升能力水平

学生的核心竞争力，即能胜任某项工作的才能或条件，在课堂学习中可以通过教学互动体现出来，学生与教师、与同伴交流时可以掌握学科核心结构的方法与技巧。由此，学生在交互式教学中的能力提升，主要体现在知识、技能和策略上。学习能力是智力因素和非智力因素不断内化与概括的综合体。学生通过运用基本能力完成学习中应该完成的任务，在这一过程中学生获得自学能力、实际操作能力、问题解决能力和创造能力等综合能力。

五、结语

深度学习是学生全身心深入参与学习任务的一种学习形式,在这个学习过程中,学生除了知识的学习,更重要的是能力水平和思维方式的提升。但是,仅由学生自己学习,难以达到既定的学习目标,因为学习任务对学生来说具有一定挑战性和高阶性。因此,大学英语教师需要及时地依据学生在英语学习中的具体表现,按照预先设计的英语学习目标帮助学生调整自己的学习方式,并经常反思自我,从而实现主动发展。在实际的大学英语课堂教学中,教师通过开放式导入,重心下移,来收集学生资源,最终反馈在英语深度学习过程的综合思考中,从而实现目标、任务、记录、分析与反馈指导的现实转化。

参考文献

[1] 郑东辉.促进深度学习的课堂评价:内涵与路径[J].课程·教材·教法,2019(2):59-65.

[2] 孟营.基于深度学习的大学英语翻转课堂构建[J].长春师范大学学报,2018(11):173-176.

[3] 王莉莉.翻转课堂在大学英语教学改革中的应用探索[J].中国教育学刊,2021(7):138.

[4] 黄敏.大数据时代大学英语翻转课堂学习模式的构建[J].校园英语,2021(33):51.

[5] 王蓓.基于深度学习的大学英语混合学习模式的构建与应用[J].教育教学论坛,2020(47):281-283.

实践教学与创新创业教育

基于新时期房地产行业人才需求的实践教学改革研究

——以房地产开发经营沙盘为例

张　丽

（北京建筑大学　城市经济与管理学院）

摘　要：随着经济发展进入新时期，房地产行业由快速迅猛发展转向平稳健康发展，社会需求呈现出房地产行业人才需求旺盛、更偏重管理类人才、更重视综合应用能力等态势。为契合房地产行业的人才需求，房地产开发经营沙盘实践课程采取了一系列改革措施，包括不断更新沙盘模拟情景、设置角色体验的轮换、改进实践教学方法和技巧等，充分实现各学科知识的交叉融合、全面提升学生的综合能力。通过参与该实践课程，学生的决策能力、组织能力、领导能力、控制能力和创新能力得到有效提升。

关键词：房地产行业；人才需求；实践教学；房地产开发经营沙盘

一、新时期房地产行业对人才的需求分析

改革开放以来，我国房地产市场快速发展，居民住房条件得到明显改善，房地产长效机制逐步建立，为我国经济持续高速增长发挥了重要的支撑作用。多年来，我国房地产开发投资占城镇固定资产投资比例始终保持在 20％左右。2019 年，房地产业增加值占国内生产总值的 7％，加上建筑业占比达到 14.2％。房地产业带动 20 多个相关产业发展，对投资和消费起到了明显的拉动作用，房地产业相关收入成为财政收入的重要来源。随着经济发展进入新时期，稳地价、稳房价、稳预期，保持房地产市场平稳健康发展，按照高质量发展要求，引导房地产企业转型升级，成为当前房地产行业发展的新趋势。新时期下，房地产行业对人才的需求呈现以下态势：

第一，人才需求旺盛。根据猎聘大数据研究院公布的《2020 上半年中高端人才就业大数据报告》显示，房地产行业的人才需求排在第二位，仅次于互联网行业；房地产行业的薪金待遇排在第四位，是比较受求职者青睐的行业之一。由此可见，社会始终保持旺盛的房地产行业人才需求。

第二，更偏重管理类人才。房地产行业越来越重视总体策划、营销推广和社区治理等，对市场调研、项目策划、投资分析、市场营销、物业服务等管理类人才的需求已远远超过对建筑学、土木工程、工程监理等工科人才的需求。因此，培养既具有一定的理论基础又能胜任行业需要的应用型房地产行业管理人才迫在眉睫。

第三，更重视综合应用能力。随着房地产市场的日益成熟，根据房地产行业中的房地产

开发、房地产策划、房地产估价、房地产经纪、地产运营管理等岗位的需要,房地产行业招聘人才时越来越重视综合应用能力。具备学习能力、协作能力、实操能力、拼搏能力、创新能力的综合应用型本科人才在房地产企业招聘时最具有竞争力。

二、房地产开发经营沙盘教学中存在的问题

房地产开发经营沙盘是城市经济与管理学院为学生开设的一门集中实践课,至今已经开设十年有余。该门实践课程通过模拟房地产开发经营流程,让学生体验市场调查、土地竞拍、项目定位、融资设计、施工招标等房地产开发的整个流程。学生通过参与实践环节,将原本枯燥的理论知识转变成情景模拟的角色扮演,激发了学习的积极性和主动性,有效地提高了项目管理的能力和实际操盘能力,提高了竞争意识和抗风险能力。但是,在教学过程中,以下几方面的问题逐渐凸显出来。

第一,实践操作设置的模拟情景容易过时。

房地产开发经营沙盘需要模拟土地竞拍、投资分析、项目管理、广告策划、房屋销售等多个环节,学生通过模拟竞争可以锻炼自身的决策能力、组织能力、领导能力、控制能力和创新能力。由于实际的房地产市场很容易受到宏观经济政策的影响,政策是不断变化的,房地产市场波动也比较大,因此,沙盘操作时设置的模拟情景很容易过时,不符合当前的实际情况。

第二,学生参与实践的深度和体会不够。

学生在参与沙盘模拟过程中,由于是 6~8 人组成一个小组,每个人分配不同的角色,在角色扮演时就会出现任务量不均衡的情况,有的学生任务多、有的学生任务少,部分任务少的学生缺乏主动参与性,搭便车现象时有发生。学生未能深入参与房地产开发经营模拟流程中,掌握知识不足、收获体会不多,导致实际操作技能无法得到锻炼,各项能力无法提升。

第三,受过全方位培训的师资力量不足。

房地产开发经营沙盘是一门应用性很强的综合实践课程,需要授课教师具备房地产项目策划、房地产开发经营、房地产投资分析、项目管理、人力资源管理、市场营销、会计学、财务管理等多方面的知识。但是,沙盘的指导教师往往只是某个专业比较精通,缺乏全面系统的多学科知识融合,且由于沙盘师资培训时过于注重沙盘的使用培训,而忽视了专业的理论知识前后贯通,导致在房地产开发经营沙盘授课过程中,指导教师很难将全产业链的各个环节进行系统性的全面讲授。

三、房地产开发经营沙盘实践教学改革措施

房地产开发经营沙盘利用计算机软件模拟复杂多变的市场环境,使得实践课程变得生动有趣、引人入胜。学生在参与实践过程中可以巩固和应用房地产开发与经营管理相关理论知识,同时学生在实践中体验了房地产开发经营的整个流程,学会站在全局的高度分析市场和制定决策,利用理论知识解决实践中遇到的问题。该实践课程有助于学生形成敬业、诚信、友善的社会主义核心价值观,培养学生具备良好的社会道德和经营管理品德,成为有担当、有进取心、有责任感的企业管理人员。为了更好地利用该实践课程提升学生的房地产开发经营实践操作技能,课程教师团队采取了以下改革措施。

第一,不断更新沙盘模拟情景。指导教师及时将房地产开发与经营管理学科前沿、社会发展动态、行业相关政策和热点融入课堂,引入最新的房地产宏观市场政治环境、经济环境、技术环境和制度环境,并分析当前的房地产市场数据,设置贴近实际环境的政策条件和经营规则,指导学生在最接近当前宏观环境的模拟情景中完成沙盘操作。教师会提供给学生最新的土地出让信息、市场供求信息、竞争项目信息、工程造价信息,带领学生真实体验房地产开发与经营流程,帮助学生制定合适的开发计划和经营战略。

第二,设置角色体验的轮换。为避免部分学生参与时的积极主动性不足,以及为提升学生对各个岗位职责的全面理解和掌握,指导教师将会采取轮岗制方法,对小组内的学生岗位进行轮换,帮助学生体验和感受不同岗位职责,全面熟悉公司前期管理、设计管理、施工管理、市场管理、行政管理、财务管理等各个部门的主要岗位职责,做到分工协作、互相配合,从而学习和掌握不同的专业知识。

第三,改进实践教学方法和技巧。在实践教学过程中,教师团队通过开发研制课件,编制实践指导手册,采用课堂讨论模式,运用学习通平台开展在线教学等一系列措施改进实践教学方法和技巧。学生参与实习实践的过程中,通过问题抢答、课堂讨论、随堂测验等方式,更加充分地了解房地产开发与经营各个环节的部门岗位职责、业务流程结构,做到合理分析市场变化、制定项目开发决策,真正提升组织管理和决策能力。

第四,充分实现各学科知识的交叉融合。通过集体备课、交流讨论等方式,帮助房地产开发经营沙盘指导教师实现知识储备和学科融合。教师在经过全方位的专业知识培训之后,让学生从市场调查入手,在成本核算的基础上进行土地竞买,通过市场分析进行项目定位、方案设计、项目融资、施工招标、开发建设、销售经营等。实践环节将融合管理学、市场营销学、技术经济学、市场调查与数据分析、房地产经济学、房地产项目开发与策划、会计学、财务管理、房地产金融等多门课程,巩固学生的各科理论知识,提升学生利用理论知识解决实际问题的能力,培养学生成为多方面应用型人才。

第五,全面提升学生的综合能力。通过沙盘实践能够提高学生的实际操作能力、竞争能力和创新能力,并培养学生在房地产投资分析(包括房地产项目投资经营方案、投资方案、融资方案、开发方案、营销方案及项目投资计划、进度计划、营销计划的编制能力,项目投资费用估算、财务报表编制与财务效益评价的能力)、房地产策划(包括房地产项目选址策划、房地产项目市场调查、房地产项目 STP 策划、房地产项目产品策划、房地产项目形象策划、房地产项目投融资策划)、房地产经纪(包括运作房地产经纪业务的职业能力,达到房地产经纪人协理从业资格的基本要求)、房地产开发项目管理(组织与管理一个房地产项目开发的整个过程,包括市场调研、土地使用权的获得、编制可行性研究报告、进行开发项目报建、领取五证、工程施工、销售、竣工验收和物业管理等)等方面的综合能力。

房地产开发经营沙盘实践课程体现了北京建筑大学管理类相关专业服务于首都城乡建设领域的特色优势,借助虚拟仿真软件系统,运用情景模拟、小组讨论等方式,使学生身临其境地参与房地产开发与经营管理流程,提升了学生的决策能力、组织能力、领导能力、控制能力和创新能力,为学生未来从事房地产开发与经营管理工作提供了知识储备和实践训练。

参考文献

[1] 猎聘《2020 上半年中高端人才就业大数据报告》[EB/OL]. (2020-07-16)[2021-07-30]. https://baijiahao.baidu.com/s? id=1672359692840949218&wfr=spider&for=pc.

[2] 何红.创建"一体两翼"的实践教学体系,培养房地产专业人才的核心能力[J].职业教育,2015(3):226.

[3] 肖艳.房地产经营与管理课程沙盘实验教学探索[J].高等建筑教育,2013(1):130-134.

[4] 钟海燕.房地产经营管理专业人才培养模式探索[J].中国管理信息化,2017(8):220-221.

[5] 王静,王俊霞.房地产开发与管理复合型人才培养模式研究[J].沈阳工程学报(社会科学版),2016(10):545-548.

硕士研究生"传-帮-带"本科生毕业
设计/论文实践教学机制研究

白小娟　宋　薇　贾天奇　王旭煜

（北京建筑大学　环境与能源工程学院）

摘　要：本文提出将"传-帮-带"的教育培养模式运用到本科生毕业设计/论文实践教学中，以北京建筑大学毕业设计/论文环节实践教学为例，深入探讨研究生"传-帮-带"本科生在毕业设计环节实验指导工作中的作用，指出存在的问题及改进建议，旨在提高本科生整体毕业设计/论文教育教学质量。

关键词：研究生；本科生；传-帮-带；教育教学；人才培养

一、引言

近年来，由于高校招生规模不断扩大以及教师科研任务的不断增加，为保证教学计划有效实施、促进高校教育教学质量提高，一些高校将"传-帮-带"教育教学模式引入本科毕业生的毕业设计/论文（简称毕设/论文）教育教学阶段。毕设/论文是本科阶段培养学生动手能力、创新性思维及综合实践能力的重要环节及途径。关于如何进一步提高本科毕业生毕设/论文质量，使学生在有限的时间内学到更多知识，是目前教育工作者广泛研究的内容。而研究生"传-帮-带"本科生可以减轻教师在教学、科研上的双重压力，在解决本科毕业实验过程中遇到的实际问题等方面具有重要的作用，"传-帮-带"制度在我国高校中得到了普遍的重视，对该教育教学模式进行深入研究，旨在进一步提高本科毕业生的教学质量。

二、"传-帮-带"的教学模式

"传-帮-带"教学模式，其中"传"是指专业知识的传授，这就要求传授者必须具有完备的专业知识；"帮"是指研究生在实验过程中对于本科生的帮助；"带"是研究生与本科生知识的交流。"传-帮-带"既是教学方法，也是在中国古代对于传统技艺的传授方式，其教学形式及学生对于专业知识的掌握程度一直被人们所认同，在现代各高校专业教育中，"传-帮-带"依然被认为是有效的人才培养模式。

三、"传-帮-带"在毕设/论文教学中的实践——以北京建筑大学本科生
　　毕设/论文实践教学为例

本科生接受的多半是灌输式教育，在毕业论文这个"大阅兵"的时间节点上，考察的是学

生能否将过往知识融会贯通。创新是高水平论文的关键所在,源于老师的引导及学生的好奇心,在"传-帮-带"模式下,研究生的指导也是本科生完成毕设/论文的关键,本文以北京建筑大学实践教学为例进行探究。

首先,教师根据所带本科生兴趣方向分配课题;之后,进行基本内容讲解,制定任务书等。本科生通过大量阅读文献,掌握所需的实验耗材和试剂,通过与研究生的沟通交流,尽快完成试剂和耗材的购买,提前为实验做准备(图 1)。

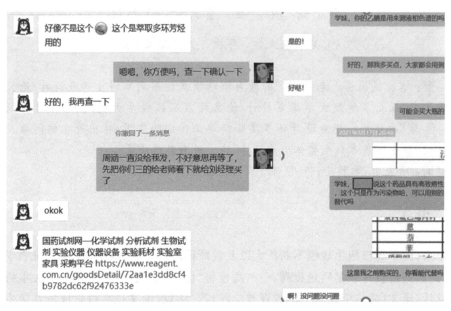

图 1　本科生与研究生沟通确定耗材

本科生对自己课题进行深入了解,熟悉实验室相关仪器的操作手册,集中进行实验室仪器操作培训和实验室安全规范学习,并对日常实验室耗材和试剂分布进行讲解与演示。根据课题安排,提前拟订自己的实验计划,并提前预约研究生进行实验指导,研究生必须亲自多次示范操作后才可让其自己操作,操作多次无误后,才可独立操作(图 2)。

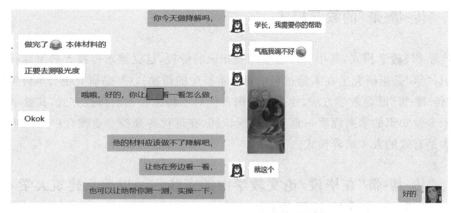

图 2　研究生指导本科生实验具体操作

在实验过程中,本科生会遇到各种各样的问题,小到仪器使用问题,大到实验条件的适配问题。本科生在操作过程中出现任何问题,首先可以通过查看仪器操作手册也可以及时请教研究生解决;在原定的实验方案不成功时,可以请教研究生通过调整实验条件如温度、时间等来进一步完善实验(图3)。

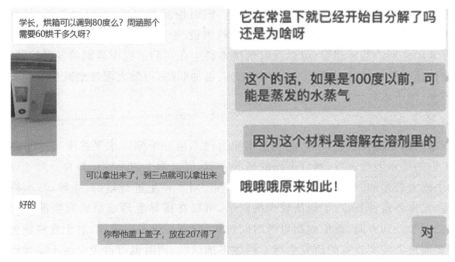

图 3　研究生指导本科生实验具体参数

在实验初步完成且对自己课题把握不准的时候,研究生可以通过文字交流对本科生的思路进行梳理,避免他们产生混乱。在后续阶段,研究生可以通过开设腾讯会议等线上交流媒介对本科生整体进行制图软件(如 Origin)、表征的意义及结果的系统培训,并指导本科生进行数据处理、分析,节省自行摸索的时间成本(图4)。

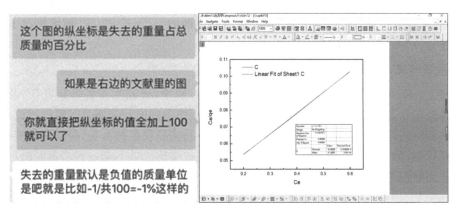

图 4　研究生指导本科生数据处理及作图实例

四、"传-帮-带"教育教学模式在实践教学中的作用

1. 缓解教师教学科研压力

在本科毕业生毕设/论文实践阶段,常常一位指导教师要带多名本科毕业生,同时还有

繁重的教学及科研工作,难免不能对所带本科生实验过程中所遇到的问题进行及时的解答。在"传-帮-带"教学模式下,有限的教学时间里,研究生可以对本科生在实验中所遇到的问题进行详尽的解答,同时帮助本科生顺利地开展实验,缓解教师教学及科研压力。

2. 培养和谐师生关系

研究生在实验室中不仅扮演着学生的角色,同时扮演着师哥/师姐的角色,其身份更容易了解本科生的真实情况,更方便沟通。在本科毕设/论文实践阶段,研究生作为连接本科生和指导老师之间的特殊纽带,可以及时解决本科生在实验过程中遇到的各种问题。另外,研究生在传达指导老师的要求上,与本科生交流更加顺畅,可最大限度地减少时间和空间上带来的不便,便于本科生更好地完成实验。

3. 促进差异化培养

由于本科四年漫长积累,学生们的各项能力已不再处于同一水平线上。这时需要导师根据学生们的特点因材施教,制订不同的培养方案,促进学生的个性化教育。对于理论知识强,但动手能力较差的同学,通过研究生"传-帮-带"对本科生进行培训、指导,与本科生之间相互扶持,发挥各自特长;对于想法较少的同学,可以在指导老师或是研究生的课题上加以引导,帮助同学找到方向,避免前期思考时间过长,耽误后续实验进度;对于性格较为内敛的同学,需要通过常驻实验室的研究生与本科生多加照顾,同时也可避免交流不畅导致实验室安全事故的发生。

4. 提高研究生科研能力

研究生需在本科生进实验室前,阅读大量文献,对本科生毕业研究的课题进行充分研究,熟练掌握整个实验过程中所涉及的相关知识、仪器的使用方法等,以及在实验完成后指导本科生对所得出的数据进行处理,包括相关制图软件的使用。这一过程也提高了研究生的知识储备。本科生在进行实验过程中,要及时观察,遇到突发情况妥善处理,避免危险发生,这就要求研究生具备良好的分析问题、解决问题的能力。"传-帮-带"模式提高了研究生的科研能力。

5. 增强研究生沟通及协调能力

研究生"传-帮-带"本科生毕设/论文实践教学过程中,研究生需要负起责任,及时将学生的进度向指导老师进行汇报、沟通。对于实验过程中遇到的问题要及时组织讨论,解除学生对所做实验的疑惑。研究生需提前到达实验室进行实验仪器的准备,根据课题安排,提前拟订实验计划,协调实验仪器的使用,帮助本科生完成实验。以上全过程多角度的思考和应对需求全面增强了研究生沟通、协调能力。

五、传帮带对研究生的要求

在"传-帮-带"教学模式下,研究生的作用对于本科生完成毕业设计/论文至关重要,要求研究生应具备扎实的理论知识、较强的实验技能、较强的语言表达能力,确保能够解答本科生在实验过程中所遇到的问题。研究生要有不怕吃苦,热爱科研工作的精神。

研究生在本科生进实验室开始毕设/论文实践之前的准备工作是保证实验能够有效、顺利开展的前提,实验之前的准备工作是非常烦琐的,①熟悉课题相关理论知识,准备实验所需的药品、试剂、仪器等,研究生需要在实验开始前,与指导老师进行沟通,制定实验方案。动手操作上,确保实验方案的可行性,明确实验操作要点、实验现象出现的原因,对于本科生的疑问进行耐心解答。②对于突发状况要及时处理,有良好的分析问题、解决问题的能力。③在每天实验结束后,及时进行总结、反思,遇到问题及时向指导老师汇报、请教。

六、研究生"传-帮-带"本科生实践教学的思考与建议

研究生"传-帮-带"本科生在毕设/论文实践教学中具有十分重要的作用,但目前仍存在一些问题,大部分研究生为初次带本科生实验,缺乏指导经验;对本科生的研究课题了解不够充分,在本科生进行实验时不能及时提供正确的指导;少部分研究生对于本科生的指导没有耐心,不够重视,很大程度影响了本科生实验的进度;没有对研究生设立明确的奖惩管理机制,使研究生缺乏实验指导的积极性等。针对上述所出现的问题,提出建议如下。

1. 对研究生进行系统培训

指导教师首先对研究生进行指导,着重强调本科生进入实验室后的安全问题,以及针对所研究课题制定实验方案,分析实验过程中可能出现的各种问题。对所出现实验现象进行预测,分析出现各种实验现象的原因。逐步摸索出在实验过程中出现问题进行调整的方法,以及对实验结束后的数据处理、制图进行系统培训。

2. 完善管理制度

提高研究生"传-帮-带"本科生申请要求,建立择优录取机制、考评机制,如对实验室打卡、本科生对于课题的了解程度、实验进度等进行考核。对热心、负责的研究生给予奖励,如颁发证书等,提高研究生对于本科毕设/论文指导的积极性,可以进一步提高本科生教育教学质量。

七、结语

综上"传帮带"教育模式可以很大程度提高本科生教育教学质量,对帮助本科生完成毕设/论文,判断本科生实验方案的可行性,指导老师的实验教学和学生的实验操作起着关键作用。研究生对本科生传授理论知识以及指导本科生完成实验操作,实现理论与实践有机融合,使本科生真正做到知行合一;在实验过程中,研究生对实验过程进行实时反馈,提高了本科生的操作技能,促进了本科生的全面发展。

参考文献

[1] 阎妍.传帮带与财务管理水平的提升[J].东北之窗,2017(21):28-29.
[2] 李姝,王经洋,王敏,等.研究生助教在实验教学中的实践与思考[J].实验科学与技术,2015,13(4):138-140.
[3] 殷祥超,刘玉庆.改革专业实验教学培养学生综合素质[J].实验室研究与探索,2003(2):31-33.
[4] 张秀华."传-帮-带-检"的教育模式在实验教学中的应用研究[J].价值工程,2013,32(20):256-257.

基于 PBL 教学模式的无机化学过程考核体系构建

付会芬 赵 晨 王 鹏 王崇臣

（北京建筑大学 环境与能源工程学院）

摘 要：针对无机化学传统考核模式中存在的学生考前临时突击的现状，提出了在无机化学教学中引入基于问题式学习（problem-based learning，PBL）教学模式的过程考核，借助引导性问题激发学生学习兴趣，促使学生自主学习，通过课堂测验、翻转课堂、创新作业的形式构建科学合理的过程考核体系，促进学生自主学习能力与创新能力的培养。

关键词：PBL 教学模式；过程考核；无机化学；自主学习；创新能力

一、过程考核概述

课程考核是教学过程的一个重要环节，是评价学生学习效果和教师教学成效的重要依据，对教学质量的提升起到关键的激励和反馈作用。相比传统的考核方式，过程考核对学生学习效果的评价更为合理。过程考核即加强学生学习过程管理，在具体实施中以加大平时成绩在课程总成绩中的比重为主，通常将平时成绩权重设定在 50％～70％。就学生而言，该考核模式可有效避免"一考定终身"的现象，促使学生重视学习过程，重视平时的学习与积累，改善学生平时学习懒散、无目标的不良现象。就教师而言，任课教师可随时了解学生的学习状况和对知识的掌握情况，实时调整教学方案，有针对性地讲解重点和难点，以提高教学质量，获得更好的教学成效。此外，过程考核有利于转变传统的以知识讲授为主的课堂教学模式，更注重对学生创新能力、语言表达能力、团队合作能力、资料查阅能力等的培养，对提高高校教育教学质量具有重要意义。然而，在过程考核下如何调动学生学习积极性是获得良好教学成效的关键。

二、"无机化学"考核现状

"无机化学"是我校环境、给排水等专业的一门必修课，也是第一门化学课，是学习其他化学课程和专业课程的重要基础。因此，灵活掌握"无机化学"课程知识点至关重要。无机化学课程的传统考试方式多以期末考试的卷面成绩作为主要评价指标，通常平时成绩占比较小（20％或30％），且多以学生出勤率、课堂表现、作业完成情况作为评价指标。这种传统考核模式下，学业成绩虽然基本能反映学生对课程知识点的掌握情况，但是容易导致学生不重视平时的学习和积累，造成逃课、上课睡觉、玩手机等现象严重，部分同学只在考试前进行临时突击，不利于学生对知识点的牢固掌握和灵活运用，也不利于学生综合能力的培养。

近几年，我校"无机化学"课程增加了平时成绩在总成绩中的权重，将平时成绩与期末考试成绩的权重均设为 50％,希望通过这样的举措提高学生对于过程学习的意识。然而,在这种 50％平时成绩＋50％期末卷面成绩的考核体系下,平时成绩若仍然以出勤率、课堂表现、作业完成情况作为评价指标则显得较为随意,且会诱发更为严重的抄作业现象。因此,过程考核模式下,如何合理、公正地给出平时成绩显得尤为重要。

三、PBL 教学模式在"无机化学"过程考核中的实施步骤

PBL 教学模式,即问题引导型教学模式,是以引导性问题激发学生兴趣,调动学生学习积极性,培养学生自主学习能力,锻炼学生分析问题和解决问题的能力。"无机化学"课程内容包括物质结构基础、化学反应基本理论、元素化学等,内容繁多且庞杂。我校"无机化学"仅 32 学时,很难在课堂上对庞杂的课程内容进行系统的讲解,在 PBL 教学模式下,选择部分教学内容让学生利用课余时间进行自主学习,可有效缓解"无机化学"课时少及课堂教学节奏快的现状。目前,PBL 教学模式早已应用到多所高校"无机化学"教学改革中并获得良好效果。

基于学习重在平时、重在过程的考虑,将 PBL 教学模式引入"无机化学"教学中,并在此基础上构建过程考核体系。具体通过以下六个步骤进行:①教师给出引导性问题;②学生利用课余时间查阅资料并进行自主学习和探究;③课前测验,以评价学生自由学习效果;④采用讨论、翻转课堂等多种形式进行课堂教学,并通过多元打分模式评价学生学习效果;⑤课后测验,以评价学生学习成效;⑥布置创新型大作业,培养学生综合能力。

该模式可让学生"紧张"起来,借助引导性问题促使学生充分利用课余时间进行自主学习,改掉平时懒散的学习状态,在自主解决问题中寻求成就感和获得感,使学生爱上学习、乐于学习。该教学模式的重点在于培养学生的过程性学习和自主性学习,促使学生学在平时,注重平时的积累。为保持学生学习热情,促使学生投入更多的时间和精力,创建公平、合理且可操作性强的过程考核与评价体系是关键。

四、"无机化学"过程考核实施方案与注意事项

单一的考核方式不利于调动学生积极性,也容易因学生个体的差异性造成成绩评定的不合理,因此须丰富考核方式,提高学生学习积极性。可采用 40％课堂测验＋30％翻转课堂＋30％创新作业的方式对学生进行过程考核,除考核学生对知识点的掌握外,还注重学生学习能力、思维能力、表达能力、动手能力、团队合作能力等的考核。

1. 课堂测验

课堂测验包括课前测验和课后测验,分别设置在课堂教学开始阶段和结束阶段。课前测验主要用来检验学生的自主学习情况,其试题的设置不宜过难。由于部分学生自主学习能力有限,虽然对教师布置的引导性问题进行了探究,但不能很好理解和掌握相关知识点,若课前测试的问题过难容易给学生造成挫败感,甚至引起厌学情绪。课后测验试题的设置应以应用型或灵活性试题为主,意在考查学生对知识点的理解、掌握和应用。此外,对于刚步入大学校园的新生来说,很多方面还未完全适应,部分同学偶尔出现一两次测试不理想也是情有可原,因此,在实际操作中,可设置 8 次测验,并选择其中 5 次最好的成绩计入平时

成绩。

我校"无机化学"课程多采用合班授课,学生人数为 60～100 人,传统的纸质化测验对于任课教师来说工作量较大,实施起来较为困难。为使过程性考核的操作性更简单、更人性化,课堂测验应以无纸化考核为主。对于课前和课后测验,应以选择题、填空题和判断题作为主要题型,利用超星学习通、蓝墨云等教学平台的自动判卷功能给出分数,减少教师批阅试题的工作量。此外,利用网络教学平台记录学生成绩,方便学生随时查看自己的平时成绩。学生因能看到自己的阶段性成绩,从而可营造出紧张的学习氛围;教师可对成绩进行分析,及时调整教学重点和难点,并将学生成绩和学习状况反馈给学院或教务处,有利于班主任或辅导员有针对性地进行学风建设或对某些学生进行思想教育。

2. 翻转课堂

翻转课堂改变了传统课堂中教师授课、学生听课的关系,因教学效果好而引起广泛关注。在基于过程考核的 PBL 教学模式下,引入翻转课堂进行课堂教学。学生分组针对教师提出的引导性问题制作 PPT 并推选 1 人在课堂上进行讲解,教师根据学生讲解情况进行补充。为强化学生对知识的掌握,教师可根据情况下发试题或习题资料,各学习小组分别讨论,并给出答案。

翻转课堂虽然可有效培养学生的思维能力、动手能力、语言表达能力以及团队合作能力,但是教师很难对每位同学给出合理公平的分数,为解决这个问题,可引入多元化打分模式,采用自我打分(30%)+小组内成员互相打分(30%)+教师打分(40%)的模式进行计分,避免教师单独打分造成成绩的片面性和主观性。

3. 创新型作业

创新型人才培养是现阶段我国教育的重点目标,如何培养学生创新能力是高校教师关注的重点。在过程性考核中增加创新型或开放型作业,可有效锻炼学生的创新能力。"无机化学"课程要求每位同学在课程结束前完成两项创新型作业,具体如下:

(1)选择"无机化学"课程中你感兴趣的知识点提出一个问题,并就该问题录制一个微课视频(5～10min)。

(2)针对课程学习内容设计一个试题并给出参考答案。

上述两项创新型作业或开放型作业,既能体现学生对知识的掌握情况,也能反映学生的学习能力、创新能力、动手能力、表达能力等。此外,这些作业内容还可丰富"无机化学"题库和视频学习资料库,对"无机化学"课程资源库建设大有帮助。

五、结语

过程考核模式可有效改善学生平时懒散、无目标的不良现象,促使学生在学习上投入更多时间和精力,不仅加强了学生对知识的掌握程度,还在学生能力培养方面具有明显优势。然而,过程考核模式使得教师的工作量翻倍,而任课教师教学和科研压力通常较大,时间和精力有限,学校或相关部门可在该问题上给予妥善解决,适当减少教师教学工作量,以鼓励教师进行相关教学改革,更多地关注过程考核,以提升本科育人质量。

参考文献

[1] 刘永红,胡先文,李雪刚,等.信息化背景下课程考核的改革与探索[J].大学化学,2017,32(3):34-37.

[2] 林树坤,陈建中.考试与考核模式的设计及思考[J].大学化学,2005,20(1):13-17.

[3] 周祖新,王爱民,叶伟林,等.无机化学教学中过程化考核的实践[J].大学化学,2017,32(12):17-20.

[4] 于剑峰,曾景斌,刘大鹏,等.非化学化工专业"大学化学"课程考核方法改革实践与探索[J],化学教育.2019,40(4):87-92.

[5] 欧阳跃军,唐莉莉,吴峰,等.应用型本科院校物理化学考核模式的构建与实践[J].化学教育,2016,37(6):18-22.

[6] 彭璐露.基于过程考核的物理化学课程教学改革[J].化工管理,2019(32):30-31.

[7] 袁孝友,李村,王来英.以问题引导法进行元素及化合物教学[J].大学化学,2012,27(6):15-17.

[8] 唐薇,唐晓亮,郭礼荣,等.问题引导型教学方式在无机化学教学中的应用[J].化学教育,2020,41(16):14-17.

[9] 张文广,陈发云,彭思艳,等.问题引导法在过渡元素教学中的应用[J].上饶师范学院学报,2018,38(3),63-68.

[10] 杨凤磊,沈飞,王庆红,等.基于微课的高校无机化学翻转课堂教学效果研究:以无机化学精品资源共享课为例.化学教育,2019,40(4):24-29.

[11] 商艳芳,杨华玲."以学生为本"的无机及分析化学课程智慧教学探索[J].广东化工,2021,48(11):198-199.

[12] 高琼芝,刘英菊,张声森,等."翻转课堂"教学法在无机及分析化学课程教学中的实践与效果分析[J].大学化学,2021,36(7):1-8.

[13] 任红艳,黄宇.大学无机化学"原电池"翻转课堂教学研究[J].化学教育,2017,38(4):26-29.

测绘地理信息类专业大学与中学衔接和实践教学

郭　明[①②③]　任　鲜[①]　李登科[①]　程　鹏[①]　赵江洪[①]　尹　川[①]

（①北京建筑大学　测绘与城市空间信息学院；
②代表性建筑与古建筑数据教育部工程研究中心；
③建筑遗产精细重构与健康监测北京市重点实验室）

摘　要：为了推动大学测绘专业招生工作、重构中学生对测绘专业的认知，北京建筑大学测绘学院以测绘专业实践课程为基础与中学建立深度合作关系，以中学校园三维数字化建设为实践目标，到中学进行激光雷达扫描、全景摄影测量和无人机测绘的实践教学，引导中学生参与校园数字化建设项目，进行地面激光雷达扫描仪、全景相机和无人机等测绘设备的简单操作并处理相应数据，培养中学生的实践能力与团队协作能力。以理论与实践相结合，加强中学生对测绘知识的学习，使中学生对测绘专业有了新的认识，并结合学生兴趣爱好培养新型测绘人才，有助于加强大学与中学之间衔接。大学为中学提供专业实践教育机会而中学可以为大学提供优质生源，同时为我国探索高中与大学教育合作的模式与策略提供了有益参照。

关键词：测绘地理信息类；实践教学；激光雷达；教育衔接

一、引言

教育是一个系统工程，在这个系统工程中，高中教育和大学教育是密切关联、先后有序的两个重要组成部分，虽然大学和高中教育性质不同，但均为教育的重要组成部分，以培养人才为目标，应该相互合作。早在 2001 年颁发的《国务院关于基础教育改革与发展的决定》中就提出："有条件的普通高中可与高等学校合作，探索创新人才培养的途径。"大学与中学的合作可以说是历史悠久，早在 19 世纪末，国外就孕育了大学与中小学合作的思想，20 世纪 70 年代以来，兴于美国、英国等国家的大学与中小学共同协作研究，联合起来、各取所长、共同促进教育理论与实践的发展，在全球教育研究领域产生了重要的影响。事实上，我国中学与大学合作的历史也是较长的，近年来随着高中多样化、特色化发展的客观要求，高中大学化发展趋势显现，很多普通高中为了实现特色发展，纷纷转型成为与大学有部分关系的大学附中。同时，大学为了招收优质生源，实现高校稳步发展，与高中交流、合作越来越常见。从大学与高中合作角度培养创新人才，无论是西方发达国家还是我国，都在积极地开始进行高中与大学合作的理论研究与实践探索。

武汉大学的测绘科学长期位列亚洲第一，遥感技术更是世界排名第一。对于这么一个非常有特色且有实力的学科，按理说是非常受高分考生欢迎的，但根据武汉大学发布的2021 年录取分数线显示，学校测绘类专业在多个省份的录取分数线，在学校所有专业中都位居倒数三位，而且测绘科学在各省的分数线均没有超过学校的平均录取分数线。由此可见,测绘类专业招生情况并不好,这主要源于测绘专业的专业口碑不高,大部分人对测绘专业的认识单一,多数学生及家长认为测绘专业经常出外业,工作环境苦。学生不愿意报考测绘专业,专业招生困难。现在,随着软、硬件的发展,测绘仪器不断更新(图 1)。采集数据效率大幅度提高,内业任务相对更重,而且测绘专业并非只是传统意义的测量,还有卫星应用、遥感、地信、地图制图等,这些选择都是很好的就业方向。随着"北斗三号"于 2020 年 6 月 23 日成功发射,测绘行业步入新的征程。北斗卫星导航作为国家基础设施,与我们的生产、生活息息相关,无疑会推动测绘各领域的变革,加速发展,测绘专业前景尤为光明。北京建筑大学作为理工类高校,理应为测绘招生做好宣传、引导工作,使中学生实实在在了解测绘专业。测绘学院以专业实践课程为基础与中学建立深度合作关系,加强高校与中学之间的联系,发挥专业优势,到中学校园中进行测绘专业实践教学,共同培养创新型人才。

(a) 近程扫描仪和远程三维激光扫描仪

(b) 无人机　　　　　　　　　(c) 亿级像素全景相机

图 1　测绘专业实践仪器

二、大学与中学之间教育衔接

我国中学教师的教学方式,以提高学生成绩为目的,教师以便捷、高效的方式将知识传授给学生,学生经过多次重复训练将知识系统化即可,使学生产生了对教师过分依赖的想法,从而难以培养出学生独立自主研究能力;学生过多注重理论知识的学习,从而缺乏实践锻炼,使学生的创新能力得不到提高。而大学教育是为就业做准备,其特点主要为:教师讲授内容多为专业知识,且每节课需要学习内容多,需课后学生自主学习强化理解,并结合专业课程设置实习内容,提高学生实践动手能力,强化专业技能,注重学生的专业素质,培养学生独立解决问题能力及团队合作能力。大学与中学培养的侧重点不一样,培养方式也不一样,导致我国大学教育与中学教育存在脱节的现象,中学对大学教育不了解,大学对中学教育不清楚的现象普遍存在。一方面导致大学难以招收到足够数量与质量的优秀生源,另一方面中学毕业生进入大学后也难以适应大学的教育教学方式,造成事实上的学习困难。为了促进中学教育和大学教育的顺畅衔接,各阶段的任课教师都应注重实践教学环节的衔接。为调动中学生参加实践教育的积极性,鼓励中学生参加实践活动,北京建筑大学测绘学院与中学合作,一方面在中学开展专业实践教学,以建立中学校园的三维数字模型为实践课程内容,使得中学生参与专业实践,加强学生实践能力培养;另一方面,邀请中学生到大学来参观学习,使得中学生能够深入了解测绘专业,推动测绘学院的招生计划,确保学院招生工作顺利推进,助推中学与大学教育有机衔接与融合,共同培养创新型人才,探索高中与大学的合作道路(图 2)。

(a) 大学中学教师相互交谈

(b) 中学生在大学参观学习交流

图 2　大学中学教育合作

三、专业教学实践模式

对于中学生而言,其日常的学习多以理论学习为主,实践能力难以得到锻炼。而在实际生活中,尤其是工科类专业,在遇到问题、解决问题时经常是没有标准答案的,有的问题并不能得到彻底解决,只有尽可能削弱问题所带来的影响以达到实际要求的标准。为了培养创新型人才,一定要使中学生参与项目,提高中学生认识实际问题、解决实际问题的能力。北京建筑大学测绘学院具有一流的教学、科研、实验环境,配备有地面激光雷达、各类型无人机、移动测量系统等国际领先的仪器设备以及相关的数据处理软件;学院教师具有丰富的教学经验和实践经验以及良好的组织协调能力,善于发挥学生的主体地位、培养学生的综合能力。

此次专业实践主要计划构建中学校园的三维数字化模型,到中学进行激光雷达扫描、全景相机和无人机测绘的实践教学。测绘仪器是精密仪器,具有成本高、操作专业性强的特点。在操作仪器前需进行正确使用仪器的培训,由测绘学院教授郭明老师为学生讲解测绘仪器使用方法及测绘仪器测量原理,确保学生掌握使用方法,以免操作不当损坏仪器,同时也确保学生在实践课程中的安全(图3)。在郭老师生动有趣的讲课风格引领下,学生渐渐对扫描仪、全景相机和无人机产生兴趣,学习使用测绘仪器采集数据、处理数据。引导中学生参与校园数字化建设项目,不仅有利于学生巩固所学理论知识,而且有利于培养面向生产和工程复合型工程技术人才,培养学生的综合素质、创新实践能力和团结协作能力。

图 3　专业实践教学课堂

1.专业实践技术路线

专业实践教学通过激光扫描测量、全景相机与无人机测绘在校园数字化项目中的应用展开,实践教学包括多种测量手段、数据采集、数据预处理、形成三维模型、全景浏览网站,如图4所示,以培养实践创新型测绘人才为目标,锻炼学生操作仪器设备、分析处理数据以及团队协作的能力,提升学生的测绘实践技能,形成具有特色的测绘实践教学模式。

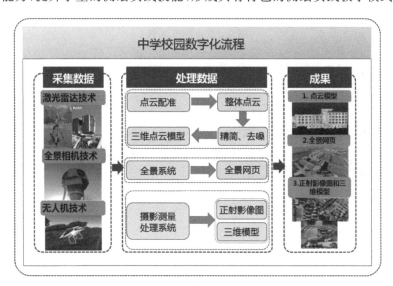

图 4　技术路线

2. 激光雷达测量原理与应用课程的专业实践

激光雷达测量原理与应用课程作为一门综合性的测绘专业课,要求学生掌握激光雷达扫描的原理、激光点云数据处理的理论和方法以及实践操作技能。其高精度、高效率、无接触测量的优势在文化遗产数字化保护领域中具有非常广泛的应用。有的中学校园历史悠久,有古建筑特色,如昌平一中的关帝庙,需要高精度测量方式,正好符合激光雷达扫描测量要求。

现在随着高中多样化特色化发展的客观要求,很多普通高中成立兴趣班,为能够深入教授激光雷达技术,作者团队多年从事三维激光雷达测量在古建筑保护领域的研究,出版了多部激光雷达测量相关的专著及教材,如《移动测量数据智能处理分析与应用关键技术》《激光雷达技术与结构分析方法》《地面激光点云模型构建原理》《地面激光雷达与摄影测量三维重建》《海量精细点云数据组织与管理》等,为理论知识教学提供了重要参考。要想深入理解理论知识是离不开实践教学的。因此激光雷达测量原理与应用课程专业实践培养中学生使用激光雷达扫描仪采集数据,将采集到的点云数据进行粗配准、ICP 算法精配准、去噪处理后形成三维点云模型(图 5,图 6)。

图 5　点云配准处理

图 6　致忠殿点云

3. 全景相机专业实践

如何将中学校园三维实景,展现到学校官网上,是中学生尤为关注的焦点。全景相机专业实践可以将答案告诉学生。因此中学生满怀热情地使用全景相机采集数据,对校园全方位拍照,学习使用全景系统处理照片,形成三维全景浏览页面,实现三维实景漫游校园景色。在软件中新建一个全景项目(图 7),按顺序导入由全景相机采集到的全景照片,进行拼接,对准图像,软件会自动分析,依据自动拼接算法,完成初步拼接(图8)。

图7 新建一个全景项目界面

图8 拼接过程

设置"导出参数",选择"文件格式"和"图片品质",单击"创建全景图",通过设置"场景自转",在浏览全景图时页面会自动旋转。通过设置"背景音乐",在浏览全景图时页面会自动播放所上传的音乐。将制作好的全景文件夹"导出",在服务器端通过 Web 端发布,用户可以进行访问(图9)。

图9 全景浏览网页

4. 摄影测量专业实践

中学生对于无人机有着天生的好奇,设置好飞行航线,看着无人机从地面慢慢起飞到半空,突然加速飞至最高处水平飞行,进行高空摄影测量。摄影测量无须接触物体本身,可快速获取地面数据,主要特点是在像片上进行量测和解译,因而很少受自然和地理等条件的限制。利用像片重叠度、特征地物、纹理信息结合有效的算法将像片进行三维建模,可从中获取所研究物体的大量几何信息和物理信息。

在进行航拍之前需要对校园环境进行实地勘察,为起降场地的选取、航线规划以及应急预案制定等工作提供资料。设置无人机的起始点即降落点、飞行路线、飞行高度 80m、飞行速度 7.9m/s、影像分辨率是(5472×3648)像素,曝光时间 1/800s;位于校园上方获取影像数据。相邻 2 张影像图片重叠度为 80%,共采集照片 468 张;像片经过摄影测量处理系统,形成校园正视图和校园三维模型(图 10～图 12)。

图 10　校园正射影像图

图 11　摄影测量三维模型

图 12　校园沙盘模型

四、结语

党的十八大以来,以习近平同志为核心的党中央高度重视教育工作,把教育摆在优先发展战略地位。习近平总书记在全国教育大会指出:"教育是民族振兴、社会进步的重要基石,是功在当代、利在千秋的德政工程,对提高人民综合素质、促进人的全面发展、增强中华民族创新创造活力、实现中华民族伟大复兴具有决定性意义。"创新人才的培养与国家发展、民族兴盛紧密联系在一起。培养创新人才无疑是各级各类教育共同的责任,《国家中长期教育改革和发展规划纲要(2010—2020 年)》明确指出:"支持有条件的高中与大学、科研院所合作开展创新型人才培养研究和试验,建立创新人才培养基地。"近年来不少地区进行了大学、高中合作培养创新人才的尝试并取得了一定的效果,这些尝试也引起了教育界的广泛重视。目前在大学高中合作培养创新人才的探索实践中,长期存在双方的合作不够深入的问题。既有高中很重视与大学的合作,希望借助大学的资源提升创新人才的培养质量,但大学普遍呈现参与意愿不足,参与程度不深的状况;也有大学热心与高中合作,为自己培养优质生源,然而,由于受应试压力等因素的影响,高中又时常热情不高。此次校园数字化建设教学实践为大学高中合作提供了机会,通过在中学进行测绘仪器与软件的实践教学向中学生普及测绘学科先进技术与理论知识,使学生认识测绘学科,感受如何将熟悉的校园三维数字化,从而获得成就感,同时培养了中学生的实践能力和创新能力。不仅推动了中学校园的数字化建设,而且对北京建筑大学的招生工作也起到一定的宣传作用,构建了大学与中学培养创新型人才合作双赢的模式。

大学与高中教育的目标都是培养创新型人才,应求同存异、合作共赢。大学专业多样,各专业可就其自身特点与高中进行合作,为中学生步入大学校园前提供了解大学专业情况、清楚大学专业实况的机会,以便中学生能够结合兴趣选择专业,提高学习热情,实现人生价值,同时能够为大学提供优质生源。专业实践教育模式可以使大学高中建立良好的沟通机制,相互交融,提升双方合作的积极性,从而建构大学高中培养创新人才的共同愿景。

参考文献

[1] 慕向斌.基础教育与高等教育的有效衔接分析[J].教育与职业,2014(3):22-24.

[2] 官文江.大学与高中教育衔接的问题与对策[J].科技视界,2018(2):98-99.

[3] 张景斌.大学与中小学的伙伴协作:动因、经验与反思[J].教育研究,2008(3):84-89.

[4] 伍宸,朱雪莉.我国中学与大学教育衔接与融合的现实困境与突破:基于英国的经验与启示[J].河北师范大学学报(教育科学版),2021,23(1):87-95.

[5] 胡岷山.三维激光扫描技术在古建测绘中的应用:以教学实验课程为例[J].建筑学报,2018(S1):126-128.

[6] 郭明,潘登,赵有山,等.激光雷达技术与结构分析方法[M].北京:测绘出版社,2017.

[7] 王晏民,黄明,王国利,等.地面激光雷达与摄影测量三维重建[M].北京:科学出版社,2018.

[8] 王国利,王晏民,石宏斌.地面激光点云模型构建原理[M].北京:测绘出版社,2017.

[9] 王晏民,郭明,黄明.海量精细点云数据组织与管理[M].北京:测绘出版社,2017.

[10] 张弛.论创新人才培养的"共同体"建设:从大学高中合作的角度[J].高教探索,2014(5):46-49.

[11] 郑若玲,谭蔚,万圆.大中学衔接培养创新人才:问题与对策[J].教育发展研究,2012,32(21):70-75.

中国传统建筑装饰设计实践教学研究

韩 风 李 沙

（北京建筑大学 建筑与城市规划学院）

摘 要：高校中开设传统建筑装饰类课程，其目的不仅停留在传承与保护传统文化上，更是培养学生善于通过中华优秀传统文化去挖掘其间所蕴含的文化精髓，提升学生的传统文化修养和创新转化的设计能力。本文以北京建筑大学传统建筑装饰相关的课程为例，以中国古建彩画艺术为切入点，从课程教学实践出发，对如何在教学过程中实现人才培养的广度、深度和落地举措进行阐释，尝试创建传统建筑装饰艺术融入式的教学模式，完成培育既有传统文化思想底蕴，又有传承创新实践能力的设计人才培养目标。

关键词：古建彩画；传统建筑装饰设计；课程设计；实践教学；人才培养

一、引言

建筑彩画是中国传统建筑重要的装饰部分，北京建筑大学作为培养建筑专业人才的摇篮，同样关注传统建筑技艺传承与创新领域。从 2014 年开始，我校分别面向环境设计和工业设计两个专业开设了"历史建筑装饰"课程，2016 版本科培养方案中调整为"古建彩画"，2018 年又开设了传统装饰设计（古建彩画）课程，逐步形成了以中国传统建筑艺术中具有代表性的古建彩画为切入点，在高校中创建传统文化传承与创新的科研与教学平台。尝试通过传统建筑装饰艺术融入式教学模式，搭建一座适合中华优秀传统文化与当代设计教育融会贯通的桥梁，培养出兼顾深厚传统文化底蕴和当代创新意识的设计人才。

高校中开设传统建筑装饰类课程，其目的不仅停留在传承与保护传统文化上，更是培养学生善于通过中华优秀传统文化去挖掘其间所蕴含的文化精髓，提升学生的传统文化修养和创新转化的设计能力。中华传统文化是我们中华民族的根与魂，文化是血脉，是人民的精神家园。"它大约从公元前 13 世纪开始，历经沧桑，一直延续到现在，世界上没有任何一个国家能像中国那样，享有如此丰硕的艺术财富。从全面考虑，也没有任何一个国家能够与中国艺术的卓越成就相媲美。"所以我们不必盲目模仿、追随西方艺术，最伟大的艺术其实就在我们身边。培育新时代具有创新意识的设计人才，应该让他们了解、热爱本民族的文化，具备传统文化素质和文化自信心。传统建筑装饰课程应成为展现中华优秀传统文化的窗口，从而进一步激发传统文化的生机与活力，将传统文化根植于当代设计教育的土壤之中。

基金项目：中国教育发展战略学会艺术教育专业委员会课题（YJWKT202308）；北京建筑大学 2023 年教育科学研究项目（Y2329）。

二、"融入式"的彩画教学延展课程的广度

中国传统文化历史悠久,底蕴深厚,代表了中华民族独特的精神标识。而在当今的高等教育体制内,存在着诸多充当"西方理论搬运工"的现象,盲从于西方教育理论和文化思想,忽视中华传统文化在当代教育中的作用,造成了人才培养中传统文化修养的缺失。因此,我校开设传统建筑装饰类课程,可以进一步弘扬中华优秀传统文化,在设计大类的课程中增加传统文化的内容,有助于重新焕发传统建筑装饰的艺术魅力。

要实现传统文化全方位的融入高校教育机制,延展中国传统建筑艺术融入教育机制的广度,必须兼顾课堂内外两方面的工作。首先,要组织好课内教学的内容。以古建彩画为传统建筑装饰教学的切入点,先后组织学生对龙草和玺彩画、西番莲和玺彩画、金(烟)琢墨石碾玉旋子彩画等具有代表性的清官式建筑彩画粉本进行临摹复原(图1)。课堂教学使学生掌握了与古建彩画相关的理论修养和绘制基础,全面系统地接触到了古建彩画工艺技巧和绘制流程,完成了传统技艺传承的教学目标。其次,注重课堂教学的延展和教学推广工作。在课堂之外积极组织学生多次参与各类彩画艺术教学活动,营造出饱含中华优秀传统文化气息的课外文化氛围。如2016年9月23日,由李沙教授策划的"明清官式建筑彩画艺术展"参与了北京国际设计周的活动,面向社会公众展示了古建彩画课程中我校学生绘制完成的彩画艺术作品(图2);2017年5月6日,由中国建筑学会和北京建筑大学联合主办的"一带一路"历史建筑摄影·手绘艺术展成功举办,学生通过摄影和手绘的方式表现了对于传统建筑文化的理解,展览引起了广泛的社会关注。常莎娜先生也走进北京建筑大学,为全校师生做了一场"花开敦煌"的学术讲座,展现了传统彩画艺术的独特魅力。通过这些形式多样的课外活动,激发了学生对于古建彩画学习的兴趣,对书本和课堂知识进行了有益的补充。学生们优秀的作品也是对课堂教学组织工作的肯定,展现出了他们对于传统建筑装饰艺术的热爱。

图1　李沙老师在古建彩画课堂教学示范　　　图2　古建彩画展览活动剪彩仪式

在弘扬与传承传统建筑文化的基础上,北京建筑大学也十分重视对于传统文化创新应用的探索。传统建筑装饰的当代价值在于通过创新转化,使其成为更加贴近当代百姓生活的艺术表现形式和文化衍生品,服务于公众,造福于当代。因此,我们课堂上鼓励学生将传统文化与各自专业相结合进行创新设计,学生的文创作品在北京市文化局和中央美术学院联合主办的"全球吉庆生肖设计大赛"以及"首都大学生创意集市"竞赛中获奖,对传统建筑装饰的当代创新应用进行了积极的探索。

三、以多层次的实践活动提升教学深度

高校课程教学的持续提升与发展,需以扎实的教育科学研究来支撑。本课程依托国家社科基金艺术学项目、教育部人文社会科学基金项目以及北京市哲学社会科学规划项目等多项与传统建筑装饰、古建彩画相关的科研课题,先后组织学生在云南、台湾、青海、甘肃、内蒙古、江苏、河南、河北和吉林等地对古建彩画进行详尽的实地测绘与文献搜集,深入地掌握了古建彩画的演进历史、形制等级、色彩体系、典型纹样和工艺特征。这些调研数据成为课堂教学的第一手素材,生动形象的资料有助于学生更好地体会传统建筑装饰的美,更切实地感受到传统文化的艺术魅力。课程中还多次组织学生到故宫的东华门、北海的西天梵境、恭王府的葆光室等古建保护施工现场进行实地测绘和现场观摩(图 3),使学生对古建彩画的形制等级、色彩、构图和沥粉贴金的传统工艺,以及彩画与建筑整体的联系有了直观的认识,提高了学生对古建彩画的学习兴趣,从中感悟中国传统文化的博大精深。

深入开展同校外科研单位的交流合作机制是我们课程中至关重要的环节。我校建筑装饰类课程近年与故宫博物院、恭王府、北京文博交流馆、北京古代建筑博物馆等文物保护单位保持着深度的合作关系,为教学与科研课题结合、课堂现场观摩教学活动的开展搭建了高水平的实践平台。聘请各文物单位的专家、学者走进课堂,为学生开展专业辅导、绘画示范与学术研讨(图 4),将教学与科研提升到了更深层次,为培育优秀的传统建筑装饰设计与科研人才奠定了基础。

图 3　师生于故宫博物院现场调研　　　图 4　建筑彩画学术研讨会

四、通过教学改革构建课程创新特色

古建彩画及建筑装饰类课程的教学探索,是高校教学改革的一次有益的尝试。从本科生培养方案的制定开始,到教学大纲的编制,再到课堂教学任务的组织与实施,以及课外考查、实践等环节的落实,全过程紧紧围绕着中国传统建筑彩画艺术传承人才培养的目标,教学团队依托传统建筑装饰方向的高水平科学研究项目,努力将科学研究成果融入人才培养环节之中,服务于高校教学工作,通过科研完善课堂理论体系和教学手法,从而保证中国传统建筑装饰艺术的研究高起点和高水平的落地。

我校在工学、艺术学专业的课程体系中设置了传统建筑装饰类专业选修课与必修课,经过多年教学实践的摸索,不断调整与完善,最终形成了一系列传统建筑装饰方向的特色课程。如"历史建筑装饰""古建彩画""建筑构造专题实习(历史建筑)""传统装饰设计(古建彩

画)"等系列课程。这些课程与其他专业基础课(美术课)、专业理论课(艺术史、建筑史及设计类课程)以及各类专业实践环节之间衔接紧密。使古建彩画课程吸收建筑与城市规划学院中建筑、规划、风景园林、历史建筑保护等各专业教育特点,成为北京建筑大学本科课程中传统文化课程板块中的一大亮点。

2020年的"传统装饰设计"课程从古建彩画切入,将32课时的古建彩画课程后三分之一的课时分离出来,增添了创新应用设计的教学环节。该课程启发学生从古建彩画基础知识展开思考,对彩画的典型要素进行提取,如古建彩画的形态要素,包括彩画的形制等级、构图原理、纹样特征、色彩搭配等要素,以及古建彩画的关系要素,即彩画各部分要素之间的组织关系;对形态和关系两大基本要素进行归纳提炼,结合当代城市建设、典礼活动、日常生活等领域的现实需求,创作出更加贴近当代人生活需求的艺术表现形式或文化衍生品。这种教学改革的尝试,促进了学生对于中华传统文化的内容和传统建筑装饰艺术形式之美的认知,使学生感悟到了古建彩画要素之中蕴含的中华优秀传统文化的内涵;同时也使传统建筑装饰走进了当代人的生活,服务于当下,完成了由传统艺术表现形式到现代创新应用设计的转化过程。

五、结语

我校开设古建彩画课程的目的,一方面是弘扬和传承中华优秀传统文化,进一步传承保护古建彩画技艺;另一方面是让学生从古建彩画入手,培养其提升挖掘传统文化内涵和创新思考的专业能力。为达成既定的人才培养目标,应注重资源整合,通过创建高水平的校外实践基地来完善教学机制,利用校外平台的优势提升学生对于传统文化的兴趣,推动课堂内外形成互动态势。同时,以高质量的科学研究项目作为教学支撑,促进中国传统建筑装饰艺术融入大学教学体系之中。

传统建筑装饰设计的教学工作,应从人才培养的广度和深度进行探索,以扎实的科学研究为基础,通过课堂内外的相互协同,推动中国传统建筑装饰艺术融入式教学模式的发展。同时,以形式多样的活动辅助教学,使学生感受到浓厚的文化氛围,激发学生对传统文化的兴趣,提升传统建筑装饰设计人才培养的质量。我们的课程教学并非如培养工匠一般,仅从技术层面教给学生一些古建彩画的绘制技巧。而是期望我们的课程能够搭建一座桥梁,引导那些对传统建筑装饰艺术感兴趣的学生有机会走进传统文化艺术的神圣殿堂,从中感悟中华优秀传统文化的艺术魅力,培养出更多具备传统文化修养和创新意识的高素质人才。

参考文献

[1] 郑曙旸. 设计学之中国路[M]. 北京:清华大学出版社,2013.
[2] 清华大学美术学院中国艺术设计教育发展策略研究课题组编. 中国艺术设计教育发展策略研究[M]. 北京:清华大学出版社,2010.
[3] 孙大章. 彩画艺术[M]. 北京:中国建筑工业出版社,2012.
[4] 鲁杰,鲁辉,鲁宁. 中国传统建筑艺术大观·彩画卷[M]. 成都:四川人民出版社,2000.
[5] 蒋广全. 中国清代官式建筑彩画技术[M]. 北京:中国建筑工业出版社,2005.
[6] 楼庆西. 中国传统建筑装饰[M]. 北京:中国建筑工业出版社,1999.

以学生发展为目标的大学物理实验课程改革探讨

贺柳良　马黎君　黄尚永　杨　宏　陶　丽　窦轶洋　施玉显　王秀敏

（北京建筑大学　大学物理与实验教学中心）

摘　要：针对本校的大学物理实验课程在内容和教学中存在的问题，探讨了以学生发展为目标的改进措施。在教学模式上，采取线上线下相结合的混合式教学模式，提高学生的自主学习能力；在教学方法上，因材施教，针对不同的实验项目采取不同的教学方法；在教学进度安排上，做到理论与实验课程教学紧密结合，"学"与"用"之间无缝衔接，实现高效的知识内化；在教学内容上，通过虚拟仿真实验来引入契合专业的物理学前沿知识。

关键词：混合式教学；因材施教；虚拟仿真实验；契合专业

大学物理实验课程是对理工科大学生进行科学实验基础训练的一门独立的必修课。它是学生进入大学后接受系统实验方法和实验技能训练的开端，是培养应用型人才的有效途径，同时也是提升学生的综合素质、培养其科学思维能力、创新精神以及实践动手能力的重要环节。虽然大学物理实验的地位和作用日益突出，具有其他课程无法替代的功能，但许多高校的大学物理实验课程仍然存在许多问题，这些问题得不到解决就不利于学生综合能力的提高。下面就从本校的大学物理实验课程现状出发，以学生的发展和能力的提高为目标，提出相应的改进措施。

一、本校大学物理实验课程现状

1. 教学模式方面

本校大学物理实验课程的教学模式主要采用线下教学模式，教师在系统地讲解完实验原理、实验仪器操作、实验步骤和实验注意事项后，学生再进行实验。虽然教师在课前会要求学生提前预习下次课程的内容，但是由于预习所占的成绩只有实验总成绩的 20% 左右，而且学生只需将实验目标、实验原理等详细抄写在实验报告上，一般就能获得预习成绩满分。因此，大部分学生在预习阶段只是机械地将教材上的内容搬到实验报告上，抄完之后对实验原理还是一无所知。由于学生在实验前没有真正有效地预习，再加上时间限制，教师在课上只会对实验原理进行简单讲解，这就导致学生对实验过程中所涉及的知识不能消化吸收，在实验过程中只是机械地重复教师的步骤。此外，在教师演示实验操作过程时，围观的一部分学生由于所处的位置离教师位置较远，看不清教师的操作步骤，导致其无法完成实验。这样的教学模式，使得学生在课内课外的收获很少，不利于其综合能力的提高，导致学

基金项目：北京建筑大学 2018 年校级教育科学研究项目（项目编号：Y1849）。

生隐形逃课的现象十分严重。

2. 教学方法方面

在教学方法上,没有体现因材施教。在本校的物理实验课程教学中,教师一般都采用相同的教学方法来对待难易不同的实验项目。即使是较为简单的实验项目,教师也会花较长时间来讲授实验原理和操作步骤等内容,这大大限制了学生自主学习的能力。

3. 课程进度安排方面

物理学是一门理论和实验紧密结合的学科,物理学发展的历程说明"实验-理论-实验"的相互促进,会促使物理学及其他科学技术不断完善和进步。在物理教学中,理论课是系统讲授理论体系本身的知识,涉及的概念抽象、原理多、公式复杂。而如果物理实验教学与理论课程教学紧密结合,在理论课堂上学到的知识能很快用实验的方法来验证和巩固,将使学生对物理课程的学习产生浓厚的兴趣。但在本校物理实验课程的进度安排上,存在物理实验课和理论课教学进度脱节的现象。例如大二的学生第一学期就需要完成干涉、衍射实验和模拟法测静电场等实验内容,而这部分内容的理论课教学却放在大二的第二学期进行;理论课教师会在大二的第一学期进行牛顿运动定律、动量守恒定律、刚体的定轴转动和气体动理论等知识的讲授,而相应的实验课教学则是放在了大二的第二学期进行。理论和实验课程教学的脱节,会使理论和实验课程的教学效果大打折扣,不利于提高学生的学习兴趣,也会影响高等院校的办学质量以及人才培养目标的实现。

4. 教学内容方面

教学内容方面主要表现为可供选择的实验项目数量较少,且内容较为陈旧,知识点较为单一,与科学研究前沿脱节。此外,实验内容和专业的衔接度不高。本校的大学物理实验几乎面向全校理工科专业的学生授课,但不同专业的学生都是做相同的实验项目。由于实验项目和所学专业不相关,导致部分学生缺乏动力,对物理实验课程的学习不重视。

二、以学生发展为目标,针对本校大学物理实验课程现状提出的改进措施

1. 采用线上线下混合式教学模式

为了解决线下教学模式中存在的问题,建议采用线上线下混合的教学模式来进行大学物理实验教学。线上线下混合式教学可分为课前、课中、课后三个阶段。在课前,教师可将一部分难度较大的实验项目的实验原理、实验仪器使用说明、实验步骤等录制成独立的微课视频,上课前几天将上述资源发布在超星学习通上。每个视频长度控制在 15min 以内,并用文字归纳每部分的重点内容和注意事项。这样,学生在课前就可以利用碎片化的时间,用手机或计算机登录学习通平台预习下一次课的实验内容。不同基础的学生可以结合自身对实验的理解情况,有针对性地选择播放教学视频的次数。教师还可根据每个实验项目的内容和特点,设计预习问题来检查学生的预习情形,预习问题可采用填空、简答、绘图和讨论等多种形式。教师端的学习通 App 会记录学生视频学习时长以及答题的准确情况,从而给定预习成绩。同时,教师也可以通过学习通 App 在线解答学生提出的问题。教师也可将实验的物理背景、前沿发展动态和在生产生活中的应用等以图片、文字、视频等形式上传至学习通中,来增加学生学习的兴趣和知识的广度。这样的线上预习不仅可以让学生为线下课

堂做好充分准备,还可以培养学生的自主学习能力。

由于学生在课前已经对实验内容进行了积极主动的预习,对实验原理、步骤等已经有了较好掌握,教师在课堂上可不必再花时间来讲解实验原理、实验步骤等内容,从而有效避免了"满堂灌"和"填鸭式"的教学模式。教师在课堂上可采取师生之间交流、讨论的方式,来引导学生实现知识的内化、巩固和应用。这样的教学模式,让课堂的有限时间得到了较好的利用,能够更好地培养学生自主学习、独立思考、合作探索的能力。在这样的教学模式中,学生的角色也发生了改变,由被动地接受知识转变为主动吸收知识。

课后,学生需要对获得的数据进行计算处理,完成误差分析和实验总结。数据处理中经常需要画图,鼓励学生用Origin、Excel等画图软件来画图,这样的训练可为他们以后的工作或者深造奠定良好的基础。教师可将Origin、Excel等的使用方法录制成小视频并上传至学习通中,供学生学习使用。

2. 因材施教,针对不同的实验项目采用不同的教学方法

在我校的实验项目设置上,有部分实验较为简单,如基本测量实验、验证牛顿运动定律和动量守恒定律实验等。在基本测量实验中,学生需要学会游标卡尺、千分尺、物理天平这三种仪器的使用方法。这三种仪器操作简单,并且教材上有仪器使用方法的详细说明,这样的实验项目是锻炼学生自主学习的较好素材。对于这样的简单实验项目,教师无须在学习通中上传微课视频,而是要求学生自行看懂仪器使用说明并进行实验。教师则引导学生对预习和实验过程中遇到的问题进行分析探讨,并逐个检查学生的仪器操作有无问题。而对于像惠斯通电桥、电表改装等这样的较为简单的电路实验,同样也不需上传实验操作视频至学习通中,而是在课堂上交代好安全注意事项后,让学生自行对照电路图连线,教师再逐个检查每个学生的连线,指出其连线有错误的地方并督促其仔细思考、再次尝试。这样的教学方式,不仅能极大地调动学生在实验课上的积极性,提高其自主学习能力,也能增强其自信心和成就感。这样的教学方式,很受学生欢迎。在课堂上,每个学生都非常自觉地动手实验,隐形逃课的现象得到了很大的改善。而对于一些用几分钟就能讲解清楚的知识点,则鼓励学生上台讲给同学们听。这不仅能锻炼学生的表达能力,也能进一步督促学生在课前主动思考、有效预习。

3. 理论与实验课教学紧密结合,"学"与"用"之间无缝衔接

为了做到理论与实验课教学紧密结合,需要根据理论课程的进度安排,来安排每个实验项目的授课学期和授课时段。较好的方法是在学完理论知识之后能及时用实验来巩固、内化知识。"学"与"用"之间的无缝衔接可提高学生的知识内化效果,提高其理论联系实际的能力。表1是本校根据理论课的上课进度来安排物理实验项目进度的示例。

表1　本校根据理论课的进度来安排物理实验项目进度

物理理论课程	物理实验项目
第1章　质点运动学 第2章　质点动力学	牛顿运动定律和动量守恒定律实验
第3章　刚体的定轴转动	刚体的定轴转动实验
第5章　气体动理论	空气比热容比实验

物理理论课程	物理实验项目
第8章　机械波	用超声波测声速实验
第9章　波动光学	双棱镜干涉、等厚干涉、光栅衍射、迈克尔逊干涉实验
第10章　静电场	用模拟法测静电场实验
第14章　量子力学的诞生	用光电效应测普朗克常数实验

4. 利用虚拟仿真实验来引入契合专业的物理学前沿知识

2020年初突如其来的新冠疫情在全国蔓延,导致全国几乎所有地区的学生无法进入课堂或者实验室进行线下的课程教学,因此高校的大多数课程都开启了线上教学模式。但是大学物理实验由于其课程的专业性及实践受限性一直未能得到有效开展,而科大奥锐公司的虚拟仿真实验课程的引入,使得我校的大学物理实验课程在疫情严重时得以顺利开展。学生对这种新颖的实验模式也很感兴趣,主动参与课堂的积极性有较大的提高。而且为了获得较好的分数,学生需要熟练掌握仪器的操作使用。

相比线下的实验项目,虚拟仿真实验在使用过程中不会出现仪器损坏的问题,而且更新迭代实验项目也不会造成资源的浪费,因此,在高校物理教学中有较多的应用。目前我校开设的线下物理实验项目数量较少(19个),而且由于实验场地的限制,也很难增加实验数量。此外,本校开设的实验项目内容都较为陈旧,知识点单一,和物理学的发展前沿几乎完全脱节。因此,在本校的物理实验课程中,结合物理学发展和前沿,选取一些物理理论深刻的、限于条件或经费没法购买实物的实验,来开展虚拟仿真实验的线上教学,就显得很有必要。而且,由于可供选择的虚拟实验项目数量较多,在实验项目的选择上也可考虑专业的差异,给不同专业的学生选择契合他们专业的实验项目来进行实验,这样也会激发学生学习的动力,使其重视物理实验课程的学习,同时也满足层次化、多元化的教学需求。

三、结语

针对我校目前大学物理实验课程中存在的问题,以学生的全面发展为目标,提出了几项改进措施。建议在教学模式上,采取线上线下相结合的混合式教学模式,让学生成为教学的主体,提高学生的自主学习能力和分析解决问题的能力;在教学方法上,因材施教,针对不同的实验项目采用不同的教学方法;在教学进度安排上,做到理论与实验课教学紧密结合,"学"与"用"之间无缝衔接,提高学生理论联系实际的能力;在教学内容上,用虚拟仿真实验引入契合专业的物理学前沿知识,增加物理实验课程的含金量,激发学生学习的动力和对物理实验课程的兴趣。

参考文献

[1]　李鹏."大学物理实验"课程教学改革策略探索[J].教育教学论坛,2021(1):65-68.

[2]　樊英杰.以工程思维能力培养为导向的大学物理实验教学改革与创新[J].实验室研究与探索,2021,

40(4)：171-175.

[3] 吴海英.《大学物理实验》改革的几点建议[J].大学物理实验，2015，28(1)：101-103.

[4] 戴玉蓉，恽如伟，熊宏齐.大学物理实验智慧教学模式的构建[J].物理实验，2021，41(7)：42-45.

[5] 高静，徐天赋.翻转课堂在基础物理专业实验教学中的应用研究[J].大学物理实验，2021，34(1)：135-138.

[6] 张宏远，徐清森，陈聪，等.大学物理实验课程手机 App 的设计研究[J].大学物理实验，2021，34(1)：141-144.

[7] 解玉鹏，王玉祥，盖啸尘.以能力培养为导向的大学物理实验教学改革[J].大学物理实验，2021，34(1)：139-140.

[8] 赵艳."双创"背景下大学物理实验教学实践与思考[J].赤峰学院学报，2021，37(6)：104-106.

[9] 贺柳良，张长伦，黄伟，等.大学物理实验课程教学体系改革的探索[J].中国现代教育装备，2021(1)：91-93,100.

[10] 郝军华，王云峰，王士福，等.基于虚拟仪器构建新型物理虚实结合教学模式[J].物理与工程，2021，31(3)：78-84.

[11] 段彬，张凤琴，唐笑年.新冠疫情下大学物理实验线上教学模式的研究[J].实验室研究与探索，2021，40(5)：174-176,294.

[12] 蒲贤洁，吴小志，杨骏骏，等.CUPT 模式下的居家物理实验线上教学实践[J].物理与工程，2021，31(2)：100-106.

[13] 廖德驹，沈韩，崔新图，等.基于通用设备和 Multisim 的虚实结合电学实验教学模式[J].物理与工程，2021，31(1)：96-103.

课题拉动、本硕联动，提升学生论文写作水平

金占勇　曹焕焕　耿小涵　程子萌

（北京建筑大学　城市经济与管理学院）

摘　要：毕业论文写作是高校对学生的逻辑思维与写作能力进行训练的关键环节。在毕业论文写作过程中，学生常会面临着如何选题、如何实现定性定量分析相结合以及如何满足重复率规定等难题。基于此，本文提出"课题拉动、本硕联动，提升学生论文写作水平"的教学模式，详细介绍其具体做法，并从学术研究结论与学术研究产出两个方面分析实际效果。结果证明，该教学模式在学生毕业论文写作过程中取得了良好的效果，具有一定的推广价值。

关键词：课题拉动；本硕联动；水平提升

一、选题背景

毕业论文写作过程中，很多同学会面临多个困惑：①论文题目如何选择，是选择自己感兴趣的题目呢，还是选择老师推荐的题目呢？如果选择自己感兴趣的题目，学生可能会担心自己的学术水平不高和写作能力不足而难以按时完成论文写作，更谈不上论文质量和水平的问题；如果选择教师推荐的题目，学生又面临着研究积极性不高和论文写作滞后的问题。②毕业论文题目选定后，论文写作过程中，如何实现定性分析和定量分析相结合，用以支撑定性分析的定量数据如何获取等问题。③毕业论文的写作过程中，如何确保论文的重复率不超出相关规定？如何确保毕业论文成果能够产生较好的社会效益和影响力？

针对上述问题，本文作者在工商管理专业本科生毕业论文指导过程中，逐渐摸索出了一条提升学生毕业论文写作水平的教学路径：课题拉动、本硕联动。

二、具体做法

为了能够顺利地推动工商管理 2016 级本科生毕业论文的开展，经管学院工商管理系采取了"早宣传发动、早师生互选、严把开题评审关"的"双早一严"毕业论文写作管理模式，取得了较为良好的效果。

在进行毕业论文写作之前，大多数学生更多的是在学校接受理论教育，缺少足够的社会实践经验，对于毕业论文的写作有一种"老虎啃天无处下牙"的感觉。本文作者认为，本科生毕业论文写作水平的提升，主要取决于两个方面的因素：一是学生内心深处对毕业论文写作兴趣的唤醒程度；二是毕业论文指导教师的指导水平。

1. 课题拉动，确保毕业论文研究的"前沿性"和"创新性"

为了能够更好地做到这两点，作者以课题《中国住房租赁市场体系创新研究》作为切入

点,作为毕业论文选题方向。

自从新中国建立以来,我国住房租赁市场的发展经历了"私房租赁""公房租赁""商品房租赁和廉租住房'二元制'""商品性住房租赁""租购并举"五大阶段。2015 年年底中央经济工作会议"购租并举"政策提出之前,住房租赁一直处在边缘领域和从属地位,主要扮演住房销售市场"冷却剂"的角色,发展速度缓慢。党的十九大以来,住房租赁得到高度重视,住房租赁政策密集出台。住房租赁市场真正进入发展的"快车道"。

在这样的大背景下,围绕"住房租赁市场"展开相关研究:从理论上,能够识别和分析我国住房租赁市场发展存在的问题和产生机理,丰富既有的住房租赁市场研究思路;从实践上,能够分析解锁住房租赁市场发展障碍的驱动因素,探索多主体协同多点发力共同促进我国住房租赁市场的优化发展,更好地深化住房制度改革。

如此一来,就能够很好地解决学生毕业论文选题所面临的"前沿性不够"和"创新性不足"的问题。

2. 严把文献综述写作关,提高学生对论文选题理解的深入程度

在论文实际指导过程中,很多学生出于实践经验不够,对论文选题会产生一种距离感,很难深入地领会论文选题的价值和意义。在这种情况下,需要及时地告诉学生,"要想站得高看得远,就必须站到巨人的肩膀上",需要通过案头文献调研的方式,多读多看多思考,一方面需要对住房租赁发展历史进行清晰的梳理,对其来龙去脉进行深入的了解和总结;另一方面需要对前人的研究成果进行阅读和思考,对其研究现状有一个整体的把握和认识。

为了能够让学生们对住房租赁研究现状有个清醒认识,指导教师必须尽全力教会学生如何写作文献综述。这主要分成两大方面:①国外研究现状的整理工作。以 Web of Science 核心数据库作为数据来源,检索方式为"主题＝rental housing OR rented housing",检索时间限定为"2000—2020 年",共获取 4616 篇相关文献。利用 Vosviwer 工具对该领域的研究内容与热点进行可视化分析发现,国外的研究主要包括两个方面:一是强调住房的可获得性和住房保障的良好实现;二是关注"爱彼迎"等共享房屋模式的推广和租户个性化需求的满足。②国内研究现状整理工作。以中国知网数据库作为数据来源,检索方式为"主题＝住房租赁市场",检索时间截至 2020 年 12 月 30 日,共获得 167 篇文献,剔除非研究类文献、无关文献,最终选取 153 篇相关文献作为本次分析的基础数据,利用 Citespace 工具对该领域的研究内容与热点进行可视化分析发现:一是 2016 年之前住房租赁市场研究受重视程度不高,研究论文数量有限,租购并举政策提出后,租购并举、租购同权等研究的文章数量显著增加;二是租购同权、住房保障、制度政策等内容为热点研究。

这样一番操作下来,同学们纷纷表示"住房租赁市场"相关研究不再显得那么"冷漠",反而十分有趣,而且也具有十分重要的研究价值和社会意义。

3. 本硕联动,系统性地分配研究板块,确保研究的"整体性"和"层次性"

本科生对于学术写作,锻炼的次数和深度相对研究生而言,要弱一点。因此,在进行研究内容的确定时,需要"因材施教",具体做法是:①研究生毕业论文的选题学术性更强一点,论文主体部分需要制定研究假设、构建数学模型,并通过收集的数据对研究假设和数学模型进行检验,确保模型的科学性;选取典型城市或典型案例对模型进行应用,确保模型的"可操作性";时刻提醒学生在进行理论研究的同时,不忘对实际问题的思考,发现"住房租赁

市场"发展问题的痛点,分析痛点背后的原因,进而提出解决方案。②本科生毕业论文的选题实操性更强一点,可以选取研究生论文中的典型城市或典型案例的某个方面作为研究重点。这样的好处是:一方面本科生论文写作的成果能够为研究生论文的写作提供理论支撑,而研究生又可以根据自身研究的结论与本科生展开讨论;如果双方观点产生分歧,找到指导教师评判,就能够产生"三个臭皮匠赛过诸葛亮"的效果;通过"头脑风暴"的过程,学生和教师都有了成长,一举多得。

详细做法是:①经管学院18级硕士研究生邱宵慧同学选择《基于PSR框架的住房租赁市场发展锁定与解锁策略研究》作为毕业论文题目,对我国住房租赁市场发展存在问题与应对策略进行了研究。②工商管理16级本科生郭丽慧同学、马欣雨同学、赵秭仟同学分别选择了《北京市住房租赁市场发展影响因素研究》《公租房的住户居住满意度研究——以北京市为例》《住房租赁市场规范化管理研究——以北京市为例》作为毕业论文题目,以北京市作为典型案例,从不同角度分析了北京市住房租赁市场发展的现状。

三、实际效果

(1)学术研究结论。邱宵慧同学通过研究,提出了"政策选择-锁定效应-路径依赖-解决策略"的研究范式,理论性较强、研究深度较高,得到了毕业论文外审教师和毕业答辩教师的一致好评。郭丽慧同学凭借《北京市住房租赁市场发展影响因素研究》一文,经过学院一次答辩、二次答辩,获得经管学院本科生毕业论文写作第一名,并获得2020届校级优秀毕业论文;马欣雨同学的《公租房的住户居住满意度研究——以北京市为例》获得2020届经管学院本科生院级优秀毕业论文。

(2)学术研究产出。在各位同学辛苦付出、认真研究的基础上,课题组发表"住房租赁市场"领域相关论文4篇,其中:核心论文一篇;出版学术专著《我国住房租赁市场发展锁定与机制创新》一部;撰写《我国住房租赁市场存在问题与应对策略》内部参考资料一篇;超额完成"中国住房租赁市场体系创新研究"课题研究的既定目标,受到课题主管部门的一致好评。

四、经验总结

学生毕业论文写作,不应是"无源之水、无本之木",而是可以围绕指导教师的学术课题展开分层次、多角度的研究;同时,要因材施教,根据学生接受能力、理解水平、学术功底的不同,合理分配研究任务。经实践检验,"'课题拉动、本硕联动'提升学生论文写作水平"的教学模式取得了不错的效果,建议大家尝试。

参考文献

[1] 新华社.中央财经领导小组第十四次会议召开[EB/OL].(2016-12-21)[2021-08-20]. http://www. gov.cn/xinwen/2016/12/21/content_5151201.htm.

[2] 新华社.加快发展保障性租赁住房 缓解新市民青年人等群体住房困难[EB/OL].(2021-06-18)[2021-

08-20]. http://www.gov.cn/xinwen/2021-06/18/content_5619451.htm.

[3] 新华社.住房和城乡建设部：增加保障性住房供给努力实现全体人民住有所居[EB/OL].(2021-09-01)[2021-12-20]. http://www.mohurd.gov.cn/jsbfld/202109/t20210901_251389.html.

[4] 黄燕芬,张超.加快建立"多主体供给、多渠道保障、租购并举"的住房制度[J].价格理论与实践,2017 (11)：15-20.

锅炉烟气分析虚拟仿真实验设计与实践

史永征　王文海

（北京建筑大学　环境与能源工程学院实验中心）

摘　要：对于采用化学吸收法进行锅炉烟气分析实验的本科实验教学环节，其不仅涉及锅炉运行的烟气采样与保存，还涉及所需化学试剂的配置和废液处置，具有相当的操作风险和安全隐患，且烟气样本的单一性影响实验效果。现借助虚拟仿真实验技术，开发锅炉烟气分析虚拟仿真实验，以规避现场实验的各种安全风险，增加实验多样性，并以该项目为例探讨虚拟仿真实验建设过程中的虚拟细节和仿真度，力争实现全功能仿真、开放操作。

关键词：锅炉烟气；虚拟仿真技术；实验教学；教学改革

燃气类实验项目一直以来是实验室安全关注的重点，除其易燃易爆的特性外，部分实验项目还使用到化学试剂，化学试剂的使用全周期包括购置、存放、领用、配置、使用、防护、废液处理等，有一套烦琐的安全管理流程。以上特性不仅大大增加了学生在实验操作过程中的安全风险，因实际条件限制还会造成实验结果单一、无法充分展示验证课堂相关理论知识点的问题。随着虚拟仿真实验技术的应用，可以很好地解决以上问题，同时可以拓展实验教学内容的广度和深度，提升实验教学的质量和水平，推进现代信息技术与实验教学深度融合。但在实际建设过程中，诸多实验操作细节需要深入探讨以实现最接近真实操作效果的仿真效果，以尽量满足"虚实结合、以虚补实"的建设原则。本文以锅炉烟气分析实验为例介绍虚拟仿真实验建设心得和体会。

一、锅炉烟气分析实验项目概况

锅炉烟气分析实验指的是对锅炉烟气中的三原子气体（CO_2 及 SO_2）、氧气、一氧化碳和氮气的分析测定。用于鉴别燃料的燃烧完全程度和过剩空气系数，计算排烟热损失和不完全燃烧热损失，加强学生对不同烟气组分所代表的物理意义及应用价值的理解。为降低实验成本，提高操作性，一般在教学实验过程中采用奥氏烟气分析器进行烟气组分的测定。奥氏烟气分析器主体为四管制玻璃气体分析仪，采用化学吸收法，利用具有选择性吸收气体（化学反应）的化学溶液特性，分别吸收烟气中对应的特定气体成分，从而根据吸收前后体积的变化求出各气体成分的体积百分数。

本实验需要多种化学试剂，包括氢氧化钾、氨水、硫酸等。吸收剂的配置过程及后续的学生操作过程均存在相当的安全风险，也会产生大量的实验废液需要分类存放处置。此外，实验过程中的操作失误也会导致配置试剂污染、失效，由于多班多批次的实验教学计划安排，单次配置试剂不能满足整个学期的实验需求，需要多次配置，相应也增加了配置风险。

在现有条件下,学校周围很少有锅炉房,以往实验基本以燃气灶燃烧取样作为烟气样品进行实验,导致样品成分单一,不能充分体现不同组分的物理意义和应用价值。

基于现状,开发和建设虚拟仿真实验项目,不仅可以降低实验风险,降低单次实验的教学成本,还可以增加实验多样性,增加实验操作过程的记录与评判。在虚实结合的前提下,既有现场实物的展示和讲解,又可以在计算机上模拟操作具体的实验教学过程,从而丰富教学内容、提高教学效果。

二、虚拟仿真实验设计

锅炉烟气分析虚拟仿真实验项目结合现有教学实验台实物进行仿真建设,采用 WebGL 技术,基于 Unity3D 引擎,利用 3DS Max 和 Threejs 进行建模,结合 Java、C♯ 语言和 SQL Server 数据库进行开发。项目建设过程中根据计算机操作特点对实验操作步骤进行了局部优化,突出自主操作功能,增加不当操作效果演示和错误提示。

仿真项目发布后嵌入网页端,依托于实验中心实验管理信息系统运行,集实验指导、仿真操作、实验教学管理于一体,是一个具有良好自主性、交互性的虚拟实验教学项目。

1. 整体模型设计

仿真实验台按照实际实验台尺寸 1∶1 绘制,在左侧的样品取样袋支路上增加一个旋阀以代替原有的夹子,该阀门用于封闭样品袋防止烟气泄漏或者被废气倒流而污染(图 1,图 2)。为便于操作演示,将左边的平衡瓶移到右侧位置,其与定量瓶之间通过直管段连接,相比软管而言,直管段动作简单,可以大大降低计算机的计算量,减轻计算机运行负荷,提高操作流畅性。在平衡瓶正上方框架的相对位置开口,实现贴近真实效果的上下移动。

　　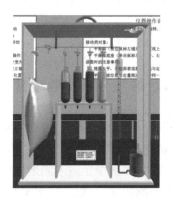

图 1　实体实验台　　　　　　　　　　　图 2　仿真实验台

2. 透明物体的绘制

本实验台主要功能部件为具有一定透明度的玻璃材质的容器,在绘制玻璃部件时,均需采用中空薄壁结构绘制,同时给出一定的透明度。特别是透明物体的绘制,一定要按照由里向外的顺序逐层绘制实体,这样才能显示出逐层透明的效果。以中间的四个吸收瓶为例,先绘制内部的液体,再绘制里面的细玻璃管束,最后绘制吸收瓶外层玻璃体。

3. 开放性操作流程设计

本实验的理想操作步骤为系统排气、烟气进样、四个吸收瓶按顺序逐个吸收并分别读取数据三大阶段。细分有 30 余个操作动作,包括打开关闭阀门、提升降低平衡瓶、对齐液面读数等。根据实验测试要求,一般要重复实验 3 次记录数据并计算平均值为最终测试结果。

学生在现场实验的实际操作过程中,经常会出现体验性操作、探索性操作、失误性操作等情况,具体操作动作远远大于理论值。而实验教学的目的不仅是验证理论知识,更重要的是培养科学的认识能力和研究能力、锻炼实验操作能力和探索精神。因此,单一的、封闭的仿真实验操作流程是不可取的。

本实验项目采取开放性操作流程设计,即所有动作并不互锁,各可操作单元任意时间均可操作。由于没有一个固定操作流程,对于任一个动作,都需要根据实验仪器当前状态以及各物理参数判断该动作所产生的正常或者非正常的结果,并恰当表现出来。这不仅增加了代码开发难度,更极大地增加了实验指导教师的前期工作量,其需要全面系统地整理描述出实验过程中的各种可能情况以及所产生的后果及其展现效果。这对于很多实验而言,相当于把很多思考题的内容和不当操作都加入到了实验验证环节。

由于没有固定单一的标准操作步骤,后台也无法根据学生的操作步骤自动给出操作成绩,这一点需要实验指导教师后期根据数据库记录的学生操作记录人工判断是否操作正确及完整。当然,现场实验过程也是这样的,即使各组同学都正确完成了本次实验项目,其具体的实验操作步骤也不尽相同。

4. 实验初始条件的设定

本实验项目的目的是测试被测烟气样品中的各主要组分含量,一种方式是在系统加载时在一定范围内随机生成,另一种是由指导教师通过设定数据库特定字段而指定初始值。其他的诸如实验台编号、各吸收瓶初始液位、各阀门状态等,均为初始随机给定,以实现实验台初始状态的差异性,避免雷同情况出现。

三、学生操作实践及项目改进

锅炉烟气分析虚拟仿真实验上线运行一段时间后,针对运行中出现的一些问题和学生提出的操作建议,有针对性地进行了改进。

1. 各旋阀状态不清晰,不便于鼠标点击操作

本实验台的旋阀都是玻璃材质,具有一定的透明度,需要通过观察阀柄的位置判断阀门开关状态。由于计算机上显示的有一定透明度的物体和实际的玻璃器材还是有很大的差距,因此,将所有旋阀扩大一倍,以突出显示,便于操作。

2. 平衡瓶的上下移动不好控制

原始设计动作为在平衡瓶上单击鼠标开始向上或者向下移动,再次单击停止移动。读数时需要在移动过程中与定量瓶对齐液面后停止再读取数据,由于移动速度不可调节、部分计算机运行卡顿等而无法准确对齐,当整体速度变慢之后又会增加动作时间。因此,将单击移动改为按下拖动。即通过在平衡瓶上长按鼠标左键并上下拖动实现平衡瓶的上下移动,这样就可以根据鼠标移动速度来随时调节平衡瓶的上下移动速度,便于在接近对齐液面时

慢慢移动对齐。

3. 在一氧化碳吸收后读数偶尔会变小导致出现负值

通过多次模拟操作,在确保操作动作全部正确的前提下,发现出现该问题的原因是被测烟气在进出吸收瓶时的气体体积计算出现误差导致的。具体为几个吸收瓶和定量瓶的内部体积不是简单的标准圆柱体,而是包括渐变径、突变径在内的复杂组合体。仿真实验中的体积计算是把连续动作变化所带来的体积量变化分解为特别小的体积单元进行逐个计算,以实现在动作过程中随时展示动作效果,其在变径处的计算就会导致少量截断误差的出现,在多次上下移动过程中就会累积造成较大误差,而本实验样品中的一氧化碳很少,因此该现象只在一氧化碳吸收后出现。

改进措施包括进一步减小最小体积单元的限值,但这会在一定程度上增加计算机的计算量。同时在渐变径处引入高度与体积之间的拟合公式进行液体高度计算,在突变径处进行边界判断并对最小体积单元按所属区域再拆分为上下两块分别计算。

四、结语

锅炉烟气分析虚拟仿真实验经过一段时间的运行和不断改进,现已成为燃气类教学实验的重要手段,促进了以真实实验为主、虚拟仿真实验为辅的虚实结合的实验教学体系建设。特别是其开放性操作的设计理念,极大地提高了仿真度和实验操作性,实现了实验教学的验证和探索之功能,有效提高了燃气类实验教学水平。

参考文献

[1] 王永友,王琨,郭昭学,等. 石油与天然气工程虚拟仿真实验教学体系建设与实践[J]. 实验技术与管理,2019,36(12):23-27.

[2] 蔡永兵,李飞跃,王艳,等. 虚拟仿真技术在环境类专业实验教学中的应用与思考[J]. 广州化工,2021,49(11):156-157.

[3] 李磊. 虚拟仿真实验教学的必要性、存在问题及其可持续发展机制[J]. 湖北开放职业学院学报,2019,32(7):151-153.

[4] 张佳,王一凡. 温度变送器虚拟仿真实验系统的设计与实现[J]. 实验技术与管理,2021,38(5):134-139.

[5] 陈爱群,张敏. 基于 Unity3D 的减速器虚拟仿真实验平台开发[J]. 电脑知识与技术,2021,17(14):49-51.

文化自信下传统文化融入大学英语教学研究

孙　华

（北京建筑大学　文化发展研究院/人文学院）

摘　要：文化自信视域下的大学英语教学，是大学英语教学改革研究的一个新方向。有效融入优秀传统文化，是大学英语教学研究的一个新趋势。如何在大学英语课程教学中有效融入优秀传统文化，使学生们在提高英语专业水平的同时，又能坚定做到文化自信，从而利用英语语言工具把我国优秀传统文化推向国际舞台，是每一位教育工作者应研究的重点课题。本文立足于文化自信视角，阐释将传统文化融入大学英语课程教学的必要性，并提出相应策略。

关键词：文化自信；优秀传统文化融入；大学英语教学

一、引言

习近平总书记在党的十九大报告中指出："文化是一个国家、一个民族的灵魂。文化兴则国运兴，文化强民族强。没有高度的文化自信，没有文化的繁荣兴盛，就没有中华民族的伟大复兴。"高校作为文化传承的重要载体，肩负着坚定文化自信的重大使命。而优秀传统文化融入大学英语课程，是文化自信背景下的必然趋势。作为一门跨文化的学科，大学英语有其特殊性。一方面，要以学习掌握西方英语国家的语言文化为前提，另一方面，又要坚守自己的民族文化传承。只有这样，才能回答好"如何培养人和为谁培养人"这个教育核心问题，也才能回答好"如何真正做到文化自信"问题。

二、文化自信的界定

1. 文化自信的提出

作为四大文明古国之一，中国有着悠久的历史和灿烂的文化。随着社会的发展，各国之间文化融合越发剧烈。优秀传统文化更是一个国家一个民族用之不尽的发展源泉，为中华文明的延续提供了不竭动力。

2016 年 7 月，在庆祝中国共产党成立 95 周年大会上，习近平总书记指出"文化自信，是更基础、更广泛、更深厚的自信"。我们提倡的"文化自信"不是空洞的口号，不是停留在理论层面的研讨，是可以真正践行的。中华民族千百年来形成的文明基因，形成了深厚的优秀传统文化底蕴。无论革命年代，还是建设时期，还是改革开放的伟大实践中，优秀传统文化与当代先进文化不断融合，是激励我们坚定文化信念的最大底气。

2. 文化自信的内涵

文化自信是一个民族、一个国家乃至一个政党对自身文化价值的充分肯定和积极践行，并对其文化的生命力持有的坚定信心,是民族文化的核心价值与恒久追求,是民族凝聚力、向心力以及团结力的集中表现。

1) 对中华优秀传统文化的自信

回望历史,翻开中华民族五千年的发展历程,不难看出,中华传统文化虽然历经磨难,但百折不挠,以其强大的民族意志和与世界文明交融的接续实践,不断蓬勃发展,源远流长。作为四大文明古国中仅存的文明,中华优秀传统文化对于形成统一的多民族国家,至关重要。

放眼世界,中华优秀传统文化是中华民族特有的精神谱系和核心价值,是世界文明板块的重要组成部分,也是构建人类命运共同体的有力支撑。随着人类步入 21 世纪,国与国之间的联系越发紧密,中华优秀传统文化不仅是本国人民精神家园,也是世界各国人民共享的精神财富。

2) 对中国现实发展道路的自信

文化自信,在不同的历史时期,有不同的体现。从现实的维度看,坚持中国特色社会主义道路自信就是文化自信的具体形态。

一方面,中国特色社会主义道路,是马克思主义基本原理与中国革命和建设具体实践相结合的产物。40 多年的改革开放实践、新中国成立后 70 余年的持续探索、建党百年的砥砺前行、鸦片战争以来 180 多年的奋斗历程,都是源于 5000 多年中华文明底蕴,它是确保中华民族能够在纷繁复杂的国际环境中立足的底气所在。

另一方面,中国特色社会主义道路,是中华优秀传统文化、革命文化和社会主义先进文化有机结合后形成的统一体。在中国革命、建设和改革长期实践中,中国共产党人接续探索,赓续精神,成功走出了一条中国特色社会主义发展之路,极大推进了中华优秀文化步入新时代的进程。

3) 对中国未来发展前景的自信

从传统文化的历史进程中,可以寻找到未来的发展密码,可以预见到本民族文化未来的前进趋势。翻开中华民族 5000 年的文明史,挖掘其中的优秀传统文化,坚定在未来发展中的文化自信,是实现中华民族伟大复兴的必然选择。

一方面,我们要学习世界的其他优秀文化,不能回到"闭关锁国"的老路。每个民族有每个民族的先进性,只有以开放包容的心态,学习其他民族的先进部分,才能为本民族发展提供更加长久的发展动力。

另一方面,我们要坚定自身的文化自信,不能步入"改旗易帜"的邪路。在世界一体化和经济全球化进程中,西方近代以来倡导的"普世价值"观不断碰壁,由此导致的国际问题日益突出。中华文化越发向世界展现了独特的中国智慧。

三、优秀传统文化融入大学英语教学的意义

优秀传统文化有效融入大学英语教学是落实文化自信的具体举措,积极推进优秀传统文化进大学英语课堂,意义十分重大。

1. 实现不同文化间的"正迁移"

(1) 最新《大学英语教学指南》指出,大学英语的教学目标是"培养学生的英语应用能

力,增强跨文化交际意识和交际能力,同时锻炼自主学习能力,提高综合文化素养"。可以看出,大学英语教学是语言教学,也是文化教学,在不同语言文化的学习过程中,要把学生培养成为既有专业知识,又能具备高度文化自信的共同体。因此,大学英语教学不能只停留在知识传授层面,还要注重综合文化素养的提升。中华优秀文化的融入,将会在不同文化之间的碰撞过程中,赋予大学生对本民族文化的高度认同。

(2) 随着中华民族伟大复兴时代的到来,特别需要讲好中国故事,发出中国声音。大学英语教学作为中西文化交流的前沿阵地,理应肩负着对内学习英语知识,对外传播中国文化的历史重任。大学英语教学融入中国文化,一方面能在文化融合过程中培养通晓英语的专门人才,另一方面又能把课堂内容中蕴含的中国文化要素挖掘出来。

2. 实现大学英语教学的"工具性"和"人文性"

(1) 在大学英语教学中融入中华优秀传统文化,已成为社会共识,这既是文化自信的要求,也是实现中华民族伟大复兴的必然。在课堂教学中,一方面,要注重英语课程本身的"工具性",毕竟语言天然就是交流的工具,另一方面,更要突出英语课程的"人文性"。目前,许多高校开设了中外文化比较相关课程,同时,介绍中国文化的英文教材也不断问世。

(2) 中华优秀传统文化为英语教学提供了丰富的课堂素材,通过现代化的教学手段,在网络化和信息化的背景下,借助云服务、大数据等技术,实现了中国文化全景式的展示。随着我国高等教育理念的不断发展,以及对以"立德树人"为核心的教育根本任务的落实,大学英语教学中融入中华优秀传统文化逐步呈现出多样化的标志性成果。

3. 克服"文化失语症"现象

(1) "中国文化失语"最早由南京大学从丛教授提出,他发现有许多英文水平很高的中国青年学者,在与西方人交往过程中,不能用英语准确表达,甚至造成一定程度的误解或曲解。因此,在大学英语教学中,需要通过开设适当的中国文化类课程,补齐中国文化元素不足的短板。

(2) 以英语教材建设为重点,要改变教材中中西文化比重。适当增加中国文化,特别是中华优秀传统文化内容。在课堂教学素材方面,需要挖掘中国文化中的核心精髓,从根本上改变"中国文化失语症"现象。在课堂组织上,逐步由教师讲授为主转向教师指导为主的教学方式,采用新型教学方式,不断增强英语课堂的教学效果。

四、文化自信视域下传统文化融入大学英语教学的策略

1. 从教材上,要加强英语教材建设,完善教学内容

教材是教学的基本遵循,在大学英语教学过程中,必须从平等的原则出发,开展跨文化交际。这就需要对现行的教材体系和内容进行一定的调整,在文化自信的背景下,有必要增加中国文化和中西方文化对比内容的比例,改变原有的教材中的纯粹西方文化"输入"情况,特别是要补齐中华优秀传统文化这块"短板"。通过这样的调整,可以使当代大学生在英语学习过程中,既能具备英语语言能力,又能坚定文化自信。

1) 增加大学英语教材中中华优秀传统文化比重

现行的英语教材中中华优秀传统文化缺失比较严重,编写过于西化,以《大学英语综合

教程》为例,在近 60 篇阅读材料中,其中 44 篇有关西方文化,而仅有 2 篇与中国文化相关。在这种教材的直接影响下,造成多数学生在谈论西方文化时能够滔滔不绝,但在向西方介绍中国文化时,常常出现表达障碍。导致这一现象的根本原因,就是从前的教材编写,过于注重了语言的"工具性",忽视了语言的"人文性",过于强调西方文化学习,不利于跨文化交际能力的提升。

以上海外语教育出版社的《大学英语精读》第三版第一册为例,文化教育涵盖了以下七个方面。即:方法论、实现自身价值、人与环境、感恩教育、财富观教育、人生观教育和建立和谐社会。每个单元后都有"阅读活动"主题文章供学生自学,在教材编写时,如果能够在这部分增加一些中国文化内容,将会对学生学会用英语表达中国文化十分有益。

2)比较中西方文化差异中融入中华优秀传统文化

把比较法渗透到大学英语教育中,可令学生在了解英语文化的基础上,正确理解中国文化,弘扬中国文化。以《大学英语精读》第一册第三单元《礼物》为例,其学习重点是了解西方社会的家庭关系、社会习俗以及老年人的精神需求等。如果此时能恰当引入中华传统文化中的儒家思想,引导学生对中西文化差异进行对比,则可以避免盲目崇拜西方文化,从而实现中西文化交流与弘扬中华优秀传统文化并举;同时,也可以在大学英语教材的课后训练中,适当加入一些用英语表达中国文化的元素。如:在《大学英语精读》第一册第二单元课后翻译练习中,"While she felt like joining in the argument, Nancy was too shy to open her mouth."可以对比一下中国文化中的成语"欲说还休"的表达有何不同,以及其历史的由来。

2. 从教学方法上,要不断加强教学方法手段创新

实现教学目标,必须运用适当的教学方法,通过适当的教学途径来进行。显然,单纯依靠传统的教学方法与教学手段,无法满足新时期的大学英语教学要求。

(1)创新中华优秀传统文化的呈现形式。具体而言,在我国,高校要不断探索中华优秀传统文化在大学英语课堂中的呈现形态,通过形式与内容的创新,不断提升其时代特性。从中华优秀传统文化的融入方法来看,应该从语音词汇等基本知识入手,结合听说读写等技能的培养,特别是通过语言和跨文化对比来提高学习成效。举例来说,从词汇看,英语与汉语差异明显,有些词汇只在汉语之中存在,如"粽子""饺子""功夫"等,具有浓郁的中国文化色彩;还有的词汇只存在于英语中,汉语则没有对应的词汇,如"child's play",极易被误解为"儿戏",实际上指"非常容易完成的事"。

(2)创新大学英语课程的内涵。在文化自信背景下,要针对大学英语课程中普遍存在的问题,在教学方法上进行改革和创新。大学英语教学改革,必须紧紧围绕教学大纲,逐步改变传统的"填鸭式"课堂教学方式,丰富课程内容。在课堂上,教师还可以设计一些有关中西方文化的听力素材,通过分组讨论,结合体现中西不同文化背景的例句,以及英汉成语互译等方式,把跨文化交际中蕴含的文化内容与语言技能学习有机地结合在一起,从而不断提升中华优秀传统文化的吸引力。

3. 从教师层面,要切实提高做到坚定文化自信能力

将优秀传统文化有效融入大学英语教学,最为根本的,还需要通过教师来实现。

(1)教师自身需要具有深厚的中华优秀传统文化的积淀,具备坚定文化自信的前提。一方面,教师要通过"传道授业解惑"的方式,引导学生了解西方文化,掌握必备的语言技能;

另一方面,要采取灵活多样的教学方式,在"润物无声"中有效融入中国文化,特别是要在向世界"讲好中国故事"上多下功夫。学生在学习英语过程中,自然会受到西方文化的影响,也会产生与母语之间的碰撞,因此,在课堂上增进学生的文化自信,一定是以教师的文化自信为前提的。

(2)教师自身还需要具备中西不同文化的鉴赏能力。通过中西不同文化对比,既用"扬弃"的观点对待母语文化,也要用"扬弃"的观点对待西方文化。没有一种文化是"放之四海而皆准的"普世文化,只有在不同文化之间找到最优秀的那一部分交集,然后学习它。对于教师而言,在引导学生学会用批判的眼光去看待西方文化的同时,还要学会从西方文化中挖掘出其中的优秀内容;同时,提醒学生,要在学习过程中,弘扬好中华优秀传统文化。

总之,将中华优秀传统文化融入大学英语教学是高校坚持"立德树人"的具体举措,培养学生文化自信是实现"三全育人"的重要过程,也是提高青年大学生跨文化交际水平的关键性因素。作为文化自信建设的主体,高校要着力培养好大学生群体文化自信意识,这也是我国大学阶段英语教育事业发展的重要条件,以及英语教育模式改革的根本目的。

参考文献

[1] 吴杰,施莉莉.文化自信背景下优秀传统文化融入高校课堂的价值研究[J].广西青年干部学院学报,2020,12(6):59-62.
[2] 陆海霞."文化自信"语境下大学英语教学改革的导向与路径[J].大学英语教学与研究,2019,2(4):69-72.
[3] 彭永靖.大学生文化自信在英语教学中的培育路径研究[J].河南教育,2021,2(20):74-76.
[4] 矫秀丽.文化自信视角下红色文化融入大学外语课程教学研究[J].黑龙江教师发展学院学报,2021,6(6):131-133.
[5] 闫周慧.文化自信在大学英语教学中隐性渗透的策略研究[J].英语广场,2021,3(153):111-114.
[6] 佟艳光,赵红军.基于文化自信的大学英语课外阅读教学设计与实践[J].辽宁工业大学学报(社会科学版),2020,2(1):119-122.
[7] 杨立梅.全人教育理论下大学英语课程思政教学分析[J].海外英语,2021,6(12):178-179.
[8] 田凡玉,李艳霞,刘春蕾,等.文化自信视域下高职大学英语思政融课的实践研究[J].英语广场,2021,5(159):117-120.
[9] 王婧方.课程思政导向下的大学英语教学创新[J].陕西教育(高教),2021,5(15):4-5.
[10] 郑颖.文化自信导向的高校英语教学改革研究[J].黑龙江教师发展学院学报,2020,7(7):148-150.

思想政治教育与研究

新时代下高校思政课教学改革中的守正与创新

冯 蕾

（北京建筑大学 马克思主义学院）

摘 要：高校思政课是落实铸魂育人任务的关键课程,关乎着培养什么人、为谁培养人、怎样培养人的核心问题。当下高校思政课教学面临着新的形势和新的情况,因势而变、因时而进、因事而化的教学改革势在必行。在思政课教学改革中必须坚持守正与创新的辩证统一,其中守正是新时代高校思政课教学改革的前提,而创新则是高校思政课教学改革的活力之源。只有将二者有机统一于高校思政课教学改革全过程,才能真正使思政课发挥出立德树人的作用。

关键词：思政课；教学改革；守正创新

回顾我党百年建党历史,以及不断从胜利走向胜利的奋斗征程,其中思想政治教育始终是我党强化领导力、增强凝聚力、提高向心力、提升战斗力的重要途径。当下,我国正处于全面建设社会主义现代化强国,实现中华民族伟大复兴的关键时期,构建并完善新时代下我国思想政治教育体系不仅关乎国家意识形态安全,更关乎能否培养出合格社会主义建设者和接班人的历史重任的完成。习近平总书记关于思政课教育的一系列重要讲话及论述,为新时代下高校思政课教学改革提供了依据、指明了方向。

一、高校思政课教学改革的重要意义

伟大事业需要合格的人才来担当,伟大梦想需要有理想有信仰的人来实现。古人云："敬教劝学,建国之大本；举贤育才,为政之先务。"进行伟大斗争、建设伟大工程、推进伟大事业、实现伟大梦想都需要教育为之提供坚实的人才基础。正如习近平总书记在学校思想政治理论课教师座谈会上的讲话中谈到的："我们党立志于中华民族千秋伟业,必须培养一代又一代拥护中国共产党领导和我国社会主义制度、立志为中国特色社会主义事业奋斗终生的有用人才。"而思政课作为"立德树人"的核心课程,承载着为谁培养人、培养什么人的历史重任。当下,中国之发展正处于百年未有之大变局,在新的历史条件下如何更好地把握时代脉搏、扎牢理论功底、运用新的技术手段、实现对大学生的价值、思想引领,思政课的教学改革就变得异常迫切。

1. 思政课程的吸引力

高校思政课作为"立德"的主阵地,"树人"的主战场,其重要性不言而喻。但是在实际的课堂教学中,思政课却常常面临着学生"身虽在,心已远"的尴尬局面。抬头率不高、吸引力

本文系北京市教工委高校思想政治理论课教师"扬帆资助计划"教研项目(项目号：JGWXJCYF201726)的阶段性成果。

不强似乎成了思政课教学过程中的通病。正所谓"立物易、立心难",不提升思政课教学的吸引力,不将课堂变得"有意思"就很难将课程的"有意义"实现,也就无法有效完成思政课程价值引领、思想塑造的重任。因此,只有积极探索好的教学方法和教育模式,不断提升思政课程的吸引力,才能牵住思政课教学改革的牛鼻子,才能保证每一节课程都能实现内容不走样、学生不走神,只有课堂真正"活起来",思政课教学才能"活起来",从而真正成为让学生受益终身的思想金课。

2. 马克思主义理论的说服力

思政课程的理论根基源于马克思主义理论及其中国化时代化成果,宣讲思政课从根本上说就是在宣传马克思主义理论,弘扬为共产主义事业奋斗的精神。教学相长,一方面马克思主义理论及其中国化时代化成果为思政课教学提供理论之源;另一方面课程是对理论的延展,思政课程的深化改革会不断激发对马克思主义理论深化学习和研究的热情,二者相辅相成、相互促进。思政课就是宣扬马克思主义理论的主阵地,是学生了解和接受马克思主义理论的主渠道,因此,思政课程的教学改革直接关乎了这个主渠道作用能否有效发挥。马克思说:"理论只要说服人,就能掌握群众;而理论只要彻底,就能说服人。"马克思主义的基本原理、基本方法、价值取向本身是彻底的,问题就在于很多高校的思政课无法实现讲得透彻、用得鲜活,从而使其丧失了时效性和感染力。高校思政课教学改革只有做到让基本原理变成生动道理,入心入脑,基本方法变成管用方法,入生活、入实践,才能真正扩大马克思主义理论的影响力和说服力,才能真正坚守马克思主义在意识形态领域的指导地位。

3. 对大学生思想的引领力

高校思政课的主要目标和根本任务就是要对大学生进行科学的理论灌输和正确的思想引导,用真理强大的力量去感召学生、武装学生,满足大学生求真的理论需求和投身时代的成长需要,从而为中国特色社会主义事业培养合格的接班人。正如习近平总书记指出的,青少年阶段是人生的"拔节孕穗期",是形成世界观、人生观、价值观的关键期,最需要精心的引导和培育,而思政课作为铸魂育人的核心课程,无疑是大学生"拔节孕穗期"最重要的营养剂。营养剂打得好,苗就长得壮,否则就会适得其反。思政课本身"食材丰富、品质营养健康",如何让这些营养被学生全面吸收,如果只靠做熟饭、填鸭式灌输是无法实现预期效果的。只有在思政课教学改革中不断提升教师的"厨艺水平",提高思政食材的"新鲜度",让学生在享受思政这道大餐时感觉到"有滋有味、有营养",才能增强"四个自信",自觉将爱国情、报国志、强国行融入自身的生活、工作实践中。

二、守正是高校思政课教学改革的基础

正者事物之本也。守正即是坚守正道,按照事物的本质和发展规律办事。当下之中国正处于百年未有之大变局中,"世界怎么了""我们怎么办"的时代之问发人深省。面对机遇与挑战并存的时代,身处国内外复杂的发展环境,只有让大学生更加全面、科学、理性地认识当下之中国与世界,才能更好地理解中国、认同中国,从而将自己的人生理想追求自觉融入振兴中国的伟大实践之中。所以,高校思政课作为弘扬"四个自信"的主渠道,在教学改革中必须始终坚守"为谁培养人、培养什么人、怎样培养人"的正确发展方向,才不会走上歧路迷失航向。

1. 坚守理论方向之正

马克思主义基本理论是高校思政课的内容之根。作为一个内在统一、完整系统的科学理论体系,马克思主义理论科学地揭示了人类社会发展的规律,论证了社会主义取代资本主义的历史必然性,解放全人类、实现人的全面自由发展是其价值追求,指明了无产阶级政党所肩负的历史使命,为无产阶级政党的发展提供了科学的世界观和方法论。作为真理性与价值性、科学性与革命性相统一的马克思主义理论具有跨越时空的生命力,既是我党思想政治理论的基础,也是我们认识世界、改造世界的强大思想武器。

回顾我党百年奋斗历程,党的建立史、革命史,领导新中国的建设史、改革史,都是在马克思主义理论的指导下完成的。正是我党对马克思主义理论的科学把握和中国化时代化的应用,形成了诸如毛泽东思想、中国特色社会主义理论体系、习近平新时代中国特色社会主义思想这些丰硕时代化成果,指导中国的革命、建设和改革,才实现了中国从站起来、富起来到强起来的伟大飞跃。马克思主义理论不仅过去是、现在是我党制胜的法宝,未来仍然是我党带领全国各族人民实现中华民族伟大复兴的思想武器。因此,高校思政课教学与改革所要坚守的理论方向之正,就是要在课堂教学与改革中始终坚持马克思主义的基本立场,全面、科学而深刻地传播马克思主义理论及其中国化时代化成果,这就要求:一方面作为思政课教师必须要原汁原味地学深悟透马克思主义理论,吃透教材,从而讲出科学理论的深度和魅力;另一方面也要引导好学生精读马克思主义经典著作,学透马克思主义中国化时代化的理论成果,只有在真学、真懂的基础上,以彻底的思想理论说服学生,才能解决好真信的问题。只有在思政课教学改革中始终坚持用马克思主义强大的真理力量去感召学生,才能使其有效克服思想观念淡漠、信仰缺失的问题,才能彰显思政课教学的使命。

2. 坚守政治导向之正

思政课教学与改革的政治导向就是指思政课程所具有的意识形态属性。所谓意识形态简而言之就是在一定的社会经济基础之上所形成的代表一个阶级利益的系统观念。作为对社会存在的反映,包罗万象的社会存在也决定了社会中意识形态的复杂性。在阶级社会中只有牢牢把握意识形态领导权,才能论证自身阶级统治的合法性,才能以此调节和指导人们的生产生活实践,从而巩固阶级的统治地位。正如马克思主义经典作家所指出的:"作为思想的生产者进行统治,他们调节着自己时代的思想的生产和分配。"也就是说"一个阶级是社会上占统治地位的物质力量,同时也是社会上占统治地位的精神力量"。当然这种精神力量的统治地位的取得并不是伴随着政治统治力量的确立而自动获得的,但是需要统治阶级不断建设而得到巩固的,尤其是面临复杂意识形态斗争时更是如此。所以,习近平总书记强调:"意识形态工作是党的一项极端重要的工作,是为国家立心、为民族立魂的工作。""做好意识形态工作,事关党的前途命运,事关国家长治久安,事关民族凝聚力和向心力。"

高校作为大学生"拔节孕穗期"的主要培养者,是大学生的成长成才之地,更是培养社会主义事业合格接班人的重要场所,是我国意识形态建设的主阵地。思政课作为大学生思想政治教育的核心课程,其政治导向、意识形态属性是不言自明的。思政课的教学内容和改革重点必须始终把坚持社会主义发展道路、坚持党的领导,实现"四个自信"作为核心原则,全面贯彻党的教育方针。一方面思政课教师要有责任意识,提高政治站位,要始终从意识形态高度认识思政课的政治性、重要性,使三尺讲台成为宣传先进文化思想的坚强阵地,对于任何错误言论、错误思想要坚决抵制,不留任何妥协退让余地。同时也要注重意识形态传播中的话语体系的构建,使用学生喜闻乐见的"新话",讲好理论的"真话",从而牢牢把握意识形态教育中的话语权;另一方面,意识形态领导权建设作为系统工程,需要各门课程与思政课程同心同行,共同发挥协同育人效应,守好各自的责任田,使课程思政与思政课程有机配合,加快构建中国特色的哲学社会科学体系、教材体系和课程体系,才能从根本上用中国话语讲好中国故事,使学生不仅学习到知识文化,更能从情感上认同社会主义和党的领导,从思想上立志成为社会主义事业的建设者和接班人。

3. 坚守价值取向之正

人既有个体属性,也有社会属性。人无法完全脱离社会生活而存在,这在现代社会生活中更是如此。而社会作为人生产生活实践的主要场所,包含了不同民族、不同地域、不同阶层、不同文化背景等多种群体,不同群体的价值追求、思想观念存在着诸多差异。只有有效整合这种差异,形成社会共识,即在差异中寻求最大公约数,才能使各方向的力有机协调为社会发展前进的合力而不是阻力,凝聚力而不是离心力。当下中国正处于实现伟大中国梦的关键时期,实现伟大梦想必须凝聚中国精神、发挥中国力量。社会主义核心价值观作为中华民族优秀文化的核心表达,是中国精神内核的精确阐述,也正是这种以爱国主义、集体主义、社会主义为中心的中国精神有效凝聚着亿万中国人民的心,实现着全体人民的价值共识。正是因为大家心往一处想,才能形成劲儿往一处使的强大中国力量,助力中国梦的实现。

一个时代有一个时代的历史使命。伟大时代召唤新时代的青年要更具有担当精神,所以价值观培育的成功与否将直接关乎青年能否成长为合格的民族复兴重任的担当者。社会主义核心价值观作为社会主义核心价值体系的内核,是实现中国梦的力量之源,更是青年成长成才的导航灯,不仅引导着青年正确认识自己、认识社会,也引导着青年将个人的理想抱负自觉融入中国梦的实现过程。面对全球化的深化发展,各国思想文化不断交流交锋的新形势,价值取向的多元化成为一种常态,高校思政课教学与改革只有牢牢抓好大学生的价值观教育,积极培育大学生对社会主义核心价值观的认同与践行,才能巩固马克思主义在意识形态的指导地位,才能保证社会主义发展不走样。守价值取向之正,就要求思政课教学改革一方面要在授课过程中大力弘扬中华优秀传统文化、中国革命文化和社会主义先进文化,讲好中国故事;另一方面要从故事中、实践中升华提炼社会主义核心价值观,使学生不仅在感性上,更在理性上认识社会主义核心价值观的重要意义,从而真正地认同它、实践它。

三、创新是高校思政课教学改革的源泉

马克思认为人作为类存在物,实践是确证人类本质的根本活动。而基于实践不断发展的创造性活动即创新更是人类本质力量的体现,因为它融合了人类更高的智慧和知识,消耗了更多的劳动时间,创造了更大的价值。所以创新不仅是引领发展的第一动力,更是民族进步的灵魂。高校思政课有没有吸引力、亲和力和说服力,关键就是要看它能不能紧跟时代发展、回应学生关切,能不能做到"因事而化、因时而进、因势而新",因此,思政课要想办好,创新是活力之源。高校思政课教学改革的创新应该从以下几方面入手,具体如下。

1. 创教学内容之新

马克思主义理论认为人类社会的存在、发展,源于生产力和生产关系、经济基础和上层建筑之间的矛盾运动。受社会基本矛盾的制约,一定时代的哲学思维必然是一定时代社会存在的反映和产物。正如恩格斯所说的:"每一个时代的理论思维,从而我们时代的理论思维,都是一种历史的产物,它在不同的时代具有完全不同的形式,同时具有完全不同的内容。"马克思主义理论诞生于资本主义机器大工业时代,相比于现在已经过去了将近两百年,但这并不妨碍马克思主义基本原理和科学方法穿越时空的真理性。因为它并不是穷尽真理的教条,而是不断开辟着通向真理的道路,从而具有与时俱进的理论品质,也正因为如此,马克思主义理论才能永葆生机活力。我党的百年奋斗历史更是昭示了只有将马克思主义理论始终与中国具体实际相结合,同中华优秀传统文化相结合,才能回应时代问题,指引新的征程从胜利走向胜利。

以马克思主义理论和马克思主义中国化时代化成果为主体理论内容的思政课,必须在全面阐明基本理论的同时,深刻把握马克思主义理论与时俱进、马克思主义中国化时代化成果实事求是的理论品质。只有以此为基础展开教学内容创新,才能有的放矢,真正回应学生所关切的事物。思政课教学内容之创新就是要使理论紧跟时代,这就要求:一方面理论讲授应具有宏大的视野,既要有百年未有之大变局的世界眼光,也要有民族伟大复兴的战略角度。要把理论置于其产生的历史背景中,结合人类文明的发展史、中国共产党建立史和近代以来中国的发展史,讲清楚"是什么",更要讲清楚"为什么"和"怎么办"。通过历史情境的再现、横纵向对比以及案例故事的引入,才能提升讲授内容的深度和说服力,从而增强学生的获得感;另一方面要积极将马克思主义中国化时代化的最新研究成果融入课堂教学,不断深入研究习近平新时代中国特色社会主义思想,以及学科的学术研究前沿,同时结合大学生思想的实际需要,将价值引导寓于理论知识讲授中,讲出思想性、讲出时效性,在透彻的学理分析中说服学生。

2. 创教学形式之新

高校思政课教学改革中内容是创新的根本,但是好的内容也需要借助具体的表现形式才能表达。当形式创新做到恰到好处之时,就能起到锦上添花的作用,增强思政课教育教学的亲和力和吸引力。当讲授形式过于传统刻板或创新过度,要么导致抬头率、点头率差的结果,要么过于肤浅甚至滑向庸俗。因此,思政课教学形式要创新,但如果创新过度就会过犹不及,带来隐忧。

形式服务于内容,本末倒置就会误入歧途。高校思政课教学形式创新就是要以内容为根本,在立足思想性、政治性的基础上积极探索有效的实现形式。所以,创形式之新就是要提升思政课的吸引力和亲和力,这就要求:一方面利用新媒体技术手段,打造多元化的课堂教学形式。当下大学生都是网络的原住民,手机、计算机、互联网已成为日常生活不可或缺的标配。因此,科学合理利用智慧课堂、手机 App、微视频、微电影等,增强课堂教学的参与性和互动性,使高大上的思政课以学生喜闻乐见的形式讲授,从而变得接地气。思政课因为变得有意思,从而使有意义更深入人心。另一方面要积极扩展课堂教学空间。思政课教学不应仅仅局限于课堂的 45 分钟,而应该积极利用各种资源扩展教学空间。比如打造实践课堂、校外课堂等,以多种形式更新思政课的打开方式,让思政课教学因为形式多样而变得鲜活、有血有肉。只有"活起来",才能"火起来",才能真正走入学生心里,埋下真善美的种子。

3. 创教师队伍之新

经师易得人师难求。思政课教师无疑是思政课程进行知识传授、引发学生情感共鸣、引导学生价值认同的主体。正如习近平总书记强调的办好思政课关键在教师,关键在发挥教师的积极性、创造性。亲其师,才能信其道。思政课教师作为马克思主义理论的传播者,作为新时代中国特色社会主义的传道者,只有坚定政治信仰,不忘为社会主义事业培养合格接班人的初心,练就过硬的理论素养和娴熟的育德能力,秉持"六个要"的重要标准,才能真正实现为国育才的重任。

高校思政课改革创教师队伍之新,归根结底就是要打造一支卓越的教师人才队伍。这就要求:一方面要探索和实现教研互动机制。教学和科研是具有内在统一性的,教学是科研的隐形动力,为其提出新的目标和要求,而科研则有助于教学内容的更新和深化。因此,在思政课日常教学体系中要通过教学沙龙、集体备课、学术研讨等多种活动探索教研互促的长效常态机制,实现以研促教、教研相长的良性互动。同时加强对教师队伍研究学习、社会实践的锻炼,多渠道引导教师认识国情、世情,在厚植家国情怀中以高尚的人格、深厚的理论功底为学生引领人生航向。另一方面要组建优秀的教师团队。一个篱笆三个桩、一个好汉三个帮,群策群力才能使思政课发挥出更大效应。因此不仅要积极发挥优秀教学名师的示范引领作用,而且还要在传帮带中打造一支年龄梯度合理、知识结构互补、敬业精神专注的高质量教学团队。

四、结语:坚持守正与创新的辩证统一

高校思政课教学改革,从小的方面来说事关大学生三观的正确树立,人生第一粒扣子是否扣得牢、扣得好,从大的方面来说事关中国特色社会主义事业是否能培养出合格接班人的重大问题。时代的巨变,社会的发展都是思政课教学无法脱离的大环境,思政课教学与时俱进地进行改革也是必然,在这一过程中必须始终坚持守正与创新的辩证统一:守正是思政课创新的根本基础,创新也是守正基础上的创新。没有对底线的坚守,创新只会流于形式、趋于庸俗甚至使思政课教学改革走向歧途。但守正也不是故步自封,而是在坚守思政课教学原则的基础上,把握教育教学规律,积极探索教学内容、教学形式和教师队伍的创新,不断提升思政课的亲和力和吸引力,从而使思政课真正地入学生之耳、进学生之脑、化学生之心,成为让学生受益终身的思想金课。

参考文献

[1] 习近平.习近平谈治国理政(第三卷)[M].北京:外文出版社,2020:328-329.

[2] 中共中央马克思恩格斯列宁斯大林著作编译局.马克思恩格斯选集(第一卷)[M].北京:人民出版社,1995:9.

[3] 中共中央马克思恩格斯列宁斯大林著作编译局.马克思恩格斯选集(第一卷)[M].北京:人民出版社,1995:98.

[4] 建设具有强大凝聚力和引领力的社会主义意识形态——论学习贯彻习近平总书记在全国宣传思想工作会议重要讲话精神[N].人民日报,2018-08-30(4).

[5] 中共中央马克思恩格斯列宁斯大林著作编译局.马克思恩格斯选集(第四卷)[M].北京:人民出版社,1995:284.

高校铸牢中华民族共同体意识的实践研究

李　怡

（北京建筑大学　城市经济与管理学院）

摘　要：在 2019 年 9 月全国民族团结进步表彰大会上，"铸牢中华民族共同体意识"被确定为新时代民族工作的主线。高校在培育各民族学生共同体认识和铸牢中华民族共同体意识工作上有着不可替代的重要作用。通过明晰铸牢中华民族共同体意识的基本内涵，明确高校的培育路径，发挥辅导员及学生的主体作用，为新时代民族事务管理教育工作奠定良好基础。

关键词：铸牢；共同体；内涵；认同；培育

党的十九届五中全会通过的《中共中央关于制定国民经济和社会发展第十四个五年规划和二〇三五年远景目标的建议》提出："坚持和完善民族区域自治制度，全面贯彻党的民族政策，铸牢中华民族共同体意识，促进各民族共同团结奋斗、共同繁荣发展。"铸牢中华民族共同体意识是新时代开展民族事务工作的根本指南和遵循，是高校师生思想政治教育工作的重要内容。辅导员作为大学生日常思想政治教育的专职工作者，对于铸牢和培育大学生中华民族共同体意识，加强各民族学生交流交往，推动民族融合、团结进步具有重要的作用。因此，辅导员在学生日常管理工作中应加强对于中华民族共同体意识基本内涵的了解，以铸牢中华民族共同体意识为主线开展系列活动，展现民族风采，弘扬民族文化，促进各民族学生和睦相处、和衷共济、和谐发展。

一、铸牢中华民族共同体意识的基本内涵

辅导员准确认识中华民族共同体意识的基本含义与内在逻辑是有效开展少数民族学生事务管理工作的重要前提。

1. 处理好多和一的辩证关系

我国是统一的多民族国家，在准确理解铸牢中华民族共同体意识的基本思想前首先要明确"统一和多"的关系。"统一和多"的辩证关系即既要肯定"多元"也要强调"一体"。具体而言，一方面要肯定我国在客观实际上形成的多民族格局，另一方面要突出多民族共同构成中华民族的重要意义。

2. 明确共同体意识的文化底蕴

意识是人脑对客观存在的主观映像，中华民族共同体意识是在历史长河中各民族共同铸造了兼收并蓄、相互依存的客观现实的结果反映。中华民族共同体意识绝非一蹴而就形成的，其离不开深远长久的文化滋养。加强中华民族共同体意识的认识，需要中华儿女对于

传统文化的整体认同,文化认同是最根本性、最深层次、最持久性的认同,是民族团结之根、民族和睦之魂。

3. 把握命运共同体的重要论断

准确把握习近平总书记关于命运共同体的重要论述对理解铸牢中华民族共同体意识的基本内涵具有重要的指导作用。我国 56 个民族都是中华民族大家庭的平等一员,共同构成了你中有我、我中有你、谁也离不开谁的中华民族命运共同体。在 2019 年全国民族团结进步表彰大会上,习近平总书记鲜明提出"四个共同"的中华民族历史观,"我们辽阔的疆域是各民族共同开拓的,我们悠久的历史是各民族共同书写的,我们灿烂的文化是各民族共同创造的,我们伟大的精神是各民族共同培育的"。新时代"四个共同"理论奠定了铸牢中华民族共同体意识的历史和文化基础。

二、高校铸牢中华民族共同体意识的培育路径

在理解铸牢中华民族共同体意识基本内涵的前提下,对于高校而言还应坚持理论研究与实践研究相结合的基本方法。

1. 深化民族团结进步教育学习

2019 年 11 月,中共中央、国务院印发实施的《新时代爱国主义教育实施纲要》中专门规定"强化祖国统一和民族团结进步教育"。辅导员在日常从事学生工作的过程中,首先应加强自我对民族团结教育的深入了解和理性思考,准确把握和践行习近平总书记关于铸牢中华民族共同体意识的理论要义;其次要正确宣传和普及民族政策和背景知识,突出民族融合的历史文化,消除学生错误思想,纠正偏见观点;最后,培养学生加强民族文化的学习,"教"与"学"要紧密结合,双向联动,教育引导学生自觉学习党史、新中国史、改革开放史、社会主义发展史,激发学生从内心上认同中华民族共同体意识的基本理论和相关实践。

2. 开展民族团结进步教育活动

民族团结进步教育既要学起来亦要做起来。首先,在日常学习生活中,应加强各民族学生混班混宿的设置,培养各民族学生在日常交往中互帮互助、共同进步的生活习惯,同时在学习生活的交往中加深对不同民族风俗特色的了解,在尊重差异、包容多样的基础上缓解群际焦虑,促进群际关系良性互动,进而发展跨民族友谊。依托中华民族传统节日,以"铸牢中华民族共同体意识"为主线开展系列学生活动,有意识地选拔各少数民族学生骨干参与活动策划、组织、宣传,加强各民族学生综合能力的培养。加强宣传阵地建设,除日常的学习活动推送外,应大力弘扬民族精神,宣传英雄事迹,鼓励各民族学生扎根基层,远赴边疆,成为务实笃行、勇担使命的时代好青年。

3. 做好民族团结进步教育保障

习近平总书记表示:"坚持各民族在法律面前一律平等,用法律保障民族团结。"在高校从事民族团结进步教育工作中,要依法保障各民族合法权益,确保各民族公民平等履行义务、享受权利。高校要注重民族政策的解读和宣讲,对于各种企图颠覆国家政权、涉及暴力恐怖活动、民族分裂活动、宗教极端活动等,要严加防范、坚决打击、严肃处理。对于在校期间为民族事务作出突出贡献的师生,还要尽一切可能提供帮助;对于促进民族融合的师生,还要注重物质和荣誉奖励,以奖促进,发挥辐射作用,以点带面。

三、结语

高校作为培养德智体美劳全面发展的社会主义建设者和接班人的主要阵地,承担着实现中华民族伟大复兴的中国梦的重要职责。铸牢中华民族共同体意识是高校思想政治教育内容的应有之义,是在继承中发展、在发展中创新,使党的民族政策既一脉相承又与时俱进的孵化器。辅导员作为从事学生的思想政治教育的公职人员,其不仅需要提升自身民族事务管理的能力,同时也要引导学生树立正确的马克思主义的国家观、民族观、宗教观并指导实践,更要成为传承和发展中华民族伟大精神的时代新人。高校学生亦要当好新时代民族团结的践行者、促进者、守护者,同教师一道为共筑民族命运共同体贡献绵薄之力。

参考文献

[1] 陈建樾.坚持党的领导,铸牢中华民族共同体意识[N]. 中国民族报,2021-06-15(005).

[2] 许晓东.中华民族共同体意识的历史、问题与铸牢路径[J].华中科技大学学报(社会科学版),2021,35(3):135-140.

[3] 王建莉. 推广使用国家通用语言文字 铸牢中华民族共同体意识[N]. 贵州民族报,2021-05-18(A01).

[4] 娄晓丹.新时代推进基层党校中华民族共同体意识教育探析[J].时代报告,2021(4):32-33.

[5] 万明钢,王婕.铸牢中华民族共同体意识与学校民族团结进步教育课程建设[J].西北师大学报(社会科学版),2021,58(3):26-34.

[6] 颜茹跃.高校思政课教学铸牢大学生中华民族共同体意识的策略探析[J].现代农村科技,2021(4):114-117.

[7] 巴曾锐.辅导员在铸牢大学生中华民族共同体意识中的角色责任[J].湖北广播电视大学学报,2021,41(2):60-64.

[8] 孙琳.大学生中华民族共同体意识探究:内涵要素、建构过程与培育路径[J].思想政治教育研究,2021,37(2):115-119.

[9] 郑旺全,赵晓非.中华民族共同体意识的话语演进与内涵深化:基于"五个认同"建构中华民族共同体意识内涵体系框架[J].民族教育研究,2021,32(2):15-23.

[10] 邱雪静.铸牢中华民族共同体意识背景下民族地区高校思政课使命担当与路径探析[J].内蒙古财经大学学报,2021,19(2):6-8.

[11] 周俊利.多元文化视角下铸牢民族高校大学生中华民族共同体意识研究[J].西昌学院学报(社会科学版),2021,33(1):17-22.

[12] 王文贵. 完善铸牢中华民族共同体意识法治体系[N]. 中国民族报,2021-03-16(005).

[13] 朱尉,周文豪.中华民族共同体意识的内涵阐释与理论拓展[J].中南民族大学学报(人文社会科学版),2021,41(3):14-22.

[14] 陈达云,赵九霞.民族教育塑造中华民族共同体意识的四重逻辑:学习习近平总书记关于民族教育重要论述研究[J].新疆大学学报(哲学·人文社会科学版),2021,49(2):66-71.

[15] 王广利,程欣.民族地区高校思政课程建设与铸牢中华民族共同体意识研究[J].呼伦贝尔学院学报,2021,29(1):1-4.

[16] 黄钰,陈建樾,郎维伟.铸牢中华民族共同体意识的实践内涵、历史使命和目标任务[J].贵州民族研究,2021,42(1):7-12.

[17] 孙琳.以情感认同铸牢大学生中华民族共同体意识:依据、机理与路径[J].思想教育研究,2021(2):147-151.

新冠疫情下线上思政课教学实践的思考

裴 晨

（北京建筑大学　马克思主义学院）

摘　要：新冠疫情突如其来，改变了人们的学习方式、工作方式和生活方式。预防传染病的一个有效方法就是保持社交距离、减少聚集，所以线上教学被摆到了思政课教师的面前。如何在此次突发的公共卫生事件中保质保量地完成思想政治理论课教学任务是值得认真思考的问题。

关键词：思想政治理论课；线上教学；疫情

思想政治理论课是大学生的公共必修课。2020 年突发的新冠疫情对于每一个人的学习、工作和生活都产生了直接或间接的影响。

一、目前存在的问题

1. 课堂教学与管理问题

新冠疫情是一场突发的公共卫生事件，又适逢 2020 年的春节假期，大学生普遍都已放假回家。新学期开学前，为了控制疫情，减少人员流动，保证停课不停学，学生必须居家通过上网课的形式来进行学习。网络课堂教学前期、中期、后期三个阶段的教学和管理工作如何开展？具体来说：课堂教学前如何联系学生？如何形成课程班的建制？如何备课？课堂教学中通过什么样的平台来保障正常的线上教学？如何让学生紧跟课堂进度？课堂教学后如何答疑？如何科学有效地对学生进行考核？面对如此突发情况，一个个具体的问题摆在了教师面前，需要精心谋划，系统解决。

2. 教师角色定位问题

传统课堂教学中教师居于教室的中心，在教与学的过程中居于主导性地位。思想政治理论课教学以理论教学为主，通过理论讲授、逻辑推理、案例论证、实践教学等模块来实现教学目标。为了保证学生的学习效果，在课堂上教师通过各种教学手段和方法来关注学生的学习情况，引导课堂的走向。但是在网络课堂上，老师很难关注到学生的学习状态，进而难以把握学生对相关知识点的学习掌握情况，感受不到课堂教学的那种"仪式感"。

3. 信息技术的学习和应用问题

网络信息技术的快速发展，移动互联网的广泛应用，使教学的方式和方法出现了革命性的变革。在疫情前，大部分教师因为对于新技术应用带来的改变还存在观望态度，只有少部分教师去体验、去应用线上教学。同时，网络新技术的应用也势必打破教师已经驾轻就熟的传统教学方法，给老师们带来了大量的压力和焦虑。基于以上的原因，疫情前在教学实践中网络技术的应用还不普及。但是疫情的突然而至,迫使教师们必须适应环境的改变。面对未知领域的快速学习和掌握问题,面对手机、计算机、直播、弹幕等网络硬件和软件同时应用的处理能力问题,教师们对自己在直播时的受众、自身状态,对课程直播技术把控能力都倍感压力。与此同时,还有一些网络流量、网络技术应用等让老师无法克服的情况出现。大量学生通过网络平台学习,导致网络平台出现卡顿、页面无法刷新、做题无法提交等网络技术问题和网络流量拥堵等问题,这些问题影响了学生网上学习的体验性,也给教师的线上教学管理带来了困扰。

二、在实践中如何破解

1. 加强教学的系统设计和整体谋划

在课堂教学前通过教务系统上传学习指导书,在学习指导书中提供教师的联系方式和课程微信群的二维码。学生通过教务系统下载学习指导书,了解课程相关情况,扫描提前创建的课程群二维码进入课程微信群,这样教师和学生之间就建立了直接联系,并形成了课堂的建制。在备课阶段,基于网络教学的实际情况和特点,有针对性地进行集体备课。网上课堂教学与传统的线下课堂教学有着不同的时空特点,必须有机结合授课内容、线上平台特点、教师特色等多种要素把课备好。在课堂教学中运用大数据、云计算和线上课程平台的技术支持,迅速定位学生们的知识难点,便于精准施策。例如:通过在雨课堂平台结合教学内容和教学进度给学生布置选择题,在给定的时间内学生通过手机或计算机来答题。通过答题并赋分,调动了学生的学习积极性,提升了课堂参与度。学生答完题后,系统马上通过客户端反馈答题情况给教师:包括学生参与情况,答题正确人员名单,答题错误人员名单。这样便于教师掌握这个课堂学生的学习状态和学生对知识点的理解情况和理解程度,便于教师通过再次讲解来夯实已学知识点。在课堂教学后,可以通过雨课堂平台及时掌握课堂的出勤情况。这时就需要通过班长或班级微信群联系未到课的学生,及时了解学生的动态。此外,通过雨课堂平台,及时查看课堂答题的完成情况,对不同问题进行归纳总结,对于错题率比较高的问题,可以通过课程微信群把相关知识点发给学生,让学生根据知识点再进行消化和吸收。

2. 加强心理疏导适应角色转换

如何快速适应外部环境的变化和课堂教学方式的转变,降低压力提升自我效能是疫情下思想政治理论课教师要面对的一个挑战。面对疫情带来的各种压力,加强心理疏导,通过自我的情绪管理,自我的个体调适,不断提升自我管理和控制能力,把压力变成突破与改变的动力,在疫情下通过线上思政课教学来完成教学任务,满足教学要求,达到教学效果。事实上,即使没有疫情,教师也必须适应互联网+时代的新发展。随着互联网的发展使线上教学成为可能,并成为未来发展的趋势。思想政治理论课线上教学可以运用教育平台的大数据功能准确掌握学生的出勤情况、答题情况、学习动态,通过平台提供的多种应用功能,可以实现与学生的弹幕、视频和音频的互动交流。当然这种新的教学体验势必会带来新的压力和新的焦虑,这就需要开展心理疏导、进行技术培训,让教师能够尽快适应和融入互联网+大背景下教学方式方法上的转变。

3. 提升硬件保障，加强信息化培训

加强对教师的信息化培训，使教师能够从容应对线上授课时可能会出现的种种突发情况。目前线上授课主要采取的方式是"腾讯会议直播＋雨课堂"。所以，对任课教师进行腾讯会议和雨课堂的技术培训就至关重要。腾讯会议具有 300 人在线会议、平台一键接入、音频视频直播等多种功能。这些功能的正确使用，对于教师与学生的教与学的实现具有重要的平台支持作用，所以开展培训使教师和学生能熟练掌握各项功能的应用，对线上课堂教学的顺利开展必不可少。雨课堂由清华大学和学堂在线共同推出，将复杂的信息技术融入 PPT 和微信，为师生提供完整的数据支持，为线上教学提供了智慧解决方案。雨课堂的多种功能也需要通过培训才能使教师完全掌握，只有教师掌握了雨课堂的各项功能才能发挥雨课堂平台的效能。此外，还需要考虑网络应用突发问题的解决。因为技术因素，线上课堂必然受制于网络。所以如何保障线上课堂的网络的稳定性也是需要考虑的问题。一般来说，教师和学生在家里上网课，在课前就必须对网络的稳定性进行调试，同时为了保障线上课堂不出现卡顿，还需要找网络供应商增加带宽。与此同时，为了应对突发的网络情况还需要制定预案。

三、对于线上线下混合教学未来发展的几点思考

1. 混合教学是未来思政课教学发展的趋势

互联网背景下的教育方式转变也必然是大势所趋。根据中国互联网络信息中心的统计报告：截至 2020 年 6 月，我国网民规模为 9.40 亿。万物互联，互联网的发展趋势势不可当，推进传统教学方式与现代信息技术的有机融合就必然成为题中之义。当代 00 后大学生的学习模式、特点和方法的转变决定了传统的课堂教学必然要紧跟互联网发展带来的新机遇。这次突发的疫情也为线上教学的全面实践开展在客观上创造了条件。网络平台建设、教师和学生的实践应用和问题反馈、多种 App 的优势互补等为线上教学开辟了新天地。思想政治教育的对象是人，在思想政治教育实践中关注教育对象的差异性，成为思想政治教育目标实现的关键。线上思政课教学可以应用互联网点对点、多线程、实时更新、反复学习、即时沟通等优势，有针对性地依据学生的自我偏好来进行教学和管理，正视人的差异性的客观属性，具体问题具体分析，不断增强思想政治教育的针对性和实效性。因此，线上线下混合教学是未来思政课教学发展的趋势，每一位思政课教师都必须不断学习，适应互联网带来的教学方式的变革。

2. 教育者层面

第一，教育者应该适应互联网的发展，改变传统教育教与学的模式，主动适应线上教学的新模式。教育者要不断学习，特别是紧跟时代发展的需要学习和掌握线上教学的软硬件知识和应用方法。善于利用网络教学的优势进行互补，充分利用网络 MOOC 的资源，特别是国家级精品课程的 MOOC 资源，结合课程内容和进度，使用 MOOC，提升学生的学习体验和学习效果。第二，增强教育者自身素质和能力。教育者要教育学生，首先要不断学习，提升自我，完善自我，只有自身具有丰富的知识才能传道授业解惑；同时教育者要不断增强个人的道德修养，立德树人，以德为先，成为学生学习的榜样和楷模；此外，教育者还要不断

与时俱进,不断提升教学能力,创新教学方式方法,充分学习和应用教育信息化带来的教育改革创新成果,把课堂教学与信息技术有机整合起来,充分发挥信息技术在教学中的效能。第三,转变观念,科学定位。在思想政治教育中,尊重人的主体性既是思想政治教育的内在要求,又是其目标得以实现的关键。在思想政治教育理论和实践中必须把过去的被动的、灌输式的教学理念和方法转化为尊重受教育者的主体性,平等、互动地与受教育者进行沟通与交流,在相互学习、良性互动的基础上实现教学相长。"只有在尊重受教育者的思想品德形成发展规律的基础上开展思想政治教育,才能产生和谐共鸣,进而实现合目的性与合规律性的统一。"由此,在思想政治教育理论和实践中必须科学把握人的思想活动特点,进而遵循人们思想品德形成发展规律,科学把握思想政治教育规律,才能有效地实现思想政治教育的目标。

3. 受教育者层面

第一,适应全新的学习体验。线上教学和传统教学相比对学生来说是一种全新的学习体验。在学习环境上从课堂的集体学习转变成居家的个体学习;在学习方式上从与教师面对面的言传身教转变成了通过网络和屏幕的沟通交流;在学习方法上从课堂考勤、提问、交流、作业转变成了线上考勤、弹幕提问、隔屏交流、线上完成作业。这些全新的学习体验在带来新鲜感的同时也必然要求学生去适应新的学习挑战。第二,从认知到认同。虽然与传统课堂思政课的教学体验不同,但是线上思政课在教学目标的达成上与线下课堂是一致的。在思想政治教育理论和实践中,建立在平等基础上的沟通与交流,使学生通过对理论的学习和掌握,树立正确的认知。线上教学方式的转变只是形式的变化,思想政治教育的目标始终如一,就是培养社会主义的建设者和接班人。第三,在教与学的关系中变被动为主动。受教育者是思想政治教育指向的对象,在思想政治教育理论和实践中处于客体地位。但是必须指出的是,受教育者不应该是完全被动的客体。特别是在线上教学中,学生可以通过网络平台、教育 App 的多种互动功能来实现与教师的互动和交流,实现在教与学过程中的平等地位。特别是在线上教学中学生可以通过腾讯会议、雨课堂的提问、弹幕等功能来与教师沟通交流,实现教学相长。例如:可以通过雨课堂弹幕的方式表达自己的想法,也可以通过腾讯会议的视频和音频的形式进行发言等。受教育者作为具有主体性的人,决定了在思想政治教育理论和实践中必须尊重受教育者的主体性,只有这样思想政治教育才能产生实效。

参考文献

[1] 裴晨.把握美的规律 深化思想政治教育[J].北京教育(德育),2012(6):31-33.

基于层次渐进法的计算思维导论
课程思政教学设计探索

万珊珊①　吕　橙②　邱冬炜③

（①北京建筑大学　电气与信息工程学院；
②数字化学习技术集成与应用教育部工程研究中心；
③北京建筑大学　测绘与城市空间信息学院）

摘　要：课程思政是高校"三全育人"工作的行动指针，也是当前课程改革的热点。计算思维导论是大学生接触的第一门计算机课程，肩负着引领学生思想教育和价值观教育的重任。本文分析目前课程思政中存在思政选材依据不清晰、思政教育目标不科学、思政实施形式单一等问题，提出利用层次渐进法确定思政融入的原则、目标和形式，设计思政案例实施架构，为课程思政的全方位贯穿融入提供经验和参考。

关键词：计算思维导论；课程思政；层次渐进法；思政元素

一、引言

2016 年 12 月，习近平总书记在全国高校思想政治工作会议上强调，高校思想政治工作关系高校培养什么样的人、如何培养人以及为谁培养人这个根本问题。要坚持把立德树人作为中心环节，把思想政治工作贯穿教育教学全过程，实现全程育人、全方位育人，努力开创我国高等教育事业发展新局面。这对"三全育人"的目标进行了科学系统地阐述，对高校教师的课程观和教学观提出新的要求。而如何将思政教育融入课程的教学和改革、做到"坚持显性教育和隐性教育相统一"成为每一位教师要思考和完成的挑战。2020 年教育部又印发了《高等学校课程思政建设指导纲要》，其中明确了高校的公共基础课程和工学类专业课的课程思政实施导向。工学类专业的公共基础课程要注重工程伦理教育，重点培养学生的大国工匠精神，使学生具有报效祖国的使命担当和家国情怀。

计算思维导论课程作为工科院校的通识必修课，课程受众面广、影响面大，在课程思政的教学改革中具有先天的优势。首先，课程面向从高中迈向大学的大一新生，崭新的大学阶段是人生观、价值观和世界观培养和形成的关键时期，也是进行思想政治教育的最佳时机，是实现全过程育人的良好起点；其次，计算思维导论课程面向工科专业的所有大一学生，内容包含了计算基础、网络基础、数据库基础、逻辑推理、算法基础、数据挖掘等计算机学科基

基金项目：北京市教育科学"十四五"规划项目（项目编号：CDDB24252，CDDB23218）；数字化学习技术集成与应用教育部工程研究中心创新基金项目（1311001）；中国建设教育协会教育教学科研项目（2023007，2023087）；北京市数字教育研究课题（BDEC2023619041）；北京市高等教育学会面上项目（MS2023253）；北京建筑大学研究生教育教学质量提升项目资助（项目编号：J2023002，J2022005）。

本知识。课程内容具有极强的延展性、包容性和后续性,易于将思政教育贯穿到专业、工程和学科教育中,利于实现全过程育人;最后,课程思政教育的成效可以通过学生的思政教育档案延续到后续课程的思政教育中,提高全员思政育人的可行性。

因此,计算思维导论课程的思政教育平台宽广、实施意义深远。本文以该课程的课程思政实施为例,分析当前课程思政存在的问题,提出层次渐进法的思政融入策略。

二、课程思政实施中存在的问题

目前,各高校积极响应国家德育和智育并行的课程思政理念,进行了许多课程思政改革,取得了一定的成效。例如,荆霞等从教师队伍和教学设计方面探讨了如何进行课程知识点和思想要点的结合;金一宁等从理论课堂、实验教学、自主学习、课外教育、课外实践五个方面研究计算机基础教学中的思政教育模式;施江勇等提出结合典型人物、学校科研、时事政策和经典案例实施课程思政;梅红伟从思政教育实施的手段以及结合思政的考核改革入手,探讨了思政教育实施的有效途径。在目前针对计算机基础课程思政实施进行的研究中,在团队保障、教学设计、教学考核等各方面取得了较好的实施效果。但是大多数计算机基础课程的课程思政还亟待解决以下问题。

1. 缺乏思政选材的依据,没有形成思政融入的坚固基石

在课程思政的教学改革中,思政元素的设计和思政素材的选择是至为关键的,它们构成了思政融入的基石。很多教师在进行课程思政设计时,执着于为每个知识点都增加思政元素,同时搜罗与思政点相关的大量素材,掺杂在一起,在课堂中交付给学生。这样没有依据、没有标准的思政元素设计背离了课程思政的主旨,达不到课程与思政协同育人的效果,容易引起学生的思政输入疲劳。

2. 缺乏课程思政的目标规划,没有形成思政融入的指挥棒

鲜明的教学目标是课程思政实施的灯塔,是思政融入课程的指挥棒。很多课程思政的输出目标仅是基于思政元素的内容来定义的,譬如学生要记住某些人物的贡献;或者思政教育的目标与知识点的授课目标保持严格一致,譬如重点内容的思政元素要重点掌握。这样的教学目标设计没有与授课对象和授课过程形成一体化的设计,容易引起课程思政教学的混乱,降低课程思政的输出效果,也增加了学生学习课程思政的难度。

3. 缺乏课程思政实施的针对性和多样性,没有形成思政融入的多样化舞台

课程思政的实施是实现思政融入课程的主要途径,是德育和智育同向同行、形成协同效应的重要保障。在很多课程思政的实施中,多采用讲述或案例单一的形式进行思政融入,教学形式比较单一,而且没有针对授课对象的不同水平和层次以及需求设计教学策略。思政融入缺乏多样性的舞台,教学模式固化,降低了思政输出的效率。

三、基于层次渐进法的思政融入策略

课程思政中的思政设计是教学的重要组成部分,它不是传统教学内容的附属品。在课程思政的实施过程中,必须结合课程内涵和知识本质对思政融入全过程进行全局规划,精选思政素材、制定教学目标和教学策略,形成最佳的课程思政融合。本文针对计算思维导论课

程思政的选材依据、思政目标和实施策略提出以下基于层次渐进法的思政融入策略。

1. 重塑层次化思政选材依据，坚定思政融入的基石

科学和清晰的思政选材依据是课程思政产出的坚固基石。教师团队在进行课程思政设计时，往往偏重素材的数量，而忽略了选材的标准。层次渐进法的选择依据是要求教师分析课程的性质、教学目的、教学对象和学生专业等信息，确定课程思政输出的方向，明确思政选材的起因，以便定性定量地选取最佳思政素材。

针对计算思维导论课程的思政设计，考虑该课程是计算机通识课、具有工学背景以及面向大一新生的特点，制定了四个层次的渐进式思政选材依据。分别是"思想道德修养""家国情怀""工匠精神""使命担当"。第一层次的思想道德修养，是通过课程思政，使学生具有正确的人生观、世界观、价值观，使学生具有良好的道德品质和正确的政治观念，具备为祖国和人民服务的强烈意识；第二个层次的家国情怀，指通过课程思政，让学生理解国家面临的困难和阻碍，树立一心为国、一心爱国、奉献强国的信念，坚定为中华崛起而读书的决心；第三层次的工匠精神，指通过课程思政，使学生具备追求卓越、崇尚质量的品质，提升国际竞争力，能够成为科技强国、制造强国的人才保障；第四个层次的使命担当，是指通过课程思政，让学生将课程和思政融为一体，将工程问题和国家发展紧密相连，将敬业和奉献内化于心，从而成就有能力、有信仰的爱国人才。

2. 执行多层次渐进式的课程思政目标，构建思政融入的指挥棒

合理、可行的课程思政目标是教学产生的指挥棒。之前很多课程思政的教学偏重于思政素材的选取和实施，而忽略了课程思政要达到的目的，没有形成课程思政的闭环教育，弱化了课程思政的效果。因此，明确课程思政的教学目标并进行教学反馈是非常重要的。

针对计算思维导论课程的思政教学目标，考虑思政元素的重要性、难度以及对应知识点的重要性和难度，并结合学生的个性化特征，为思政融入环节设置不同层次的渐进式教学目标。本文提出基于"了解（共情）""理解（感悟）""掌握（体验）""应用（探索）"四个层次的渐进式教学目标。其中，"了解（共情）"的教学目标是要求学生通过一些背景事件或人物的学习，能对思政点产生一定的共情，形成思政教育的浅层认知；"理解（感悟）"的教学目标是学生完成对思政点和思政素材的深层学习，对思政点触发一定的感悟，激发内在的思考，形成思政教育的深层认知；"掌握（体验）"的教学目标是学生能够通过主动分析和学习去体验思政元素的内涵，形成思政教育的本能关联；"应用（探索）"的教学目标是学生可以利用思政点和思政元素去解决问题，形成思政教育的自发输出。

3. 实施多模式课程思政方案，构建思政融入的多样化舞台

灵活丰富的教学形式是课程思政产出的有效途径。之前的课程思政与普通课程一样，多采用传统教学和在线资源结合的方法，例如：一部分思政元素在课堂讲授，另一部分作为在线资源，由学生讨论参悟；也有将思政元素融入案例教学中。这些方法比较程式化，过多地将思政教育圈于课堂之内，降低了学生的学习兴趣和学习效能。

本研究针对计算思维导论课程的思政教学形式，考虑课程内容的广度和更迭速度，提出"课堂融入""平台融入""人员融入"的层次渐进式教学实施策略。课堂融入是指课程思政不应拘泥于一种教学引入方式，可以结合混合式教学、SPOC①、MOOC 等资源，结合 PBL（project

---

① SPOC：小规模在线课程。

based learning,项目式学习)、案例式、探究式、启发式、小组探讨等多种模式,构建高效的课程思政方案;平台融入是将思政元素扩展到校内校外的教科研平台中,包括教学案例库、实训项目库、实验平台库的校内教学资源,教师团队的科研平台,以及企业的产品/项目设计开发中,由此将课程思政的教育从课堂理论延展到科学研究,继而扩展到实际应用,建立产教学研的思政联合融入锚点;人员融入是指依托平台融入,将课程思政的授课团队由任课教师扩大为课程相关的科研团队、相关企业人员,采取参观、讲座、访谈等多种形式展开校企的思政合作。

以上的层次渐进法思政融入策略,分别从思政选材依据、思政教育目标和思政实施策略上阐述了如何进行课程思政的融入,体现了循序渐进、科学思政和个性化思政融入的特点。

四、层次渐进式课程思政的实践

根据层次渐进法思政融入策略,针对计算思维导论课程的课程思政融入进行了一些实践和探索。

1. 思政选材框架

图1是计算思维导论课程各章节的主要知识点和思政素材设计。

图中的思政题材是教师团队依据“思想道德修养”“家国情怀”“工匠精神”“使命担当”四个系列精心选取的。通常思想道德修养的素材是普适性的、容易被理解和接受的思政环节,如墨子与墨辩、东方红卫星;家国情怀的素材是针对知识点的、较为深刻的思政题材,如中兴事件和华为事件;工匠精神的素材是与专业相关的、有益于国家和社会的思政题材,如王选汉字、钱天白中国互联网之父;使命担当的素材多是基于社会问题、具有一定挑战的思政题材,如水泵扬程、南海吹沙填海。另外,有些素材是兼顾上述几个或多个依据选取的。

图 1　计算思维导论思政设计框架

2. 课程思政的教学目标设计

针对多层次渐进法的课程思政目标,设定了每个思政素材融入的灵活教学目标。以第 8 章数据挖掘为例,针对机械学院相关专业的授课对象,制订了部分思政点的教学目标,如表 1 所示。

表 1   层次渐进式课程思政教学目标

知识点	思政素材	难度	重要性	专业相关度	思政目标
奇异值	第二次海湾战争	1	4	2	了解
近似中位数	援鄂天使	2	4	3	理解
离散系数	奥运射击	3	3	4	理解
离散化	新冠病毒快筛	3	4	3	掌握
分类	新冠疫区级别分类	4	5	3	掌握
聚类	西部大开发	4	5	4	应用
关联	家电下乡	4	3	4	掌握
回归	中国制造 2025	4	5	5	应用

表中数字[1~5]分别对应难度、重要性、专业相关度的[低~高]程度。

由表 1 可知,在开展课程思政教学时,可以根据知识点的性质和学生专业等特点设置不同的思政目标,进而可制定相应的思政闭环考核或反馈策略,以检测学生对思政点的掌握情况。考核的方式可以采用在线讨论、分析、问答,以及线下谈话、课堂表现等形式进行。

3. 课程思政的实施策略

针对层次渐进法的多模式课程思政实施方案,制定了课程思政融入教学的具体策略,以第 7 章问题求解为例,本章部分课程思政教学实施策略如表 2 所示。

表 2   课程思政实施融入策略

知识点	思政素材	实施融入类型	知识点	思政素材	实施融入类型
顺序结构	钻头切削速度	探究式案例＋SPOC＋金工实训平台	顺序结构	水泵扬程	启发式案例＋翻转课堂＋环能教师讲解
选择结构	东风快递	启发式案例＋MOOC	选择结构	神舟飞船	课堂案例＋控制教师科研分享讲解＋参观访谈
循环结构	爱国图案绘制	课堂案例	循环结构	东方红一号	课堂案例
数组	维和部队	小组 PBL 案例＋访谈	数组	红梅赞	课堂 PBL 案例＋MOOC
函数	我爱水立方	启发式案例＋建筑结构专业教师讲解	函数	家的距离	课堂探究式案例＋高铁站参观
枚举	韩信点兵	小组讨论＋应检尽检疫情防控混合教学	枚举	百钱百鸡	课堂教学案例
递归	天宫一号	PBL 案例＋MOOC＋参观	递归	南海吹沙填海	启发式案例＋MOOC＋环能教师科研分享讲座

知识点	思政素材	实施融入类型	知识点	思政素材	实施融入类型
递推	70周年国庆	课堂案例＋MOOC	递推	猴子吃桃	课堂PBL案例
贪心	渊子赛马	探究式案例＋翻转课堂	贪心	中欧班列	课堂PBL案例＋参观
查找	北斗导航	小组PBL案例＋测绘教师讲解	查找	亚丁湾撤侨	课堂案例＋MOOC＋访谈
分治	香港国安法	启发案例＋MOOC＋思政教师讲解	排序	中国GDP增长	小组PBL案例＋翻转课堂

表2给出的课程思政实施策略中,采取了多样化的教学平台,利用了翻转课堂、MOOC、PBL等教学形式,借助了实训平台、科研分享、访谈参观等方式,形成了产教学研深度合作的大舞台,构建了思政融入的有力锚点。

五、总结

从思政课程到课程思政的转换为课程"三全育人"开辟了新的路径。针对目前课程思政实施中遇到的问题,本文以计算思维导论课程为例,关注思政选材依据、思政教学目标和思政实施策略三个方面,从课程思政的教育本质和授课对象特点出发,提出层次渐进法思政融入策略,致力于提高课程思政的产出,提高学生的思政获得感,完成思政教育赋能。本文的研究也为其他课程思政的开展提供了经验和理论支撑。

参考文献

[1] 习近平.把思想政治工作贯穿教育教学全过程开创我国高等教育事业发展新局面[N].人民日报,2016-12-09.

[2] 教育部.教育部关于印发《高等学校课程思政建设指导纲要》的通知[EB/OL].(2020-06-05)[2021-07-30].http://www.gov.cn/zhengce/zhengceku/2020-06/06/content_5517606.htm.

[3] 荆霞,李娅,蔡淑珍,等.课程思政融入"计算机基础"课程的思考与实践[J].中国多媒体与网络教学学报,2021(6):148-150.

[4] 金一宁,关绍云,赵世杰.高校计算机基础课程思政全方位教育的探索与实践[J].黑龙江省社会主义学院学报,2021(2):61-64.

[5] 施江勇,付绍静,谷松林.大学计算机基础课程中的思政教育[J].计算机教育,2020(1):9-11.

[6] 梅红伟.计算机基础课程思政教学设计的研究思考[J].大学.2021(20):26-29.

线上参与式培训在"课程思政示范课建设和实操工作坊"中的设计和应用

王雅杰

（北京建筑大学　教务处）

摘　要：本文考虑到高校教师成人学习的特点，将参与式培训与线上培训相结合，开展了"课程思政示范课建设和实操工作坊"，共设置了三大专题课程，通过"班级式教学管理"和"流程学分制评价"增强教师参与度，设置"讲-练-督-测-答-评-奖"七大环节，通过完成一门课程设计方案体现培训成果，为教师课程思政培训提供方案借鉴和实践参考。

关键词：课程思政；高校教师；参与式培训

一、问题的提出

2020 年 5 月，教育部印发的《高等学校课程思政建设指导纲要》中指出：全面推进课程思政建设是落实立德树人根本任务的战略举措，要紧紧抓住教师队伍"主力军"、课程建设"主战场"、课堂教学"主渠道"，让所有高校、所有教师、所有课程都承担好育人责任。全面推进课程思政建设，教师是关键。目前教师对课程思政的实施途径和方法缺乏全面认识，加强教师培训，打造一支符合新时代新要求的课程思政教师队伍，以满足课程思政的建设和发展，是高校的重要任务之一。为了把思想政治教育贯穿人才培养体系，全面推进高校课程思政建设，发挥好每门课程的育人作用，提高人才培养质量，北京建筑大学组织过多种形式和专题的线上、线下教师培训。以往的培训中存在一些问题，如培训方式大多采用"专家讲授，学员听课"的方式，培训内容针对性不强，学员主体性难以发挥，缺乏培训内容和课程建设实践之间的后续指导等。参与式学习是一种体验式学习，受到广大培训者的青睐，能显著影响教师知识水平、教师实践技能、教师自我效能感，是促进教师专业发展的有效途径。线上培训具有跨时空、资源多等优势，具有自主性、开放性、灵活性、延伸性等特点，是教师培训的重要途径。本文将参与式培训与线上培训相结合，应用在"课程思政示范课建设和实操工作坊"上。

二、参与式教师培训在"课程思政示范课建设和实操工作坊"中的设计

1. 培训目标

贯彻落实教育部《高等学校课程思政建设指导纲要》，深入挖掘各类课程和教学方式中蕴含的思想政治教育资源，将课程思政融入课堂教学建设全过程，实现各类课程与思想政治

理论课同向同行,形成协同效应。帮助教师学会课程思政的教学设计,让教师准确把握课程思政建设方向与重点,优化教师教学设计;让教师深度挖掘思想政治教育资源,改进教学方法,学习示范经验;让教师积极探索创新课程建设的方法途径。

2. 培训内容设计

在课程思政示范课程建设内容上,设计了三次专题讲座,上海交通大学马克思主义学院教授李梁从课程思政文件和会议精神、课程思政内容供给与课堂教学设计之道等方面深入阐释了课程思政的意义、价值及实操方法;华中农业大学副教授曹敏惠结合教学,并以华中农业大学课程思政建设工作为例,探讨基于学科专业的混合式课程思政教学设计;清华大学副研究员马昱春综合清华大学课程建设优势,进行理工科课程思政设计与建设的经验分享。在课程思政示范课程设计实际操作方面,秉持"知行合一、学以致用"理念,围绕"课程思政元素的勘探与挖掘""基于专业学科的课程思政总体设计""课程思政案例设计"三个方面设置了展开实操,引导参与教师在学中做、做中学,注重同伴学习、互相启发。

3. 培训流程设计

培训以"线上专题讲座"为主线,采取"班级式教学管理",所有参训学员组成虚拟班级,通过学前开班仪式、学中助教引导督促和学后结业仪式,增强教师的归属感和参与感。设置"流程学分制评价",明确学习任务,完成一项任务获得一项相应的学分。采用形成性评价及终结性评价相结合的考核方式,形成性评价主要考核教师的专题课程学习完成度、配套小测验的成绩、社群活跃度等,终结性评价主要考核教师大作业的完成程度。

培训设置"讲-练-督-测-答-评-奖"七大环节,"讲"指实战导师授课,讲基础,讲底层逻辑;"练"指每日一练确保转化效果;"督"指助教老师全程服务督促;"测"指组织课后测试,完成学分积累;"答"指问题集中答疑,扫清疑难点;"评"指导师亲自点评,手把手指导;"奖"指评选优秀学员,设置荣誉榜,颁发奖状。

三、"课程思政示范课建设和实操工作坊"参与式教师培训实践探索

按照上述参与式培训设计方案,北京建筑大学在 2021 年 3 月 26 日至 4 月 6 日之间开展了"课程思政示范课建设和实操工作坊",共设置了三大专题课程,三次课后测试,三次自主学习课程,一次大作业,具体内容安排如表 1 所示。

表 1 "课程思政示范课建设和实操工作坊"具体安排

课程及阶段	课程形式	开课时间	获得学分条件	学分
开学典礼	群内开学	3 月 26 日 19:00—21:00	点击查收入学通知书	6
			准时参加开班典礼	6
			学员自我介绍及个人照片发送	8
第一部分 李梁《深度剖析——课程思政示范课程的建设方向与重点》	直播授课	3 月 27 日 19:00—21:00	直播视频完整看完	10
			直播间互动(最少一次)	6

续表

课程及阶段	课程形式	开课时间	获得学分条件	学分
第二部分　曹敏惠《结合教学——基于学科专业的混合式课程思政的教学设计方法》	直播授课	3 月 28 日 19:00—21:00	直播视频完整看完	10
			直播间互动（最少一次）	6
第三部分　马昱春《实践分享——课程思政示范课设计与建设经验分享》	直播授课	3 月 29 日 19:00—21:00	直播视频完整看完	10
			直播间互动（最少一次）	6
第四部分实操作业布置和指导	群里发送			
第五部分　马亮《专业课程中开展课程思政建设的实践与思考》	线上自学			
第六部分　曾会应《课程思政设计的对策与技巧及案例示范》	线上自学			
第七部分　曹殿波《课程思政教学设计的原理与策略》	线上自学			
第八部分 曹敏惠《实操作业展示和点评》	直播授课	4 月 2 日 19:00—21:00	准时参加讲师评选评优	6
			优秀学员作业分享	8
结业典礼前准备	群内准备	4 月 6 日 14:00—16:00	学习感悟	8
结业仪式	群内结业	4 月 6 日 19:00—21:00	准时参加	——

　　"课程思政示范课建设和实操工作坊"共计 129 人参与，其中 18 位教师获得五星学员称号（90 分以上），荣誉榜如图 1 所示；32 位教师取得四星学员称号（60～89 分）；其他星级学员称号 79 人。

图 1　五星学员荣誉榜

　　课程学习完成率为 88%。学习次数在 6 次以上的非常积极学员占 29%，3～5 次的积极学员占 27%。课后作业完成率为 63%，33% 的学员非常积极完成了全部的作业。每一次课程学习参与率与作业完成率见表2。

表2 "课程思政示范课建设和实操工作坊"每次课程学习参与率与作业完成率

课程统计	第1课	第2课	第3课	第7课
课程学习	75%	65%	64%	50%
课程作业	68%	59%	55%	38%

在整体培训安排满意度方面,64%的参训教师表示很满意,33%的参训教师表示满意,2%的参训教师表示一般。总的来说,工作坊通过解读、剖析、实践、评价等步骤,层层递进、步步深入,从理论原理到经验分享,从实战演练到专家点评,步步引导我校教师将课程思政内化于心、外化于行。参训教师表示,通过聆听专家的讲解,知道了什么是课程思政,对课程思政有了更深刻的理解,澄清了一些模糊的认识,找到了课程思政的突破口,明白了如何挖掘思政元素,如何将思政与教学目标有机结合起来。在今后的教学中,需要注重强化学生的工程伦理教育,培养学生精益求精的大国工匠精神,要让学生有使命感;做学生锤炼品格、学习知识、创新思维、奉献祖国的引路人,不断提高教育教学水平;下功夫去收集素材,并恰当地引入自己讲授的课程中去,实现思政与专业的结合,以思政指导专业学习,在专业学习中深化思政认识。

四、结语

本文考虑到高校教师成人学习的特点,围绕"课程思政示范课建设和实操"设计培训内容,通过"班级式教学管理"和"流程学分制评价"增强教师参与度,通过一套课程设计方案体现培训成果,组织实施了129人次参加的培训实践,为课程思政教师培训提供方案借鉴和实践参考。同时,在培训实施过程中暴露出以下两点问题,一是学分设置需要进一步评价任务完成的质量,目前仅通过大数据以是否完成作为获得学分依据,作业完成的质量并未纳入考核依据,参与的深度还需进一步提升。二是学习者动机持续保持需要外在制度保证,每次课程的学习和作业完成率呈递减状态,教师更习惯于"专家讲授、单向接收"的培训模式,特别是实训作业的完成需要学习者投入时间与精力内化所学内容,没有明确的制度要求,教师未必做到全程参与。教育部印发的《高等学校课程思政建设指导纲要》明确要求"支持高校将课程思政纳入教师岗前培训、在岗培训和师德师风、教学能力专题培训等。充分发挥教研室、教学团队、课程组等基层教学组织作用,建立课程思政集体教研制度"。与培训相对应的制度能够保证学习者的参与度从而达到更好的培训效果。

参考文献

[1] 中华人民共和国教育部.高等学校课程思政建设指导纲要[EB/OL].(2020-06-03)[2021-7-30]. http://www.moe.gov.cn/srcsite/A08/s7056/202006/t20200603_462437.html.
[2] 周融.高校开展课程思政专题教师培训的必要性分析[J].教育教学论坛,2021(11):65-68.
[3] 陈柏瑾,刘秀伦."三全育人"理念下高校"课程思政"队伍建设研究[J].太原城市职业技术学院学报,

2021(8)：93-96.

［4］　龙湘玲.农村小学语文骨干教师参与式培训模式探究：以汉江师范学院"国培计划"为例［J］.汉江师范学院学报,2019,39(4)：132-136.

［5］　冯晓英,宋琼,吴怡君."互联网＋"教师培训与专业发展：深度质量评价的视角［J］.开放学习研究,2020,25(3)：1-7.

［6］　徐玉林,罗伍一.线上培训助力教师专业成长［J］.湖北教育(教育教学),2021(6)：23-24.

新时代"马克思主义基本原理概论"课堂教学研究

张 国

（北京建筑大学 马克思主义学院）

摘 要：在高校本科生思政课体系中，"马克思主义基本原理概论"的地位无疑是十分重要的。同时，"马克思主义基本原理概论"也是高校中一门比较难学和难教的本科生思政课。在新时代，对高校思政课教师而言，为了做好"马克思主义基本原理概论"的课堂教学工作，就要长期保持积极进取的精神状态，认真研读马克思主义经典著作，努力做好课堂教学前的相关准备工作，精益求精地推进课程的专题化教学工作，积极而虚心地向校内外的同行学习和请教。

关键词：新时代；马克思主义基本原理概论；课堂教学；经验总结

习近平总书记在党的十九大报告中指出："这个新时代，是承前启后、继往开来、在新的历史条件下继续夺取中国特色社会主义伟大胜利的时代。"具体地说：这是决胜全面建成小康社会、进而全面建设社会主义现代化强国的时代，是全国各族人民团结奋斗、不断创造美好生活、逐步实现全体人民共同富裕的时代，是全体中华儿女勠力同心、奋力实现中华民族伟大复兴中国梦的时代，是我国日益走近世界舞台中央、不断为人类作出更大贡献的时代。在这样一个伟大的新时代，高校思政课教师应当勤奋地工作，尽心尽力做好铸魂育人的工作，努力培养能够担当民族复兴大任的时代新人。在高校思政课的教学中，课堂教学的重要性是毋庸置疑的。在铸魂育人的工作中，高校思政课教师首先应当致力于做好课堂教学工作，不断地提升课堂教学的实际效果。

新时代，在高校本科生思政课程体系中，"马克思主义基本原理概论"居于基础地位，是高校本科生思政课程体系的主干课程之一，是高校本科生必修的公共思政课程之一。"马克思主义基本原理概论"系统讲授马克思主义的基本理论，主要内容涵盖马克思主义哲学、政治经济学和科学社会主义三个重要组成部分，具体包括马克思主义的基本立场、基本观点和基本方法。在"马克思主义基本原理概论"课程的课堂教学中，为了进一步提升课堂教学的实际效果，高校思政课教师应当努力保持积极进取的精神状态，认真研读马克思主义经典著作，努力做好课堂教学前的各项准备工作，精益求精地推进专题化的教学工作，积极而虚心地向校内外的同行学习和请教。

一、高校思政课教师要认真研读马克思主义经典著作

所谓马克思主义经典著作，指的是由马克思、恩格斯、列宁等马克思主义经典作家所撰写的重要著作。新时代，为了做好"马克思主义基本原理概论"课程的课堂教学工作，高校思政课教师应当重视持续性地研读马克思主义经典著作。具体而言，高校思政课教师研读马

克思主义经典著作的重要性主要体现在以下两个方面：一方面，有助于高校思政课教师较为全面深入地掌握"马克思主义基本原理概论"课程的教学内容。"马克思主义基本原理概论"这门课程的主要内容基本上都来自马克思主义经典著作，但是由于篇幅所限，在教材中并没有涉及这些内容的具体论证过程。在课堂教学前，通过深入研读马克思主义经典著作，高校思政课教师就能够弄清楚"马克思主义基本原理概论"课程中主要内容的来龙去脉。在此基础上，在课堂上讲授这门思政课时，高校思政课教师就能够更容易地驾驭课程的内容，引经据典地开展教学工作，将马克思主义经典著作中思想深邃的精彩表述展现在新时代大学生面前，从而给他们以深刻的启示。另一方面，高校思政课教师在研读马克思主义经典著作中所取得的科研成果能够很好地反哺"马克思主义基本原理概论"课程的教学工作。对马克思主义经典著作进行持续性的深入研读，有助于高校思政课教师全面掌握马克思主义基本原理产生与发展的基本脉络，并对其中某一方面内容有着更为全面深入的理解和把握。在认真研读马克思主义经典著作的基础上，高校思政课教师应当积极发表相关的论文或者出版相关的著作，以此推动马克思主义经典著作的文本研究。在"马克思主义基本原理概论"课程的课堂教学中，高校思政课教师应当积极利用这些已经取得的研究成果，从而使得课程中某一部分内容的讲解更加深入浅出，有助于新时代大学生更好地理解和掌握这部分内容。

既然研读马克思主义经典著作对高校思政课教师做好"马克思主义基本原理概论"课程的课堂教学工作是十分重要的，那么，高校思政课教师就应当自觉地研读马克思主义经典著作，并力求做到持之以恒。具体而言，首先，高校思政课教师需要备齐马克思主义经典著作。在此，本文认为，应当将 2009 年人民出版社出版的 10 卷本《马克思恩格斯文集》和 2012 年人民出版社出版的 4 卷本《列宁选集》作为高校思政课教师研读马克思主义经典著作的基本书目。其次，安排好研读马克思主义经典著作的时间。在正常的课堂教学之外，高校思政课教师每周都应当抽出一些时间来研读马克思主义经典著作。不管是在正常工作期间，还是在寒暑假期间，都应当这样做。在每次进行研读时，高校思政课教师最好能够拿出一上午或一下午或一晚上的时间，尽可能确保每次都能够完整地研读一篇马克思主义经典著作。针对篇幅特别长的马克思主义经典著作，应当安排几次连续的时间来确保能够完成研读。最后，采用正确的研读方法。在研读马克思主义经典著作时，高校思政课教师应当采取精读的方法，认真地逐一进行研读和分析它的序言、正文以及后面的注释。同时，高校思政课教师应当对不同著作中相似的内容进行比较研究，进一步加深对马克思主义理论产生和发展的历史脉络的把握。

二、高校思政课教师努力做好课堂教学前的准备工作

新时代，为了使"马克思主义基本原理概论"课程的课堂教学工作能够有条不紊、富有成效地推进，相关的准备工作自然是不可或缺的。具体而言，该课程课堂教学前的相关准备工作主要体现在以下两个方面。

一方面，在学期之初就需要做好的准备工作。具体而言，为了推动"马克思主义基本原理概论"课程的顺利学习，在第一次上课时，高校思政课教师应当向新时代大学生郑重推荐马克思、恩格斯、列宁等革命导师的经典著作。在思想政治理论课的教学中，任课教师根据

授课内容来精选马克思主义经典著作,要求大学生带着问题去研读这些经典著作,全面地掌握其中体现出的基本的立场、观点和方法。同时,在第一次上课时,高校思政课教师也要布置期中课程论文。撰写期中课程论文的基本要求就是,先要认真研读某一篇马克思主义经典著作,在此基础上撰写出研读后的心得体会。此外,在第一次上课时,高校思政课教师还要就"马克思主义基本原理概论"课程的具体考核给新时代大学生一个明确的交代,有助于调动他们学习的积极性和主动性。

另一方面,每次上课时都需要做好的准备工作。具体而言,从第二次上课开始,高校思政课教师每次课都要抽出一定的时间检查新时代大学生研读马克思主义经典著作的实际情况,从而推动他们对"马克思主义基本原理概论"课程相关内容的学习进一步走向深入。同时,在每次上课时,高校思政课教师都要注重对新时代大学生的考勤,督促他们按时来到课堂上课,并对他们来到课堂的实际情况进行详细标注。此外,在每次上课时,高校思政课教师都要叮嘱新时代大学生带最新版的教材来上课,注重平时研读好课程的教材,能够标注出教材中的重要内容。

三、高校思政课教师持续性地推进专题化的教学工作

根据"马克思主义基本原理概论"统编教材(2018 年版),高校思政课教师要在 16 个教学周内完成多达 7 章内容的课堂教学工作,每周课堂讲授 3 学时。新时代,鉴于"马克思主义基本原理概论"课程的教学内容多和课堂学时的相对有限,课堂教学主要是以专题化讲授的方式持续性地向前推进。在"马克思主义基本原理概论"课程的课堂教学中,在 16 周课堂教学时间的情况下,共计安排 16 个教学专题,每次讲授 1 个教学专题的内容。鉴于每个专题所涵盖的内容比较多和课堂学时的相对不足,在课堂教学中每个专题的全部内容不一定能够讲授完毕,而没讲完的部分内容需要新时代大学生在课后认真自学。"马克思主义基本原理概论"课程的学习中,只有将课堂听讲和课后自学有机地结合起来,新时代大学生才能较为系统地掌握马克思主义的基本理论体系。

为了使得"马克思主义基本原理概论"课程的 16 个专题的教学工作能够落到实处,教研室的集体备课工作就需要富有成效地开展起来。在教研室集体备课的过程中,首先是要解决 16 个专题的归属问题。在实际操作中,主要根据教研室各位教师的研究专长来分配专题。在确定各个专题的归属后,教研室的各位教师就要认真撰写教案和专心制作课堂教学的课件。在课堂教学工作开始前,教研室的各位教师要在集体备课时互通有无,并虚心听取其他教师对自己负责的专题的教案和课件的意见。在此,需要指出的一点就是,新时代,为了不断提升铸魂育人的实际效果,各个专题的教案和课件也要与时俱进,不断地加以完善。

四、高校思政课教师积极而虚心地向校内外的同行学习

在"马克思主义基本原理概论"课程的教学中,对高校思政课教师而言,为了进一步提升课堂教学的实际效果,无疑需要积极而虚心地向校内外的同行学习和请教。具体而言,高校思政课教师向校内外同行学习和请教主要应当体现在以下几个方面。

首先,在讲授这门课程的学期,虚心听取学院领导和教学督导的听课意见。在实际工作

中,虚心听取学院领导和教学督导的听课意见有助于高校思政课教师发现自身在课堂教学中存在的主要问题,并最终找到有效解决这些问题的办法。新时代,对高校思政课教师而言,为了进一步提升铸魂育人的实际效果,应当敢于直面自身在"马克思主义基本原理概论"课程的课堂教学中存在的突出问题,积极地向相关的领导和专家学习与请教,逐步地提升自身驾驭课堂教学的实际能力。在此需要指出的一点就是,在高校铸魂育人的工作岗位上,思政课青年教师的教学能力的提升不可能一蹴而就,都有一个逐步成长的过程,不能操之过急。新时代,各个高校的马克思主义学院应当多关心思政课青年教师铸魂育人能力的提升,并为之创造良好的成长环境。

其次,在讲授这门课程的学期,时常到同事的课堂去学习和请教。在实际工作中,"马克思主义基本原理概论"课程的课堂教学是由教研室的各位教师共同完成的。可以说,在讲授"马克思主义基本原理概论"这门课程时,每位教师的授课风格是不尽相同的,都有值得别的教师学习和借鉴的地方。在完成自己课堂"马克思主义基本原理概论"教学工作的同时,高校思政课教师应当积极地到同事的课堂去学习,虚心地向他们请教,努力学习他们在课堂教学中一些比较好的经验和做法,以便今后能够在自己的课堂教学中灵活地加以应用。

最后,在日常工作之余,积极参加与该课程教学相关的研讨会。目前,在全国范围内,每年都会举办不少以高校思政课教学为主题的研讨会。在省(自治区、直辖市)范围内,每年也会举办一些以高校思政课教学为主题的研讨会或者是暑期备课会,以此来推动高校思政课教学水平的不断提升。新时代,对高校"马克思主义基本原理概论"课程的任课教师而言,应当做个有心人,积极参加相关的研讨会,虚心地向国内的同行学习和请教,有效解决自身在课堂教学中存在的突出问题,从而进一步提升铸魂育人的实际效果。

参考文献

[1] 习近平.决胜全面建成小康社会 夺取新时代中国特色社会主义伟大胜利:在中国共产党第十九次全国代表大会上的报告[M].北京:人民出版社,2017.
[2] 陈道武.原著·教材·现实:思想政治理论课"三位一体"教学法探索[J].理论观察,2018(1):12-14.
[3] 本书编写组.马克思主义基本原理概论[M].北京:高等教育出版社,2018.

基于课程思政理念的大学英语教学探索

张红冰

（北京建筑大学 文化发展研究院/人文学院）

摘 要：在大学英语教学中融入思想政治元素,经过不断实践和探索,发挥英语课程的隐性思政教育的作用,坚持以教师为主导,学生为主体的教学理念,培养大学生文化自信和正确的价值观念,实现课程思政立德树人的目标。

关键词：课程思政;英语教学;人文教育;价值观

伴随着经济全球化渗透到社会生活的各个方面,对人才的需求提出了更高要求。为了更快适应我国社会发展和国际交流的需要,对英语学科培养目标提出新的挑战,就是培养学生较强的英语综合应用能力、思辨能力,具有家国情怀和国际视野的、高素质的创新型、复合型人才。在全国高校思想政治工作会议上,习近平总书记强调,"要坚持把立德树人作为中心环节,把思想政治工作贯穿教育教学全过程,实现全程育人、全方位育人,努力开创我国高等教育事业发展新局面"。大学英语课程作为大学生必修课,如何利用好课堂教学这个主要渠道,与课程思政进行有机融合,形成协同效应,值得深入探讨和研究。

一、大学英语课程教学中人文教育缺失

目前,大学英语教学现状不容乐观。更侧重于培养学生的语言能力,如四、六级通过率、考研成绩,而淡化了人文素养教育。英语教师也只注重西方知识的传授,忽视人文精神的内化;教学内容的单一化和方法的陈旧难以激发学生的兴趣。教师对教材的思政元素挖掘不够。这种教学方法忽略对人文思想内涵的探究,是与人文教育相背离的。众所周知,良好的课堂活动可以给学生创造轻松、愉快、和谐的学习环境。但实际情况是课堂活动不够丰富,师生互动差,学生厌学,难以创建良好的教学环境和人文环境。因此,必须转变教学观念,改变教学方法和手段,加强大学生人文素质教育。

二、课程思政理念应用于教学的意义

《大学英语教学指南》中明确指出"大学英语课程是高等学校人文教育的一部分,兼具工具和人文双重性质"。在完成教学内容和任务的基础上,与人文素质教育融为一体,在备课、导入、讲授课文、单元小结、课堂练习、布置课外作业等教学环节融入课程思政。素质教育是实现人的全面发展的根本途径之一,人文素质、人文知识、人文精神是关系学生持续发展的内动力,是促进学生不断进取的强大合力。思想政治工作能潜移默化给学生带来人生启迪、智慧光芒、精神力量。在教学过程中以教师为主导,学生为主体。教师在课程思政融入英语

教学中起着重要作用。所有教师都应该积极承担社会主义核心价值观培育的职责和传播中国传统文化的责任,让社会主义核心价值观和中华优秀文化渗透到课程学习中,并深挖教材资源中的人文情感,帮助学生树立正确的人生观、世界观和价值观。一个优秀的老师,既要精于"授业"解惑,又要以"传道"为责任和使命,努力自觉提高政治理论素养,引导学生健康全面成长。

三、基于课程思政理念的教学设计

1. 课程思政的实施

大学英语实施课程思政,就是把课程思政元素融入大学英语的学习过程和教学环节中,形成课内、课外的统一。利用混合教学模式可以实现课程思政和外语教学的有效融入。借助蓝墨云班课教学平台可以更好地实现课程教学目标,实施并完成教学设计和教学评价。课前教师可以利用网络提供的丰富素材和教材对所教单元内容进行收集、梳理和整理,推送一些教学资源,下发单元任务清单;学生完成自主学习部分,包括视频学习和测验。教师还要引导学生根据教材内容收集和整理有关的文化背景知识。课堂授课中充分发掘和利用大学英语教材中丰富的思政资源,以教师为主导,以学生为主体开展各种教学活动,如头脑风暴、测验、投票问卷、个人或小组展示、抢答、角色扮演、讨论、辩论等。对学生的活动加以正确引导、判断和评价。加深学生对教材内容的文化和人文情感的理解,扩大学生的知识面,增加学生中西文化对比次数,提高学生思辨能力和跨文化交际能力,积极发挥大学英语教材对提高学生人文精神的独特作用,使学生在英语学习过程中受到人文素质教育。学生课后根据课堂授课情况完成拓展任务,把语言知识和思政元素进行有效融合,最终内化为个人品质,提高人文素养。教师及时了解教学情况,收集反馈信息,指导下一步教学活动,从而使学生更好地实现学习目标。

2. 教师的主导作用

教师对于课程思政元素能否成功融入课堂教学起着关键作用。大学英语教师在教学过程中应发挥自己的主动性和创造力,深入挖掘、整合教材中的人文知识和人文素质的内容,并将其渗入教学环节。根据学生的水平不同,确定教学重点和难点,不断地对学生进行人文熏陶,把课堂教学当作培养学生跨文化意识和能力的舞台。教师要经常关注社会动态,联系学生生活和思想实际,坚持人文素养培育。将学生的情感态度、价值观的培养渗透于语言知识学习中。在信息时代,利用多媒体、网络等多种途径可以获得更多、更新的有人文情怀的英语学习材料来丰富和补充教材内容,调动学生学习的热情和积极性,在学习中提高修养,培养学生的社会责任感和文化自信心。

大学英语教学目标有显性目标和隐性目标。显性目标包括英语语言知识及其文化的学习和掌握,隐性目标是促进主体个性的充分发展。显性目标是让学习者获得生存技能的手段;隐性目标是学习者获得人的生存价值,是教学的终极目标。大学英语教学只有做到显性目标和隐性目标的统一,真正做到以人为本的教学,实现工具性与人文性的结合,才是真正意义上的英语教学。大学英语课堂实施课程思政必须依托具体教学内容和教学情境。

3. 教学目标的设计

课程开始初期通过问卷调查了解学情,快速收集信息,制定可行性目标。目标分三层:

知识目标、能力目标、素质目标。知识目标：根据每个学习单元课程内容确定，理解单词、短语、句子的深层意义和作者的态度和思想，还要学习掌握文章的写作技巧和文化意蕴。能力目标：针对每个学习单元涉及的话题能比较流利地交流和表达或讨论，能就某一话题展开写作，语言丰富、思路清晰、逻辑性强。素质目标：通过精心设计的教学活动，在运用语言过程中提升和发展学生全面素质和能力。培养学生精诚合作、乐于奉献的敬业精神。

4."课程思政"强调价值理性的回归

作为一种教育理念，"课程思政"强化所有课程的教育性，更是教育价值理性的真正回归。根据不同的单元主题切入课程思政。以《全新版大学英语综合教程》为例，学生们通过学习课文"True Height"，可以学习如何实现自身的价值；通过学习课文"Writing Three Thank-You Letters"，学习到感恩教育；通过学习课文"The Richest Man in America, Down Home"，获得财富观教育；通过学习课文"Mr. Doherty Builds His Dream Life"，获得人生观教育。在学习这些主题单元时，恰当地融入中国传统文化和思想，对比中西方文化在价值取向、思维方式和文化习俗上的异同，有效地开阔学生视野，培养学生的批判性思维能力，提高其跨文化交际的综合能力。

以教材《新世纪大学英语综合教程》第三册第 7 单元"Education Text A Another School Year：Why?"为例，探讨如何利用大学英语教材挖掘课程思政元素，培养学生人文精神。课堂教学设计分 4 个部分。

（1）课文导入。观看小视频并组织小组讨论，人为什么要上大学？只是为了找个好工作吗？获得文凭和大学教育有什么区别？这些问题可以引发学生们的深刻思考：大学 4 年到底怎样度过？

（2）阅读与探究。教师就课文进行循序渐进地提问。联系自己思考如何成为一个文明人？文明人应该通过阅读经典、涉猎哲学思想等，使心灵和精神得到熏陶和启示，促进健康完善人格的形成。在这里可以引用孔子的话："兴于诗，立于礼，成于乐。"在讲到如何成为德才兼备的人时，可以提到习近平总书记曾多次引用过的史学家司马光的话："才者，德之资也；德者，才之帅也。"

（3）知识拓展。教师进一步提问上大学受教育的真正目的是什么。这部分可以切入课程思政。告诉学生上大学的使命不仅仅在于接受教育，而且在于接受人类最优秀的思想家的思想。大学必须成功地让学生同时以专业人士的身份和人的身份接受头脑所需的人类思想的熏陶。这里教师可以把孔子的一段话讲给学生，并让他们翻译。孔子认为，教育的根本目的是培养"有德行之人/君子"。"有德行之人/君子"应具有健全的品格和高尚的精神。这些人应该能够承担重要的社会责任，为社会作出贡献。孔子把崇高的理想、伟大的美德、仁民和六艺(礼、乐、射、御、书、数)作为教育的一般原则，其中美德是最重要的。通过讲解孔子教育观，既让学生了解中国传统文化和价值观，又练习了翻译能力。除此之外，还可以做翻译练习：大学之道，在明明德，在亲民，在止于至善。强调突出大学之道在于自我修养的提升。

（4）课后作业。完成两个产出型任务。一是看视频，以任务性语言输出为主，思考并讨论当代大学生应具有什么品质。二是两个翻译作业，一个是对课文的概述，另一个是翻译中国古代关于教育、美德的句子，如：

① 兴于诗，立于礼，成于乐。

② 君子博学于文，约之以礼，亦可以弗畔矣夫？

③ 中国古代文化中，为了促进人的全面发展，要求学生掌握六门实用学科，称为六艺：礼、乐、射、御、书、数。

④ 志于道，据于德，依于仁，游于艺。

⑤ 才者，德之资也；德者，才之帅也。

⑥ 大学之道，在明明德，在亲民，在止于至善。

⑦ 修身齐家治国平天下。

通过中西方文化和价值观对比，使学生深刻体会到中华传统文化的博大精深，增加了民族自豪感和自信心，影响深远。从学生实际水平出发，选取一些融入思政教育的案例和身边的故事，在学习和讨论中潜移默化地达到思想教育的目的。

四、结语

经过不断的教学实践和探索，充分发挥大学英语课程的隐性思政教育的作用，实现课程的立德树人的目标，与思想政治课程形成同向同行、协同育人的效应。教师应抓住教材中蕴含的人文题材，在课程教学中积极融入思政元素，关注教学内容，精心设计教学活动，及时反馈，做好课堂评价，可以在提高大学生英语语言能力的同时促使其形成正确的价值观念，更好地把学生培养成具有较强的英语沟通能力、具有家国情怀和国际视野的、高素质的创新人才。

参考文献

[1] 习近平在全国高校思想政治工作会议上讲话：把思想政治工作贯穿教育教学全过程，开创我国高等教育事业发展新局面[N].人民日报，2016-12-09.

[2] 胡吉芬. 现状反思与路径探索 [M]. 南京：东南大学出版社，2018：96-97.

[3] 贺学勤. 高校英语教学价值取向初探 [J]. 周口师范学院学报，2006(6)：32-36.

[4] 宋辉. 大学英语的人文教育向度 [M]. 北京：中国社会科学出版社，2014：90-94.

专业教学融入美育的研究与实践

朱　军

（北京建筑大学　建筑与城市规划学院）

摘　要：随着高校对美育的重视，专业教学中加强美育的内容有着非常重要的意义。本文分析目前专业教学中融入美育的现状与经验，着重研究美育在专业教学中所承担的作用及应用效果，并有针对性地提出今后改革的方法。

关键词：美育；专业教学；课程思政

"美育"即要求高校课程都要发挥以美育人的作用；要求教师不仅重视知识技能的传授，还要将美的教育渗透到日常教学中去，重视对学生良好思想品德的塑造，将关注时事、了解国家文化方针政策、关心社会生活自觉转化为自己精神生活的一部分。在多年教学改革的基础上，建筑与城市规划学院美术部适应新时代新要求在专业教学中进行创新，融入美育，积极探索"培养什么人、为谁培养人、怎样培养人"，以树立和增强文化自信为宗旨，结合中华优秀传统文化元素，紧跟时代步伐，强化文化主体意识和文化创新意识，探索创造具有时代特征、文化特色、学生特点、教育特质的艺术实践活动。通过研究和实践取得了一定的成效。

2020年是不平凡的一年，我们都经历了疫情的考验。疫情中建筑学院美术历史建筑保护党支部结合自身专业特点，深入推进"立德·修身·树人"主题，将专业教学与美育工作深度融合，在积极防控防疫的同时，不断推动课程思政教学改革创新，充分运用疫情防控现实题材，多形式开展思想政治教育，引导学生在疫情防控中感知国家的力量，厚植爱国主义情怀，激发使命担当，凸显了思政教育工作的特色。教师们积极探索美育与专业教学结合新模式，多次探讨、反复研究，尝试将美育新模式运用到专业教学工作中，根据学院专业优势，结合课程的专业特点，在不违背教学大纲所规定内容的前提下，将美育与专业课程相结合，开辟了一条"美育＋专业教学"的美育新思路。以下是疫情期间开展的"众志成城 抗击疫情"学生美术创作活动案例。

一、专业教学融入美育的新思路

突然暴发的疫情让原本应该开学的日期推迟，为做好居家学习的学生学业辅导和思想政治教育工作，建筑与城市规划学院美术部积极响应"停课不停学"的部署，充分利用网络资源，通过网络课堂的形式，借助在线课程资源和线下现有资源，帮助学生在延期开学期间有序、高效地完成学习任务。结合疫情期间广大学生网络上课的现状，为配合教学部门强化现阶段学生的学习效果，保障广大学生学业顺利进行，也为将思想政治教育更好地融入课程教学和学业辅导中去，美术部结合自己的优势，发扬敢于担当的精神，主动作为，认真谋划，利用学生专业特点，结合线上教学，积极探索"美育＋专业教学"等教学模式，及时启动"众志成

城 抗击疫情"学生美术创作活动。在学习创作的过程中,弘扬榜样精神,传递正能量,起到学业辅导和宣传引导的双重作用。教师充分发挥桥梁纽带作用,将防疫美术作品作为学生现阶段学业成果的重要部分,围绕战"疫"一线工作人员感人故事、疫情防控措施等主题进行美术作品的创作,利用现有网络资源和学业辅导信息化工具,吸引更多的学生积极主动参与学业创作,营造了良好的学风氛围。

建筑与城市规划学院一、二年级的学生几乎全部参与,作品涵盖国画、水粉、水彩、宣传画、书法、漫画、插画、摄影等多种艺术表现形式。通过艺术作品强信心、暖人心、聚民心,通过艺术创作提升创造力、感召力、凝聚力,通过作品展示中国气魄、展现中国智慧和力量,坚定人们团结一致、共克时艰的意志,展现了建筑与城市规划学院学生的社会责任与担当,提升建筑与城市规划学院学生美术创作的技能。活动开展的过程中,部门积极部署,教师冲锋在前,保证了良好活动效果,形成了师生互动,是"美育＋专业教学"美育新思路的一次成功尝试。

二、专业教学融入美育的方法措施

美术作品在人类历史发展和生活中,一直都发挥着不可替代的作用,是情感与文化的传承,也是艺术家个人情感的呈现。在这个全力打赢新冠疫情防控阻击战的关键时期,在疫情防控工作极端迫切时,大家万众一心,众志成城,科学防疫。建筑与城市规划学院师生也不甘落后,发挥专业特色优势,响应全民抗"疫"的趋势,在家里精心开展美术课学习的同学们除遵循学校"不离家、不返校""戴口罩、勤洗手"的要求,做好自身日常防护工作外,学以致用,拿起手中的画笔,用自己的美术作品提醒人们增强防护意识,传递信心和决心,传播正能量,用实际行动积极参与疫情防控工作。为学校的防疫工作以及学生网课学习营造了良好的氛围,这类活动也是一堂生动的思想政治教育课。

1. 全面梳理题材内容,确定创作方案

建筑与城市规划学院美术部统一部署,开学前通过网络、电视等媒介,对疫情防控、英雄事迹等方面的资源和报道做了前期的搜集和调查,通过召开网络视频会议的方式,商讨具体的美术作品创作实施方案。同时,为了有助于增强学生参与的主动性和积极性,加强对学生的学业辅导,对学生感兴趣的创作形式和展现形式做前期调研,给予学生足够大的美术创作空间和自由。将描绘先锋者的伟岸身躯、传播科学预防小知识、记录此刻内心的感动与感恩等作为学生可选择的题材,通过手绘、摄影、海报等多种艺术形式展现,作品题目要贴合内容和中心思想。经过全面梳理题材内容,确定了宣传防疫知识、赞美先进人物、歌颂抗疫英雄、众志成城共抗疫情的主题。

2. 强化课堂教学专业教育与美育相融合的职能

开学后支部党员教师充分运用"线上课堂"模式,与学生网络连线,紧跟防控阻击疫情最新形势开展创作指导,准确把握选题内容,为时代画像,讴歌时代精神,礼赞人间真情,形成师生合力的良好局面。用疫情人生"大课"带动专业学习"小课",在创作过程中,学生必然会经历防疫英雄事迹、防疫知识、防疫政策文件等信息的学习和了解的过程,知识和信息的传递在以创作出更好的美术作品为目标的基础之上潜移默化地产生。结合社会热点,发挥专业优势,使学习理论知识融入社会实践,在学习创作的过程中,弘扬榜样精神,传递防疫正能量,起到学业辅导和宣传引导的双重作用。经过开学短短的一周时间创作了一批新时代大学生"抗疫"主题的美术作品。一幅幅精彩纷呈的作品,既是同学们对"抗疫"战场的思考和关注,也是他们真实情感的流露。不仅起到了振奋精神、鼓舞士气、传播正能量的作用,亦彰显了他们"有信仰、有情怀、有德艺、有担当"的精神风貌。

3. 积极推广宣传,拓宽美育广度

活动开展后短时间内就收到了 300 多幅作品。其中有 150 多幅作品在学校的网站上分期推出展示。学生们运用水彩画、漫画、摄影、书法等多种形式,将抗击疫情期间真实画面、感人事迹转化为鲜活生动的文艺作品,礼赞英雄人物,助力防控工作,为打赢疫情防控阻击战加油打气!有展现奋战在一线防疫人员的英雄形象,有疫情防护贴心小知识,有为武汉加油、为中国加油的鼓励话语……作品全面立体地展示了防疫、战"疫"的信心,传播了防疫必备知识,弘扬了战"疫"正能量,用自己的所学,将所见、所思、所感化为艺术作品向抗疫英雄致敬。这些饱含感激、敬佩之情的美术作品,不仅展示了学生们内心对于战胜疫情的最真实的想法,也为其他同学如何运用自己的专业为防疫贡献一份力量做出榜样,为全学院的防疫工作以及学生网课学习营造了良好的氛围,也丰富了校园文化。

三、结语

这次的主题创作活动是对专业教学融入美育的一种创新,进一步丰富、完善了美术部"美育＋专业教学"美育新模式的探索,在提升学生们学习专业技能的同时,在思想上、意识上增强了同学们爱校、爱国、爱人民的家国情怀。让学生们了解到在党和国家的领导下,打赢防疫攻坚战必胜的决心,强化每一位党员、入党积极分子、共青团员的思想引领。这次防疫美术作品的创作,让学生们在强化专业知识的同时,也强化思想引领,从思想上不断意识到作为新时代青年,要学先锋、做先锋,勇于担负起新时代青年的责任与担当。教师也把教授学生专业技法、知识能力、做人做事的道理与培养学生的家国情怀统一了起来。灾难无情人有情。面对灾难,我们为学生上了一堂生动的教育课,只要我们团结在党的领导下,不怕牺牲,甘于奉献,人类终将战胜灾难!

本次新的课程探索实现了思教结合的新模式,借助美育指引专业教学方向,利用专业教学促进师生们对思政的学习和实践的深化。师生们通过这次教学活动,在实践中得到了历练,拓展了学生的创意思维,激发了创作兴趣,在教学创新改革上,也为今后的专业教学开辟了新的探索之路。

"国际法"课程思政目标达成的探索研究

左金风

（北京建筑大学 城市经济与管理学院）

摘 要：坚持统筹推进国内法治和涉外法治，是习近平法治思想的重要内容。"国际法"的课程思政教学重点是培养法律本科毕业生的法学分析能力和国际视野，培养爱国主义情操。把课程目标分解，通过不同的教学策略完成各个层次教学目标，最后达成国际法课程思政目标。

关键词：国际法；课程思政；爱国主义教育

"国际法"是法学本科专业核心课程之一，国际法与国内法既有联系又有区别，同时它又和国际形势密切关联，是两个不同的法律体系。第一次接触国际法，对学生来说有一定难度。教师在教学中，不仅仅讲解基本知识，而且课程思政要贯彻始终。

坚持统筹推进国内法治和涉外法治，是习近平法治思想的重要内容，是在维护国家主权与根本利益基础上积极参与全球治理，将中国智慧贡献于人类文明，推动构建人类命运共同体规则体系的重大战略判断。习近平总书记在全国党校工作会议上的讲话中指出，落后就要挨打，贫穷就要挨饿，失语就要挨骂。争取国际话语权是我们必须解决好的一个重大问题。要在国际社会中，运用国际法争取国际话语权。因而国际法的课程思政教学重点是培养法律本科毕业生的法学分析能力和国际视野，培养爱国主义情操。

一、把课程目标分解，课程思政是最终目标

本课程的教学目的是：通过本课程的学习，使学生了解和掌握国际法的基础理论，能够运用国际法知识分析国际热点问题，培养法律本科毕业生的法学分析能力和国际视野。了解我国外交政策，通过对国际热点问题的分析，把爱国主义理念培养贯穿于整个课程中，积极发声。

从 2019—2020 年第一学期开始，把教学目标分为三个层次。

第一层次，基础知识目标。通过学习，学生能够对国际法基础概念下定义，列举国际法渊源、国家主权的表现、国籍取得的方式，辨认国家领土的构成，阐述领土取得方式、区分海洋区域、辨别侵犯外交和领事关系的行为和对航空犯罪的行为、描述国际争端的解决方式以及战争的法律后果。

第二层次，研究能力培养阶段。通过教学手段，学生能够运用国际法知识，分析案例，阅读国际法文献，进行总结并提出自己的观点。

第三层次，课程思政目标完成阶段。通过观看国际热点问题视频，关注国际问题，有国际视野。能够运用国际法知识分析"台独"危害性、钓鱼岛是中国领土的国际法依据、南海仲

裁案不具有法律效力原因、中日东海问题等有关中国的案件,具有鉴别能力,拥有理性爱国的情怀。同时通过 PBL 项目,增强运用国际法,积极发声,增强责任感。

二、运用不同的教学策略,达成教学目标

从法学专业法 17 级开始,进行教学改革。

1. 通过翻转课堂,完成第一层次目标

首先在泛雅教学平台上建立国际法网络课程。在目录中发布任务点,任务点 28 个,都是和教学内容相关的视频,如钓鱼岛是中国领土的国际法依据等,学生自己学习时间 223.7min,锻炼自学能力,同时坚定保卫中国权益的信心。

借助泛雅教学平台和学习通的通知,布置预习任务和作业考试通知,指导学生进行线下自学。

上课通过投票、选人、抢答、测验等丰富的课堂活动,提高学生的参与率,保证课堂的实效性,学生参与率达到 97% 以上。通过这些方式检查预习情况,发现学生知识掌握程度,凡是正确率达到 90% 以上的知识点,不讲;正确率在 60%～90% 的知识点,针对错误进行讲解;正确率在 60% 以下的知识点,详细讲解。初步完成翻转课堂要求。(图 1)

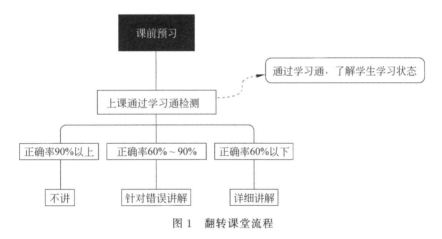

图 1 翻转课堂流程

例如在法 17 级国际法课堂上,虽然只有 24 学时,但是利用学习平台发放预习通知 6 次,作业通知 3 次,考试通知 6 次;签到 12 次;选人 25 次。通过选人,检查学生预习情况,对学生不理解部分,有效指导;选人积分根据学生回答情况,没有预习的同学倒扣 10 分,预习认真加 2～10 分。共发放抢答:8 次,激发学生参与课堂的积极性;第一名加 5 分,2～4 名加 3 分,其他加 1 分。共发放测验:54 次,平均每一章 5 道题,巩固上课学习内容;每题加 2 分。共发放问卷:10 次,对一些问题,学生能够提出自己的观点,并自圆其说即可,不要求统一标准答案;参与同学加 5 分。共发放分组任务:4 次,小组任务主要是案例讨论;通过讨论,分析案例,引导学生多维度思考问题;同伴学习,互相促进;根据小组学习情况加 5～10 分。

学生参与度高,每个活动都有积分,国际法 171,共 32 人参与,课程积分最高分 143 分,积分 117～145 分的同学有 31 人,59～87 分的 1 人;国际法 172,共 33 人参与,课程积分最

高分 149 分,积分 121~150 分的同学有 32 人,积分 91~120 分的 1 人。

课后通过作业、章节测试或者考试,巩固基本概念、基本知识、基本理论。在国际法学习通平台上,创建作业 6 份,主观题量 5 题,客观题量 21 题;发布作业 3 次,平均成绩 94.67 分(100 分制);创建试卷 17 份,试题 148 题,发布考试 14 次,共 462 份,提交 431 份,批改 431 份,平均成绩 93.71 分。

通关管理,监测学生学习动态,及时对不合格学生进行预警。一般在第七周进行预警,第十一周发放预警以后,与不合格的学生逐一面谈,学生自己总结学习不足之处,提出改进方案。

线上线下混合式学习,完成教学目标,为课程思政目标的达成准备基础知识。

2. 通过研究式学习和小组学习,培养学生分析能力

在学习通上的国际法网络课程的资料库中发布相关专题论文,指导学生自主学习和阅读,提高学生理论水平。目前资料库中,按照研究方向总结出 7 大类深入研究题目,将近 230 篇论文,为提高学生的研究能力奠定基础。布置 2 次论文研读作业,加强研究能力的培养。阅读相关论文,分析热点问题,提高理性思考能力。例如在 2020—2021 年第一学期国际法教学中,要求对国家豁免、国家责任等理论问题进行论文文献综述,为 PBL 项目奠定理论基础。

2019—2020 年第一学期国际法教学,实行小组研讨学习,共发放分组任务:4 次。小组任务主要是案例讨论。通过讨论,分析案例,引导学生多维度思考问题。同伴学习,互相促进。小组成员分配中,学生党员以身作则,发挥党员的模范作用,成绩优异的党员带动后进学生,组成学习小组,一起课下讨论,研究案例。按照第一名和最后一名结对子的做法,优秀学生帮扶学习能力不足学生,小组学习都是课下进行,一起学习,解决学习难点,成效比以往几届要高。

3. 通过项目式学习和案例教学,培养国际视野,学会理性爱国

通过案例分析,分析国际法热点问题,提高知识应用的能力,培养国际视野,学会理性爱国。案例分析主要通过小组讨论,分析案例,引导学生多维度思考问题。每一章都有视频,将视频设置为任务点,要求学生观看;在学习通的海量资料库下载与课程有关的讲座视频,供学生观看。要求学生选一个热点问题进行讨论并制作视频,要求观点正确,有理性爱国意识。学生们讨论并分析了"台独"危害性、钓鱼岛是中国领土的国际法依据、南海仲裁案不具有法律效力原因、中日东海问题等有关中国的案例,具有一定的鉴别能力,增强了维护国家利益的责任感。

项目式教学就是在学习通上,建立 PBL 项目,例如在 2020—2021 年第一学期,开展"人人做网红"的活动,运用国际法分析评价新冠疫情期间产生的法律问题。小组讨论、学习,并制作"因新冠疫情向中国追究国际责任的不符合国际法分析"的视频,撰写学习报告。经过老师审查后,上传到视频平台,扩大影响力。学生也有学以致用的满足感,在运用国际法为祖国争取最大权益的情感驱动下,潜移默化了爱国主义教育,达到"润物细无声"的效果。

三、教学效果显著

1. 学生成绩提高

2019—2020 年第一学期国际法总成绩,法 17 级学生成绩优良率达到 90% 以上,原因是

这学期借助学习通,实行翻转课堂,课堂参与度高,课堂学习都能拿满分。唯一一个不及格的学生是法 16 级重修学生,由于要专业实训,申请免听,该生没有进入课堂。

与 2018—2019 年第一学期法 16 级学生的国际法总成绩做对比,法 17 级学生平均分 85.24 分,而法 16 级学生平均分 75.89 分;法 17 级学生不及格 0 人,只是法 16 级重修学生免听,没有利用学习通提供的平台,参与课堂活动,导致卷面成绩很差,不及格,法 16 级学生不及格 6 人,占 9.84%。

从总成绩分布图(图 2)可以发现,17 级 80 分以上的同学有 61 人,占全年级 91.05%;而 16 级 80 分以上的同学有 31 人,占全年级 50.82%。通过学习通,翻转课堂学习后,优良率提高了 40.23 个百分点。与此同时,法 16 级 70~79 分同学有 18 人,而 17 级 70~79 分同学有 4 人,说明运用学习通后,中等生可以提高成绩,进入到优秀生行列。而不及格率降低了 9.84%,说明通过及时督导,可以避免差生出现。

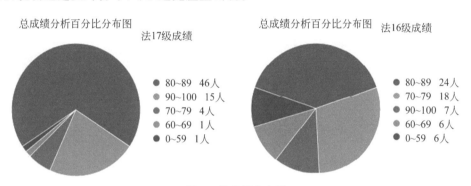

图 2　总成绩分布图

2. 完成了国际法课程思政目标

2020 年 11 月对法 20 级同学进行了调查问卷,有效问卷 40 份。对"你认为本学期老师开展'课程思政'的方式是"这个问题,22 人选线上线下混合式教学,占 55%;24 人选开展研讨交互课堂,占 60%;润物无声,33 人选结合专业知识点自然融入,向学生传递正能量,占 82.5%;2 人选不能自然融入,牵强地一带而过,占 5%;没有任何头绪,不知如何开展,没有同学选择。可见 80% 以上同学认为在国际法教学中思政教育已成功融入课堂。对"通过本学期的学习,你认为自己在下列哪些方面有所提升?"这个问题,36 人选深化了对以公正、法治、爱国等为内容的社会主义核心价值观的理解,占 90%;27 人选强化了习近平新时代中国特色社会主义思想,占 67.5%;30 人选树立理性爱国的基本理念,占 75%;37 人选深刻认识到国际法的重要性,运用国际法为祖国争取最大的权益,占 92.5%;27 人选坚定了对中国共产党的信任,增强和提升了依法治国的信心,占 67.5%;30 人选提升了职业道德和专业素养,增强了职业自信,占 75%。从调查中发现,国际法的课程思政成效明显,90% 以上的同学通过学习,认识到国际法的重要性,增强维护国家利益的信念,深化对社会主义核心价值观的理解。

把国际法用起来,积极发声,培养爱国情怀。

现代教育技术与应用

"智慧城市技术讲座"云课程教学研究与实践

张长伦　王恒友　何　强　高雁飞

（北京建筑大学　理学院）

摘　要：本文探讨"智慧城市技术讲座"云课程教学研究与实践。该课程是信息与计算科学（大数据应用）专业的核心专业技术课，是一门对智慧城市技术的引导课。课程建设过程采用学习通，利用辅助教学工具进行高效的课程资源的建设和教学组织，加强课上课下互动。整个课程以研讨形式为主，以学生自主学习为中心，融入案例式和启发式教学方法，使学生在自主学习中不断提高综合能力。课程的考核更注重过程考核，对传统考核方式进行改革尝试。课程改革的过程和考核数据表明学生课堂和课下的参与度和学习效果明显提高了。

关键词：云课程；教学改革；过程考核；智慧城市

智慧城市是通过融合互联网、物联网、人工智能、大数据和云计算等先进信息技术，实现城市的感知、互联和智能的应用。近年来，我国在大力发展智慧城市，在城市建设过程中需要大量创新型人才的参与。因此，加快对符合智慧城市发展需求的应用型人才的培养尤为紧迫。

一、课程简介

"智慧城市技术讲座"总学时 24 学时，内容包括城市的信息化建设、智慧城市发展状况、智慧城市的体系结构以及相关的物联网、大数据、云计算和安全保障等基本技术。

本课程是信息与计算科学专业学生对智慧城市技术的引导课，旨在通过对智慧城市发展状况和基础技术的讲解，能够使学生了解智慧城市及其相关技术的基本概念，使高年级学生的专业知识进一步完善和丰富，为将来可能从事的智慧城市建设工作打下一定的基础。

课程主要介绍智慧城市的基本概念以及相关技术，在教学过程中注意课程思政的融入，在教学任务中介绍中国智慧城市的成就与面临的问题，培养学生的民族自豪感和危机意识；通过案例分析和实践，培养学生的创新精神、工匠精神、职业素养和服务社会的责任感。

二、授课对象分析

本学期授课对象是信息与计算科学专业 191 班（简称"信 191 班"）和电子 191 班，选课

基金项目：北京建筑大学教育科学研究项目（项目编号：Y19-18，Y19-19）；北京高等教育"本科教学改革创新项目"新工科背景下，数学类基础课程教学改革研究（项目编号：201910016004），北京建筑大学课程建设重点培育项目"高等数学 ZDXX202008"。

人数是 49 人,适合研讨型教学。本课程需要一定的编程语言基础,两个班在第一学期都开设过 C 语言课程,具备基础编程能力。本学期信 191 班面向对象 C++ 课程也在开设中,具有良好的编程学习能力。在课程上适当引入基于 Python 语言的案例教学没有障碍。因此选择"智慧城市技术讲座"课程进行云课程和研讨教学模式改革,具备较好的可行性。

线下课程在多媒体教室,通过研讨教学引导学生主动参与课程学习,便于课堂教学师生互动。研讨主题分为计划研讨和临时研讨。计划研讨,课前下发讨论主题任务,小组进行课下预讨论,课上深入研讨。临时研讨,对讨论中临时主题作临时安排,引导学生深入认知。课程通过选择适当的实践训练题目进行实践,帮助学生深入理解。研讨教学通过引导,锻炼学生对问题的分析、研究和寻求解法的能力,提升了他们的创新力和创造力。

三、教学设计与实践

课程采用了混合教学模式,一方面教学团队充分利用学习通、MOOC 和学校自建平台提供教学资源;另一方面教学团队根据本校学生特点,制作课件、视频、实践案例等,利用学习通平台让学生学习,丰富教学资源。

1. 教学平台选择

该课程选择学校推荐的超星学习通 App 和泛雅网络教学平台的智慧课堂进行课程的建设,如签到、抢答、问卷、选人、评分、测验等,这些环节与教学内容相互穿插和互动,组成课前、课中和课后完整的教学过程。同时,利用平台提供的学习数据统计功能,展开大数据分析,得到全过程实时反馈和数据分析结果,根据反馈结果,很容易发现学生课前预习、课堂参与、知识掌握以及作业完成等全部情况。这样可以通过改变预习要求、作业提交(完成进度)等策略进行调整,以达到最好的监控效果。就学生反馈对前次课程知识基础进行重点讲解和点评。本学期课程过程数据见表 1,可以看出平台的辅助作用为师生互动和学生参与提供了非常好的支撑作用。

表 1 教学环节统计数据

序号	内　容	量　化　值
1	任务点	43
2	试卷库	11 套
3	题库	108 道
4	作业库	31 套
5	课外资料	14 套
6	讨论话题	30 余个
7	选人	32
8	抢答	40
9	问卷	4

2. 教学资源建设

为了进行课程资源和学习资源的建设,教学团队根据课程大纲,仔细对每章节知识点进行梳理,分单元进行任务点建设,并利用学习通平台发布。课程建设 9 个章节,43 个任务点,7 个章节测试及优秀学生作品展示。建设资料库,含题库习题 108 道、作业库 31 套、测验试卷库 11 套、拓展学习资料 30 多份。建设讨论区,含讨论话题 30 余个(图 1),充分拓展课堂教学的时空,充分利用平台功能,列出学习中学生比较关注的热点问题和学科前沿问题,在学习通讨论区让大家畅所欲言,学生积极参与,充分实现了师生互动。

图 1　课程主题讨论区

3. 互动式教学设计

设计互动环节,包括课堂互动、主题讨论互动、现场教学等。课堂互动环节,合理地使用签到、抢答、选人、随堂小测、课堂主题讨论等平台功能,与教学内容相呼应,适当穿插,学生们积极参与,课堂互动效果明显。课上时间有限,互动环节可以通过学习通讨论区,延伸到课下,每章节都发布一些开放性和学科发展前沿关注的问题,学生们展开讨论,打破时空局限。课上以讨论为主,每节课安排 2～3 个讨论主题,每个主题 10～15min。讨论主题分为课前计划主题和临时主题。课前计划主题是在上次课预先布置,每组按要求课下准备,课堂上进行讲解,组织大家一起研讨。临时主题是在课堂教学的学生互动中,出现了好的主题,有必要进一步深入学习,就临时组织大家展开讨论。两种形式结合,实现课堂翻转。研讨能让学生主动积极参与学习,开展知识探究。

现场教学环节。课程针对教授内容,选取信息中心智慧校园控制中心和实验室智能家具演示系统进行两次现场案例教学。学生近距离地体会理论和实践的结合,亲自剖析自己最熟悉的校园网络,体验智慧校园管理,身临智能家居现场,实操智能控制,挑毛病、补漏洞,激起学习兴趣,反应良好(图 2)。

团队积累了大量的往届学生的优秀作品(图 3),在课上或学习通平台上适时进行展示,学长的作品能起到榜样的作用,能知道我们专业人才培养的效果,对激发学生信心大有益处,鼓励学生"我也能做得更好"。剖析典型案例,让学生明白学过的东西应该怎么运用。典型案例一般为理论和实践结合,具有挑战性和高阶性,重在培养学生的知识能力素质的有机融合,让学生学会主动思考。选择的案例难度适中,学生跳一跳就能解决,获得成就感。

图 2 现场案例教学

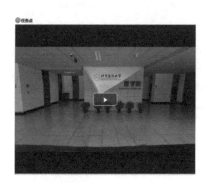

图 3 往届学生作品和本届成果展示

4. 考核方式设计

传统简单的笔试形式无法考核学生的综合能力。课程改革考核方式,将一卷定输赢改为过程和结果并重,结合学习通平台在教学过程的各个环节分布式进行考核。课程综合成绩分两部分,平时过程成绩和期末考试成绩,比例为 6:4。

平时过程成绩来自课上和课下,线上和线下的各个过程。包含了课堂签到、任务点完成情况、作业完成情况、单元测试、随堂测试、讨论环节等,各项比例见表 2。

表 2 平时过程考核环节

序号	考 核 内 容	比 例
1	平时作业	25%
2	各类互动	5%
3	课堂签到	10%
4	单元、随堂测试	5%
5	任务点	10%
6	讨论环节	5%

期末考试成绩的比重降低到占总成绩 40%。以 PBL 形式提交结题大作业,在规定大题目范围内,可指定题目,也可自命题,侧重于能力考查和团队合作。学生自发组成 2~3 人一组,小组组员基本自由组合,学生的想象力和创造力得到充分发挥(图 4)。

分组	分组详情
大学生心理状况评定 (2人)	40分
教师评价 暂无得分，组间互评 100分，自评 100分	
爬虫数据呈现！ (2人)	40分
教师评价 暂无得分，组间互评 100分，自评 100分	
爬虫数据呈现 (2人)	30分
教师评价 暂无得分，组间互评 100分，自评 暂无得分	
微信API开发 (2人)	40分
教师评价 暂无得分，组间互评 100分，自评 100分	

北京建筑大学
BEIJING UNIVERSITY OF CIVIL
ENGINEERING AND ARCHITECTURE

智能红绿灯构想
(提高 车流量较小路段 的红绿灯效率 的方案构想)

小组成员： 安延伟、郭文扬
专业： 电子信息科学与技术

图 4　PBL 分组和学生创新成果

四、结语

"智慧城市技术讲座"课程属于技术讲座类课程，每个专题只有 2～4 学时，目的是让学生了解智慧城市建设中的重要技术，激发学生的兴趣和热情，为后期专业课的学习提供引导作用。针对这种特点，课程采用讨论式教学为主，以学生自主学习为中心，突出研讨型的特点，在高年级学生创新性和挑战性上下功夫，极大地提高了学生参与度和学习效果，达到了教学目标。

参考文献

[1] 刘海燕,孙文远.大学小班研讨课:向"以学为中心"教学范式的转型[J].中国大学教学,2017(5):85-88.

[2] 张 斌,宇晓明,胡朝斌,等. 混合教学模式下工程力学云课程平台的建设与实践探索[J].教育教学论坛,2020(1):218-219.

[3] 龙浩,钟志有,姚文俊.混合教学模式下大学物理云课程平台的建设与研究实践探索[J].高教论坛,2017(7):44-47,103.

建筑设计实践课程的线上教学互动方法

晁 军 许 政

（北京建筑大学 建筑与城市规划学院）

摘 要：线上教育是新冠疫情暴发以来世界各国普遍采用的教育补偿手段，对建筑设计课程而言具有一定特殊性和挑战性。建筑设计教育与其他专业教育相比，更强调师生互动。建筑创作过程更加突出手、脑、眼的配合与反馈。视频会议系统和交互式的计算机手绘系统为建筑设计提供了更大的方便和技术支撑。文中讨论和研究了线上互动方式在建筑实践设计中的应用和效果，为线上建筑教育的良性发展打下一个坚实的基础。

关键词：线上教育；建筑设计实践；视频会议

一、线上课程的特点与难点

2019 年年底随着新冠疫情的暴发和蔓延，全球面临公共卫生事件的严重威胁。学校因更易遭受群聚传染，不得不采用居家隔离方式来保护师生安全。为了维系教学，互联网线上教学从后台走向了风口浪尖，成为各学校维系教学的必然之选。

当今，4G、5G 通信网络的广泛普及为线上远程教学带来了巨大便利和可能，加之疫情催化，线上教学一夜间从教育配角崛起为当红教育明星。而相对其他学科，建筑教育更加强调师生互动和实践学习，线上教学手段也独树一帜。

本文所讨论的建筑设计实践教学主要包括建筑学专业工作室设计、建筑师业务实习、毕业设计等实践课程。这类课程的共同特点是以建筑实践项目或真题假作项目为教学对象，强调多学科的综合知识运用和实践技能培养。课程学习内容是校内理论知识和校外实践知识的桥梁，宜结合校内和校外指导教师共同参与完成。课程的这些特点，对线上教育提出了不小的挑战。

1. 在线课程的兴起

近些年来，移动互联网的快速发展带动了线上远程教育的步伐。纵观线上课程的发展，两种标志性网络教学模式格外引人关注。

（1）翻转课堂。2007 年美国两位高中化学教师——乔纳森·伯尔曼（Jon Bergmann）和亚伦·萨姆斯（Aaron Sams）根据教学实践，采用以学生在家看视频、听讲解为基础，课堂上完成作业或实验的"翻转课堂"（flipping classroom）教学方法，这种方法创新性地利用互联网的单向广播优势，翻转了家与学校的传统教学角色，增加在校师生互动交流，引起了巨大反响。2011 年，翻转课堂被加拿大《环球邮报》评为"影响课堂教学的重大技术变革"。

（2）慕课。互联网课程另一个值得关注的事件是慕课的广泛建设。慕课（massive open online course，MOOC）意指"大规模的网络开放课程"。2011 年斯坦福大学首先从一门课程提出 MOOC 的基本概念架构,随后 Coursera、Udacity、edX 等平台纷纷跟进。人们对 MOOC 的兴起褒贬不一,支持者认为 MOOC 开始让传统实体大学消亡,而怀疑者则认为 MOOC 只是一时的潮流,并不会对教育有深刻影响,更多人则采取谨慎观察、积极应用的态度。

我国的 MOOC 平台在近几年也有了长足发展,建立了学堂在线、MOOC 网、酷学习等综合平台。中学生也开始利用 MOOC 提前学习大学课程。目前,我国上线 MOOC 数量已达 5000 门,学习人数突破 7000 万人次。

在建筑领域,MOOC 的内容并不多,而且主要集中在设计原理、建筑历史与理论、可持续建筑技术等方面,针对建筑设计实践课程的内容非常少见。究其原因,主要是设计课程需要师生互动,往往是小组讨论占据主导,这种教学模式并不适合 MOOC。

2. 图形设计与图像显示

传统建筑学教育强调视觉艺术与工程技术的结合,从"学院派"到"包豪斯",建筑教育从重视精美的建筑制图和绘画,转到对建筑材料、技术和工艺的追求,再到现在多元化趋势和大数据技术的广泛采用。虽然教学内容和形式发生了巨大变化,但始终没有离开视觉和工程艺术的内容核心。图纸和模型依然是建筑师最重要的专业交流手段。计算机辅助设计系统(CAD)的出现将建筑师从繁重的手工绘图中拯救出来,传统图纸模型也渐渐被电子文件和数字模型所取代。但教学内容本质仍是学院派和包豪斯教学理念的延伸。图形与图像始终是建筑设计的核心问题,设计图纸依然是建筑系学生结课时所要提交的重要成果。

而在线上环境下,图像传送与交流成为教学瓶颈问题之一。一方面,在传统课堂,图形设计的信息量和精度受限于图纸大小和工具;在数字化时代,可以对图形进行缩放的计算机屏幕大大提高了设计精度和尺度。而线上设计课堂,可能因为师生使用的显示设备和终端平台的不同,图形图像很难达到一致的显示效果,为信息沟通带来不便(图 1)。

另一方面,图形思考本身也是建筑设计的一种重要思考方法,建筑师需要手、脑、眼的密切配合和反馈,才能完成创造性的设计思维。而教师和同学之间也需要勾画草图来完成交流,图形思考具有其他交流方式无法替代的便捷性和直观性(图 2)。

图 1　不同平台图像显示

图 2　图示思考过程

3. 双向教学互动

建筑设计实践课程最显著的特征是师生之间的密切互动。师傅带徒弟这种工作坊建筑设计传统教学方式并没有受到数字化时代的多大影响,依然被保留下来。这主要是因为建筑学科是一门实践性的经验学科,设计的好坏不容易以客观打分的方式来加以评判,而指导教师根据自己经验对学生方案提出的个性化指导就非常重要,这也是建筑设计教学有别于其他教学的主要特征之一。

线上教学比较适合单向的数据流过程,而对双向互动的开发则非常滞后,这是由初期互联网的资源配置和使用特征所决定的。互联网的数据流主要以客户端的下行为主,为了节约资源,网络配置也与此适应。而双向教学互动要求网络上下行都保持一个稳定的带宽和更高的数据速度,类似的网络需求会随着网络互动应用的开发而凸显出来,这也成为驱动下一代移动通信网络发展的一大动力。

4. 线上调研与策划

随着国家建筑行业由粗放型、高消耗、高污染的运行模式向精细化、生态化、高效能运行模式的转变,建筑的科学分析与策划、建筑的可持续发展、全生命周期的绿色可持续运维越来越受到社会的重视,建筑设计实践教学也不只是画图、做模型这些传统内容,现在的建筑教育要从社会、经济和城市角度系统分析建筑的影响,要做深入细致的场地调研和分析。

对于疫情期间的线上课程,社会调查和场地研究只能通过间接方式进行,学生要通过搜索网络资源、百度地图、地理信息系统(GIS)数据等来分析和了解场地条件。而有些项目的场地资料并不完善,影响了学生对基础资料的研究。

5. 线上评判与成果检查

任何一门课程都离不开对学习成果的评判,建筑实践课程一般是采用答辩的方式来评判学生成绩。答辩组的学生规模一般在 6～10 人,答辩教师 5 人左右,并设有一次中期检查。很多课程小组还安排了 1～2 名校外教师参与答辩。这样的答辩形式可以加强对学生学习过程的监督,保证对学习成果的客观评判。同时学生也能通过答辩巩固所学知识,熟悉建筑项目的评选过程。

对于线上课程,目前答辩主要采用视频会议的形式,从疫情期间的开展情况来看,基本可以达到预期效果。呈现在评委数字设备屏幕前的图纸资料比传统幻灯投影效果更好,但与学生的互动性相对薄弱。

二、教学互动的内容与方法

从现阶段所采取的线上建筑设计实践教学内容来看,线上课程与线下课程的区别不大,但从教学形式上和方法上,线上与线下还是有很大的差别。一些新内容和新方法还需和同行进一步探讨、交流。

1. 网络数据库与视频资源

现在,本科高年级学生已经可以熟练利用"知网"等数据库,寻找建筑某一专题的论述文章或相关案例介绍。此外,学校还开通有"读秀""超星""万方""地方志"等数据库,英文库包括与建筑学关联性较强的 Proquest、Ebsco、OALib Journal 等多种数据库资源,只是这些数据库对本科生设计课程的针对性不强,学生在课程中,还是更喜欢采用百度、必应等搜索引擎或者谷德设计网的设计案例与图片搜索。

网络视频是学生喜欢的生活方式之一,各种教育培训倾向于采用这种视频课程替代传统讲座。视频课程最大的特点是内容充实紧凑,授课教师都是各领域的名师、翘楚,课程质量总体上乘。学生可以根据自己时间和爱好,有针对性地选择课程。但这种课程的互动性最差,课程学习中有了疑问无法得到教师及时指导。因此,视频课程比较适合互动要求相对不高的技术专题讲座、规范讲解、案例介绍等教学内容。

2. 单向网络广播＋简单反馈

雨课堂、腾讯云课堂、QQ 群视频等采用了"网络单向广播＋简单反馈"的形式。教师通过网络广播授课,学生反馈、答题等方式增加了师生互动性。这类应用类似传统课堂,学生可以看到教师在线视频。网络上戏称教师变成"网络主播"。因为形式上,教师与网络主播相似,通过简单互动为学生发布信息,答疑解惑。

建筑理论课程、技术培训课程等比较适合采用这种形式的课程,建筑设计实践课程很少采用这种形式。因为这种课堂的学生参与度低,不方便学生向教师展示自己的设计成果。

3. 网络视频会议系统

在线视频会议原本是为商务公司的远程会议而设计开发的网络互动应用。在疫情中,网络会议也成了最热门的教育应用。

视频会议系统的特点是互动性和参与性强,适合小组交流,深受建筑系学生喜爱。但目前这一系统也有许多不如意之处。网络视频会议数据通信量很大,尤其是多人参与的有高清图像传输的会议系统对网络压力很大,在网络高峰使用期间很容易发生卡顿,声音延迟现象也比较明显。

从网络视频和数据库到云课堂,再到视频会议,学生的互动性和参与度逐渐增强,但也对网络带宽和网速提出了更高要求。目前我国大部分地区的网络可以满足以上应用的基本功能,但还不能完美实现多人高清视频在线交流的要求。未来的线上教育还要依赖科技的发展和整个社会的努力。

三、线上互动教学技术

1. 多平台系统与手写设备

1）客户平台的视频适配

随着移动互联网的发展,用户的选择越来越多样化。曾经占据主流的台式计算机和Windows 操作系统在互联网时代也受到挑战。方便快捷的平板电脑、随身携带的智能手机可以完成传统台式计算机的绝大多数功能,线上教学也是这些设备的用武之地。尤其是移动办公和商务差旅中,移动设备更是一枝独秀。就算是疫情期间的居家隔离,移动设备依然受到人们的钟爱,高度整合的设备集成,简单易学的直觉操作、无与伦比的便携性是移动设备的独有特征。

但对建筑设计线上教学,屏幕适配问题就成了移动设备的短板。学生作图平台往往是功能强大的台式计算机或笔记本电脑,高清大屏是作图的首选。为了互动交流,学生通过共享图纸,发送自己的屏幕视讯到会议群体中。可是参会者和教师却不一定同时选择了相同分辨率的显示设备,显示效果往往随着自己手机、平板电脑或计算机屏幕而有所不同。好在在实际课堂中,大多数图纸不受太大影响,而影响较大的 CAD 图纸,也可以通过频繁放大缩小的办法加以解决,有时虽然不方便,但依然可以接受。

2) 手写设备

手写设备对互动式的建筑设计实践教学非常重要。常用的手写设备有计算机手写板、iPad 或平板电脑及其手写笔、微软 Surface 系列计算机、三星手机 Spen 等。手写设备可以保证教师的修改意见得到即时反馈,可直观地指出设计问题所在,无缝对接问题指向和交换意见(图 3)。这对线上设计课程比较重要,否则因为图纸的指代模糊,影响课程效率和效果。这个和教师设计课堂画草图修改学生设计相类似。不过线上课堂上,教师需要熟悉新的手写设备和操作方法,稍加训练就不难掌握。

图 3　学生方案讨论

3) 专题设定与研讨

建筑设计实践类课程涵盖内容广,知识体系复杂,将大的课题拆解后做专题网络会议研讨,对提升学习效果大有裨益。比如本学期我们所指导的毕业设计中,根据题目"北京农科院国际设施园艺产业创新中心"的设计要求,选择了绿色建筑和节能技术专题、停车楼与地下车库专题等作为专题学习和讨论,由学生搜集并整理资料在网络会议中与教师、同组同学分享。学生讲课,同学倾听与提问,形成互动学习,提高学习效果。

在项目相关建筑设备学习过程中,通过共享建筑信息模型(BIM),由学生讲解学习体会,展示相关项目的设备构成与分布,加深了学生的理解和记忆,提升了学习兴趣。

2. 互动网络视频会议系统

新冠疫情后,国内交互式教学主要采用两大视频会议系统:Zoom 和腾讯会议。在国外还包括 Google Meet、Microsoft Teams、GoToMeeting 等众多的竞争产品。这里笔者针对毕业设计中我们小组使用的 Zoom 会议系统的互动方式加以说明。Zoom 系统比较重视在线互动,可以多人同时发出图纸和桌面共享,这为小组讨论带来一定方便。

最重要的是在 Zoom 中,可以多人对共享桌面同时标注信息,可以是文字或手绘、符号、荧光笔等,这为师生即时互动教学提供了极大方便。另外,Zoom 系统也可以将主持人的桌面鼠标控制权交给组内教师或其他同学,这就为小组其他成员观览 Sketchup、AutoCAD 格式图纸提供了方便。非常适合设计过程中研讨、协商。

国内也有"会议桌"等视频会议软件开发了共享桌面,可以在小组内共同分享一个桌面,成员可以共同讨论桌面自己分享的图纸,功能与 Zoom 类似。可以预见未来视频会议系统会加速发展,即使新冠疫情之后,依然可以为线上教育提供保障。

3. 教学效果初步评价

经过毕业设计中期检查的初步检验,全组 12 名学生都提交了符合要求的图纸和工作模型,并顺利通过了中期答辩,达到了学习目标。答辩过程通过腾讯会议系统完成,交流和答辩过程一切正常,这也进一步验证了线上建筑设计实践教学的效果和优势。

疫情过后,我们会回归线下课程,毕竟教学中的人际交流、师生互动、社会生活不是线上教学可以完全替代的。但这段教学经历已经为未来建筑教育开启了一扇更宽的大门,为教学提供了新的方式和更多的可能性。也为未来社会应对突发灾害和突发公共卫生事件提供了一个良好的教学方法。

四、结语

线上建筑设计教学是对传统教学形式的一种有益的补偿和必要的方法,线上教学不仅适合突发事件中的教学活动,也同时为传统教学提供了更加方便的远程教学新方法、新技术。线上教学显然可以满足建筑设计类课程的互动学习要求,并为特殊时期和特定人员提供了平等地接受教育机会和可能。同时,线上教学也是为未来应对突发灾害和突发事件的有效辅助教学手段。

参考文献

[1] 何克抗. 从"翻转课堂"的本质,看"翻转课堂"在我国的未来发展[J]. 电化教育研究,2014(7):5-16.

[2] 吴万伟. "慕课热"的冷思考[J]. 复旦教育论坛,2014(1):10-17.

[3] PILKEY B. MOOCs, e-learning and beyond:exploring the future of virtual built environment teaching University College London, 1 July 2014[J]. The Town Planning Review, 2015,86(1): 109-114.

[4] LASEAU P. Graphic thinking for architects and designers[M]. Canada:John Wiley & Sons, 2000.

[5] 温玉清,谭立峰. 从学院派到包豪斯:关于中国近代建筑教育参照系的探讨[J]. 新建筑,2007(4): 93-95.

国内大学英语研究的回顾与评析

——基于中国知网 2020 年期刊数据的文献计量分析

刘　宏

（北京建筑大学　文化发展研究院/人文学院）

摘　要：本文以中国知网（CNKI）文献数据库为统计源，通过以"大学英语"为关键词，对 2020 年刊载的 2463 篇大学英语研究领域学术论文进行系统、全方位的量化分析和总结回顾，旨在了解和掌握在新冠疫情影响的特殊时期我国高等院校大学英语领域科研论文的研究现状和整体规律等，以期能为今后院校做好大学英语领域的科研工作和学科发展提供一定的借鉴和参考。从主题、作者、期刊和基金四个方面进行多维度梳理，研究发现对于该类论文，课程思政和翻转课堂是被关注的热点问题，混合式教学模式也在新冠疫情时期得到学者们更多的关注和持续深入的研究。刊载的多为普通期刊，文章质量水平还有待进一步提升；获基金资助的论文比例较高，但公开发表的论文被引用次数整体不高。

关键词：大学英语；知网数据；文献计量分析

一、引言

2020 年，突如其来的新冠疫情席卷了全世界，全球人民的生活各方面受到了影响，教科研领域也不例外。在新学期初教育部就号召全国各级各类学校根据实际情况开展线上教学，高校教师在家进行远程授课和科研活动，直到新冠疫情缓解允许返校才逐渐转为线上线下混合式和线下课堂面授形式教学。

"大学英语"是我国高等院校大学生必修的公共基础课之一，涉及面广、影响大，其改革与发展备受关注。面对当前教育信息化的快速发展，尤其是新冠疫情影响下的在线教学和后疫情时代的混合式教学，十分有必要研究大学英语的最新发展情况、研究热点和主题变化。

二、数据来源与收集

本研究的数据来源于《CNKI 中国学术期刊网络出版总库》。笔者在 CNKI 数据库中进行高级检索，主题设置为"大学英语"，时间范围为"2020 年全年"，共检索出 2463 篇相关文献，其中学术期刊 1865 篇，特色期刊 564 篇，学术辑刊 24 篇，会议 10 篇，具体每月的刊发数量见图 1。

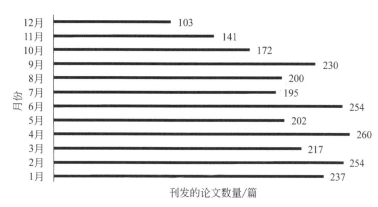

图 1　2020 年大学英语类研究各月份的发表数量

三、统计结果和分析

1. 主要研究内容

主要研究内容是研究的核心和精髓,通过分析学术论文的主题分布和共现情况就能揭示该领域的研究热点和方向。因此,笔者对 CNKI 上的 2463 篇有关大学英语领域的学术文献进行可视化计量分析,探讨 2020 年该领域的研究主题分布(图 2)。

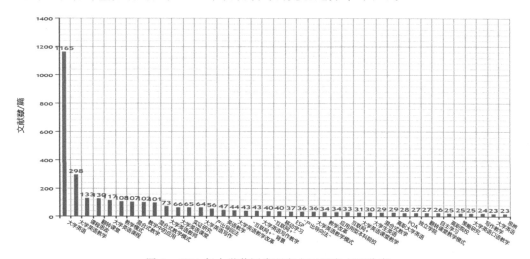

图 2　2020 年大学英语类研究主要研究主题分布

图 2 显示了 CNKI 数据库中所检索文献的主题研究关键词列表 Top 40,可以看出这些析出的关键词有一些是同一聚类,反映了大学英语领域的研究动向。从中可见,频次最高的关键词为"大学英语",其次为"大学英语教学改革",以及"大学英语课程"和"大学英语课堂"等相似关键词。由于本研究的对象即为大学英语,因而相应地上述词频最高,此外还有"课程思政""翻转课堂"出现频率也很高,"混合式教学"和"混合式教学模式"等虽然用词不完全

相同,但却反映了共同的关注,说明上述聚类是 2020 年大学英语研究文献中的研究热点。

而"在线教学"和"线上教学"等主题词并没有体现出来,因此笔者又以"大学英语在线教学"为核心词再次在 CNKI 数据库中进行检索,共检索出 52 篇文献,这个数量参照上面的图 1 可以看出也是一个不小的研究体量,一定程度上反映了 2020 年疫情影响下的实际教学情况,与混合式教学存在一定的相关性,也属于主要研究主题之一。根据 CNKI 的统计显示,第一篇最早公开发表的大学英语在线研究始于河南大学的刘璐老师于 4 月 15 日在《考试与评价》(大学英语教研版)上刊发的《从疫情期大学英语视听说网络授课看在线教学》一文,而跟随其后辽宁对外经贸学院的刘莉老师于 4 月 20 日发表了《"新冠疫情"背景下大学英语课程线上教学学习策略调查》,其被引用量是最多的(疫情相关论文),共计 11 次。

2. 主要研究主体

从图 3 可知,2020 年间国内大学英语研究所属发文机构主要分布在地方普通高等院校,尤其是东北三省和内蒙古的高校,而大学数量众多的北上广地区却不占明显优势。图 3 显示了发文量最大的前 40 个机构,哈尔滨理工大学以 22 篇大学英语领域的学术论文位居第一,内蒙古科技大学以 16 篇名列第二,吉林医药学院和长春大学旅游学院都是以 13 篇并列第三。

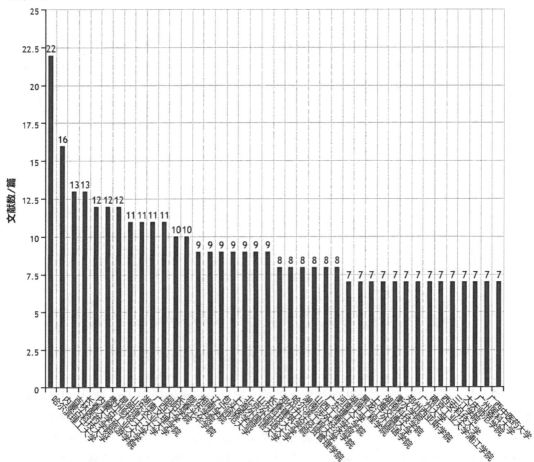

图 3　2020 年大学英语类研究主要研究机构分布

　　从图 4 的 2020 年发文作者统计数据来看,湖南文理学院的岳曼曼老师、湖南科技学院的黄雪梅老师和陇东学院的张晓兰老师以发表 5 篇文章并列首位,有 4 位老师并列第二位,他们是西安外事学院的马桂花老师、吉林医药学院的任玲玲老师、湖南科技学院的谭浩亮老师和青岛黄海学院的徐媛媛老师,均发表大学英语类论文 4 篇,还有不少老师也发表了 1～3 篇文章,为 2020 年大学英语领域的科学研究作出了学术贡献。

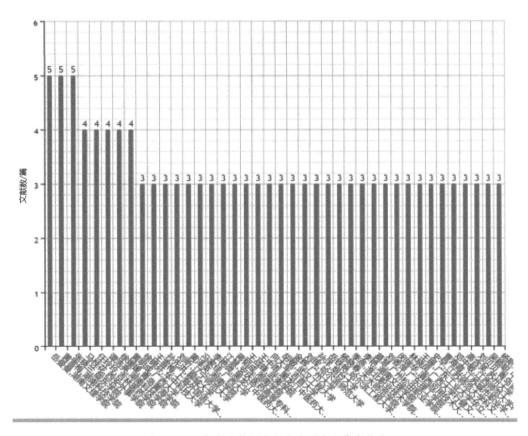

图 4　2020 年大学英语类研究主要发文作者分布

　　将位居前两名的 7 位老师 2020 年发表的大学英语领域的学术论文进行进一步检索发现,岳曼曼老师有一篇文章质量最高,是与湖南大学外国语学院院长刘正光教授合作,共同刊发在《外国语》(上海外国语大学学报)的第 5 期,并且被引用,这也是上海外国语大学学报 2020 年刊发的唯一一篇大学英语类学术论文。另外,湖南科技学院的 2 位作者也有多次合作,共同研究大学英语的课程教学,可以看出湖南的这 4 位高产作者之间的学术协同研究较为密切。

3. 主要发刊来源和引用情况

　　根据 CNKI 统计的数据,大学英语相关研究的高质量文献不多,2020 年发表学术论文总量的前 30 位学术期刊(图 5),很大部分是半月刊、旬刊,甚至周刊,而外语类核心期刊刊发的此类文章却寥寥无几,《大学学报》等期刊 2020 年刊发大学英语类学术文章也很少。

　　通过 CNKI 数据库再次深度检索,发现 2020 年外语类主要期刊全年发表大学英语类学

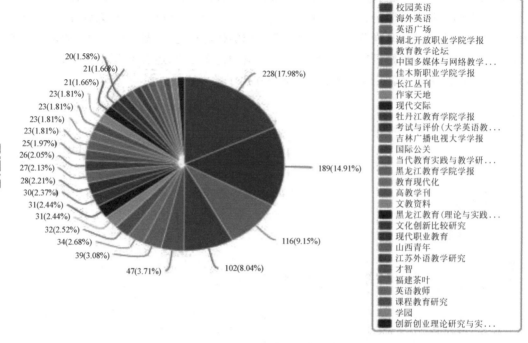

图 5   文献来源分布

术论文没有一家超过 10 篇,多为多校多作者协同研究,而且所有刊发核心期刊的都有较高级别的基金资助和项目支持,具体见表 1。

表 1   外语类期刊 2020 年发表论文数量

期 刊	发文数量	期 刊	发文数量
外语电化教学	10	外语学刊	1
外语界	4	中国外语	1
西安外国语大学学报	3	外国语	1
外国语文	2	外语教学	0
外语与外语教学	1	现代外语	0

而且根据对发文的被引情况分析,2020 年大学英语领域公开发表的 2463 篇相关文献中,只有 428 篇曾被引用,最多的 1 篇文章是孔标老师 2020 年 3 月 20 日在长春师范大学学报上发表的《“大思政”格局下大学英语“课程思政”的落实研究》,被引用 20 次,其他论文被引用情况见图 6,多为普通期刊和大学学报。

4. 基金支持情况

从已有研究情况来看,越来越多的文章,尤其是发表在较高层次期刊的较高水平论文大多都是基金项目研究成果,甚至有的文章受到 2~3 个基金资助,可见越来越多的大学英语研究受到了重视和关注。对 CNKI 2020 年大学英语类相关研究的统计表明,位列前三的基金分别为湖南省普通高等学校教学改革研究项目 72 项、江苏省教育厅高等学校哲学社会科学基金项目 67 项和广西高等学校教学质量与教学改革工程 54 项;教育部人文社会科学研

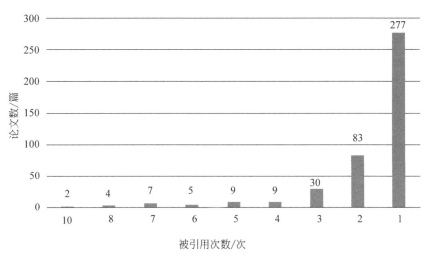

图 6 文献引用情况

究项目和国家社会科学基金分别为 29 项和 23 项；前 40 项基金项目具体见图 7。由此可见，大多为省级高等教育教学改革项目或教育科学规划课题基金。

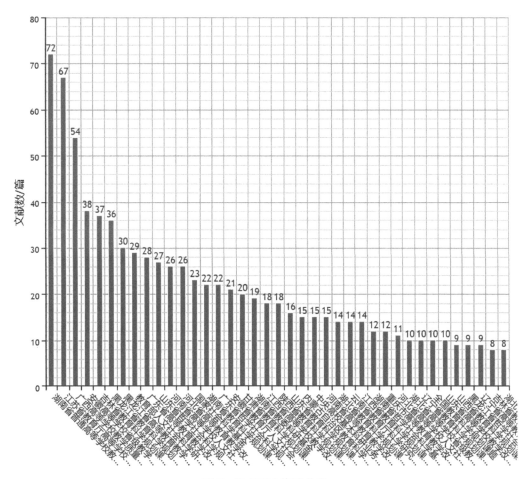

图 7 论文基金资助分布

四、讨论与结论

上文对大学英语领域的相关研究进行了计量统计和可视化分析,通过上述统计分析可以发现 2020 年的研究呈现以下特点与问题。

1. 研究内容丰富,混合式教学在新冠疫情时期得到更多研究

大学英语研究多年来一直受到很多学者的关注,研究广泛。通过对前文中 CNKI 的检索结果可视化分析,我们发现很多主题关键词共现频繁,如"混合式教学"和"混合式教学模式"、"互联网＋"背景和"互联网＋"等。笔者通过合并相似主题,并对原文献进行研读,得出 2020 年我国大学英语领域的研究热点依然还是围绕教学为中心点,主要有以下五个方面:

(1) 大学英语教学模式的构建与应用(混合式教学、翻转课堂等);

(2) 大学英语课程思政建设(思政元素设计和思政教学资源开发等);

(3) 大学英语不同技能的教学方法与策略(大学英语写作教学和大学英语口语教学等);

(4) 大学英语教学理论体系(产出导向法 POA 理论等);

(5) 其他方向如学生自主学习、大学英语教师研究、高职院校和独立学院的校本研究等。

以上研究数量的多少跟社会实际和国家政策有一定的关联,2020 年的新冠疫情迫使更多的一线教师和研究者直接实践在线教学模式,另外国家层面也一直倡导加强课程思政建设,教育部印发了《高等学校课程思政建设指导纲要》的通知,全面推进所有学科专业共建课程思政育人大格局,这为大学英语研究继续深入推进提出了要求,同时也提供了契机,为促进大学英语在线教学和混合式教学以及课程思政建设的相应研究提供了助推力。

2. 普通教师多在一般期刊刊发文章,高质量研究成果偏少

2020 年间国内大学英语研究的发文呈多元化趋势,从发文机构可以看出地区分布广泛,产出力较强的作者多在地方普通高等院校,而非知名专家学者,这跟大学英语的学科性质有关,它是我国高等院校非英语专业大学生的必修公共基础课,覆盖面广,受众庞大。而上海外国语大学等外语专业高校更多是研究英语专业领域的内容,因此对大学英语领域的研究参与度不高,发文排位不靠前也是可以理解。

但是通过对中国知网(CNKI)检索到的研究文献进行深入研读发现,现有研究虽然关注了大学英语研究领域的诸多方面,也有一些方向受到颇多探讨,但从总体看来,很多文章只是对相关理论知识的泛泛而谈,多数研究也只是对个体实践教学操作或调查问卷的浅表探讨,篇幅大多为 2～3 个版面,甚至有的只有 1 个版面。纵观 2463 篇文献,不乏一些研究成果在尝试采用定性与定量相结合的方法,但缺乏引领性研究和较为连续的系列研究成果,研究的深度和广度也还有待拓展。

3. 获基金资助的论文比例较高,但论文被引用比例整体不高

一篇论文被引用次数的多少,是衡量该论文的学术价值和影响力的一种手段。一般来说,一篇论文被引用的次数越多,它在该学科领域的影响就越大,学术价值就越高。通过对 CNKI 数据库中 2020 年大学英语研究的相关论文被引数据进行统计发现,该领域的文章被引用频次整体较低(17.38％),说明国内的大学英语研究者不太关注国内研究的最新动态,

也不注重吸收国内同行的先进成果。通过对被引用论文的期刊分布进行统计，可以看出被引数量位列前 5 位的都不是知名期刊，而是普通地方院校的学报，这跟高水平外语类期刊发文数量较少有关。

深入研究 2020 年刊发的大学英语类研究论文，可以发现大多数已发论文都有一定的基金资助，包括大量发表在普通期刊和大学学报，甚至是发表在月刊、半月刊的文章也有基金资助，而不仅仅是那些发表在较高层次期刊的较高水平论文才有基金资助，可见这种基金支持对一些科研项目尽快取得成功提供了必要的资金保障。基金论文所反映的基金资助涉及范围分布广泛，多为省部级和国家级基金资助。

五、结语

综上所述，本研究基于文献计量方法对国内大学英语领域的研究成果进行了可视化梳理，整体展现了 2020 年我国大学英语领域研究的基本面貌。研究发现，2020 年国内大学英语研究呈现以下发展态势：首先，从关键词共现主题可以发现，国内大学英语研究领域多集中于大学英语课程思政、翻转课堂和混合式教学的研究；其次，大多数论文为分布广泛的普通高校教师在一般期刊刊发，获基金资助的比例较高；最后，高质量研究成果不多，而且论文被引用比例整体较低。

由于笔者水平有限，本文难免存在一些不足。尽管如此，本文为考察 2020 年大学英语研究领域提供了一个可参考的研究概貌，期望以此推进大学英语研究进一步向纵深发展。

参考文献

[1] 崔晓鸾，赵可云.大数据在教育领域的研究热点及发展趋势：基于共词分析的可视化研究[J].现代远距离教育，2016(4)：79-85.

[2] 高玉娟，周钰佩.新世纪以来国内关于大学英语教师研究的主题与趋势：基于文献计量学视角[J].山东外语教学，2020,41(3)：109-120.

[3] 宫丽，刘升.近五年国内外语微课研究述评：基于 CNKI 外语类及教育类文献的统计分析[J].成都师范学院学报，2017,33(11)：55-62.

[4] 刘华.外语教学技术研究的可视化分析：以《外语电化教学》为例[J].教育理论与实践，2017,37(18)：49-51.

[5] 王惠翔.《中国图书馆学报》被引调查与分析[J].中国图书馆学报，1995,21(3)：82-85.

基于眼动追踪探索 AR 技术在视觉学习过程中的应用

刘 梅 周 霞

（北京建筑大学 城市经济与管理学院）

摘 要：增强现实技术(augmented reality，AR)将远程工作场所带入室内，丰富和改变学习过程，为众多学科教育带来了新模式。AR 技术为工程管理专业学生深入了解建筑结构、施工现场提供了有效学习工具。既有研究多从提升效果的角度定量评估 AR 的有效性，鲜少研究 AR 教学环境对不同类型学生的认知行为和认知能力的提升过程。本文提出基于眼动跟踪技术可以对比学生在传统教学和 AR 教学过程中的视觉行为路径，以期明确视觉学习过程的内在机理，为今后研究提供借鉴。

关键词：增强现实；眼动仪；学习效果；认知过程；眼动指标

一、背景

近些年，随着现代化信息技术的不断发展，研究者们越来越多关注和开发信息技术在实际教学场景中的应用。建筑行业是一个复杂的环境，在工程项目管理教学中相关教育长期以来一直备受挑战，传统的教学或培训不够有效，无法弥合学术和实践之间的差距。AR 技术是通过在真实环境中生成虚拟对象来增强现实感知的技术，两者的结合有助于学生深入形象地理解复杂的空间关系和抽象的概念，其在不同领域以及不同学科教育中的应用受到了广泛关注，如天文、化学、生物、数学和几何教育等。基于 AR 的教育和培训框架，旨在将远程的工作场景带入室内学习，通过创新学习模式，增强对复杂建筑结构空间的理解。目前，大多数研究多是评估 AR 对学习结果的影响，并没有研究学生在学习过程中认知行为的改变及其潜在原因。

眼动追踪技术主要通过注视点时长、个数、瞳孔直径、首次进入 AoI(Aren of Interest，兴趣区域)的时间等横截面指标，探究这些指标与学习者经验、能力、环境复杂度等各种内外在因素的关联关系，最直接的意义有二，其一，这些指标被用作认知负荷水平的测度参数，能帮助研究者更直观地理解学习者在认知阶段的模式特征，探求 AR 使用前后学习模式的变化，为创建更好的工程管理学习模式提供指导，重在教学模式创新；其二，探究以这些指标作为评估和区分不同类型学生学习认知能力的可行性，重在学生能力评估。因此，需要进一步拓展眼动追踪技术在揭示 AR 用于教学改革创新方面的作用。

二、AR 技术在教学中的应用现状及问题

多媒体学习理论表明，有吸引力的设计特征有助于提高认知参与度，并在首次使用时集

中学习者的注意力。根据 Mayer 的研究,基于教学设计原则提出了多媒体认知负荷理论,区分了学习过程中的三种知识加工需求:①无关加工,如学生受到与学习材料和学习环境无关的因素影响,分散注意力,如果指导方式不当可能会加强这一过程,从而抑制迁移学习的效果;②本质加工,旨在关注呈现的学习材料,是由学习材料的复杂性引起的;③生成加工,旨在理解材料,是由学生在学习过程中的选择、组织和整合等努力造成的。此外,教学设计产生的不必要和更大的负荷可能会施加额外的认知负荷,因为无效的信息搜索可能会增加额外的认知负荷,干扰基本的加工过程。因此,合理减少冗余信息是减少认知负荷、进一步提高认知学习能力的重要途径。

AR 技术在建筑结构应用方面,可以通过三维模型设计软件进行设计和展示,并提供沉浸式环境和语言学习框架。大多数学者认为,不同的学习工具会导致不同的学习结果。AR 在各种研究中被证明是一种更有效的学习方式,它改善了学习所花费的时间并且获得更多知识。一项实验表明,通过使用移动 AR 应用程序,学生学习成绩更高,认知负荷更低。而且对于施工现场教育,应用 AR 可以创造一个没有现实风险的学习环境,同时提高学生对建筑设备和操作安全的全面理解。但是很少有研究关注教学材料采用 AR 模型设计并应用于教学之后对学生学习效率提升的内在机制,大多数仍旧只关注提升效果。例如,通过与传统的学习方式,特别是基于文本和基于二维图像的学习方式的比较,得出了 AR 的上述优势。但是 AR 与传统学习环境进行比较的评估基本上局限于学习结果,只能使用问卷形式调查学生的主观动机和满意度。AR 的主要功能在于突出关键信息并将额外信息标记为学习目的的参考信息,因此 AR 可以被视为操纵外部信息处理的一种措施,有可能增强学习的生成过程,但 AR 如何在建筑结构学习中促进学习的机理依旧不清晰。

三、眼动追踪技术在认知过程中的研究现状及应用

为了识别学生在基于 AR 和其他传统学习环境中的认知行为,基于眼动仪的眼动追踪技术是研究学生认知行为的有效方法。

1. 认知过程模型

不同任务和场景下人们使用的搜索策略是不同的,在个体层面,视觉搜索策略通常取决于人们对特定对象或任务的心理表征。为了探索视觉搜索的认知过程,大量研究采用眼动仪来进行认知行为实验,最常用的各种眼动指标包括注视次数、注视持续时间、首次注视时间、瞳孔大小、注视点热力图和扫描路径等。其中,扫描路径揭示了注视点的一系列时间和空间特征,这为视觉观察模式,尤其是视觉搜索策略,提供了有用的分析基础。例如在文字阅读、网页设计、地图制图、驾驶中道路风险识别、医学诊断等领域,扫描轨迹和视觉扫描策略都被证明与人群特征和场景复杂度有一定关系,似乎在某些特定的任务下,高能力和高经验的人群共享一种类似的视觉搜索策略。

经典的视觉搜索理论将用于目标识别的视觉搜索策略分为无意识“自下而上”方式和长期记忆驱动的“自上而下”方式。其中自下而上的方式多因物体颜色、大小、形状等突出刺激而导致,而自上而下则通常是根据预设的期望或者目标驱动的搜索方式。例如,Wickens 的信息加工模型提出了人机交互系统中人对环境信息处理过程的几个关键要素:感觉、知觉、

认知与记忆、应选择与执行、反馈、注意,其中知觉加工是信息被赋予意义并进入大脑的重要过程,这个过程一般是自动快速进行的,可以由两种方式驱动,分别为感觉输入(自下而上)和长期记忆输入(自上而下)。长期记忆是基于过去大量经验和知识而存在的记忆,在特定的专业技能领域,长期记忆可以通过反复训练获得,其中心理表征就是一种典型的长期记忆。心理表征是指信息在大脑中预先存在的模式,保存在长期记忆之中,这种心理结构模式使得人们可以迅速应对类似局面,从而避免短时记忆心理加工的局限性。

对特定信息的视觉搜索策略也可以视作一种心理表征。过去的研究将视觉搜索任务中的信息处理分为两部分,处理基本视觉特征的大规模信息并行处理阶段,以及用于执行更复杂的操作(如物体识别)的有限容量信息处理阶段。对于对象识别,即使任务比较复杂,其决策也涉及视觉搜索的两个相互关联的阶段。与之对应的,视觉搜索策略也可以分为平行搜索和序列搜索。当目标物体与干扰项相比在某方面显著突出时,人们更倾向于采用平行搜索,而当目标项与干扰项难以区分时,用有效视觉域逐一扫描则更有优势,即序列搜索形式。在序列搜索模式下,根据搜索路径是否遵循系统化的顺序,又可以将搜索模式划分为结构化搜索和自由搜索。

综上所述,**在不同场景中,视觉搜索策略是不同的,在个体层面,搜索策略也与长期记忆有关**。因此,为了提升学生整体学习效率,有必要进一步了解学生在传统模式和 AR 等新技术学习模式下的搜索的视觉策略。

2. 眼动追踪技术在认知行为过程中的应用研究现状

随着眼动设备和理论日趋成熟,也有越来越多的学者开始运用眼动仪来研究不同教学工具下学生的认知过程,进而提升学生学习效率。其中一个重要的研究议题是经验对视觉搜索过程的影响,在更广泛的领域,已有研究证明,有经验的专家在自己的专业领域,视觉搜索的准确度更高,发现目标所需的反应时间更短,视野范围更大,对目标物的注视频率和时长更低,例如,经验高的被试在 AoI 上注视点时间的百分比相较于经验低的被试更短,注视点次数也更少;而 Liu 等进行了类似实验,得到的结论却是有经验的被试花费更多的总时间进行搜索,同时也将更多注意力放在了兴趣区域上,对 AoI 的注视时间和次数所占总体搜索过程的比例比无经验的被试更高;这些互相不吻合的结论可能是由于不同研究对"经验"这一因素界定不清所致,那么针对学生群体,经验意味着学习能力和学习技巧,**不同学习能力的学生在学习过程中的视觉搜索模式尚不清晰**,也就意味着即使 **AR 可以提高学习效率,但是无法得知内在机理,也就无法从根本上提高学生的学习能力**。

虽然眼动仪应用于视觉搜索模式的定量研究很多,但仍然主要集中于注视点时长、个数、瞳孔直径、首次进入 AoI 的时间这些横截面指标。探究这些指标和被试经验、能力、环境复杂度等各种内外在因素的关联关系,最直接的意义有二,其一是这些指标被用作认知负荷水平的测度参数,能帮助人们更直观地理解视觉搜索这一认知阶段中的模式特征,其中在环境场景变化的实验中,探求两者的关系或许可以为创建更好的培训环境提供指导,重在培训;其二则是探究以这些指标作为评估和区分学习能力高的人群的主要因子的可行性,重在评估,二者尚未实现统一,且在同一个因素作用下得到的结论也不尽相同。

因此在横截面指标的基础上,研究者们从视觉扫描路径出发,探讨了不同人群的各种搜索模式,尤其是在网站设计、阅读习惯和疾病诊断的应用背景下。首先是能力和绩效指标,过去研究发现在多个领域,人们视觉搜索的习惯和策略能够区分被试的这一特定领域的能力。例如,在地图读图的实验中,给定目标任务,多个研究得出了相对一致的结论,用任务完成的情况划分,不太成功的地图用户在策略上与成功的用户有所不同,失败的参与者表现出一些相似之处,他们倾向于选择快速、不太谨慎的策略;根据完成任务的速度,完成任务更快的一群人与更慢的一群人视觉轨迹明显不同,速度更快的人内部视觉轨迹相似度更高,这类人中似乎存在一种共享的"正确"搜索模式;此外,制图学教师和学生的扫描轨迹也不同。在阅读代码的实验中,对于表现较好和表现较差的被试的对比也获得了类似的发现,高水平的学生以逻辑方式阅读代码,并且采用了某种线性的代码阅读模式以及程序代码分块,这可以更好地感知程序,识别出代码错误区域。相反,表现欠佳的学生则直接跳到某些陈述,而不遵循程序的逻辑。此外,在解决数学问题的情境下,高能力参与者和低能力参与者的视觉轨迹之间也存在显著差异,高能力小组在整个试验过程中的注释序列都更为聚焦。

从人群之间的扫描模式比较的角度来看,经验也是一个经常被考虑的因素。例如,在医学领域,对着医学影像执行视觉搜索任务并诊断时,专家群体中彼此之间的扫描策略等凝视行为相似性分数较高,而学生群体彼此之间表现出较少的相似性;教师群体中也有类似的研究结果。通过定性和定量的比较,发现专家和新手之间观察时的视觉行为有所差异,并且,这种观察行为展示出了同专业组内的相似性。

场景和任务复杂度对视觉扫描轨迹也有显著的影响。通过对不同情境下被试搜索模式的研究,可以深入探索用户对可视化交互界面的理解,优化用户界面设计,比如 Sendurur 和 Yildirim 通过观察用户的视觉搜索轨迹,将不同任务难度下浏览网页的搜索模式分为单次、向前线性、向后线性、线性混合和非线性五种方式。随着任务复杂度和难度增加,眼动行为展示出的搜索策略在人群中的差异增大(**因此 AR 沉浸式教学中场景、任务、工法布置的复杂性同样也会对学生视觉搜索轨迹产生不同的影响。**)

四、结语

综上,本文首先对 AR 用于教学中学生能力提升效果进行文献回顾,然后重点对人的认知过程和视觉搜索过程相关研究现状进行了归纳。在不同场景中,视觉搜索策略是不同的,不同学习能力的学生在学习过程中的视觉搜索模式尚不清晰,为了提升学生整体学习效率,有必要进一步了解学生在传统和 AR 等新技术学习模式下的搜索的视觉策略。进而,对基于眼动追踪技术的眼动指标的内涵进行深入分析,探索了视觉行为数据收集方法,提取了视觉搜索路径指标,旨在为后续研究 AR 沉浸式教学中场景、任务、工法布置的复杂性对不同类型学生的认知行为和视觉搜索轨迹的影响提供基础和借鉴。

参考文献

[1] WU H K. Current status, opportunities and challenges of augmented reality in education[J]. Computers & Education, 2013, 62: 41-49.

[2] HARLEY J M. Comparing virtual and location-based augmented reality mobile learning: emotions and learning outcomes[J]. Educational Technology Research and Development, 2016, 64(3): 359-388.

[3] MAYER R E. Incorporating motivation into multimedia learning[J]. Learning and Instruction, 2014, 29(Supplement C): 171-173.

[4] KÜÇÜK S, KAPAKIN S, GÖKTAS Y. Learning anatomy via mobile augmented reality: Effects on achievement and cognitive load[J]. Anatomical sciences education, 2016, 9(5): 411-421.

[5] CHIANG T H C, YANG S J H, HWANG G J. An augmented reality-based mobile learning system to improve students' learning achievements and motivations in natural science inquiry activities[J]. Journal of Educational Technology & Society, 2014, 17(4): 352-365.

[6] HUNG Y H, CHEN C H, HUANG S W. Applying augmented reality to enhance learning: a study of different teaching materials[J]. Journal of Computer Assisted Learning, 2017, 33(3): 252-266.

[7] SHARAFI Z, SOH Z, GUÉHÉNEUC Y-G. A systematic literature review on the usage of eye-tracking in software engineering[J]. Information and Software Technology, 2015, 67: 79-107.

[8] PINHEIRO R B O. Eye-tracking technology for construction safety: a feasibility study, in ISARC [C]//Proceedings of the International Symposium on Automation and Robotics in Construction, 2016, Waterloo, 1-8.

[9] WICKENS C D. Engineering psychology and human performance[M]. New York: Psychology Press, 2015.

[10] ERICSSON A, POOL R. Peak: Secrets from the new science of expertise[M]. Boston: Houghton Mifflin Harcourt, 2016.

[11] DRURY C G. Inspection of sheet materials—model and data[J]. Human Factors, 1975, 17(3): 257-265.

[12] MACKWORTH N H. Stimulus density limits the useful field of view[J]. Eye movements and psychological processes, 1976, 307-321.

[13] PAPESH M H. Eye movements reflect expertise development in hybrid search[J]. Cognitive Research: Principles and Implications, 2021, 6(1): 7-27.

[14] ROBSON S G, TANGEN J M, SEARSTON R A. The effect of expertise, target usefulness and image structure on visual search[J]. Cognitive Research: Principles and Implications, 2021, 6(1): 16.

[15] LIU M. Influence of semantic cues on hazard-inspection performance: a case in construction safety [J]. International Journal of Occupational Safety and Ergonomics, 2018, 1-15.

[16] HAVELKOVÁ L, GOŁĘBIOWSKA I M. What went wrong for bad solvers during thematic map analysis? lessons learned from an eye-tracking study[J]. ISPRS International Journal of Geo-Information, 2020, 9(1): 9.

[17] ÇÖLTEKIN A, FABRIKANT S I, LACAYO M. Exploring the efficiency of users' visual analytics strategies based on sequence analysis of eye movement recordings[J]. International Journal of Geographical Information Science, 2010, 24(10): 1559-1575.

[18] BEITLOVA M, POPELKA S, VOZENILEK V. Differences in thematic map reading by students and their geography teacher[J]. ISPRS International Journal of Geo-Information, 2020, 9(9): 492-510.

[19] TABLATIN C L, RODRIGO M M. Identifying common code reading patterns using scanpath trend analysis with a tolerance[C]//Proceedings of the 26th International Conference on Computers in Education. 2018, Philippines.

[20] HOLMQVIST K. A method for quantifying focused versus overview behavior in AoI sequences[J]. Behavior Research Methods, 2011, 43(4): 987-998.

[21] CASTNER N. Deep semantic gaze embedding and scanpath comparison for expertise classification during OPT viewing[C]//Eye Tracking Research and Applications Symposium (ETRA). 2020.

[22] KOSEL C, HOLZBERGER D, SEIDEL T. Identifying expert and novice visual scanpath patterns and their relationship to assessing learning-relevant student characteristics [J]. Frontiers in Education, 2020(5): 612175.

[23] ŞENDURUR E, YILDIRIM Z. Students' web search strategies with different task types: an eye-tracking study[J]. International Journal of Human-Computer Interaction, 2015,31(2): 101-111.

信息化技术支持下的差异化教学模式探究

吴逾倩

（北京建筑大学　文化发展研究院/人文学院）

摘　要：随着信息技术的快速发展，教育信息化成为时代发展的必然。信息化技术使大学英语教学目的、教学观念、教学模式、教学内容、教学环境、教学管理、教学评估等方面都发生了巨大的变化，大学英语教学呈现出前所未有的生机和活力。同时，也给大学英语教学带来了新问题，如缺乏分层教学设计，针对不同学习水平的差异化教学资源匮乏，无法实现个性化教学要求的，因此必须充分利用计算机和网络技术，打造立体化、差异化教学和学习环境，确立多元教学目的、目标，设置模块化课程，建构适合不同层次学生学习，满足学生个性化发展需求的大学英语课程体系。

关键词：信息化技术；大学英语教学；差异化教学

一、引言

随着信息化的高速发展，教育信息化成为时代发展的必然。《国家中长期教育改革和发展规划纲要（2010—2020年）》指出："信息技术对教育发展具有革命性影响，必须予以高度重视"，并要求"强化信息技术应用。提高教师应用信息技术水平，更新教学观念，改进教学方法，提高教学效果。鼓励学生利用信息手段，主动学习、自主学习，增强运用信息技术分析解决问题能力。"信息化技术使大学英语教学由传统走向现代，大学英语教学目的、教学观念、教学模式、教学内容、教学环境、教学手段、教学方法、教学管理、教学评估等方面都发生了巨大变化，大学英语教学呈现出前所未有的生机和活力，大学英语教学水平整体上了一个新台阶。

二、信息化技术与大学英语教学现状

信息化技术是以现代通信、网络、数据库技术为基础，通过信息获取、信息传递、信息处理、信息再生、信息运用等过程，供特定人群生活、工作、学习、辅助决策等和人类息息相关的各种行为相结合的一种方式。信息技术的飞速发展，为教育革新和现代化提供了新机遇，也给我国外语教育带来了新的希望和挑战。信息技术逐步融入外语教育，外语教育也开始呈现出信息化的特征。外语教育信息化是指在外语教育过程中运用现代教育信息技术，促进外语教学的全面改革，使之适应信息化社会对于教育发展的新要求，而在教育层面上看，呈现教材立体化、资源全球化、学习自主化、学习活动合作化、教学个性化、管理自动化和学习环境虚拟化。

信息化技术对于大学英语教学固然重要,但其本身并不能自动提高教学质量,关键还在于如何将信息化技术应用到英语课堂教学活动中去,培养学生运用信息技术学习新知识、提高语言交际能力。也就是说,信息化技术不仅仅是几台设备几个课件那么简单,它必须从学生的需求出发,从教学的实际出发,开发和利用各种教学资源,这样才能与教学全过程紧密结合。近年来,大学英语公共基础课大多是采用合班上课,班级人数四五十人,智能化的多媒体设备,多数情况下只被用作播放机和投影仪,由于教学任务重、教学内容多,有相当一部分教师在课堂上只是机械地演示事先做好的课件,把课件上的内容在规定时间内向学生展示完就算完成了教学任务,不顾及学生是否能消化吸收。而学生只能走马观花式地被动接受教师所展示的课件上的内容,几乎没时间进行独立的思考和交流。虽然网络和数据库为学生提供了海量的学习资源,但缺乏分层教学设计,针对不同层次学生的差异化教学资源匮乏,无法实现差异化教学的要求,学生的自主学习能力、实践能力以及创新性思维能力无法培养。因此提高英语教学质量不仅仅是信息的采集、传输、储存和处理,还需要相关学习软件的支持,既需要便捷的人机交互系统,也需要人际交流环境与场所;既需要共性化的教育体系,更需要差异化的发展空间。信息化技术支持下的差异化教学模式是提高大学英语教学质量的前提和基础。

三、大学英语差异化教学模式探究

1. 差异化教学

"差异化教学就是要充分考虑师生,尤其是学生的个体差异和个性特征,以学习者为主体,以个性化、差异化的教学方法和手段促进学习者个性化地建构知识、发展能力和锻造品格,帮助他们最终获得自我实现"(刘长江,2008)。差异化教学应以学生个体差异为基础,以学生不同的需要为导向,提供差异化的目标,采用不同的教学方式和手段,帮助学生达到设定的目标,本质是为学生提供适合其自身特点的教学,最大限度实现其个性化发展。

差异化教学要求教师创设能够引导学生主动参与的教学环境,提供不同层次、不同类型的知识,允许学生根据自己的能力、兴趣和需要进行选择。2004 年颁布的《大学英语教学指南》明确指出,各高校应充分利用信息技术,积极创建多元的教学与学习环境,鼓励教师建设和使用网络上优质教育资源,改造和拓展教学内容,实现基于课堂和在线课程的翻转课堂等混合式教学模式,使学生朝着主动学习、自主学习和个性化学习方向发展,允许学生随时随地选择适合自己水平和需求的材料进行学习,同时还要求确立多元教学目标,提供适合不同层次学生学习的英语课程体系,大学英语教学改革的核心内容是利用信息化技术确立多元教学目标。提供适合不同层次学生学习的英语课程体系。大学英语教学改革的核心内容是利用信息化技术确立多元教学目标,发展差异化教学模式。

2. 差异化教学模式

1)课程模块化

差异化大学英语课程应充分考虑学生的个体差异,采用分层教学,即根据学生专业和基础进行分层教学,并针对不同的班型设置不同的课时以及模块化课程。由于现在学生英语水平普遍提高,因此大学英语教学可分为两个模块,即基础英语教学模块和个性化学习模块。基础英语教学模块以通用英语的学习为主;个性化学习模块可按照视、听、说、阅读、翻译写作等设置多个教学模块,每个模块中还可以设置若干个小模块,如英汉翻译、商务翻译、科技翻译、文学翻译等。学生可以按照指定的学分或课时量自主选择学习每个模块中的课程。

2) 网络教学平台

在自主选择不同模块课程和小班化教学的基础上,为增强学生的自主学习意识和能力,可采用阶梯式教学方法,将每个课程按照教学难度分为若干个教学级别,针对每个教学级别设置一套教学软件,包含教学的各个要素和内容,学校应鼓励和支持教师开发和设计大学英语网络教学平台,平台不仅要提供各种英语教学的多媒体学习资源,还要根据不同级别的教学对象构建不同的教学模块,使学生能够通过网络平台,结合自己的实际英语水平进行自我选择、自我探索、自我管理的个性化自主学习,教师可以通过计算机网络监控系统定时查看每名学生的网上学习状况,针对不同学生进行个性化的学习辅导。

3) 其他教学组织形式

英语属于语言类教学,培养学生的听、说、读、写、译等语言的基本应用能力,因此还应组织形式多样的其他英语教学活动,作为英语课堂教学的必要补充和拓展。例如,利用校园局域网便于学生课后观看英语电影、英语电视剧,让学生充分地接触和学习英语语言文化,尽量减少跨文化交际时的语用失误,定期布置学生阅读英语名著,然后就所读名著展开沙龙式讨论,培养听说能力,促进语言交流水平。教师可事先布置讨论主题,提供讨论思路,完善发言者的语言表达及含义,就讨论结果进行点评。另外,学校还可根据自身办学特色举办英语演讲比赛、英语情景剧表演以及英语写作比赛等;学生还可根据自己的兴趣,参加各种英语兴趣小组,调动和发挥自己学习英语的积极性和主动性。

3. 差异化教学保障

1) 技术条件保障

大学英语差异化教学以先进的信息化技术和设施为基础条件,因此必须充分利用计算机和网络技术,打造一个良好的由传统教室、多媒体教室和网络平台组成的能突破时间限制的立体化、个性化教学和学习环境。如保证局域网络畅通,多媒体教室座位充足,隔音条件优良,音响、麦克风、录音、播放功能齐全,人机交互功能较强等。只有这样,教师才能因材施教,分类指导,才能充分调动学生学习积极性,培养他们的自主学习能力,保证英语差异化教学得以实施。

2) 管理保障

针对大学英语差异化教学的多场地、多设备的特点,需要完善的教学管理体系,以保证教学设备的良好状态和教学活动的正常进行;差异化教学往往是多头同时进行,针对不同的教学级别和不同的教学内容,需要构建一个设备开启、资料领取和网络建设的管理体系,差异化教学的组织者不应该是一个人,应该是一个团队。团队带头人主导制定教学方案,分派教师具体任务,这要求教学管理理念、教学管理方法、教学组织形式等都有所改变,改革目前全盘计划式管理模式,形成宏观监督式管理模式,以适应团队式运行方式。

3) 考核保障

差异化教学要求有与之相适应的教学评价制度。由于大学英语差异化教学内容繁杂、形式多样、地点多变且专业性强,教学环节的监控难以进行,教学质量管理以宏观监督方式为主,因此应建立英语教学质量考核体系,实施教考分离,按照语言类教学的本质要求,注重语言基本能力考核,改变传统的一张试卷定成绩的单一考核方式,形成笔试加面试加学习过程考核的多元评价机制,全面考核学生的语言应用能力、文化积累和自主学习能力。

四、结语

为实现《大学英语教学指南》的指导思想,英语教师应紧跟信息化技术的发展步伐,推进信息化技术和大学英语教学的融合,调整和更新教学理念、教学设施、教学方法、教学形式、管理体系、教学保障等,探索适应新时代的全新的教学模式,以适应大学英语差异化教学发展的需要。

参考文献

[1] 刘辉. 信息技术与外语课程整合:基于学科研究的大学外语教学思考——2012 全国大学外语课程及教学改革学术研讨会启示[J]. 外语电化教学,2012(3):76-80.
[2] 王守仁. 当代中国语境下个性化英语教学的理念与实践[J]. 外语与外语教学,2015(4):1-3.

新时代视域下线上线下混合式教学研究与探索

邢美波

（北京建筑大学　环境与能源工程学院）

摘　要：随着互联网时代的到来,教育教学方式发生天翻地覆的变化。为适应新时代培养科技创新人才的需要,线上线下混合式教学方式应运而生,但是如何合理使用教学资源,构建一个符合中国大学生实际情况的混合式教学模式,是摆在教育者面前的一个重大难题。本文以新时代为契机,合理阐述了线上线下混合式教学的优势,并根据对混合式教学的研究,提出从四个方面帮助建构混合式教学模式。

关键词：线上线下；混合式教学；教学模式

一、引言

随着中国特色社会主义新时代的到来,科学技术得以快速发展。进入新时代的我国教育现代化,是实现中华民族伟大复兴中国梦的基础工程,是实现中国特色社会主义奋斗目标的重要支撑。为顺应新时代中国经济社会发展和文化建设的趋势,教育需要贯彻新的发展思想,推动教育理念创新、技术创新。在全国性基本义务教育发展的支撑下,我国教育教学水平已经得到长足进步,整体教育发展水平已经进入世界中上行列。在国家高等教育快速发展的同时,越来越多的学生得以进入大学学习。而目前大学教育仍然存在着很多问题,国内外教育者在教书育人的同时也在不断探索新的教育方式,例如 MOOC、翻转课堂及微课等方式以适应教育教学的需要。

新时代的教育强调跨越,强调优质。在这个关键的时期,我们不仅要继续坚持改善教学条件和增加教育投入,更要在教学方式上做出重大跨越。新时代科学技术的发展为学习方式的变革提供了强大助力,带来了多样化的学习方式。远程学习、移动学习、个性化学习等多种学习方式应运而生,传统的"粉笔＋黑板＋PPT"的教学方式在向线上线下混合式教学转变。为了适应新时代的发展,部分研究者在实际课程当中已经采用线上线下混合式教学,取得了一定成果。本文通过对混合式教学的研究,阐述了混合式教学的优点,并结合学生实际情况,针对混合式教学提出自己的观点,从教学目标、教学资源、教学活动、教学评价四个方面阐述如何构建新时代线上线下混合式教学模式。

二、线上线下混合式教学的特点

线上线下混合式教学是将传统线上教学与网络化在线教学有机地结合起来,基于MOOC、专属在线课程（SPOC）和其他在线课程,运用数字化教学工具,结合本校实际对校内课程进行改造。线上采用互联网教学视频作为基础,学习者以移动学习终端作为载体,体会到随时随地学习带来的全新感受,线下进行小组讨论、组内组间评测、答疑解惑、作业等,在强化学生知识记忆的同时,促进学生人际交往能力的提高,多方面提升学生素质能力。通过线上线下两种途径教学,促进学习者深度学习,学生的参与度和满足感显著提高。

线上线下混合式教学应该具有以下的特点:①混合教学采用两种途径开展教学,取各自优点弥补各自不足。②新时代线上线下混合式教学与以往教学最大的区别在于实际,从实际出发解决实际问题,绝不墨守成规。③新时代混合式教学没有统一的模式,教育者要根据实际情况随机应变,合理控制线上线下时间,根据学习者具体情况制订相应的计划。④新时代混合式教学虽然没有统一的模式,但是有统一的追求,那就是要充分发挥"线上"和"线下"两种教学的优势,改造我们的传统教学,改变我们在课堂教学过程中过分使用讲授而导致学生学习主动性不高、认知参与度不足、不同学生的学习结果差异过大等问题。⑤在混合式教学过程中,线上教学是整个教学中重要的部分,它是教学过程中必不可少的环节,决不能把线上教学理解为可有可无的教学过程;混合式教学中的线下教学与传统教学是截然不同的,它不是照搬照抄传统教学,而是在线上教学成果的基础上继续开展更充分更深入的教学。⑥线上线下混合式教学在重铸传统教学的基础上,强化在线教学平台的核心价值,极大程度上扩展教学的时间和空间。综合以上六个特点,我们对新时代线上线下混合式教学有了更深入的认识和理解。

以往传统教学中,大多数学生以教师为中心,大多数教师以教材为中心,这就导致学生形成盲目崇拜教师和教材的心态,不再进行自我思考,一味地跟着教师走、跟着教材走,大学生和研究生的想象力和创新能力受到严重限制,很难实现创新发展。因此我们必须改变传统教学方式,大力发展混合式教学方式,因为线上线下混合式教学相比传统教学在以下几个方面优势明显:

(1) 时间充裕,教学质量明显提高。采用线上线下混合式教学,教师可以将大部分基础教学内容采用线上视频或者其余课外时间传达,从而使得线下教学时间充裕,教师不必再为追赶教学进度而降低教学质量,教师有充足的时间来解决学生所遇到的重点难点问题,教学质量得以明显提高。

(2) 实用性强,素质教学情况改善,混合式教学相比传统教学最明显的特点在于实用性,线上讲解基础知识使学生充分了解课程内容,线下讲解重点难点,尤其根据实际情况解决实际问题。传统教学由于时间紧、任务重,课程脱离实际非常严重,混合式教学时间充裕,可开展大量活动丰富学生课程,理论与实际相结合,对提高学生素质教育,改善素质教学情况都有很大助益。

(3) 趣味性也是学生学习知识的关键,目前大学课程趣味性不强、活动少,很难吸引学生主动学习,学生被动式的学习无法提高其自主创新能力。混合式教学强化学生学习兴趣,在互动中优化学生知识结构,强化学生创新能力,激发学生自主学习情绪,促进学生独立学习发展,由被动到主动,使学生真正享受到学习的乐趣。

(4) 混合式教学课程安排灵活、课程时间地点灵活,传统集中式教学在疫情期间很难适应,而混合式教学非常适合在疫情当下学生在隔离期间学习,在隔离期间线上学习帮助学生学习基础知识,节约学生宝贵时间,等到疫情缓解再进行线下教学,上课时间充裕,方便开展活动,真正形成线上线下良性循环。传统教学中,学生很大一部分时间都在记笔记,课程资源共享情况十分困难。采用混合式教学,线上授课的同时资源同步共享,进一步节约时间,学生查阅资源更为方便。

（5）教学评价和反馈一直是教育教学的重中之重，传统教学以试卷考试评分为主，教学评价单一，教师收获反馈不清晰、不真实，很难制定下一步课程安排，影响课程进度。而采用线上加线下的优质平台，多方面了解学生，教师可以第一时间得到反馈，方便及时调整课程进度，加速课程完成，节约时间。通过线上平台优化评价机制，通过合适的评价进一步激发学生学习动力。

我们作为教学者，不仅要教会学生基本知识，更要培养学生学习能力，混合式教学的核心就是激发学生独立思考的能力，不再唯教师论，唯教材论，敢于质疑，敢于创新。

三、构建混合式教学模式研究

如前文所述，混合式教学要遵从实际情况，没有一个统一规定的模式，但是教育教学本身是有一定规律可循的。学习过程本身是有一定规律可循的，遵循客观学习规律可以快速提高学习能力。正因如此，我们要充分发挥混合式教学的优势，遵循教育教学的一般规律，就应该向着以下几个方向去努力，构建符合实际且优质的混合式教学模式。

首先，我们要树立清晰的教学目标，明确学生培养发展方向。没有明确的教学目标，教育教学会进入混乱状态，教育者无法给予合适的教学，受教育者没有明确的前进方向，学习过程受阻；线上教学无法学到相应的基础的知识，线下教学更加无法开展。因此新时代线上线下混合式教学必须坚持树立合适的教学目标，根据不同课程设立符合实际的教学目标，目标描述准确、具体，达成路径清晰，考核评价方便。围绕目标达成、教学内容、组织实施和多元化评价需求进行整体规划，教学策略、教学方法、教学过程、教学评价等设计合理，促使教育者思路清晰进行教学，受教育者不断向教学目标靠拢，学生充分获得学习满足感。

其次，要保证线上教学资源充足，讲解能力完全符合教育教学要求。线上教学相比传统教学，或多或少会遇到新的困难和挑战，但是这种困难和挑战我们完全有能力战胜。我们强调的线上教学不是多么华丽、高不可攀，我们追求的是线上教学一定要线上资源充足，以满足学生学习需求和教学目标为底线，这需要不断积累总结，从而形成完整的知识互联网。其实我们真正的挑战是线上讲解能力是否符合教育教学要求，想要在线上课程达到教育教学要求，需要我们提高更多的时间投入，对每一堂网络课程进行不断优化，向优质网络课程学习，反复录制网络课程，总结教育教学经验。线上教学资源充足、讲解能力合格是整合混合教学的关键，我们教育者务必要引起重视。线上教学为学生提供知识基础，我们倡导让学生通过线上教学课程提前了解基础知识，通过线上教学过程迁移，提供更多学习基础知识的时间，让学生在进入线下课程之前都有一定基础，为后续课程开展创造更多深入讲解机会。通过专门讲解重点、难点知识或者针对性讲解学生集中遇到的问题，极大提高了线下课程的质量。

另外，要坚持丰富线下教学活动，教学内容能够解决重点、难点和关键性问题。正如上述所言，学生如果按照混合式教学计划，前期通过线上教学打好一定知识基础，在线下课程中，教育者可以针对性解决重点、难点问题，相比传统教学节约了大量的线下教学时间，教育者可以通过节省下来时间，开展大量以课程知识为载体的线下教学活动，强化课堂教学师生互动、生生互动环节，加强研究型、项目式学习。一方面巩固了学生所学的知识，强化学生多方面能力发展;另一方面提高了学生学习兴趣,为今后开展类似课程提供了良好基础。

最后,我们要确保课程全过程评估清晰合理,线上、线下过程结果均需要开展评估,合理的教学评估是激发学生学习积极性的关键,也是判断学生知识掌握能力的重要参考。利用线上小程序或小测验来反馈学生学习效果,通过教学反馈激发学生自主学习的同时,帮助教育者更有针对性地进行教学,促进教育教学清晰化发展。教育者可根据实际情况及时调整课程进度。无论过程还是结果我们都需要开展评估,在社会普遍关注结果的当下,我们应该更加注重过程评价,毕竟扎扎实实的教育教学过程才是根本。

四、结语

本文以新时代为契机,通过讲述新时代线上线下混合式教学的特点以及混合式教学模式如何构建等方面说明开展线上线下混合式教学是今后发展的必然趋势,混合式教学在节约学生时间、强化课程实用性、提高学生兴趣和强化学生反馈等方面都具有突出优势。开展混合式教学不是为了哗众取宠,也不是花样翻新,而是真正意义上提高绝大多数学生的学习深度,帮助学生树立创新思维,提高创新能力,为国家实现科技创新战略提供强大助力。

参考文献

[1] 肖娟,魏莉.浅谈微课与高校教学改革[J].高教学刊,2015(18):127.

[2] 钱红,黄民江,刘理静.微课结合翻转课堂教学模式在诊断学教学中的初步探索[J].医学理论与实践,2015(12):1674.

[3] 李娜,韩清恩,王日升.微课与慕课在高等教育中的结合应用探究[J].山东工会论坛,2015(3):117.

[4] 韩丽琴,隋春红,刘建华.以学生为中心的药学专业无机化学混合式教学设计与实施[J].吉林医药学院学报,2021,42(5):386-387.

[5] 王佳庆,杨汝,王晓刚.高校"计算机控制技术"课程线上线下混合式教学探索[J].成才之路,2021(26):26-27.

[6] 杨帆,段俊红,朱锋钊.以《动物解剖生理学》为例研究线上线下混合式教学方法[J].畜牧兽医杂志,2021,40(5):64-66.

[7] 胡嘉波,李伟,王婷,等.《临床基础检验技术》线上线下混合式教学模式的构建[J].继续医学教育,2021,35(8):15-17.

[8] 战旭梅,刘萍,王正云.线上线下混合式教学效果的评价——以《食品理化检测技术》为例[J].办公自动化,2021,26(17):6-8.

教育教学管理与服务

北京市属高校"双培计划"实施过程
管理措施强化研究

那 威

（北京建筑大学　环境与能源工程学院）

摘　要：北京高等教育改革中实施"双培计划"有效实现市属高校和中央部属高校的教育资源共享。从 6 年 3 阶段实践效果角度来看，本文以首批参加"双培计划"市属高校为例，梳理市属高校和中央部属高校办学资源差异，总结招生环节、培养过程环节、双培生学业管理环节、制度保障环节的共性问题，探析提出市属高校学校管理机制角度实现"双培计划"人才培养提质措施。本文为北京市属高校完善"双培计划"管理提供政策借鉴。

关键词：双培计划；培养模式；教育资源；市属高校；交叉人才培养

我国普通高校根据隶属关系分为中央部属高校和地方高校，中央部属高校数量较少，由党中央、国务院委托教育部、工信部和其他少数几个部门管理；地方高校数量众多，由地方管理或以地方管理为主，占比超过 96.0％。我国高等教育早期阶段认定的"985 工程""211 工程"高校，新阶段认定的"双一流"建设高校，多数均为中央部属高校。中央部属高校与地方高校除行政管理归口外，在科研经费、师资力量等办学资源上有明显差距。教育部公布数据显示：拨入经费总量，中央部属高校是地方高校的 1.6 倍；研究生人均经费，中央部属高校是地方高校的 2.2 倍；教学科研人员校均数量，中央部属高校是地方高校的 7.3 倍。建设有特色、高水平大学，不仅是中央对"985 工程""211 工程"高校等中央部属高校的要求，也是对地方、行业特色高校的要求。《国家中、长期教育改革和发展规划纲要》指出，高等教育改革应致力特色发展、非均衡发展，即"发挥政策指导和资源配置的作用，引导高校合理定位，克服同质化倾向，形成各自的办学理念和风格，在不同层次、不同领域办出特色，争创一流"。因此要求中央部属高校、地方高校要探索领域特色、层次特点，集中优势从而实现教育资源的优化配置。

北京市目前是我国高等教育体系中发展程度最高的地区之一，"十一五"期末北京市高等教育毛入学率已超过 60％，率先达到高等教育发展阶段中普及化、大众化阶段，高于全国高等教育发展平均水平（全国高等教育毛入学率 2015 年 40.0％，2019 年提升至 51.6％）。北京市中央部属高校和地方高校的办学资源差异问题更加突出，北京市的中央部属高校达到 34 所，占中央部属高校 29.3％，数量位居全国首位，亟须探索融合中央部属高校和地方高校在教育资源方面实现差异化发展的有效模式。2015 年以来，北京市开始实施"北京高等学校高水平人才交叉培养计划"，包括"双培计划"等 3 个子项目，北京市属高校每年输送 2000 名左右优秀学生，到 20 余所中央部属高校的 110 个优势专业中，进行为期 2～3 年的中长期访学,探索市属高校共享中央部属高校教育资源的交叉人才培养模式。参加"双培计划"的 20 余所中央部属高校的 110 个专业及北京市属高校进行了交叉培养情况的探讨。北京化工大学通过调研,从学生认知、意愿、效果、预期等角度,总结了北京航空航天大学北京学院、北京印刷学院区域协同育人机制双培计划学校实现教学资源校际共享的显著作用;北京农学院、北京信息科技大学、北京邮电大学等多数高校均从实践角度提出"双培计划"培养过程中存在双方院校培养和管理衔接、政策机制设计、"双培计划"大学生(简称"双培生")学业管理、双培生角色认同等方面存在问题和改进空间;进而首都医科大学根据双培生成绩和反馈意见提出专业课程体系、虚拟教学团队培养模式等建议;北京科技大学从"双培计划"大学生学业压力、角色认同和心理咨询情况等学业适应角度提出管理建议;北京物资学院针对双培实验班提出双培生选拔、培养方案、专业建设、学生学业评测方面的建议。上述实践和研究多数通过专业、学院角度探讨双培生培养过程的问题和措施,从学校教学管理部门顶层政策和机制设计角度的思考和提质方面研究仍有不足。

鉴于此,本文根据第一批参加"双培计划"的市属高校北京建筑大学为例,结合市属高校办学资源实际,梳理实施"双培计划"以来与在京多所中央部属高校开展交叉培养的共性问题,从教务处等学校教学管理部门角度,提出进一步强化资源整合共享、双培生培养质量等方面的学业管理提质建议。

一、北京建筑大学"双培计划"交叉培养现状

北京建筑大学是首批参加北京市"双培计划"项目的市属高校,截至 2021 年已完成 6 年招生和培养,已有 2 届共 199 名双培毕业生,毕业率达到 96%,升学率超过 24%;全部在校双培生达到 378 名,合作专业 15 个,各专业分布情况如表 1 所示。

表 1　北京建筑大学"双培计划"在中央部属高校的交叉培养专业分布情况

中央部属高校	双培生所在专业	在读人数占比/%
清华大学	建筑学	2
	城乡规划	3
北京大学	建筑环境与能源应用工程	2
	给排水科学与工程	2
	能源与动力工程	1
北京航空航天大学	计算机科学与技术	10
	机械工程	11
北京师范大学	环境科学	6
北京理工大学	自动化	12
北京林业大学	风景园林	6
北京交通大学	车辆工程	12
	建筑电气与智能化	8

续表

中央部属高校	双培生所在专业	在读人数占比/%
北京交通大学	电气工程及其自动化	2
	交通工程	12
	信息与计算科学	3
	电子信息科学与技术	7

根据"双培计划",与中央部属高校交叉和培养情况可分为三个主要阶段。

1. 探索阶段(2015 年)

2015 年首次在本科提前批次录取 106 名北京地区新生,首批合作中央部属高校 4 所(清华大学、北京师范大学、北京航空航天大学、北京交通大学),合作专业包括建筑学、环境工程等 8 个专业。

2. 形成阶段(2016—2019 年)

持续深入推进"双培计划"项目的实施:2016 年录取学生增至 133 名,合作中央部属高校增至 7 所(新增北京大学、北京理工大学及北京林业大学)。学校层面出台学校"双培计划"的管理办法规定具体双培生培养过程,主要实行校、院两级管理机制。已成立北京建筑大学"双培计划"协调领导小组,主管本科教学工作的副校长担任组长,小组成员包括党政办公室、教务处、学生工作部、国有资产与实验室管理处、后勤与基建处、财务处、校团委等部门负责人,以及学生所在学院的相关负责人。教务处组织各相关学院协同开展招生、入学、人才培养、学生管理、专业与教师团队建设,以及后勤保障等工作。教务处组织建筑、环能、电信、机电和经管等学院核定上报招生方案、录取学生、编制修订相关专业培养方案,建立健全"双培计划"管理办法,并组织各学院对接各央属高校沟通完善教学和学生过程管理。

3. 深化阶段(2020—2021 年)

合作中央部属高校增至 8 所(新增中国政法大学),招生规模稳定在每年 130 人左右,专业增至 15 个(包括建筑学、城乡规划、风景园林、交通工程、给排水科学与工程、能源与动力工程、建筑环境与能源应用工程、环境科学、计算机科学与技术、自动化、电气工程及其自动化、机械工程、车辆工程、信息与计算科学和法学)。"双培计划"项目学生在中央部属高校学习阶段,教务处会同各学院召开专场新生报到会,开设入学教育课,送入对口中央部属高校,协同学工、资后等部门为学生提供全程成绩课程等,以及教务、档案、医疗、补助帮扶等服务工作,学院逐个专业设置专职双培辅导员、教务员,建有微信群等学生-学院-学校沟通渠道。定期开展与中央部属高校的对接沟通,如春季学期教务处组织经管、环能等主干专业学院与北京理工大学、中国政法大学、北京师范大学召开专业培养方案论证交流、学生思想、学习状态和学程管理服务、共建双培教育基地、师资互动共享交流等主题专场双培学生座谈会,多数学院赴中央部属大学开展双培学生慰问等活动。各中央部属高校和我校各学院论证形成的年度"双培计划"项目招生方案,北京市教委正式批准后,按照方案开展本年度招生和培养工作。

二、交叉培养中市属学校机制设计突出问题

1. 招生中存在"录低不录高"、各区县不平衡、未录满现象

按照目前"双培计划"项目的招生计划分配模式,一所高校对接多所合作高校、多个区县,从某市属高校"双培计划"录取情况看,各区县录取最高分是 655 分,最低分 553 分,分数差距超过 100 分,部分市属高校和部分区县的招生人数有未录满现象。"双培计划"的招生名额列入市属高校招生计划,招生专业、名额由招生主管部门确定,分配到各区并适度向远郊区倾斜。同一所市属高校分配到各区的招生人数、科类、专业不一定相同,各区之间的计划也不能互调,因此市属高校双培生录取的招生自主权不足,无法根据专业实际调整招生专业、名额及其区县人数分配。

2. 不同中央部属高校对双培生的培养方式差异过大

双培生在中央部属高校"访学"阶段均与本校学生共享教学资源,但不同的中央部属高校管理方法和培养方式不尽相同,部分中央部属高校强调"学生培养过程中培养方案不降低、课程质量不降低、考试标准不降低",部分中央部属高校执行专门的培养方案,在课程安排、授课方式和教学内容的难易程度上均有体现。

3. 部分双培生出现学业过程管理真空

市属高校和中央部属高校合作开展交叉培养过程中,部分双培生在合作高校学习中出现课程学习、学生活动、评优评奖、本校交流等方面的问题,市属和中央部属高校需要合理整合学校间的各类资源,存在一定的管理难度。不仅涉及师资调配、课程安排等教学、日常行政的安排,更涉及跨学院学生管理问题。在访学结束后,双培生对原班级归属感不强,不利于班级活动开展和班级文化建设,也不易营造浓厚的学习氛围。加大了学生管理的难度。亟须进一步完善学分认定、导师沟通指导、学生学程管理、教师团队建设、学生激励帮扶、服务保障等方面细化管理措施。

4. 深化教育资源整合和合作仍有较大空间

双培生通过在不同课程体系和文化氛围合作高校的交流学习中提高了综合素质与文化修养,但是合作高校的优势教育资源整合仍亟待强化,双培生以外的其他市属高校学生能走出学籍所在市属高校的限制,接收到更多中央部属高校交叉培养专业的优质课程、优秀教师、学校文化等优质教学资源。因此,需要合作高校进一步通过交叉培养计划密切合作,加强师资交流,推动课程建设,探索和拓宽教育资源整合思路。

三、市属高校"双培计划"管理提质措施

1. 积极争取扩大市属高校招生自主权

系统梳理市属高校的办学优势和人才培养特色,选择特色鲜明、质量卓越的专业拓展"双培计划"合作范围。认真总结市属高校开展"双培计划"交叉培养中的代表性问题,扩大高校的"双培计划"招生自主权,按照学生意愿、北京市各区县经济社会发展需要和学校培养特色契合度合理调整本校招生范围和规模。

2. 市属高校率先推进管理服务规范化

市属高校应率先针对双培生在自身素质、合作中央部属高校"游学"阶段的培养模式,主动修订并完善双培生学分认定、学业导师管理、奖学金管理、学生学程资助管理、学业预警及退出管理、三好学生评定评选等管理办法及其配套规章制度。通过制度更新,推动交叉培养专业致力于深化教育教学改革,进一步创新人才培养模式,认真审视专业培养方案与经济社会发展、学生个性化成长的契合度,切实探索以彰显特色和提升培养能力为核心的交叉培养内涵式发展路径,并促进学生自我教育、自我管理、自我发展。

3. 积极对接合作高校,主动提高日常管理时效性

根据中央部属高校的管理过程的薄弱点,针对部分学生在学习、沟通等方面的具体问题,在学程不同阶段对学生进行定期、集中相结合的学习效果沟通和必要技能考核,分析对比全学程学习效果的差异,为针对性教育教学改革提供有力依据。积极探索采用全程导师制、学生"结对子"、强化宣传、应用信息化管理工具和平台、回校评优激励等方式,将有效措施固化为制度,引导师生聚焦学生全面素质提高和个性健康发展。

4. 进一步深入整合优势教育教学资源

在学校、学院和专业不同层面,强化在培养方案、优秀师资、优秀课程、教学方法等方面的交流,探索组建覆盖两校青年骨干教师的虚拟教学团队,共享网络课程平台,定期开展集体备课、教学研讨等活动,组织教师教学能力提升专题讲座和公开课,促进两校教师互相观摩学习。

四、结语

(1)北京市市属高校处于一流建设转型的机遇期,整合中央部属高校的优质办学资源,进一步深入实施"双培计划"等交叉培养是市属高校能凝聚优势、错位超越、办出特色、实现高质量的关键。

(2)以现阶段交叉培养过程中共性问题为导向,进一步深化"双培计划"交叉人才培养质量的主要完善措施是市属高校进一步积极争取扩大市属高校招生自主权、市属高校率先推进管理服务规范化、积极对接合作高校主动提高日常管理时效性、进一步深入整合优势教育教学资源。

参考文献

[1] 中华人民共和国教育部科学技术司. 2019 年高等学校科技统计资料汇编[M]. 北京:高等教育出版社,2020.
[2] 赵新亮. 首都高校师资队伍的分类比较[J]. 北京教育(高教),2021(2):4-5.
[3] 北京日报. 我国高等教育毛入学率去年已达 51.6%,进入普及化发展新阶段[N/OL]. 2020-12-04 [2021-07-30].http://www.moe.gov.cn/fbh/live/2020/52717/mtbd/202012/t20201204_503492.html.
[4] 刘霄. 北京高等教育实施"双培计划"与"外培计划"的工作重点[J]. 北京教育(高教),2015(6):9-10.
[5] 刘霄. 启动"高水平人才交叉培养计划"实现高教人才培养机制创新[J]. 北京教育(高教),2015(5):19-20.

［6］　北京市教委高教处.数说北京高校高水平人才交叉培养计划［J］.北京教育（高教），2016（1）：5-6.

［7］　张建，李占强，李承明.基于调研分析"双培计划"高校教育资源的共享现状［J］.中国多媒体与网络教学学报（上旬刊），2019（2）：67-69.

［8］　薄雪峰，韩小鹏，全海英，等.生物医学工程专业"双培计划"人才培养实践与思考［J］.医学教育管理，2021，7（4）：373-376.

［9］　夏蓉，王蕾，龚慕辛，等.中医药专业本科生"双培计划"实施情况及效果分析［J］.医学教育管理，2017，3（3）：191-194.

［10］　臧伟伟，李娟."双培计划"大学生的学习和适应状况调研：以北京科技大学为例［J］.北京教育（德育），2019（10）：69-71.

［11］　于建业."双培计划"实验班管理制度实践与探索［J］.科技风，2017（20）：28.

［12］　张巍，袁烁，罗蕊，等."双培计划"学生培养过程研究：以北京农学院食品科学与工程学院为例［J］.科教文汇（上旬刊），2021（4）：19-20.

［13］　孙丹丹，王卫民，史晓东.基于碎片化实验教学资源在"双培计划"教育模式下的应用［J］.教育现代化，2019，6（35）：127-129.

［14］　吴细宝，陈雯柏，刘冀伟.智能科学与技术专业"机器人大脑"双培计划实施［J］.计算机教育，2016（10）：15-17.

学生评教制度的综述研究

常 瑾

（北京建筑大学　研究生院）

摘　要：科学的研究与可靠的结论均离不开历史性的总结,有理可据的研究成果都是继承于前人的研究而得出的。因此,当以学生评教促进本科教学质量提升的实际问题再次引起高等教育界瞩目的时候,回溯性的历史研究是必不可少的。本文从学生评教的性质、指标体系、过程和与教师激励的关系四方面入手,综述了学生评教制度在国内外近几年的发展情况,以期对本科教学的质量提升产生助力作用。

关键词：学生评教；综述研究；教师激励

教育部高等教育司为推动"质量工程"相关工作深入开展,对相关工作开展研究,以便在了解"质量工程"项目进展情况的基础上,对下一步有关工作提出合理化建议,为"质量工程"二期的研究、设计、论证工作奠定基础。其中,学生评教制度以及通过学生评教制度提升教学质量的环节得到了格外重视。几年来,我国高等教育界涌现出大量有关学生评教制度的研究成果,其中不乏十分科学与可靠的结论。任何科学研究都是在前人的研究成果基础上进行的,这就要求研究者应该用历史的眼光审视研究发展的历程。本文正是在此背景下,对学生评教制度的研究进行综述,并从学生评教的本质属性即可靠性与公正性,学生评教的决定因素即指标体系,学生评教的影响因素及全过程分析,学生评教与教师激励的关系反哺教学质量四个方向进行具体论述。

一、关于学生评教可靠性与公正性的研究

我国从 20 世纪 80 年代中期开始,以北京师范大学为代表的一些高校已经开始了学生评价教师的实验,从而推动了对学生评价教师的研究渐次展开。随着研究的深入,大部分研究得出的结论认为学生评教具有良好的效果,是教学评价中具有可行性的手段之一。仍以北京师范大学为例,该校对学生评教所涉及的问题本身进行了研究,结论是,从总体看,学生评教与领导评教和同行评教相比较而言,更加可靠与公正,受到各种人际关系的影响较小。少数持批评态度的学者认为,大学教师的教学内容具有学术性,学生对此难以做出正确评判,因此学生评教的客观性和准确性值得怀疑。

除此之外,有研究认为,对于反映教师的业务知识和教学水平的一些指标如"备课情况""教学研究和教学改革措施"等,学生很难全面、科学地进行评价,应当由专家来进行。还有人认为,如果将评教置于一个过于重要的位置,则有可能会产生教师以降低教学要求、减轻课业负担来"取悦"学生,从而获得较高的评教分数的局面。这样会带来学风松弛、教学质量

降低。从学生的视角看这个问题，由于学生自身知识的不足，在评教过程中会产生些许的心理偏差，导致对教师的教学评价不能完全公正客观的现象也是存在的。因此，持批评意见的学者认为，假若以学生评教的结论作为影响人事聘任的重要因素，教师大概率会以消极态度应对；假若以学生评教的结论作为职称晋升、薪资定级、评优评先这些直接关乎教师切身利益事件的重要参考，将迫使教师不得不迎合学生的要求而抑制自己的学术自由，从而影响到学生评教的有效性。

二、关于学生评教指标体系的研究

目前，在评教方法上有两种。一种是所有院系对所有学科采取同一种评价指标体系，"一刀切"，这种评教方法是北京各高校学生评教的主流方法；另一种是采取分类学生评教体系进行分类评价，如北京师范大学、中国人民大学、北京林业大学、首都师范大学、北京语言大学等。它们一般按课程性质来划分，分为理论类、技能类、体育类和艺术类；或者按授课内容分为公共必修课、专业课、实验课和公共选修课等。如北京林业大学针对理论课和实践课分别制定了理论课教学学生评价指标体系和实践课教学学生评价指标体系。首都师范大学则根据授课内容和方式的不同，将全日制本科生课程分为理论与技能两大类。其中，技能类课程根据不同专业及课程性质，又分为外语类技能课、艺术类（艺体）技能课和实验实践类技能课，相应的分别制定了四种学生评价指标体系。

综合来看，虽然不同学校学生评教的具体指标体系略有不同，但一级指标基本集中于教学态度、教学内容、教学过程、教学方法和教学效果五方面，在二级指标体系上则根据本校具体情况设置不同的等级标准并进行量化。如北京大学理论课评教指标体系等级标准分为很同意、较同意、同意、不同意、很不同意五个等级，清华大学评教指标体系分为优秀、良好、一般、较差、很差五个等级。另外，两校还都在问卷末设置了部分选答型的主观题目，学生可以就课程及任课教师发表自己的意见。

有学者针对北京大学、清华大学和同济大学的指标体系进行分析，并以问卷等实证方法考察了学生对于指标体系的态度，研究得出了我国指标体系在制定主体上无教师和学生参与，语言模糊不清，对学生的学习背景的考察等不足，这也是我国高校中实行的学生评教中统一的不足。另外，比较突出的不足即为各高校的指标体系基本相同，并且多年未变。

美国高等学校的学生评教在指标体系方面，第一个显著特征是，除注重教师在教学中全方位的能力外，同时也注重对于学生学习情况的评估。也就是说，在教与学之间，重视"教"，更注重"学"，"学"是"教"的原因，"教"最终的结果是体现在"学"上。因此，围绕学生的学习、支持学生的学习和促进学生的学习是美国高等学校学生评教制度的核心。这一核心的重要性在学生评教指标体系中十分显著。比如"师生互动"作为一个重要指标在整个体系中所占权重很高。第二个显著特征是，美国对于教师的评价注重教师是否重视培养学生的团队精神和协作能力。这个对于教师的评价指标要求教师在教学设计中更多地营造"合作学习"的环境，诸如从教学课堂形式上把桌椅合并成小组为单位，增加学生之间的讨论与对话，培养学生之间的合作精神与协作能力，体现相互尊重的必要性，领会耐心聆听别人意见建议的重要性，学会将成果分享及其在分享中如何既肯定自己也肯定他人，从而形成公平友好的良性竞争精神。在学生评教的指标体系中，教师是否将培养学生的合作精神和合作能力作为教学目标是一个重要的考量因素。美国学生评教指标体系的第三个显著特征是,评价要全面反映整个教学过程,不单限于课堂教学的部分,还要对课前预习与准备、课后复习与作业、平时辅导与答疑等环节进行考核与评价。

日本大部分大学都选择在学期末,以调查表的形式实施学生评教。调查表项目一般分为三大类:第一类是与学生情况相关的,主要从该课程的出勤率、教师是否认真教授课程、除上课时间外学习该课程的课外时间多少等方面调查;第二类是与教师授课情况相关的,主要关注教案中所涉及的授课目的、授课内容和进度与教学大纲的匹配程度、授课内容是否突出重点、授课逻辑是否清晰严谨、授课难度是否适中、学生通过上课是否可以获得启发、学生通过上课是否可以激发学习相关知识的兴趣、授课设备是否运用得当、授课材料是否有利于教学、授课方式是否合理、教师是否可以认真回答学生提问、教师上课是否富有激情、教师是否准时到岗、教师是否认真批改作业和是否进行课后答疑等;第三类是与课程总体情况相关的,比如是否对课程的授课过程满意、是否愿意向低年级同学推荐该课程等。

三、关于学生评教过程的研究

北京市各高校学生评教有两种方式,一是采用书面调查问卷的方式,由教务部门抽取部分课堂组织学生实施评教;二是采用网上电子问卷的方式施测,由教务部门制定评教问卷组织实施网上评教,这也是目前北京辖区内各高校普遍采取的学生评教方式。关于网上评价教师的利弊问题。有学者认为,学生网上评教克服了传统评教模式的缺陷,充分体现了教学管理活动中交互性、实时性、有效性、人性化等特点。但也有的学者认为网络评教的弊大于利,师生之间会出现新的冲突。

评教的时间通常集中在学期结束前一个月内,学生要对该学期给自己上课的所有课程和教师进行评价,该学期有课堂教学任务的教师都是学生评教的对象。也有部分高校采取全程评教的方式,如北京林业大学规定"学生评教每学期开展一次,通常情况下,学生评教工作于每学期初启动,课程开课之后学生即可对所修课程的教学情况进行评价;评教期间,学生对某门课程的评价可根据教学情况适时在网络平台上调整、修改,通过留言平台与教师交流,便于教师及时了解教学情况,改进教学;学生须在课程结课前完成对该门课程的评价"。

很多高校对评教结果采取了保密的措施,仅有学校人事部门和教师所在院系少数领导才能了解评教的具体状况。据调查,只有少数院校采取了评教结果公开或者半公开的政策。与此有关的是,调查显示,只有32%的学生认为会给教师带来影响,60%的学生认为不一定会给教师带来影响。

四、关于学生评教与教师激励关系的研究

现阶段,高校教师的激励机制主要包括教师聘用和职务晋升制度、岗位设置制度、业绩考核制度、培训选拔制度、薪酬津贴制度和奖励制度等。我国大多数学校将评教结果作为年度考核、评优晋级、提职和职称评聘的重要依据。但是,在实施期中评教的学校,一般评教结果不与教师教学业绩相关联。哈尔滨工业大学强调期中学生评教信息的保密性,评教结果及学生的意见、建议直接反馈到教师本人,评教数据不反馈到院系,不与教师教学业绩挂钩,

旨在使教师及时了解学生对其教学的反映,促使教师在后半学期改进教学。

目前的研究结论认为,高校教师评价存在的主要问题主要集中在两方面:一方面是评价方法的缺陷。评价方法普遍为定量方法,且仍旧呈现上升态势,评价过程中过于追求定量化与标准化,缺乏对于考量对象是"教师"、是"人"作为主体的灵活性。另一方面是评价目的的偏离。高校对教师进行的各类评价的根本目的应该在于充分调动教师的积极性,形成教师激励,促进教师发展。而不应仅仅停留在奖惩层面。面对问题需要解决,我们可以学习教育发达的国家对于教师评价结果的可取之处。如以美国为例,高等学校中的系主任评价、教师间互评和学生评教按照不同权重进行计算后,作为该名教师续聘与晋升的重要参考数据。哈佛大学每学年对选课学生大于 15 人的课程进行严格评价,这个评价环节是由教授会指导、完全由学生运行,评价结果要定期在《课程评价指南》中发布。麻省理工学院每学年举办多次由教师、学生和管理人员参加的"使麻省理工学院的教学搞得更好"的系列研讨班,类似于我国大多数高校为了检查教学质量而安排的学生座谈会与教师座谈会,这种研讨班活动极大地提高了教师们对本科教育的重视程度。

美国许多研究型大学已经在教师聘用、终身教授、职称晋升和薪资待遇中提高教学表现所占的权重。亚利桑那大学的教师晋升越来越多地考虑教学表现,假若教学表现材料偏少,教师晋升就不能通过。在教师每学年提交的教师表现评议、职称晋升材料和休假要求材料等都必须提供有关教学内容和质量的部分,这些材料中最重要的是学生评教的相关结果。布朗大学在每学年的教师表现评议中也要求有教学质量评价部分,并将教学质量和研究成就予以同样重视,较为具体的激励政策是改进教学质量并有实际效果的话可以得到休假等奖励。在天主教大学,教师每年的加薪都是根据有关教学效果公开排名。在爱荷华大学,要进行职称晋升的教师,必须提交由学生评教和同事互评的近期评价结果,其中,新教师在入职前就会知道该项规定,即假若没有与教学效果相关或学生反馈意见的记录,是不能获得晋升的。在匹兹堡大学,有关教师聘用、职称晋升和薪资等级的决策直接与学生评教结果有关,假若教师要取得终身职位,该名教师在本科生课程教学方面必须是合格或者优秀的。在康奈尔大学、马里兰大学、密西根州立大学、明尼苏达大学、宾夕法尼亚大学、弗吉尼亚大学等校也有类似的规定。

参考文献

[1] 陈国海.我国高校"学生评教"的研究综述[J].高等教育研究,2001(3):30-32.

[2] 黄安余.别让高校学生评教变味[N].社会科学报,2006-08-31(5).

[3] 赵博.大学评教——如何搭好师生交流之桥[N].文汇报,2008-01-03(11).

[4] 何云辉.高校学生评教结果的有效性研究[D].汕头:汕头大学,2007.

[5] 周婷婷.我国高校学生评教指标体系的研究[D].汕头:汕头大学,2008.

[6] 薛凤英,任永奎.学生网上评教的研究与实践[J].东北财经大学学报,2005(4):91-93.

[7] 胡婷,余大敏,林小珊.高校学生网上评教及其效果分析[J].西北医学教育,2007(3):452-454.

[8] 赵鹰.学生评教需要科学的评价机制[N].科学时报,2007-01-16(B01).

[9] 卢丽君,谢锦添.中国地质大学(北京)学生评教成为教学质量试金石[N].中国教育报,2005-10-21(3).

[10] 刘瑞峰,周小月.哈工大学生评教周期缩短[N].新华每日电讯,2003-11-18(6).

新时代背景下高校教务员教学管理工作效率提升的创新探索

袁 艺

（北京建筑大学 文化发展研究院/人文学院）

摘 要：高校教务管理是学校管理工作的重中之重,高校教务员作为基层教学管理工作者,是连接学校职能部门和二级学院、教师和学生间的纽带。新时代背景下,如何在创新与实践中提高高校教务员的工作效率、推动高校教育事业的发展更值得思考。本文将分析影响高校教务员教学管理工作效率的因素,结合自身工作经验和体会,对提高高校教务员工作效率的策略进行探讨,并提出相应的提升策略。

关键词：高校教务员;工作效率;教学管理;创新

一、引言

高校教务员是高校教务教学管理活动的实施者和推动者。随着高校教育教学改革的日益推进,高校教务员的工作效率与工作质量直接影响教学改革的成效。提高高校教务员教学管理工作效率对保证高校日常教学管理的正常运转、促进高校教学管理水平的有效创新、适应教育发展的需要都具有非常重要的意义。为提高教学管理水平,学校积极落实"一人一教改"研究成果,通过顶层设计系统构建校院两级教育教学管理模式,激发教师主体的责任感和创新意识。广泛开展教育教学改革,积极探索新工科工程教育改革与创新,运用现代教学思想、方法和技术,将理论性、学术性教学与应用性、实践性训练相结合。本研究将在现有的研究实践基础和支撑下,就进一步推进教育教学管理模式改革,对提高高校教务员教学管理工作效率的策略进行探索,创新性地提出相应的策略。

二、影响高校教务员工作效率的因素

1. 工作内容及对象的复杂多样性

作为一名高校教务员,工作内容主要包括：组织学生开学注册与学生学籍日常管理,组织考试事务与课表编排,组织选课,教学考评,学生成绩管理,毕业资格审核,办理教师调停课,组织教师申报课题等。细化常规教务工作如下：①组织各类考试报名,如全国大学生英语竞赛、课程期末考试、开学重考等,为加强对考务工作的过程管理,认真推敲和优化各项考试细节。②认真执行教学计划,组织学生选课,提前做好预选人数统计,并做好专业课课程排课工作。③办理重修及免听工作,跟进学生培养方案完成情况,督促学生按时修读各门类课程。④处理学生学籍异动,协助办理学生入学、休学、转学、退学、毕业资格审核等。⑤按时存档每学期的成绩单,健全存档管理。⑥及时组织教师进行教材填报,按时安排发放教材及教学参考资料。⑦做好教学资料收集与整理工作,建立归档制度,做到用之可取、需之可查。⑧处理教师日常调课,组织教师申报各类项目及课程,处理学生退补选课以及重修免听申请,成绩优惠申请等。⑨按月课程考勤,及时统计所有教师每月的课时量。⑩填报上级部门下发的各类统计报表、向师生传递各类教学教务信息,完成上级临时安排的各项任务。由此可见,教务工作内容纵横交错、复杂琐碎,这需要教务员在工作上要具备高度的责任感、认真谨慎、耐心细心,遇事不能急躁,要积极思考,有创新思维,以保证教学及教学管理工作井然有序地开展。

从工作服务对象上来看,高校教务员对于学生而言是在成绩问题、选课问题、毕业审核等方面的解惑人;对于学院领导和专任教师来说,教务员既是维护教学秩序、统计及分析数据信息、收集及发放教学资料、配合调停课、解决教学突发状况的处理人,又是教师和同学之间沟通的桥梁;对于学校教务主管部门而言,教务员是联络教务处和各二级学院、上下沟通、传达各项通知的纽带。调查问卷数据显示,92%的高校教务员认为多角度的服务对象、多重的工作身份必然会影响工作的专注力。这更需要教务员能够分清主次,处理好每一件工作任务,避免因工作量较大而产生焦虑和迷茫感。

2. 缺乏科学的教学管理观念

通过调查问卷、采访等数据表明,52.8%的高校教务员对教学管理工作的正确认知仍存在偏差,没有清晰地、正确地找到该项工作的角色定位,认为要加强对教学工作的组织与管理,而非真正意识到应更多地服务于教学、服务于师生,科学地处理好教学管理与服务之间的关系,从而增强工作的有效性。面对繁杂的工作内容,教务员如果缺乏科学的教学管理观念,缺乏创新能力,就不能与时俱进地在工作中不断摸索,寻求优化的、创新的教学管理方式;如果未着眼于对宏观的教学管理目标的把控,未将精力投入教学管理研究以及教学工作创新与思考上,而是机械地处理教学管理过程中的日常事务性工作,如为学生注册、排课选课、处理成绩等问题,这会影响整体教学管理水平的提升,同时影响教务工作者自身的工作效能,以及高校教学管理的改革进程。

三、提升高校教务员工作效率的策略

1. 科学利用时间管理,统筹兼顾

时间管理是指研究节约时间的规律,挖掘时间潜力,个体为有效利用时间资源进行的计划和控制活动。即要在同样的时间消耗下,有目的、有计划、科学合理地分配和使用时间,统筹兼顾,从而推进高效的、有创造性的劳动。作为基层教学管理人员,在高负荷的日常工作运转下,高校教务员应思考如何高效高质地完成各项工作内容,更好地服务于教学,科学利用时间管理,理清事务的主次条理从而有序地制订工作计划,严格规范工作程序,合理安排时间,在工作中摸索并总结可行性经验。

面对纵横交错的工作内容,高校教务工作者全面地归纳梳理所有事务性工作内容、科学管理时间是提高工作效率的基础。首先,按照时间顺序先后整理某学期整体工作内容以及

各项工作大致的时间段，整体把握以做到心中有数；以时间为导向，按照日常工作服务对象排列工作内容，包括对学校职能部门、二级学院、学生等，根据不同的服务对象，有步骤地、有侧重地、有效率地依次完成各项工作；以时间为线，根据工作内容的时间节点以及类型安排解决各项事务的先后顺序，分清事情的轻重缓急，相对重要紧急的事项要优先完成，其余依次按照工作类型和时间有序处理。将从不同角度对排列的工作内容进行横向与纵向梳理研究，统筹兼顾，寻求最优的工作方案，专业地、高效地完成工作任务。其次，高校教务员可以科学利用"黄金时间"，帮助提高工作效率。例如，每日清晨是人体头脑最为清醒的时期，可以利用这个时间段将一天的工作进行梳理与规划，避免时间的浪费，提高工作效率；每日工作结束后，对当日的工作进行总结与反思，为次日的工作提前做好准备。

科学有效的时间管理可以使繁杂琐碎的教学管理工作获得事半功倍的效果，不仅可以有效且有创造性地提高工作效率，促进高校教学质量的提升，还可以为自身争取更多的时间进行自我提升。

2. 创新高校教学管理理念

从学校方面来看，在新时代教育发展的背景下，高校教学管理的核心是建立优越的、创新性的教学管理理念，高校教务职能部门需要引领基层教学管理人员，进行管理理念的创新和学习，加强专业培训，统筹工作方法进行优化升级，加强科学管理与服务，提升组织协调能力，这是工作的重要导向和理论基础。高校应从实际出发，将人本化理念融入教学管理中，以全体教师和学生的本身发展为主，充分调动师生的主观能动性。要深入到各个二级学院，经常去倾听教师和学生的想法，了解师生的需求，听取师生的建议，引导教师和学生主动参与教学管理制度的完善中。此外，通过高校之间的交流和学习，及时跟进并吸收好的管理方式和措施，取长补短，根据学校的实际情况制定相关的教务管理理念和管理制度，更好地贯彻实施教学管理人本化理念。对于教学及教学管理过程中出现的问题，相关部门应积极分析、整改和总结，建立科学的教学管理制度与体系。

从高校教务员自身方面看，为了有效提高教务管理的工作效率及整体的教学管理水平，高校教务员应树立并应用科学的教学管理理念。首先，教务员应在繁杂琐碎的工作中寻找普遍规律，遵循教育教学相关规律及现代管理规律，在科学理念的指导下开展工作。其次，制订科学合理的工作计划也能有效提高工作效率。高校教务工作的特点是多维度、多因素、多层次、且具有一定的流动性，工作虽然看似分散细小，但无论哪一环节的失误或偏差，都会导致工作的停滞，影响整体工作的运转。因此，科学地规划日常工作日程，创新工作方式，可以保障教学管理相关工作的平稳运行。最后，教务员自身应促进教务管理体系的完善与改革。充分利用当代现代化的科学技术信息手段等优质资源，配合进行档案管理，推动管理制度的创新与发展，促进教务工作者的工作效率和质量的提升。

四、结语

高校教学管理工作是高校的中枢工作，是教学活动平稳运行的重要保障，切实有效地提升高校教务员的工作效率对教学管理工作的顺利开展尤为重要。高校应坚持以人为本的教学管理理念，紧跟当代教育事业现代化发展的脚步进行创新与改革；教学管理工作者应进一步创新工作方式方法，科学地进行时间管理，合理制订工作计划，加强自身的业务能力，立足学生和教师视角,正确定位自身角色,处理好教学管理与服务之间的关系,全面提升自身的工作效率,促进实现新媒体时代教务员工作模式创新。

参考文献

［1］　张华姝.高校教务员的工作效率与时间管理[J].文教资料,2019(16)：157-158.

［2］　黄新银.新媒体时代高校教务员工作模式创新探讨[J].江西电力职业技术学院学报,2018(11)：88-89.

［3］　李莹.浅谈提升高校教务员工作效率的策略[J].现代职业教育,2017(21)：185.

［4］　吴剑谦.高校教学管理现状及对策[J].西部素质教育,2019(22)：116-117.

［5］　罗娜.网络时代高校教学管理的创新与实践[J].科技风,2020(4)：44-45.

［6］　曾可卉.浅谈高校教务工作中的工匠精神[J].文教资料,2017(18)：212-213.

北京建筑大学高水平师资队伍构建路径研究

马　琳　刘文硕　李学芳

（北京建筑大学　党委教师工作部/人力资源处（高层次人才办公室、教师发展中心））

摘　要：高校的核心竞争力是师资队伍，高校为构建高水平师资队伍而过度依赖引进人才、弱化本校师资队伍培养、协同机制不完善等问题日益暴露，本文梳理北京建筑大学师资队伍现状，从引进、培育和发展三个角度研究如何构建高水平师资队伍的路径。

关键词：师资队伍；高层次人才；人才引进；教师培育

北京市属高校肩负着为首都培养输送优秀人才和科技兴邦的双重历史使命，北京建筑大学作为市属龙头高校之一，坚持以立德树人为根本任务，全面贯彻落实党的十九大精神和教育部等六部门《关于加强新时代高校教师服务建设改革的指导意见》《中共北京市委关于深化首都人才发展体制机制改革的实施意见》《关于统筹推进北京高等教育改革发展的若干意见》，聚焦内涵、特色、差异化和人才培养中心工作，深入推进高质量发展，取得了一系列突出成绩。教师是学科建设和人才培养主体，承担着知识创新、学术引领、产学研融合等方面攻坚克难的重任，为学校服务区域和国家发展战略提供智力支持。高校在"十四五"如何加强顶层设计，建设高水平师资队伍，发挥政策激励导向作用，培养一批热爱高等教育事业、热爱学校、品德高尚、学风严谨、学术造诣高深、在教学科研方面取得突出成果的优秀教师，是本文讨论的重点内容。

一、师资队伍现状和存在问题分析

我校上级主管单位是北京市教委，学校现有教职工 1168 人，其中专任教师 747 名。专任教师中具有博士学位的教师 529 人，具有高级专业技术职务的教师 433 人，教授 130 人，博士生导师 47 人。当前师资队伍面临 4 个方面的问题，一是师资队伍规模小。与市属兄弟高校和建筑类高校相比，学校师资队伍总量偏少，发展空间受限，这与学校建设特色鲜明、高水平教学研究型大学的目标不匹配。二是高层次领军人才数量少，引进的多、培育的少。目前学校空缺 1 个一级学科负责人、10 个二级学科负责人，且现有的部分学科负责人水平不足以支撑学科及博士点建设。国家级人才引进的多为自主培养的，高层次青年人才项目入选率不高，且各学科高层次人才数量不均衡，发展不平衡，具有领先水平和行业知名度的学术创新团队不足，人才团队效应难以显现。三是师资队伍培育体系不完善，中青年拔尖人才相对缺乏，新老衔接问题日渐凸显，新入职教师培训培养体系成效不突出。四是人才发展环境和成长渠道有待优化，对于住房、子女入学、科研（项目）经费、科研用房、人才宣介方式等软硬件条件不够完善。

二、高水平师资队伍构建路径

高水平师资队伍的构建是一项长期的系统性工程,除做好顶层设计外,还应充分考虑到数量与质量的关系、规模与结构的关系、内部与外部的关系,完善保障措施,以服务博士点申报、打造一流学科、一流团队为目标,为此学校制订了一系列人才计划。

1. 高层次人才引进计划

高层次人才引进计划是学校聚集高端人才的重要途径之一,实施以来汇聚了 4 位国家级人才、7 位省部级人才到校工作,且在各个学科发挥了积极作用。然而,由于市属高校普遍存在学科建设正处于发展上升期,高层次人才引进评价体系不健全,并且受到编制、人员经费限制,导致近些年高层次人才引进困难。"破五唯"政策出台,引才重点由引进"帽子"人才转向经科学的综合评价后真正适应学校发展需要的高水平人才。学校为做好高层次人才引进工作,制定了《高层次人才引进管理办法》《加强人才引进工作实施方案》和《海外高层次人才自主认定工作考核管理办法》,建立了"三表一库"工作机制,全流程记录引进细节,通过一系列制度的构建,形成了高层次人才"引进、管理、培养、考核、服务"五维工作法。

1) 引进学科带头人

针对学校缺少学科带头人的现状问题,校院联动,编制学科带头人引进指南,摸清空缺学科带头人的学科门类,每个门类与学校需求相匹配的属于高水平的不同人才层次的代表人物,搜集人才的链接关系,评估学校需要的目标人物现状和发展潜力。经综合考量面向全球发布 19 个学科带头人招聘岗位信息,利用青塔、高层次人才网等媒体扩大宣传,增加人才延揽持续性,优化人才引进流程,加强与上级主管单位的沟通与联络,把准政策,积极推动高层次人才引进工作。规范人才引进程序,把好思想政治关和师德关。

2) 引进海外高层次人才

近年来,国内高校高层次人才流动呈现无序化"挖人"状态,引发很多反思,高校将引进人才工作的目光投向海外。党的十八大以来,国家加快构建具有全球竞争力的人才制度,实施海外人才引进计划,为海外高层次人才回流提供了就业机会和政策便利。近年来,北京市对海外人才的引进力度也不断加大,制定了海外人才引进工程,持续推出针对海外高层次人才的引进政策,引进了一批国外著名高校、研究机构、国际组织中具有丰富科研、工程技术经验的专家、学者和工程技术人员,并在出入境、子女入学、落户北京、医疗等方面给予诸多便利服务,加速了高校师资队伍国际化进程。

引进人才也存在一些问题。一是引进效率不高,缺乏科学规划。目前海外引才主要途径是毛遂自荐和政府性人才工程的零星推荐,多是"守株待兔",较为被动。二是引得进,用不好。用才机制落后,对海外高层次人才引进后续管理不到位,人才晋升、考评机制不完善,导致海外人才回国后"水土不服",成长缓慢,未能形成人才与学科可持续发展的良性循环。三是人才服务缺位,留才保障措施薄弱。为海外高层次人才搭建的跨学科交流平台少,而海外人才对引进手续办理速度、子女入学、科研实验平台建设等人才服务保障有更迫切要求。

我校海外高层次人才引进工作走在市属高校前列,截至 2021 年共引进海外高层次人才56 人,其中青年类 15 人,初步形成了一支高水平的海外引进人才队伍。学校主动建立引才机制,结合新增编制,科学制定中长期海外人才引进规划,避免因盲目追求发展速度而过分偏重短期效益的做法,依托特色专业和优势学科引进海外高层次人才,形成系统化、规范化、常态化的引进机制。提高海外高层次人才薪酬待遇,按照北京市教委文件和学校高层次人才引进管理办法,给予有竞争力的薪酬,并强化考核与薪酬的对位关系。积极拓展引才渠道,加强与国家外国专家局、北京市人才工作局、海外学人中心、驻外使(领)馆、华人华侨组织、校友组织和专业化人才服务机构的联系,借助北京市专家联谊会、海外学人中心"海外英才北京行"、北京未来城市设计高精尖创新中心组织的大型活动等平台,为我校与留学人员搭建对接桥梁,搜集各类人才信息资料,主动洽谈、创造条件引进急需人才,实施多元化、柔性化人才引进机制,多渠道引进海外优秀人才到校工作。

2. 高水平师资队伍培育计划

既有高层次人才和引进人才的矛盾问题一直是各高校的困局。学校普遍存在政策向引进人才倾斜,而校内现有人才多年来在学校教学科研一线承担大量工作,也取得突出性成果,但因体制或机制问题导致这些"老人"没有办法拿到具有竞争力的薪资和配套待遇,引发内心不平衡,不安心工作,甚至跳槽离职,引进人才与现有人才矛盾日渐凸显,为此我校也制定了针对性的支持措施。

1)双塔计划

"双塔计划"自 2016 年实施以来,以加强人才梯队建设,大力培育学术领军人才、学科带头人和后备人选,在优势特色学科培养出在行业内具有较高知名度的顶尖人才,打造一支具有扎实的教学科研能力、卓越的科技创新能力的高水平人才队伍为目标。构建了金字塔人才培养工程和主讲教师支持计划 2 大系列、3 种类型、9 个层次的"科研创新型"和"优秀教学型"人才培养支持计划。按照分类发展、分类指导、因需支持、绩效导向的思想,通过津贴奖励以及项目经费的形式,引导广大教师将提高教学和科研水平作为个人发展的内生动力,培养更多具备冲击省部级、国家级人才项目和科研成果的中青年优秀人才。实施以来,选拔支持了 3 个批次,培养了 96 名骨干教师,其中 2 人入选国家级人才项目,10 人入选省部级重点人才项目,1 人入选北京市教委人才项目,13 人晋升正高级职称,16 人晋升副高级职称。

2)团队培育计划

学校团队培育计划分为学术创新团队和优秀教学团队两大类。

学术创新团队对标学科建设和发展的需要,以高端领军人才为团队负责人,优秀中青年人才为骨干,以重点学科研究方向、重点实验室为平台,以国家及北京市经济社会发展的重要问题为团队建设目标导向,强化龙头学科带动重点学科,促进交叉学科协同发展,全面提升师资队伍的教学支撑能力和科研创新能力,建立了三个层次的支持计划。

组建、选拔优秀教学团队,遴选一批在教学研究、课程改革与建设、教学质量监控、课堂教学质量、师资队伍建设、青年教师教学能力水平提高等方面具有良好基础,并取得一定成效的教学团队为支持对象,经过培育可深化专业教学内容与课程体系改革,推进人才培养模式创新实践,促进教学研究和教学经验交流,开发整合优质教学资源,全面提升人才培养质量。

3. 教师发展计划

构建教师"全职业生涯"培养机制,教师发展计划以"优化服务、助力发展"为宗旨,优化资源配置,针对教师不同时期的成长阶段以及培养方式,采用模块化项目实施和管理机制,启动发展引航工程、成长助航工程、名师领航工程,搭建发展平台,激发教师投身教育事业的内生动力。在新教工培训方面,全面推行导师制培养模式,形成"一带一"培养机制,帮助新教师迈好执教"第一步",快速融入"建大家"。在中青年教师综合能力培养方面,鼓励并支持教职工学历进修、国内外访学、博士后进修,提升专业知识层次,并开展研究生导师培训、骨干教师教学科研能力提升辅导、管理干部高级研修班、后勤干部能力提升课程等专题培训活动,提高业务综合能力。在服务高端人才培育方面,邀请院士来校开展学术论坛、学术研讨、学术指导等活动,为高端人才培育指明方向。

高校高水平师资队伍建设管理应创新机制,处理好引进和培养的关系,健全"引才"和"内培"政策体系;做好合理人才规划,打造同台竞技的健康发展生态环境,做到两支队伍共同进步;为高层次人才提供完备的服务,增强文化凝聚,推进高校高水平师资队伍的可持续发展。

参考文献

[1] 张晓旭.地方高校师资队伍建设与优化研究[J].国家教育行政学院学报,2014(4):38-42.

[2] 陈文新,周全.试析市属高校高层次人才队伍建设:以北京市为例[J].黑龙江高教研究,2012(7):46-48.

[3] 郁秋亚.完善海外高层次科技人才引进和使用工作的建议[J].中国高等教育,2013(3):74-75.

[4] 刘红梅,袁家明,包平.高校非理性人才竞争现状与治理对策研究[J].江苏高教,2018(4):40-43.

[5] 孙静霞.高校高层次人才"引育用服"创新机制研究[J].产业创新研究,2020(11):194-195.

地方高校"新工科"实验室建设研究

王 梦

（北京建筑大学　国有资产与实验室管理处）

摘　要：在"新工科"发展背景下,高校实验室面临人才培育和科技创新全面提升的更新发展诉求,应积极进行体制机制改革,提高实验室资源使用效益,营造良好创新生态环境。本文分析了当前地方高校实验室面临的问题与现状,提出"新工科"目标下的优化实验室建设策略框架,在增强管理与服务、推动跨学科互联互融、促进多方协同共育三个方面结合实践经验,阐释具体策略及工作举措,以期为地方高校"新工科"实验室建设与管理相关工作提供借鉴与参考。

关键词：新工科;实验室;优化配置;开放共享

第四次工业革命使当前科学技术、产业发展和高等教育面临新的机遇与挑战。我国实施"中国制造 2025""一带一路""网络强国"等重大举措加以应对,亟需大量的工程技术人才。教育部在 2017 年提出了"新工科"建设复旦共识,强调工科院校应探索学科交叉融合的工程教育人才培养体系,引领新经济、新产业的发展。面对建设"新工科"的目标和要求,工科实验室作为高校培育人才、科技创新、服务社会的重要场所,实验室的建设与管理水平直接影响人才培养质量。因此,建设面向"新工科"的实验室体系,推动实验平台的交叉融合,创新实验室管理机制,对于培养高水平的新工科工程技术人才有重要作用和现实意义。

一、地方高校"新工科"实验室建设理念

1. 服务国家和区域经济转型升级

地方高校"新工科"建设要有自己的定位和目标,与综合性大学和工科优势高校的新工科建设有所区别,地方高校内涵式发展的关键,在于把解决区域经济社会发展所需的应用型人才及技术问题作为学校发展的首要目标任务。地方高校的科技资源、人才支持、智力保障是区域产业结构升级的重要支撑,因此在专业设置、培养目标上应与产业结构升级相匹配,紧密依托学校学科优势和特色专业,以区域产业发展急需为牵引,紧扣新一代信息技术、智能装备制造、智慧建造等产业布局。在实验室建设方面,应主动布局,设置匹配学科发展、学科交叉的建设模式,促进创新创业能力、跨界能力和高素质交叉复合型工程科技人才的培养。

2. 面向未来培养高质量创新型人才

在"新工科"目标下对人才培养应以行业产业最新发展技术为基础,优化课程体系和实践环节,注重培养学生创新精神、创造能力,诱发学生好奇心和拓展猜想、验证能力。在实验

室建设过程中,应从实验课程体系、实践锻炼内容、创新创业方面给予相应的开放、鼓励机制与举措,通过整合多样化的实验平台、实习实践方式,实验室与实验数据的开放共享、建立智慧、共享的实验室等,为学生提供自主选课和管理的实验室环境,提供创新型人才孵化和培养的基床。对实验室、教师强化绩效评估,立足"新工科"建设发展目标导向,激发实验室创新活力。

3. 构建多方协同的育人模式

在加强交叉学科发展的过程中,对人才的培养模式要与新技术、新工艺、新流程和新标准的发展相对应,这势必需要与掌握最新技术、工艺、流程的高水平企业进行深度产教融合,加强以产业与学院、工程实验班为主体的协同育人试点建设,通过校企多方协同共建、共育、共享,培养高水平人才。由此,在实验室建设方面应注重在设备、房屋、人才等方面的开放共享,吸引企业加入人才培养框架,一是促进专业共建,给产业人才、技术、科技赋能,二是促进产教融合,促进教师科研与专业发展、学生实训实践、创新创业等,打造"产学研用创"一体的,互补、互利、互动、互享、互赢的平台化建设模式。

二、当前高校实验室建设现状问题

1. 实验室功能弱化、重复建设

当前,实验室建设基本按照学院开设的专业课程、基础实习实践课程设置,在设备、用房、人员和资金投入上,采用"小而全"的模式,导致重复建设现象严重,包括仪器设备重复购置、实验室重复建设。首先,对仪器设备类资源前期论证不足,后期考核不严,导致重复购置。在交叉学科研究的渗透下,不同学院间出现科研设备重复购置的现象,如建筑学科、测绘学科、工程实训等实验室均购置精雕机、三维激光扫描仪等。其次,学校用房缺少资源统筹与顶层设计,用房调整过于频繁,教学实验室按专业设置过细,仅满足本专业开设课程,规模和功能结构单一,科研实验室"占地"现象严重,导致理论教学与实验教学空间割裂,教学实验室、科研实验室"两张皮",相近课程与实验的实验室重复设置情况突出,维修改造频繁,不断投入人、财、物等资源,但实际产出效果不佳。最后,由于仪器设备、房屋等硬件资源的封闭与固化,使得教学实验平台、科研实验平台的运行受阻,新实验室插空布局,跨学科的实验平台建设障碍重重,无法适应"新工科"模式下改革创新趋势。

2. 实验室开放不够、效能不高

我校现有实验室存在功能单一、建设模式分散封闭的现象,导致资源利用率低,实验室教学、科研工作效能不高。部分科研实验室课题结束后长期闲置,导致实验室使用率低;教学实验室教学内容重复,层次单一,实验教学体系与质量薄弱,课程任务与服务条件不饱满,无法促进学生开展探索性、创新型的实验与实践活动。同时,实验室整体装修、环境设施与文化建设相对落后,缺乏前瞻性的合理布局和统一规划,如老校区旧实验楼基础设施翻新改造难度大,难以满足实验条件;科研实验室实验空间与研修、办公空间混合,影响实验室安全管理和实验操作环境、实验准确度及科研产出效率;实验室实验条件单一老旧,无法进一步开设适应一些跨学科的综合性、创新型和设计性实验,对外交流少,不利于"新工科"目标下综合技术人才的培养。

3. 实验室人员不足、水平受限

当前,我校实验技术人员队伍建设体系不完善,实验室人员承担的实验教学内容陈旧,学院内实验人员数量普遍偏少,除了固定强度的实验任务,大多数人还承担学院其他日常办公业务,较少有时间和精力投入仪器设备开发和实验技术研究创新中,导致其能力水平受限。同时,实验技术人员的聘任、考核等配套人事保障措施缺乏,岗责不清晰,导致人员数量不足、学历与职称相对偏低,人员稳定性差,实验人员队伍价值认同、工作动力受到较大影响。在"新工科"的建设下,实验室将面临需要融合和复杂的特征,实验人员队伍的综合素质和专业水平非常重要,同时对实验队伍群体要求及其管理机制也需更灵活,从而有效引导学生创新实践及提升实验室的科技服务水平。

4. 实验室管理不善、职责不清

目前,国内高校机构设置在实验室管理方面大都存在多头齐管、职责不清、建管分离的现象,从而导致实验室缺乏统一顶层设计规划,资源统筹与分配能力和实验室建设运行能力不足、制度体系不完善等问题。例如,实验平台重申报、轻建设管理,由于实验室的场地、设备、人员效益考核与实际管理脱节,导致实验人员、教师管理积极性降低、实验室管理水平降低。

在"新工科"培育创新型人才的背景下,实验室包含了多学科交叉研究、校企校际合作研究等,实验室的管理主体和服务对象将发生转变,而传统管理观念与制度设计与"新工科"教育模式不匹配,无法适应、促进和落实各类技术创新实践。

因此,在"新工科"背景下,实验室应当以服务国家战略为契机,自觉布局发展适应相应学科建设、满足产业需求,以培养具有创新创业能力、跨界整合能力、高素质交叉复合型卓越工程技术人才为目标。

三、"新工科"实验室建设的工作实践

"新工科"建设指导意见指出,地方高校要对国家和区域经济发展、产业转型发挥支撑作用。我校在建筑工程教育方面经过长期的发展,与城市建设行业联系密切,在"新工科"发展目标下的工程教育改革中,以现有的学科交叉复合,面向未来城市建设和建筑业转型升级布局建设为重点,利用实验室资源的整合与开放,逐步加大产学研合作和学生创新创业教育力度。当前,我校拥有省部共建国家重点实验室 1 个,国家级实验教学示范中心 4 个,省部级科研平台 27 个,共有 79 个实验室,涉及 424 个房间,全校实验用房约 20 万 ㎡,教学科研仪器设备固定资产超过 13 亿元。下面结合我校实践经验,从增强管理与服务、推动跨学科互联互融、促进多方协同共育三个方面探讨面向"新工科"的实验室建设工作实践。

1. 理顺管理体制,增强实验室管理与服务

学校成立国有资产管理委员会和实验室工作委员会,为学校实验室建设发展提供支撑,各学院成立实验室工作领导小组,负责学院实验室运行管理。学校成立国有资产与实验室管理处,统筹协调全校实验室资源配置,通过理顺实验室资源管理体制,提升资源配置水平和使用效率,并整合校办企业与学校创新生态建设深度融合,促进"教产学研用"一体发展。

首先,进行顶层设计规划,通过对各个专业学科教育资源的深化研究分析,将现有实验室实施科学整合规划、新建实验室实施建设规划,驻足学校面向"生态、智慧、韧性、人文、宜

居"的未来城市建设,整合布局城市设计、绿色建造、生态与能源、智慧城市、城市治理等顶层设计队伍,落实校内实验室人、财、物等物质资源。其次,在实验室建设、运行、安全管理工作中明确了使用及管理主体与分工,实行校院两级管理,对校级实验平台实行"校统筹、院共用、管用分离"的体制;院级实验平台实行"科教融合、联合共建、开放管理"的体制,塑造高效开放的创新环境。最后,以建筑行业为导向,充分利用校内外资源,在实验教学、创新创业、项目研发、成果转化等方面积极开展校企、校际、校地之间的紧密合作,拓展外部社会资源,服务国家、北京市重大项目,体现"新工科"培育工程人才的创新理念。

2. 优化资源配置,建立互联互融实验平台

在资源优化配置的实践中,我校基于对校内人力资源、房屋资源、设备资源的梳理整合,促进学科资源开放集聚,改变实验室资源配置体系,从而建立科教融合、学科融合、产学研融合的开放实验平台,营造创新、开放、竞争的学术氛围(图1)。

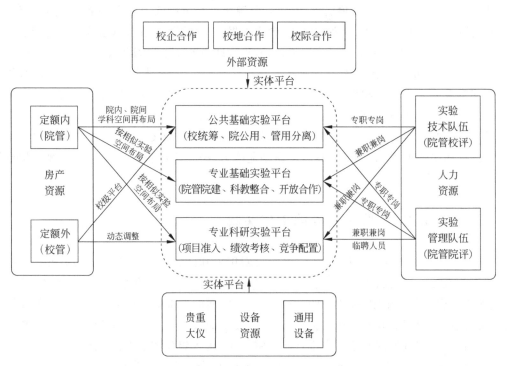

图 1 优化实验室资源配置、搭建实验平台策略框架

人力资源方面,整合实验室技术与管理服务梯队,形成"实验室负责人＋学院安全员＋技术服务与管理人员"的组合模式,明确开放共享的考核评价和专兼职人员的岗位职责。高校实验室人员稀缺,教师教学科研任务繁重,应加强人力资源的整合与开放,鼓励技术人员兼职管理人员,增加绩效与考核。专业基础实验课任务多,工作量大,可设置专职技术人员与管理人员;专业实验室工作量相对较小,但设备和操作技术要求高,可由教师兼职管理,更好地将教学科研理论融入实验实践。再者,鼓励学生参与管理实验室,制定培训和管理办法,激发学生热情,增强学生实验技术,培养学生综合素质。强化人力资源管理"双评估"机制,一是实验技术人员考核,激活教师主体;二是实验室效能考核评价,打造星级样板实验室

与科研团队。

房屋资源方面,对定额内体系部署;对定额外用房进行整合,一部分在一级学科框架下调整实验室布局,重构校级公共实验平台,对应"新工科"体系的分层次、模块化、开放式实验室体系,如整合电工电子类、数理信息类、机械基础类、环境化学类实验室资源,打破二级学院专业、学科、管理资源壁垒,调整实验教学与实践体系,分层次设计基础实验、综合实验、个性化实验培养项目;另一部分用于"科研周转房",实施动态调整、分时共享的竞争性配置模式,围绕重点项目、跨学科项目、产学研项目搭建科研实验平台,强化准入条件与绩效考核,营造创新竞争氛围;对于二级学院定额内的实验用房,明确其作为建管结合责任主体,围绕专业基础集中建设,将实验技术、仪器设备、实验课程相近的实验室统一安排,注重教学与科研融合。

设备资源方面,在搭建实验平台基础上,开展仪器设备、实验室开放共享工作。利用仪器设备共享物联网系统,提高仪器设备使用效率,推进实验室开放、科教内容与成果开放、技术服务队伍的开放等。

开发运用"万物互联"的管理手段,推进实验室各类数据共享,实现智慧管理。将实验室安防设施、仪器设备、房屋设施等硬件资源信息与实验室的人才培养、创新项目、成果产出、技术队伍等软件进行动态互联,促进形成统一实验室智慧信息平台,打造全天候、全公开的多元融合开放共享模式。

3. 开放交流合作,促进校企多方协同共育

在"新工科"模式下,实验室管理主体与服务对象发生变化,管理主体由高校职能部门单一主体管理转向企业与院校协同管理模式,服务对象由在校学生转向为校企、校际合作共育的学生群体。在实验室建设方面,我校积极增加实验室开放程度,增强学生创新创业、学科竞赛、科技活动、自主实验与企业的交流。通过搭建实验资源共享平台,利用学校实验教学资源向区域各类高校、企业开展共享,利用首都科技平台向全市开放实验平台资源,支撑和服务各类计划、基金项目、企业合作项目,与北京市政集团、城建集团、排水集团、中国建筑设计院、中国建筑科学研究院等多部门进行产学研用合作,在古建保护、海绵城市建设、绿色建筑推广、城市规划、道路桥梁、治理拥堵、北京城市副中心建设和首都新机场建设中发挥作用,积极促进校企多方共育,促进"新工科"人才培养与服务属地区域产业融合发展。

四、结语

"新工科"的建设目标突出了高校实验室要面向功能更完备、使用更融合、实验体系更完善、实验队伍水平与素养更高的发展诉求。地方高校在"新工科"建设方面本着自身的定位与目标,以服务于支撑区域发展为主要动力,运用增强管理与服务、推动跨学科互联互融、促进多方协同共育,可以充分释放实验室资源的活力,促使实验室在"新工科"人才培养、科学研究和社会服务等方面发挥更大的效能。

参考文献

[1] 李谦.创新高校实验室建设 支撑新经济发展[J].高教学刊,2019(15):24-27.

[2] 陈浪城,吴福根,邱伟青.面向"新工科"的高校实验室建设与管理模式创新和实践[J].实验技术与管

理,2019,36(10):273-276.

[3] 陈心浩,马楠.高校实验室资源整合问题研究[J].实验室科学,2018,21(3):181-183.

[4] 王勇.新工科背景下实验室管理创新与发展[J].教育教学论坛,2019(7):236-237.

[5] 施金鸿,庄志惠.新工科模式下高校实验室建设与管理[J].中国高新科技,2019(19):50-52.

[6] 温光浩,程蕾,周勤.加强实验室开放与共享为创新人才培养提供强有力支撑[J].实验室研究与探索,2009,28(4):10-12,27.

[7] 王帅,王明全,杨琳,等.模块化开放式电路综合实验的研究与教学实践[J].实验科学与技术,2018,16(3):89-92.

[8] 张凯亮.资源整合共享机制对实验室管理及实践教学发展的探讨[J].科技创新导报,2015,12(33):206,208.

高校新任青年教师教学能力培养实践探索

——以北京建筑大学为例

李学芳 马 琳 侯嘉毅

(北京建筑大学 党委教师工作部/人力资源处(高层次人才办公室、教师发展中心))

摘 要：随着我国高等教育进入质量建设新时期，新任青年教师教学能力培养工作成为当前高校师资队伍建设的重要内容，也是提高人才培养质量的重要方法。本文通过分析高校新任青年教师教学能力优势与劣势，结合北京建筑大学近年来新任青年教师培养实践，从强化师德师风建设、实施导师制、构建教学技能训练平台和执行教学能力准入考核制度四方面阐述新任青年教师教学能力培养新路径，旨在为高校新任青年教师教学能力培养提供参考。

关键词：新任；青年教师；教学能力

我国"十四五"规划和二〇三五年远景目标纲要提出，要"提高高等教育质量"。提高高等教育质量的核心是提高人才培养质量，而教师教学质量对人才培养质量起着决定性作用。青年教师是高校教学工作的中坚力量和生力军，特别是新任青年教师，是高校教师队伍的活水之源，提升新任青年教师教学能力是提升人才培养质量的重要措施。

一、高校新任青年教师教学能力优势分析

1. 理论基础扎实，专业知识丰富

当前，高校新任青年教师大多是毕业于国内外高水平大学的博士研究生，经历了本科、研究生阶段多年系统性的专业学习与实践，具有扎实的专业理论知识和完备的学科知识体系。同时，新任青年教师入职工作后，仍从事与所学专业相关或相近的科学研究，时刻关注并掌握着本学科领域前沿发展动态。新任青年教师开展课堂教学时，可以将专业教学知识与学科发展前沿有机结合，这种教学与科研相融合的模式可以帮助学生开阔知识视野，丰富知识体系，进而提升教学效果。

2. 思维活跃，易于接受新鲜事物

新任青年教师一般都是刚刚走出校门的应届毕业生，作为初入职场的年轻人，他们朝气蓬勃、思维活跃、创造力强、工作热情高、学习意识强，通过多年的学习与积淀，非常渴望通过教书育人工作来证明自己。此外，青年教师往往能熟练应用网络信息技术，如对超星学习通、雨课程等新媒体教学平台能较快地学习和使用。因此，他们更容易打破常规，革新教学方法，提出新观点，创造新成果。

3. 与学生距离小,师生间易于沟通

新任青年教师一般是高校里"最年轻"的教师,他们与学生年龄相近,更了解学生的心理与思想,理解学生的需求与诉求,与学生有共同语言,可有效地拉近师生距离,消除和学生之间的"代沟",利于师生间交流与沟通。新任青年教师进行课堂教学时,利于调动学生积极性,使课堂氛围活跃愉快,能让学生快速融入课程学习中,从而提高教学效果。

二、高校新任青年教师教学能力劣势分析

1. 重视教学工作的意识不强

目前,虽然各高校都将教学工作列为学校核心任务,其他工作作为服务、支持来保障教学工作的运行,但从高校对教师的评价与激励机制导向来看,绝大多数高校仍面临重科研轻教学的现状。新任青年教师被科研水平考核硬性指标所束缚,科研成果与岗位聘任、职称晋升、津贴奖励等紧密挂钩,而教学效果如何、教学质量怎么样对考核聘任、职称晋升等起不到决定性作用。这种评价激励机制下,新任青年教师自然而然地将工作重心放在科研工作上,对教学工作积极性不高,不愿意投入更多精力夯实自身教学基本能力。

2. 教育理论与教学技能薄弱

高校新任青年教师普遍具有博士学位,学科专业知识丰富,但大部分青年教师为非师范专业毕业生,入职前缺乏高等教育理论和教学技能的系统学习与实践。青年教师经历多年科研训练,习惯性地将学术思维应用于课堂教学,对教学内容系统设计、对受教群体深入研究等工作的理解不足,造成课堂枯燥、乏味,教学效果不佳。若新任青年教师不认真学习教育理论、锤炼教学技能,久而久之,青年教师会对自身的教学能力不自信,进而影响职业生涯发展。

3. 教学适应期不足

各高校的新任青年教师绝大多数都是应届毕业生,短时间内身份由学生转换为教师,然而相对应的学习能力并不能自然而然地转为教学能力。教学能力是艺术与技术的结合体,需要一定时间的学习、实践与反思。许多高校因师资紧张,青年教师入职后还未充分了解校情学情,未系统学习教育理论技术,便"赶鸭子上架"直接上讲台,由于缺乏心理上的适应过渡和技能上的有效训练,新任青年教师教学时往往容易紧张、慌乱、自信心不足,特别容易出现教学失误,执教第一步若迈不好,势必会造成心理阴影。这说明,要遵循人才成长规律,让青年教师合理过渡好教学适应期。

三、北京建筑大学新任青年教师教学能力培养实践

1. 强化师德师风涵养,增强职业认同感和使命感

师德师风是新任青年教师的始业教育,只有从内心深处认同职业,产生强烈的使命感,才能不断激发内生动力。学校高度重视新任青年教师师德师风建设工作,为使新任教师的"入职第一课"更走心,党委书记、校长亲自担任授课教师,并将大学文化与追求、学人情怀与师者风范等授课内容加载到参观校园、座谈交流等新颖的授课形式上,创新师德师风教育模

式。此外,通过开展专题培训、开辟学习专栏,让师德师风日常教育不断线。通过潜移默化的熏陶,使新任青年教师筑牢育人思想根基、熔炼职业理想信念。

2. 实施青年教师导师制,切实发挥"传、帮、带"作用

为帮助新任青年教师尽快完成角色转变,助力他们站稳三尺讲台,遴选师德高尚、教学经验丰富、学科专业方向与青年教师研究方向一致的优秀教师担任新任青年教师导师,形成"一帮一"的培养机制。导师针对培养对象所在学科、专业特点,结合教学工作要求制订指导计划,并进行为期一年的指导。在导师制培养期内,新任青年教师不承担主讲教师的教学任务,但需全过程完成1~2门课程的助教任务,通过参加撰写教案、课件制作、随堂听课、辅导答疑、指导实验和实习等教学环节实践,使青年教师掌握课堂教学的基本方法、要求和标准。

3. 构建教学技能训练平台,促进专业化发展

通过开展岗前培训和专题培训夯实新任青年教师教学技能。要求新任青年教师必须参加北京市高等学校师资培训中心开设的岗前培训,系统学习高等教育学、高等教育心理学、高等教育法规概论、高等学校教师职业道德修养、大学教学技能等基础教育理论课程,且需考核合格。为新入职教师量身定制专题培训课程,如教学基本功训练、混合式教学、"课程思政示范课"建设、课堂教案设计与实施等。依托"教师创新发展论坛"校级活动品牌,定期举办教育教学主题沙龙活动,通过教学观摩课、经验介绍、研讨交流、教学实务辅导等多种形式帮助新入职教师提升教学能力。

4. 执行新任青年教师教学能力准入考核制度,严把执教入口关

严格执行新任青年教师教学能力准入考核制度,对入职培养满一年的青年教师进行教学基本能力达标考核,考核通过的人员才具备上讲台的资格。考核内容分为教学设计和教学展示两部分,通过提交教案、集中讲授、专家考核、现场点评、结果反馈五步骤全面考查青年教师的教学基本功,并配套激励机制:对考核优秀、教学能力突出的教师给予表彰奖励;对考核未通过的教师进行再培养,直至考核合格。青年教师们普遍反映考核形式较好,特别是专家点评环节,肯定和鼓励优点为大家树立了从教信心,指出不足和改进建议对自身教学能力提升帮助很大。

参考文献

[1] 艾兵,刘建飞,刘会,等.双一流战略下高校新入职教师执教能力培养体系构建与实践[J].广东化工,2020,24(47):195-196.

[2] 张杰.高校新进青年教师教学能力提升需求及培养途径[J].内蒙古财经大学学报,2021,19(4):11-13.

[3] 王志超,于玲红,李卫平,等.高校新入职博士教师教学能力提升探索与研究[J].教育现代化,2020,8(43):94-96.

[4] 李岚涛,林迪,盛开,等.新入职高校青年教师教学技能提升策略探析[J].教育教学论坛,2020,12(52):23-25.